21世纪 经济管理精品教材 工商管理系列

Management: Theory and Practice

管理理论与实务

（第3版）

赵丽芬　刘小元 ◎ 主编

清华大学出版社

北京

内 容 简 介

本书适应我国经济社会发展对创新型人才的客观需要而编写,致力于传承与创新的有机融合,在系统阐述传统管理理论与方法的基础上,力求全面充分地展现国内外管理前沿的理论创新与实践发展。

本书可用作大学本科生和管理类硕士研究生专业课教材,也可用作其他学科专业各类学生的参考书。

本书封面贴有清华大学出版社防伪标签,无标签者不得销售。
版权所有,侵权必究。举报:010-62782989,beiqinquan@tup.tsinghua.edu.cn。

图书在版编目(CIP)数据

管理理论与实务 / 赵丽芬,刘小元主编. —3版. —北京:清华大学出版社,2017(2022.8重印)
(21世纪经济管理精品教材·工商管理系列)
ISBN 978-7-302-48122-5

Ⅰ. ①管… Ⅱ. ①赵… ②刘… Ⅲ. ①管理学—高等学校—教材 Ⅳ. ①C93

中国版本图书馆CIP数据核字(2017)第201012号

责任编辑:王　青
封面设计:李召霞
责任校对:宋玉莲
责任印制:杨　艳

出版发行:清华大学出版社
网　　址:http://www.tup.com.cn,http://www.wqbook.com
地　　址:北京清华大学学研大厦A座　　邮　编:100084
社 总 机:010-83470000　　邮　购:010-62786544
投稿与读者服务:010-62776969,c-service@tup.tsinghua.edu.cn
质量反馈:010-62772015,zhiliang@tup.tsinghua.edu.cn

印 装 者:三河市科茂嘉荣印务有限公司
经　　销:全国新华书店
开　　本:185mm×260mm　　印　张:26.25　　字　数:603千字
版　　次:2004年9月第1版　2017年8月第3版　印　次:2022年8月第7次印刷
印　　数:15501～17500
定　　价:69.00元

产品编号:072163-03

前　言

进入21世纪以来,随着信息技术的快速发展与广泛应用,全球化、互联网、大数据、电子商务等深刻地影响和改变着人们的一切,包括思维方式、生活习惯和工作模式。企业作为经济社会的微观主体,迎来了难得的发展机遇,同时也面临空前严峻的挑战。全球经济增长乏力,市场竞争日益加剧,企业经营环境日趋复杂,迫使企业管理者寻求新的竞争优势,适应新的竞争规则。

在新的时代背景下,管理变革与创新势在必行。管理者必须适应社会文化环境的新变化、新趋势,以开放、绿色、创新等新的理念为引领,在激烈的竞争中,善于发现市场机会,善于发挥企业优势,善于寻求多方合作,实施灵活高效的管理。

鉴于此,高等院校对创新型管理人才的培养,不仅要注重系统传授管理的基本原理和方法,更重要的是应引导学习者密切关注管理理论与实践的前沿动态,在夯实理论基础的同时,不断充实新知识、掌握新方法,善于用所学的理论和知识去发现问题、分析问题、解决问题。适应当前经济社会发展和高等教育改革的需要,我们以第1版和第2版教材为基础,经过精心设计、深度挖掘、通力合作,终于完成了第3版的编写工作。

本版教材致力于传承与创新的有机融合,具有以下三个特点。

1. 体例设计新颖

为使教材的编写和使用更加聚焦人才培养的核心使命,既能激发学习者的学习兴趣,也便于教师有效组织教学活动,本书在体例设计上力求融科学、合理、创新、实用为一体。不仅在每章前都附加了"身边的管理",引导读者带着疑问和兴趣进入课程学习,而且在每章结束后,均给出"本章小结",帮助学习者整理思路,把握学习重点。同时,还增加了"进一步的阅读材料",列出与章节内容相关的最新研究论文和专著清单,供对管理学科感兴趣的学习者进一步学习。另外,在每一篇结束后都给出一个与学习者生活密切相关的企业管理综合性案例,帮助学习者运用所掌握的管理理论和方法,分析和解决实践中的管理难题,进一步深化理解和巩固所学的知识。

2. 内容丰富充实

为使教材内容更加充实、全面,具有时代感,本书根据全球化的最新变化趋势以及中国经济社会改革发展的最新实践,在内容上进行了横向扩展和深度挖掘,力求在传承传统管理理论和方法的同时,充分展现管理前沿与创新。在内容上增加了"商业伦理""管理的创新职能""技术创新与制度创新"等新的管理思想和理论。

3. 案例全面更新

为凸显管理学的实践性和应用性,本书通过多种渠道广泛收集国内外具有代表性的案例,并进行加工、整理和改编,在此基础上全面更新了前两版教材的案例,努力使所提供的综合性案例与每篇的内容相吻合。

本版教材由中央财经大学赵丽芬教授、刘小元副教授任主编,参编人员均为我校从事管理学教学与研究、具有博士学位的教师。全书最终由赵丽芬、刘小元总纂定稿。

本书共由六篇十八章构成,参编人员具体分工如下:

赵丽芬教授:第一章;

刘书博讲师:第二章,第八章,第一篇案例;

葛建新教授:第三章;

张淑君教授:第四章,第十二章;

刘小元副教授:第五章,第十三章,第十四章;

李培馨副教授:第六章、第七章,第二篇案例;

郭骁副教授:第九章,第十章,第十一章,第三篇案例;

于晓东讲师:第四篇案例;

陈金亮副教授:第十五章,第十六章,第五篇案例;

林嵩教授:第十七章,第十八章,第六篇案例。

在本书编写中,我们以多年的教学经验为基础,借鉴和参考了其他学者的研究成果,同时对近年来出现的国内外新的管理思想和管理理论进行了认真梳理与提炼,力求构建一个体系科学合理、内容丰富新颖的管理学教材框架,使本书更好地服务于培养创新型管理人才的实践需要。在此,对所涉及的专家学者一并表示衷心感谢。

我们还要对参与了相关资料收集与整理的硕士研究生孙怡梦、于姝婷和杨泽新同学,以及对教材修订提出过宝贵意见和建议的老师和同学们表达真诚的谢意。借此机会,也衷心感谢参与过本书前两版编写工作的王海妹、傅晓霞、苗月新、林光等老师。

本书适合用作管理类大学本科生和硕士研究生专业课教材,也可用作其他学科、其他各类学生的参考用书。对于使用本书的教学时间安排,我们也根据自身经验给出了具体建议,可供使用者参考。

由于编者水平有限,书中难免有不妥之处,请广大读者不吝赐教。

赵丽芬

2017年5月于北京

教 学 建 议

管理是在特定的环境下,管理者通过执行计划、组织、领导和控制职能,整合各种资源,实现组织既定目标的活动过程。组织和组织成员所处的环境是复杂多变的,并没有普遍适用的最好的管理理论和方法,管理者需要根据组织所处的环境针对不同的管理情境寻找合适的管理模式、方案和方法。甚至可以说,管理是一门不精确的学问,有很强的艺术性,成功的管理经验不能简单地被复制,往往也不能重复,但能为管理者提供思想的火花和思考的空间。

本课程的教学目标,是让学生全面了解管理的基本理论和方法,掌握管理的计划、组织、领导和控制四大职能的逻辑关系;了解管理理论的产生、发展和趋势等演进脉络;学会运用管理理论分析和解决实际的管理问题。

因此,在教学过程中,要特别注意培养学生的创新意识,使其在掌握知识的基础上逐步形成批判性思维,具有应用管理知识和创造知识的能力,能够结合具体的管理情境应用所学的知识解决实际管理问题。

授课内容和课时分配要考虑授课对象的差异性,对管理类专业学生和非管理类专业学生进行差异化教学。具体授课内容和课时分配建议如表1所示。

表1 授课内容和课时分配建议

教学内容	学习要点	课时(本科生)		案例使用建议
		管理类	非管理类	
第一章 管理与管理学	1. 管理的概念与特性 2. 管理的基本职能 3. 管理者的角色与技能 4. 管理学的研究对象与方法	3	3	第一篇 案例 伊利集团: 中国乳业领跑者
第二章 管理思想与管理 理论的演进	1. 中国传统管理思想 2. 西方传统管理思想 3. 西方古典管理思想 4. 西方现代管理理论 5. 管理理论前沿	2	3	
第三章 商业伦理与企业 社会责任	1. 企业的性质与利益相关者 2. 商业伦理 3. 企业社会责任	2	2	
第四章 组织环境	1. 组织与环境 2. 组织环境特征与构成 3. 组织环境分析	2	2	

续表

教学内容	学习要点	课时(本科生)		案例使用建议
		管理类	非管理类	
第五章 决策	1. 决策原理 2. 决策过程 3. 决策方法	4	4	第二篇 案例 格力电器:多元化战略何去何从?
第六章 计划的特点与 计划过程	1. 计划的特点与作用 2. 计划的类型 3. 计划过程与计划的有效性 4. 计划过程中可能存在的陷阱	2	3	
第七章 计划技术	1. 情景计划 2. 目标管理 3. 网络计划技术 4. 标杆管理	2	3	
第八章 战略管理	1. 战略管理与企业战略 2. 战略管理过程 3. 企业战略 4. 战略管理前沿		3	
第九章 组织结构与组织设计	1. 组织的内涵与分类 2. 组织结构 3. 组织设计	2	3	第三篇 案例 X公司的组织结构
第十章 组织员工配备	1. 人力资源管理的基础 2. 员工招聘 3. 员工培训 4. 员工考核与职业生涯发展		3	
第十一章 组织文化与组织变革	1. 组织文化 2. 组织变革的基本规律 3. 组织变革的程序 4. 组织变革的管理	2	3	
第十二章 领导理论与领导方式	1. 领导与领导权力 2. 领导理论与领导方式 3. 人性假设理论 4. 领导力与领导艺术	3	4	第四篇 案例 董明珠格力股东大会发飙,原来竟为股权激励?
第十三章 激励	1. 激励原理 2. 激励理论 3. 激励方法	2	4	
第十四章 沟通与冲突管理	1. 沟通原理 2. 沟通管理 3. 冲突管理	2	3	
第十五章 控制与控制过程	1. 控制及其分类 2. 控制过程 3. 控制的角色	2	3	第五篇 案例 海尔集团"自主经营体"驱动企业管理控制系统创新
第十六章 控制方法	1. 管理控制方法 2. 运营控制方法	2	4	

续表

教学内容	学习要点	课时（本科生）		案例使用建议
		管理类	非管理类	
第十七章 管理的创新职能	1. 创新的概念与特征 2. 创新理论 3. 支持创新的管理要素	2	2	第六篇　案例 摩拜单车一天刷爆上海滩，但你知道把它做成生意有多难吗？
第十八章 技术创新与 制度创新	1. 技术创新 2. 制度创新 3. 几类特殊的创新活动	2	2	
合计		36	54	

目 录

第一篇 总 论

第一章 管理与管理学 ··· 2
- 第一节 人类的管理活动 ··· 3
- 第二节 管理的基本职能 ··· 6
- 第三节 管理者的角色与技能 ·· 10
- 第四节 管理学的研究对象与方法 ··· 16
- 本章小结 ·· 20
- 进一步阅读的材料 ·· 20
- 思考题 ··· 21

第二章 管理思想与管理理论的演进 ··· 22
- 第一节 中国传统管理思想 ·· 23
- 第二节 西方传统管理思想 ·· 25
- 第三节 西方古典管理理论 ·· 27
- 第四节 西方现代管理理论 ·· 32
- 第五节 管理理论前沿 ··· 37
- 本章小结 ·· 39
- 进一步阅读的材料 ·· 39
- 思考题 ··· 40

第三章 商业伦理与企业社会责任 ··· 41
- 第一节 企业的性质与利益相关者 ··· 42
- 第二节 商业伦理 ··· 49
- 第三节 企业社会责任 ··· 55
- 本章小结 ·· 64
- 进一步阅读的材料 ·· 64
- 思考题 ··· 65

第四章 组织环境 ··· 66

第一节　组织与环境 …………………………………………………… 66
　　第二节　组织环境特征与构成 ………………………………………… 71
　　第三节　组织环境分析 ………………………………………………… 77
　　本章小结 ………………………………………………………………… 83
　　进一步阅读的材料 ……………………………………………………… 84
　　思考题 …………………………………………………………………… 84

第一篇案例　伊利集团：中国乳业领跑者 ………………………………… 85

第二篇　计　　划

第五章　决策 …………………………………………………………………… 92
　　第一节　决策原理 ……………………………………………………… 93
　　第二节　决策过程 ……………………………………………………… 99
　　第三节　决策方法 ……………………………………………………… 105
　　本章小结 ………………………………………………………………… 112
　　进一步阅读的材料 ……………………………………………………… 112
　　思考题 …………………………………………………………………… 112

第六章　计划的特点与计划过程 ……………………………………………… 114
　　第一节　计划的特点与作用 …………………………………………… 115
　　第二节　计划的类型 …………………………………………………… 117
　　第三节　计划过程与计划的有效性 …………………………………… 120
　　第四节　计划过程中可能存在的陷阱 ………………………………… 123
　　本章小结 ………………………………………………………………… 124
　　进一步阅读的材料 ……………………………………………………… 125
　　思考题 …………………………………………………………………… 125

第七章　计划技术 ……………………………………………………………… 126
　　第一节　情景计划 ……………………………………………………… 127
　　第二节　目标管理 ……………………………………………………… 130
　　第三节　网络计划技术 ………………………………………………… 136
　　第四节　标杆管理 ……………………………………………………… 142
　　本章小结 ………………………………………………………………… 144
　　进一步阅读的材料 ……………………………………………………… 144
　　思考题 …………………………………………………………………… 145

第八章　战略管理 ……………………………………………………………… 146

第一节 战略管理与企业战略	147
第二节 战略管理过程	149
第三节 企业战略	152
第四节 战略管理前沿	156
本章小结	158
进一步阅读的材料	159
思考题	159

第二篇案例　格力电器：多元化战略何去何从？ ……………………… 160

第三篇　组　织

第九章　组织结构与组织设计 …………………………………………… 166
第一节 组织的内涵与分类	167
第二节 组织结构	170
第三节 组织设计	180
本章小结	185
进一步阅读的材料	186
思考题	186

第十章　组织员工配备 …………………………………………………… 187
第一节 人力资源管理的基础	187
第二节 员工招聘	192
第三节 员工培训	197
第四节 员工考核与职业生涯发展	200
本章小结	205
进一步阅读的材料	206
思考题	206

第十一章　组织文化与组织变革 ………………………………………… 207
第一节 组织文化	208
第二节 组织变革的基本规律	215
第三节 组织变革的程序	219
第四节 组织变革的管理	220
本章小结	224
进一步阅读的材料	225
思考题	225

第三篇案例　X公司的组织结构 ………………………………………… 226

第四篇 领 导

第十二章 领导理论与领导方式 …… 230
- 第一节 领导与领导权力 …… 230
- 第二节 领导理论与领导方式 …… 233
- 第三节 人性假设理论 …… 245
- 第四节 领导力与领导艺术 …… 248
- 本章小结 …… 252
- 进一步阅读的材料 …… 253
- 思考题 …… 253

第十三章 激励 …… 254
- 第一节 激励原理 …… 255
- 第二节 激励理论 …… 260
- 第三节 激励方法 …… 271
- 本章小结 …… 275
- 进一步阅读的材料 …… 275
- 思考题 …… 275

第十四章 沟通与冲突管理 …… 276
- 第一节 沟通原理 …… 277
- 第二节 沟通管理 …… 282
- 第三节 冲突管理 …… 286
- 本章小结 …… 296
- 进一步阅读的材料 …… 297
- 思考题 …… 297

第四篇案例 董明珠格力股东大会发飙，原来竟为股权激励？ …… 298

第五篇 控 制

第十五章 控制与控制过程 …… 304
- 第一节 控制及其分类 …… 305
- 第二节 控制过程 …… 313
- 第三节 控制的角色 …… 320
- 本章小结 …… 323

进一步阅读的材料 …………………………………………………………………… 323
　　思考题 ………………………………………………………………………………… 324

第十六章　控制方法 ………………………………………………………………… 325
　　第一节　管理控制方法 ……………………………………………………………… 326
　　第二节　运营控制方法 ……………………………………………………………… 339
　　本章小结 ……………………………………………………………………………… 353
　　进一步阅读的材料 …………………………………………………………………… 353
　　思考题 ………………………………………………………………………………… 353

第五篇案例　海尔集团"自主经营体"驱动企业管理控制系统创新 ……………… 354

第六篇　管理创新

第十七章　管理的创新职能 …………………………………………………………… 364
　　第一节　创新的概念与特征 ………………………………………………………… 365
　　第二节　创新理论 …………………………………………………………………… 371
　　第三节　支持创新的管理要素 ……………………………………………………… 375
　　本章小结 ……………………………………………………………………………… 379
　　进一步阅读的材料 …………………………………………………………………… 379
　　思考题 ………………………………………………………………………………… 379

第十八章　技术创新与制度创新 ……………………………………………………… 380
　　第一节　技术创新 …………………………………………………………………… 380
　　第二节　支持技术创新的制度创新 ………………………………………………… 386
　　第三节　几类特殊的创新活动 ……………………………………………………… 390
　　本章小结 ……………………………………………………………………………… 397
　　进一步阅读的材料 …………………………………………………………………… 398
　　思考题 ………………………………………………………………………………… 398

第六篇案例　摩拜单车一天刷爆上海滩,但你知道把它做成生意有多难吗? …… 399

参考文献 ………………………………………………………………………………… 403

第一篇 总 论

第一章 管理与管理学
第二章 管理思想与管理理论的演进
第三章 商业伦理与企业社会责任
第四章 组织环境

第一章

管理与管理学

学习目标

(1) 了解人类的管理活动与管理的内涵。
(2) 理解管理的基本职能。
(3) 领会管理者的角色及其技能。
(4) 掌握管理学的研究对象与方法。

身边的管理：

9月的一天，秋高气爽，怀揣大学梦的新生们兴高采烈地来到学校报到。轻松欢快的乐曲、热情洋溢的笑脸、绚烂多彩的迎新海报，让同学们感到新奇、兴奋，同时心里也是暖暖的。然而，报到一定不是交上录取通知书就了事那么简单，是不是要四处奔波办理各种手续呢？这么大的校园……一想到这里，初来乍到的同学们心里难免有些小紧张，而报到现场不允许家长进入的规定，更让那些早已习惯了日常事务由家长"全权代理"的同学们心生不安。"我还没来得及往卡里打款缴纳学费怎么办？""我住在哪个宿舍楼，到哪里领取钥匙？""我爸妈来送我了，他们特别想借此机会进一步了解学校、学院以及我所在的专业情况，去问谁呢？"如此等等。不过，令同学们欣慰的是，他们很快就在最显眼处看到了"新生报到指南"；按照指示标牌的指引，顺利找到财务处补办了缴费手续；当他们来到自己学院的报到处时，学院的领导、老师和师兄师姐们不但热情接待、细心指导，将宿舍钥匙一一发到同学们的手中，还不辞辛苦地帮助他们提着行李送到宿舍；家长会上，学院院长既全面、清晰地介绍了校情、学院工作以及专业发展情况，也对新生明确提出了要尽快完成由高中生到大学生的角色转变等希望和要求。新生们的大学生活就这样拉开了序幕。

刚入学的同学们可能不会想到，为确保几千名新生报到的井然有序，学校在几个月前就对迎新工作进行了统一部署和安排，明确了各学院和学生处、教务处等相关职能部门的职责分工，要求其各司其职、协调配合。复杂的报到流程在短时间内就顺利完成，也许会让新生们在无形中就体会到有效的管理对确保组织既定目标的实现具有多么重要的意义。

在人类社会中，管理活动无处不在、无时不有。早在人类刚刚开始从事有组织的活动时,管理作为一种特殊的人类活动就已经产生了。随着人类社会的演进与发展,管理活动日益广泛、不断深化,与之相适应,一系列管理思想和管理理论逐渐形成,管理学作为一门学科也日臻完善。本章将以分析人类的管理活动为切入点,系统阐述管理的概念与特性、管理的基本职能、管理者的角色与技能,以及管理学的研究对象与方法。

第一节 人类的管理活动

一、人类的管理活动

追根溯源,人类最初的管理活动源自人们的集体行动,即有组织的活动。在原始社会,出于延续生命和保证生命安全的动机,人类自觉地组成群体,共同采集野果,共同抵御野兽侵袭。到了农耕经济初期,人们进一步认识到共同劳动能够产生效率,于是,抱着共同目标的人们组成的群体便应运而生,这就是组织的雏形。在群体活动中,为了确保共同目标的实现,就需要对不同个体的行动进行协调,因此指挥就必不可少,管理就不可或缺。正如马克思在《资本论》中所指出的:"一切规模较大的直接劳动或共同劳动,都或多或少地需要指挥,以协调个人的活动,完成由各种生产总体运动——不同于这一总体的独立器官的劳动——所产生的各种一般职能。……提琴独奏演员可以独展所长,一个乐队就需要有乐队指挥。"[①]在这里,指挥乐队的人其实就是管理者,而他对乐队进行的指挥就是一种管理活动。

可见,人类的管理实践活动与人类的历史一样悠久。"世界上所有的文明古国如巴比伦、罗马等早在几千年前就对自己的国家进行了有效的管理,并且建立了庞大严密的组织,完成了许多今天来看仍是十分巨大的建筑工程。中国的长城、秦兵马俑、埃及的金字塔都可证明:在两千年前人类已能组织、指挥、协调数万乃至数十万的劳动,历时许多年去完成经过周密计划的宏大工程,其管理才能不能不令人折服"。[②]

管理作为人类社会特有的一种活动,其本身又不同于人类的其他活动。社会越发展,人类的社会性越强,个体的人对他人和对群体的依赖性也随之增强。一方面,为了达到个体行动无法实现的目标,两个或两个以上抱着不同目的的人们汇聚在一起,组成了组织并共同行动;另一方面,在这样的组织中,每一位成员几乎都试图在实现组织目标的过程中实现个人目的,满足自身需求。在这种情况下,通过管理者的努力去统一和协调组织成员的意志与行动,以保证组织目标的实现就成为必要。可以说,人类为实现共同目标而进行的共同行动,决定了管理活动的客观必然性,换言之,有两个或两个以上的人为了实现一个共同的目标而共同行动,是管理活动产生的重要前提条件。

二、管理的概念

人类的管理活动由来已久,源远流长,但对管理活动展开系统研究则始于工业革命以

---

① 马克思,恩格斯. 马克思恩格斯全集:第23卷[M]. 北京:人民出版社,1972:367.
② 周三多,陈传明,贾良定. 管理学——原理与方法:第6版[M]. 上海:复旦大学出版社,2014:4.

后。一直以来，诸多专家学者基于不同的视角对管理的基本内涵进行了深入探讨，并界定了多种管理概念。在管理研究的初期，美国古典管理学家、科学管理理论创始人弗雷德里克·W. 泰勒(Frederick W. Taylor)将管理定义为"确切地知道你要别人去干什么，并使他用最好的方法去干"；法国古典管理学家、管理过程学派的开山鼻祖亨利·法约尔(H. Fayol)认为，"管理就是实行计划、组织、指挥、协调和控制"等职能。其后，美国管理学家、社会科学家赫伯特·西蒙(Herbert A. Simon)提出"管理就是决策"；美国管理学家、管理过程学派的主要代表人物哈罗德·孔茨(Harold Koontz)将管理界定为"设计和保持一种良好环境，使人在群体里高效率地完成既定任务"；美国管理思想史学家丹尼尔·雷恩(Danniel A. Wren)进一步提出，管理是一种有组织地实现目标的活动，它发挥某些职能，以便有效地获取、分配、使用人们的努力和物质资源，来实现某个特定的目标。

综上所述，管理是指组织中的管理者为了实现组织目标，通过实施计划、组织、领导、控制等职能，合理分配、有效整合组织内外相关资源的动态创造性活动。对该定义的理解，应着重把握以下四个要点。

1. 管理的目的是实现组织目标

组织是为了达到仅凭单个人的力量无法实现的目标而建立和存在的，管理是实现组织目标的手段。美国著名管理大师彼得·德鲁克(Peter Drucker)在《21世纪的管理挑战》一书中指出：管理的目标是充分发挥和利用每个人的优势与知识；管理是帮助组织产生成效的特殊工具、特殊功能、特殊手段；管理存在的目的是帮助组织取得成效，它的出发点应该是预期的成效，它的责任是协调组织的资源取得这些成效。它是帮助组织在组织外部取得成效的工具。[①] 在这里，成效指的是组织绩效，是对组织所取得的成果与其所利用的资源之间转化关系的一种全面衡量，它通常表现在效率和效果两个方面。效率即投入与产出的比值，一般用"高或低"来评价。当资源给定时，则产出越多，效率越高；当产出既定时，则投入越少，效率越高。效率体现了资源的利用情况，管理要讲求效率，就是要追求"正确地做事"。效果即组织活动要达成正确的活动目标，一般用"好或差"来评价。效果好，就是保证了"做正确的事"；效果差，就是没能保证"做正确的事"。效果体现了活动的目标与结果，管理要讲求效果，就是要追求"做正确的事"。可见，效率和效果是两个既有差异又密切相关的概念。我们在评价组织的管理活动是否有效时，不仅要考察组织活动的效率如何，还必须考察组织是否在高效率的基础上取得了好的效果，效率高同时效果也好，才能说明有效实现了组织目标。

2. 管理活动是具体执行计划、组织、领导、控制等职能的过程

为实现组织目标而进行的各项管理活动，具体体现为执行管理的四项职能，包括经营环境的分析、战略的制定、组织内外资源的配置与整合等。管理的四项职能活动相互关联、连续进行，使管理体现为连续不断、循环往复的过程。

3. 管理的本质是协调

现代管理的主要任务是以有效实现组织目标为核心，合理分配、有效整合组织内外的相关资源。然而，在开放的宏观背景下，任何组织都处于不断变化的环境中，多变的环境

---

① (美)德鲁克. 21世纪的管理挑战[M]. 北京：机械工业出版社，2006：19-35.

日益成为影响组织运行的重要因素,因此,内外协调成为管理者的一项重要职责,他们既要通过激励、沟通、指导、解决冲突等,协调组织内部的人力、物力、财力、技术和信息等各种资源,使之形成为一个有机的整体和强大的核心竞争力,也要协调组织与外部环境的关系,适应环境、利用环境、促进组织与环境的和谐,包括与政府进行有效沟通以争取得到相关政策支持,与供应商密切合作以确保组织所需资源的供应源源不断,与行业协会建立经常性联系以及时获取行业发展指导,与客户保持顺畅沟通以明确不断改进的方向,等等。这表明:"只要是能影响组织的绩效和成效的,就是管理的中心和任务,无论是组织内部还是组织外部,无论是组织能控制的,还是完全不能控制的。"[①]有效的协调,是组织走向成功、获得可持续发展生命力的重要保障。

4. 管理的载体是组织

组织的范围和领域多种多样,既可以是企业、事业单位、社会团体,也可以是政府机关、宗教组织。传统上人们常常把管理范围限定于企业,但管理学家们经过长期观察后发现,管理其实是所有组织所特有的独具特色的工具,从而打破了管理只限于企业的假设。从管理本身的职能和作用来考察,它拥有广阔的作用空间和领域。无论是一个世界、一个国家,还是一个企业、一所学校、一家医院,都需要管理。正因如此才有了宏观管理和微观管理,不同范围、不同领域的管理具有不同的特色,即使单独考察企业管理,各个企业也都各有其不同的管理秘诀,体现为不同的管理风格。本书以微观企业管理为主。

三、管理的特性

从理论上讲,管理既具有科学性,也具有艺术性,是科学性与艺术性的统一。

1. 管理的科学性

管理首先是一门科学,具有科学性。在循环往复的动态创造性管理活动中,蕴含着管理的内在规律和客观必然性。自有人类历史以来,管理实践活动由简单到复杂,人们在经历的无数次成功和失败中,通过对实践数据的收集、归纳和检测,提出设想,验证假设,不断深化对管理的研究、探索和认识,由表及里,从现象到本质,逐渐总结和揭示出反映管理客观必然性的内在规律。在此期间,最初的管理思想萌芽逐步演进为简单的管理概念,进而发展成为一套比较完整的、能够反映管理过程客观规律的管理理论知识体系,使管理活动得以在体现管理客观规律的原理、原则和方法的指导下进行。实践是检验真理的标准。人们通过管理活动的结果不断检验用以指导管理实践的理论是否正确、方法是否行之有效,从而使管理的科学理论与方法在实践中得到进一步丰富和发展。所谓管理的科学性,是指管理以反映管理客观规律的管理理论和方法为指导,有一套分析问题、解决问题的科学的方法论。成功的管理是遵循客观规律办事的结果。管理者如果系统掌握了管理的知识、方法及其运行规律,就可能对解决管理中存在的问题提出正确思路,采取有效措施,取得令人满意的管理效果;反之,则可能凭经验办事,"拍脑袋"决策,不但不能很好地解决管理问题,还可能因决策失误给组织造成严重损失。

---

① (美)德鲁克. 21世纪的管理挑战[M]. 北京:机械工业出版社,2006:35.

2. 管理的艺术性

管理也是一门艺术,具有艺术性。在这里,艺术是指能够熟练地运用知识,并通过一定技巧达到某种效果。所谓管理的艺术性,是指管理者以管理的基本理论和基本方法为指导,根据自身所处的组织内外环境,充分发挥积极性、主动性和创造性,因地制宜地将抽象的管理理论与具体的管理实践紧密结合起来,采用适当的方法灵活地、创造性地解决管理中的问题。强调管理的艺术性,旨在提醒管理者认识到,虽然管理科学能够为管理实践活动提供理论指导,但它并不能提供解决一切问题的标准答案。面对千变万化的管理环境,管理者只有掌握并善于运用娴熟的管理技巧,而不是机械地套用相关理论知识进行僵化的管理,才可能取得预期的管理效果。

国内外实践经验证明,管理的科学性与艺术性是统一的、互补的,而不是相互对立、相互排斥的,片面强调哪一方面都可能导致管理低效甚至招致失败。如果只讲管理的科学性,不讲管理的艺术性,就可能导致管理的僵化;相反,如果只讲管理的艺术性,不讲管理的科学性,则可能使管理缺乏规范和有序。因此,现代管理者既要系统学习管理理论与方法,与时俱进,探索规律,也要在实践中不断摸索和积累经验,掌握必要的管理技能和娴熟的管理技巧,善于创造性地运用相关理论知识和方法,实施有效管理。

当然,如果对管理的性质进行全面考察,则管理不仅具有科学性和艺术性,而且具有自然属性和社会属性。对管理的自然属性和社会属性的剖析,将在本章第四节中结合对管理学研究对象的分析一并进行。

第二节　管理的基本职能

一、管理职能的提出

管理职能是指管理系统所具有的功能与职责。法约尔在20世纪初最早提出了管理职能(Management Functions)概念,并认为管理具有计划、组织、指挥、协调和控制等五项职能。

继法约尔之后,管理学界在很长一段时期内围绕管理职能进行了持续深入的探讨,观点纷呈,各种主张都带有鲜明的时代特征。20世纪20年代末30年代初,随着人际关系理论的出现,人们对管理对象的关注从以往的技术因素转向人的因素,进而把原本内含于组织职能中的部分内容独立出来,在法约尔五项职能基础上增加了人事、激励、信息沟通等职能;20世纪40—60年代,随着系统论、控制论、信息论的问世及其在管理中的普遍应用,决策在管理中的地位越来越重要,于是涌现出管理决策学派,其代表人物西蒙把原本内含于计划职能中的"决策"独立出来,提出了管理的决策职能。当然,还有一些学者为了便于分析问题,也曾对已经进一步细化的管理职能进行重新整合,比如,把属于人的管理职能要素纳入组织职能,把包括监督、指挥、协调等属于机制性的管理职能内容纳入控制职能。该阶段最有影响的是被誉为管理学鼻祖的美国加利福尼亚大学洛杉矶分校(UCLA)哈罗德·孔茨和西里尔·奥唐奈(Harold Koont & Cyril O'Donnell)两位教授提出的"职能观",他们认为计划、组织、人事、领导和控制是管理的基本职能,并在20世纪

50年代中期以这五种职能构建了管理学教科书框架,在其后的20年中二人合著的《管理学原理》成为销量最大的管理学教科书,标志着他们的"职能观"得到了大多数学者的认同,其影响广泛而深远。至今,国内外的管理学教科书架构仍然是按照管理职能来搭建,只是历经多年研讨,学术界目前已基本达成共识,认为计划、组织、领导、控制是管理的四项基本职能。

二、管理的基本职能

近年来,随着全球化趋势的日益增强、信息技术的快速发展以及互联网的广泛应用,组织面临的环境千变万化、日新月异,致使当代管理职能在计划、组织、领导、控制这一框架下不断深化,与传统管理职能相比,其内涵更富有时代特征(如表1-1所示)。

表 1-1 当代管理职能与传统管理职能的比较

职能	时期	管理职能的主要内容
计划	传统	预测,确定组织目标,决策
	当代	全球视野的环境分析、预测与评估,全球性战略管理,全球责任管理
组织	传统	职务分析,任务划分,组织结构形式的确定,组织变革
	当代	网络型、虚拟型、学习型组织建设;团队建设;授权与信息共享;并购;多元化组织文化建设
领导	传统	指挥、激励、协调、引导员工
	当代	知识型员工需求分析与管理;跨文化沟通;跨文化激励;激励创新
控制	传统	监督,规章制度,控制并束缚员工,成本控制
	当代	远程控制;非经济成本控制;全面质量管理;价值链管理;风险防范与管理;管理控制与道德规范

1. 计划职能

计划职能(Planning)是指管理者基于组织的使命,在对组织环境及其变化趋势进行科学分析和预测的基础上,确定组织目标,并对将要实现的目标和应采取的行动方案作出选择及具体安排的活动过程。计划职能是管理的首要职能,任何组织的管理活动都是从计划出发的。传统的计划职能侧重于组织内外环境分析,预测未来,确定组织目标,制定组织发展战略,提出实现既定目标和战略的策略与作业计划,规定组织的决策程序和预算等。然而,在全球化和全球责任竞争时代,复杂而又变化无常的环境对组织的影响比以往更加广泛而且深刻,只有适应全球环境的变化,从全球视角出发,科学制定具有前瞻性并关注社会责任的全球战略决策,实施有效的全球性战略管理和社会责任管理,才可能引领组织走向成功。因此,当代计划职能更关注系统分析和评估全球相关环境,以适应全球战略管理在组织中优先地位的确定及其提升的客观需要。

2. 组织职能

组织职能(Organizing)是指管理者根据组织的既定目标,合理配置和整合组织内外的各种资源,合理安排人们之间的相互关系,建立组织的物质结构和社会结构的过程。传统的组织职能侧重于围绕组织既定目标设计组织结构，进行职务分析、任务分解和部门划分，确定管理层次与管理幅度，配置资源，规定岗位职责和人员安排，构建信息沟通网络等。然而，在全球化和互联网时代，急剧变化的环境不仅要求组织更具有灵活性、弹性和适应性，而且要求组织文化更富有包容性。因此，当代组织职能更注重适应全球环境的变化建立组织结构，授权给组织成员，领导组织变革，加强多元化的组织文化建设。

3. 领导职能

领导职能（Leading）是指管理者为了实现组织目标而与被管理者互动的过程。管理者在执行领导职能时，既要调动组织成员愿意为实现组织目标而贡献自己潜能的积极性，也要协调组织成员的意志，指导和指挥他们的行动，促进其团结协作，使组织中的所有活动与努力达到和谐统一，确保组织目标顺利实现。传统的领导职能侧重于确定领导风格、选择领导作风，以及对各种领导理论与方法的运用。然而，在全球化和"大众创业、万众创新"时代，创新成为组织发展的原动力，占据组织成员绝大多数的知识型劳动者既是创新的主体或者说是"创客"，又是创新性知识与技术的应用者，与传统体力劳动者相比较，他们的需求层次更高也更复杂。不仅如此，这些组织成员还可能来自不同的文化区域，具有不同的信仰、习惯和其他个体特征，在这种情况下，管理者学会跨文化沟通，实施跨文化激励，对于成功统一组织成员的意志和行为以实现组织目标，变得至关重要。因此，当代领导职能更注重激励创新、解决冲突和跨文化沟通。

4. 控制职能

控制职能（Controlling）是指管理者运用事先确定的标准，衡量实际工作绩效，寻找偏差及其产生的原因，并采取措施纠正偏差的过程。传统的控制职能侧重选择控制手段、控制经济成本。然而，在全球化背景下，非经济因素对组织的影响日益深化，组织不仅在跨国经营、跨国投资及引进外资中面临潜在风险，而且随着法律制度的完善以及人们维护自身权益意识的增强，传统的控制理念和手段也遇到了前所未有的来自法律与道德方面的挑战。因此，当代控制职能更注重非成本因素控制以及控制手段的道德分析与评估，更鼓励组织成员进行自我约束、自我控制。

三、管理职能之间的关系

计划、组织、领导、控制四项管理职能相互关联、相互制约，共同构成一个有机整体，其中任何一项职能出现问题，都会影响其他职能的执行乃至整个组织目标的实现。从理论上，我们可以按照一定顺序表述管理的四项基本职能活动：计划是管理的首要职能，它能够渗透到其他各项职能之中，其他管理职能紧紧围绕计划职能发挥作用，为执行计划职能进而为实现组织目标服务；为了保证计划方案的实施和组织目标的实现，管理者必须建立合理的组织机构、权力体系和信息沟通渠道，因此而产生组织职能；一旦建立了组织，管理者就要通过有效的指挥，调动和协调各方面的力量，解决组织内外的冲突，最大限度地发挥组织效率，于是产生了领导职能；为确保组织目标的实现，管理者还必须根据预先制订的计划和标准对组织成员的各项实际工作进行衡量，并及时纠正偏差，即执行控制职能。可见，从逻辑上思考，管理过程似乎是先有计划职能，之后才依次产生了组织职能、领导职能和控制职能的连续进行的活动过程。然而，当我们对持续进行的管理过程进行考察时却不难发现,管理实际上是一个各种职能活动周而复始循环进行的动态过程,在此期间常常会出现各种职能的相互交叉,例如,在执行控制职能的过程中,可能为了纠正偏差而修改完善原计划,甚至重新编制计划,进而启动新一轮管理活动。不仅如此,在执行控制职能的过程中,协调和沟通等领导职能往往也是不可或缺的。图1-1展示了管理过程中管理职能的作用及其相互关系①。

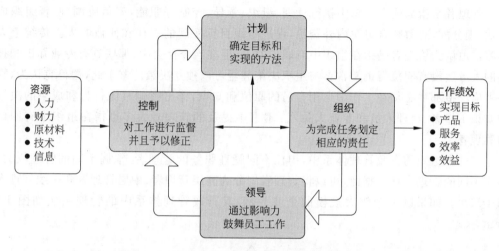

图1-1 管理过程中管理职能的作用及其相互关系

在管理这种动态的创造性活动中,决策和创新始终蕴含在其中。虽然在分析管理职能及其相互关系时,我们没有特别强调决策和创新,也没有将它们看作相对独立的管理职能,但不能因此而否认这样的事实存在,即决策和创新几乎贯穿一个个连续不断、循环往复的管理过程的始终。过去是这样,现在和将来更是如此。当今时代,决策和创新在管理中处于越来越重要的地位,受到人们的高度重视和关注。原因如下:第一,决策决定组织的前途与命运。决策实质上是一个方案选择的过程,它渗透于四项管理职能之中,不但确定组织目标是决策,选择组织结构形式和激励手段是决策,而且一旦发现偏差后确定拟采取的措施进行纠正也是决策。在全球市场竞争异常激烈的当今时代,决策是否正确、是否科学,从根本上决定了组织的生存与发展,真可谓"成也决策,败也决策"。第二,创新决定组织的未来。自有管理活动以来,创新一直是管理的重要内容之一,也是组织出奇制胜的一个法宝,它同样渗透于四项管理职能之中,例如,率先实施跨国经营战略的企业,是在进行计划创新;率先基于互联网构建虚拟组织的企业,是在进行组织创新;率先实施股权激励的企业,是在进行领导创新;率先实施责任控制的企业,是在进行控制创新。在"创新引领未来"的时代,创新成为组织活力和竞争力的重要源泉,决定着组织的成败及其生死存亡。鉴于此,本书将在相关章节系统阐述决策与创新在当今管理中的重要作用及其变化趋势。

---

① (美)达夫特.管理学:第9版[M].北京:清华大学出版社,2012:6.

第三节　管理者的角色与技能

一、管理者的概念

管理者是指那些在组织中执行计划、组织、领导、控制等职能,肩负协调、监督组织成员,合理分配、有效整合组织内外资源,促进组织目标实现的责任和使命的人。传统上人们习惯地认为管理者是指在组织中有职位的人,但在当今社会中,那些具有专业知识和技能的人虽然没有职位但也常常参与组织决策甚至可以独立决策。鉴于此,德鲁克认为,管理者应泛指那些必须在工作中运用自己的职位和知识,作出影响整体行为和成果的决策的知识工作者、经理人员和专业人员①。本书中提及的管理者大多是指在组织中有职位的管理者。

在一个组织的行政管理体系中,担任不同管理职务的管理者,掌握不同的管理权力,承担不同的管理责任。据此,可以将管理者划分为高层管理者、中层管理者和一线管理者三个层次。如果以一个较大规模的企业为例,其行政管理体系中的管理层次如图 1-2 所示。

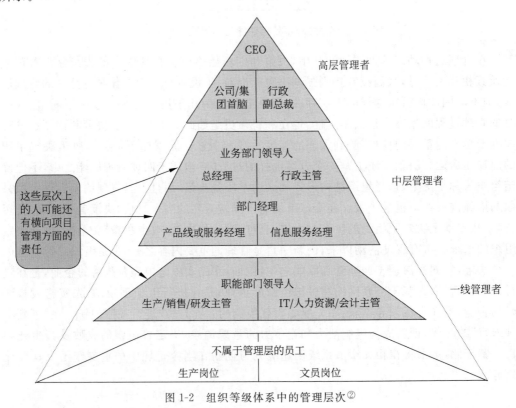

图 1-2　组织等级体系中的管理层次②

---

① (美)德鲁克. 卓有成效的管理者[M]. 北京:机械工业出版社,2016:8.
② (美)达夫特. 管理学[M]. 北京:清华大学出版社,2012:13.

1. 高层管理者

高层管理者(Top Manager)处于组织行政管理体系的最高层,其主要职责是统领全局,确定组织发展目标与实现组织目标的战略,以及影响组织现状及其未来的重大决策。由于高层管理者要对整个组织负责,因此,他们更关注组织的长远发展、环境的整体变化趋势以及组织总体的成功。大公司中的董事长、首席执行官、总裁和副总裁等,都属于高层管理者。

2. 中层管理者

中层管理者(Middle Manager)处于组织行政管理体系的中层,介于高层管理者和一线管理者之间,其主要职责是贯彻高层管理者制定的总体战略和政策,直接负责或者协助管理一线管理者及其工作。由于中层管理者主要对业务单位和重要部门的工作负责,既要对有关信息上传下达,又要进行日常管理,在组织中发挥承上启下的作用,因此,他们更关注现实问题而不是长远计划。大公司中的项目经理、地区经理、分公司经理等,都属于中层管理者。

3. 一线管理者

一线管理者(First-line Manager)处于组织行政管理体系的最低层,居于中层管理者之下作业人员之上,也称监督者或基层管理者,其主要职责是管理作业人员及其工作,对下属提供技术支持和激励。由于一线管理者直接对产品的生产和服务负责,因此,他们更关注运用规章制度实现生产和服务的高效率。大公司中的职能部门负责人、制造型企业的工段长等,都属于一线管理者。

无论组织的性质如何、规模大小,所有管理者要执行的管理职能是基本相同的,即构建并维持一种体系,使在这一体系中共同工作的人们能够用尽可能少的资源消耗,完成既定的工作任务,或在资源消耗一定的情况下,创造出更多的产品或服务。也就是说,管理层是组织的"器官",它可以把一个散乱的群体转化为一个有序的组织,把人为的努力转化为组织的绩效。① 可见,在一个组织中,无论管理者处于行政管理体系的哪个层级,无论其担任何种管理职务、掌握多大的管理权力、承担怎样的管理责任,都必须在管理上力求有效。

虽然组织中的所有管理者都要执行计划、组织、领导、控制职能,但处于组织行政管理体系中不同层级的管理者却因其职责、权限的不同而在执行各项管理职能中有不同的侧重点,尽管这种差异不是一成不变的。传统上人们普遍认为,高层管理者要掌控组织发展的大局,所以,其工作重点是执行计划职能,通过理性分析判断外部环境的变化及其趋势,确定组织发展的战略目标;中层管理者和一线管理者要贯彻落实上一级管理者的工作指令,特别是一线管理者要对组织成员提供具体的业务指导和技术支持,所以,其工作重点是执行领导职能和控制职能。然而,在动荡的全球化时代和互联网时代,"所有组织——包括企业和公共服务机构——都面临动荡时期的挑战,将影响所有的管理层次以及管理层中的所有群体",使原有的职能划分变得越来越模糊,甚至被剧烈颠覆。"第一线的主管可能面临最令人烦恼的挑战,他们为这些挑战所作的准备最不充分。在知识型组织中,一

---

① (美)德鲁克. 动荡时代的管理[M]. 北京:机械工业出版社,2009:186.

个'主管'必须成为'助手',成为'支持者',成为'导师'。而且无论是兼职工作的女性还是退休者,这些劳动大军中的新成员都要求不同的领导能力——不同于传统的主管经培训后获得的领导能力。一个主管至少已经很好地适应了今天的劳动大军在教育水平和期望方面的彻底转变……。当然,'中级管理者'也面临挑战。……由于生产分工,现在被认为是'中级管理者'和'职能管理者'的那些人,将必须学会与那些他们不能控制的人合作,跨国地工作,建立、维护和运行系统——其中没有一样是传统的中级管理层的任务。实际上在一个明天的组织中,要把'中级管理人员'与'高级专业人员'区分开来,或者把这两者与从事最高管理层工作的人区分开来(尽管可能是在狭窄的行动范围内),这将变得越来越困难。未来最大的挑战和最大的变化肯定属于最高管理层。……最高管理层面临为企业确定方向和管理基本要素的挑战。最高管理层必须重构自身,以迎接'巨变',……最高管理层将必须关心环境中的动荡、世界经济的形成、员工社会的出现以及企业必须在政治程序、政治概念和社会政策方面起带头作用的要求。"①

二、管理者的角色

(一) 管理者角色的概念

管理者角色是指在组织中其他人希望某个人来扮演的一个社会角色。德鲁克在《管理实践》(1955)一书中最先提出了"管理者角色"(the Role of the Manager)概念,并阐释了管理者在组织中扮演的三种角色,即管理一个组织(Managing a Business)、管理管理者(Managing Manager)、管理工人和工作(Managing Workers & Work)。

1. 对整个企业/组织进行管理

要求得组织的生存与发展,管理者必须明确组织要做什么、怎样做、为谁做等问题。针对企业目标的确定问题,德鲁克认为,真正的困难不在于需要确立什么目标,而在于如何确定目标,并提出确定目标的唯一方法是制定衡量标准。他指出,无论什么企业,无论什么经济条件,无论企业的规模或发展阶段如何,都存在八个关键领域:市场地位、创新、实物和金融资源、利润、生产率、管理人员的表现和培养、工人的表现和态度、公共责任感。

2. 对管理者及其工作进行管理

在组织中,管理者既是管理他人的人,同时又受到其他管理者不同程度、不同方式的管理。德鲁克首先阐述了对管理者进行管理的重要意义,认为只有将各级管理者都置于某种力量的管理之下,才能保证其行为符合组织要求,不出偏差。同时,德鲁克也就怎样对管理者进行有效管理提出了两项具体要求:第一,将各个管理人员的视线导向企业目标,实行目标管理和自我控制,并根据管理人员的成就对企业所作的贡献来衡量其绩效;第二,确定管理人员合适的工作结构,把管理人员的注意力吸引到工作上来。一方面,每个层次的管理者都要确定本层次必须创造的业绩和贡献,强调协作和集体的作用;另一方面,不同层次的目标应相互平衡,服务于企业总目标。

---

① (美)德鲁克.动荡时代的管理[M].北京:机械工业出版社,2009:186-187.

3. 对工人及其作业工作进行管理

最初的管理就是对工人和作业工作进行管理,但当代管理与传统管理相比已经发生了巨大变化,尤其是随着科学技术的快速发展及其在生产中的广泛应用,以及知识型员工日益成为劳动者的主体,对管理者的要求和期待也越来越高,协调和人际关系日益成为管理者工作的核心。

(二) 管理者角色的分类

20世纪60年代末,加拿大管理学家、经理角色学派的主要代表人物亨利·明茨伯格(Henry Mintzberg)进一步提出,管理者扮演着10种不同但高度相关的角色,而这些角色又可以分别归入人际角色、信息角色和决策角色三种类型之中,如表1-2所示。

表1-2 管理者的角色分类

管理者角色	各种类型角色的代表性活动
• 人际角色	
• 挂名首脑	履行法律性、社会性的例行义务,如签署合同、协议等文件,接待外部来访者等;
• 领导者	动员、指挥和激励组织成员,人力资源配置和培训,沟通,解决冲突等;
• 联络官	出席有外部人员参加的重要仪式或活动,保持并扩大组织与外界的联系等
• 信息角色	
• 监听者	通过媒体、报告、私人谈话等多种形式,了解和掌握组织内部和外部信息;
• 传播者	选择适当的渠道,向组织内部相关人员发布自己所掌握的有关信息;
• 发言人	作为组织的代表,向外部公开发布本组织的有关计划、政策、行动或结果等
• 决策角色	
• 企业家	在动态的复杂环境中,积极寻找新机会,开发新项目,制定新战略;
• 混乱驾驭者	当组织面临危机或发生混乱时,积极面对,果断采取应对措施;
• 资源分配者	对组织内外资源进行预算、合理分配和有效整合;
• 谈判者	代表组织与外界有关各方进行谈判

1. 人际角色

这种角色的产生源于管理者的正式权力基础。在组织中,一旦管理者拥有了组织所赋予的权力,处于一定的管理层级,他就需要处理与组织内部成员和其他利益相关者的关系,扮演人际角色,主要包括:在正式场合,以企业领导人的身份履行礼仪性和象征性义务时扮演的挂名首脑角色;为促进员工努力工作、确保组织目标实现而对其进行教育、培训、激励或惩罚时扮演的领导者角色;与员工一起工作时,或在企业内部各部门之间以及与外部利益相关者建立良好关系时扮演的联络官角色。

2. 信息角色

在快速发展的信息社会,准确、快捷、全面的信息传递对提高组织绩效至关重要,在此期间,组织中的管理者扮演着不可或缺的信息角色,主要包括:为了解市场变化、竞争者动态以及员工工作状况等而有意识地从组织内部或外部接收和收集信息时扮演的监听者角色;将自己掌握的重要信息传递给组织成员时扮演的传播者角色;代表组织向外界发布相关信息或表明态度时扮演的发言人角色。

3. 决策角色

决策是管理者工作的重要组成部分,因此,管理者常常需要扮演决策者角色,主要包括:密切关注组织内外环境的变化及其发展趋势,随时准备发现有利机会并利用机会进行投资时扮演的企业家角色;采取措施全力应对出乎意料的突发事件时扮演的混乱驾驭者角色;对组织所掌握的人力、物力、财力、技术、信息等资源进行合理配置、有效整合时扮演的资源分配者角色;为确保本组织的利益,与其他团体讨价还价、商定交易条件时扮演的谈判者角色。

在一个组织中,所有的管理者都要通过扮演各种角色来执行管理职能,履行管理职责,但处于组织行政管理体系不同层级的管理者则因其管理层次和职责分工的不同,扮演角色的侧重点有一定差异。高层管理者既要扮演企业家角色,对环境及其变化趋势进行分析、判断和评估,发现机会,同时也要投入大量时间和精力去扮演挂名首脑、发言人、传播者、联络官等角色;中层管理者和一线管理者则主要扮演资源分配者和领导者等角色。

2009年,明茨伯格基于深入研究和深度观察,对管理以及管理者角色作出了进一步阐释,指出:"从根本上说,管理就是影响行动。管理是帮助企业和单位将事情完成,即意味着采取行动。"管理者应从三个方面来实现这一点:一是对行动直接进行管理,如合同谈判、项目管理等;二是对执行任务的人进行管理,如对其进行激励,建立团队,提升企业文化等;三是对能推动人们执行任务的信息进行管理,如使用预算、目标、任务委派等。①

以上分析表明,在任何组织中,管理者执行管理职能、履行管理职责,都是通过扮演各种角色实现的,但基于管理层次和职责分工的差异,不同层级的管理者扮演角色的侧重点有所不同。其实,实际情况还不仅如此。随着组织内外部环境的变化,同一层级的管理者所扮演的角色也会不断调整和改变。"传统意义上,高层管理者的作用是通过制定战略和控制资源确定总体方向,今天,更多高层管理者被要求成为公司真正的领导者,而不仅仅是战略规划师,他们必须能够创建和描绘一个更为广阔的企业目标,一个人们能认可并有热情去实现的目标。传统意义上,中层管理者的角色是作为高层管理者和基层管理者之间桥梁的控制者,今天,中层管理者负责将公司总目标分解成各业务部门目标,将下属各业务部门的计划集中起来供高层整体参考;作为内部沟通的"枢纽",向下解释和传达高层管理者的意图,向上反映和综合一线信息。由于中层管理者更接近日常经营、客户、基层管理者和雇员,所以更了解问题,有很多富有创意的想法。因此,优秀的中层管理者,拥有使公司持续运转的执行能力和解决实际问题的能力。传统上,基层管理者接受上一级的指导和控制,以确保其成功实施支持公司的战略行动。现在,其作用扩大了,越来越被要求具备创新和创造性,为实现公司成长和新业务发展而进行管理。"②

三、管理者的技能

管理者能否有效执行管理职能,取得预期管理成效,在很大程度上取决于他是否真正掌握了管理的基本技能。美国著名管理学者罗伯特·卡尔兹(Robert L. Karz)等研究发

---

① (美)罗宾斯. 管理学原理与实践[M]. 北京:机械工业出版社,2014:10.
② (美)罗宾斯. 管理学原理与实践[M]. 北京:机械工业出版社,2014:9.

现,概念技能、人际关系技能、技术技能和政治技能是有效管理者需要掌握的基本技能。

1. 概念技能

概念技能(Conceptual Skills)是指人们对事物进行洞察、分析、判断、抽象思考和概念化的能力,是组织中的管理者尤其是高层管理者必备的一种技能。这是因为,管理者所处的层次越靠近顶端,其工作的抽象程度越高。抽象是一种天赋、智商和经验。有了它,管理者才能够将许多有联系的事物有机地组合在一起,清晰地勾画出不确定的趋势;有了它,管理者才能够在如今这个信息泛滥的时代从一堆堆几乎杂乱无章的数据与事实中萃取出对自己有用的精华;有了它,管理者才能够在更高的层次上作出正确的选择;有了它,管理者才能够在看似无关的事物之间建立起联系,进行创新性战略构想。也就是说,把握组织全局的高层管理者只有很好地掌握了这种技能,才可能准确分析和判断组织面临的环境,从复杂的动态变化中快速判别各种因素之间的相互关系及其相互影响,从而抓住问题的实质与关键,及时作出正确决策,使组织获得发展,或避免损失。如果他不能适应抽象的思维、抽象的概括、抽象的决策,那他一定不适合高层管理的位置,而更适合从事具体工作的中层管理位置。[①]

2. 人际关系技能

人际关系技能(Interpersonal Skills)是指人们与其他个体或群体进行沟通、联络和共事,以及处理、协调组织内外各种人际关系的能力。人际关系能力强的人一般具有以下特征:既注意自己对他人、对工作、对群体的态度,也关注他人对自己、对工作、对群体的态度;善解人意,能够敏锐地观察他人的需求与动机,虚心接受与自己不同的观点和信念;善于灵活地与不同的人交往,并在沟通中恰如其分地表达自己的诚意,易于得到他人的认同和理解。组织中的管理者如果掌握了这种技能,就可能知道怎样做才能更好地与其他个体和群体进行有效沟通,激发其热情,获得其信任,并进行良好合作;就可能创造一种使人感到安全、能够自由发表意见的宽松氛围,从而更好地激励和诱导组织成员的积极性、创造性,指挥和指导组织成员有效开展工作。人际关系技能对组织行政管理体系中任何层级的管理者都具有同等重要的意义。管理者的人际关系技能越强,越容易得到人们的信任与支持,其管理越可能富有成效。

3. 技术技能

技术技能(Technical Skills)是指人们通过学习和实践在某个专业领域掌握的特定技能,包括专业知识,专门技术、技巧和方法等。在管理者技能层次结构中,技术技能属于最具体、最基本的技能,组织行政管理体系中任何层级的管理者,都需要在不同程度上掌握与其工作相关的技术技能。对高层管理者而言,技术技能通常是指他们对所在行业的认识,以及对组织运作流程和产品的整体把握;对中层管理者和一线管理者来说,技术技能则是指在他们工作的领域内所要具备的专业知识——财务、人力资源、市场营销、计算机系统、制造、信息技术等。[②] 由于一线管理者的主要工作是对组织成员进行具体的业务指导,提供技术帮助,其大部分时间都用于训练下属或回答下属提出的与具体工作相关的

[①] 本段话参阅了彼得·德鲁克《动荡时代的管理》的推荐序(石晓军),机械工业出版社2009年版。
[②] (美)罗宾斯. 管理学原理与实践[M]. 北京:机械工业出版社,2014:11.

问题,所以,技术技能对一线管理者比对中高层管理者具有更重要的意义。正因如此,在实践中,越是拥有卓越技术技能的员工,越容易被晋升为一线管理者。

4. 政治技能

政治技能(Political Skills)又称为行政技能,是指人们提高个体在组织中的职位,建立权力基础并构建社会关系的能力。卡尔兹等人认为,组织是人们争夺资源的政治舞台,那些拥有并了解如何运用政治技能的管理者可以为其所在的团队争取更多资源。鉴于此,他们提出,管理者除以上三种基本技能外,还应具备另一项技能,即政治技能[1],这是卡尔兹的一大新发现。

综上所述,在一个组织中,各种管理技能的相对重要性会因管理者所处的层级不同而有所差异。越是高层管理者越要有较强的概念技能,因为他们是影响组织重大决策的主体,其战略眼光、战略思维与战略决策决定着组织的事业成败及前途命运;人际关系技能对于所有管理者都很重要,因为任何管理者执行管理职能都离不开他人的积极协作与配合;越是一线管理者越要有较强的技术技能,因为他们要及时对下属的工作提供具体指导和帮助。

第四节　管理学的研究对象与方法

一、管理学的学科性质

管理学是一门综合运用现代社会科学、自然科学和技术科学的理论与方法,系统研究现代经济社会条件下管理活动的基本规律和一般方法的综合性学科。管理学的研究对象和研究方法,均与管理学的学科性质密切相关。管理学从社会生活的各个领域、各个方面以及各种不同类型组织的管理实践中,概括和抽象出对各门具体或专门的管理学科都具有普遍指导意义的管理思想和原理,其框架体系涵盖管理理论、管理原则、管理方法、管理制度等诸多内容。1955年,孔茨和奥唐奈合作的《管理学原理》出版,是管理学科正式形成的重要标志。[2]

管理学作为一门学科,具有以下特点。

1. 基础性

管理学基于不同时期的人类管理活动,概括和抽象出具有普遍指导意义的管理思想和共性原理,揭示管理的一般规律,因此,它具有鲜明的基础性特征,是"企业管理""市场管理""服务管理""旅游管理""物流管理"以及"公共管理""宏观经济管理"等其他具体或专门的管理学科的共同理论基础。

2. 应用性

管理学是一门具有鲜明应用性特征的学科。一方面,管理学作为一门科学源于实践,适应管理实践的需要应运而生。管理学的学科知识体系是对人类长期管理实践经验的科

---

[1] (美)罗宾斯. 管理学原理与实践[M]. 北京:机械工业出版社,2014:11.
[2] 孔茨和奥唐奈合作的《管理学原理》在1976年出版第六版时更名为《管理学》(Management)。

学总结、提炼和升华,是对管理实践活动的高度理论概括与抽象。另一方面,管理学又对管理实践发挥重要指导作用,为管理者开展管理活动提供必要的理论、原则和方法。随着经济社会的快速发展以及管理实践活动在广度上的不断扩展且日益向纵深发展,管理学科体系也越来越丰富和完善。管理理论与管理实践有机结合,为管理学科提供了旺盛的生命力和广阔的发展空间。

3．交叉性

管理活动是一种复杂的人类活动,深受经济、政治、法律、社会、心理等社会因素以及来自自然的各种力量的影响,因此,要研究和探讨管理活动的基本规律与一般方法,不仅要全面考察组织内外部各种错综复杂的因素及其影响,还要借鉴经济学、社会学、心理学、运筹学以及数学、系统工程、信息科学、计算机等学科的相关理论和方法,对管理活动进行定性描述和定量分析。因此,管理学科具有鲜明的交叉性特征。

4．历史性

管理学是人类社会历史实践活动的产物,因而具有鲜明的历史性特征。在漫长的管理实践演进过程中,人们不断收集、梳理、系统总结前人的管理经验、管理思想、管理理论和方法,并代代传承、持续创新。一代代人的知识积累与理论创造,为管理学理论体系的创建与完善奠定了坚实的科学基础。

二、管理学的研究对象

对管理学研究对象的分析可以从广义和狭义两个层面来进行。

(一) 广义的管理学研究对象

广义的管理学研究对象是由宏观视角的管理对象即社会生产过程决定的。所以,要清晰界定广义的管理学研究对象,首先必须分析社会生产过程。

从宏观视角考察,人类的管理活动是针对社会生产过程进行的。我们知道,任何社会生产都是在一定生产方式下进行的,社会生产过程既是物质资料的再生产过程,也是生产关系的再生产过程,由此决定了对社会生产过程所进行的管理活动相应具有了双重属性,即自然属性和社会属性。一方面,管理活动适应人类有组织的共同劳动的需要而产生,在社会化大生产条件下,管理是社会劳动过程中的一种特殊职能,只要进行社会化大生产,就需要有一些人履行组织、指挥与协调生产等职能,也就是要进行管理,因此,管理是社会劳动过程的普遍形态,这就是管理的自然属性或一般属性,它反映了社会劳动过程的一般要求,取决于生产力发展水平和劳动的社会化程度,不以人的意志为转移,也不会因社会制度和意识形态的不同而有所改变。另一方面,管理是为了达到预期目的而进行的具有特殊职能的活动,适应一定生产关系的要求而产生,具有维护和巩固生产关系、实现特定生产目的的功能,这就是管理的社会属性或特殊属性,它表现为劳动过程的特殊历史形态,为某种生产方式所特有,反映特定的生产关系,取决于社会生产关系的性质。劳动的社会结合方式不同,管理的社会性质也就不同,管理的社会属性不会单纯地随着生产力发展水平的变化而相应变化。

基于以上分析,同时为了便于把握管理的双重属性,学者们从理论上抽象地将管理的合理组织社会生产力的职能称为管理的一般职能,将管理的维护生产关系的职能称为管理的特殊职能。由于社会生产过程本来就是生产力和生产关系的统一体,人与物的关系同人与人的关系密不可分,因此,在管理实践中,管理的一般职能和特殊职能常常是紧密结合在一起发挥作用,并具体体现为管理的计划、组织、领导、控制四项基本职能。上述有关管理的双重属性与各种管理职能之间的内在关联如图1-3所示。

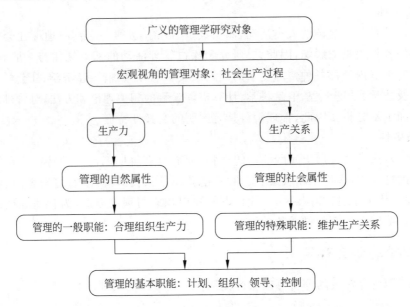

图1-3 管理的双重属性与管理的基本职能

因此,从广义上考察,管理学研究涉及如何按照社会化大生产和生产力发展的客观要求,合理组织生产力,不断完善生产关系等问题,试图在对生产力和生产关系矛盾运动的研究中,揭示管理的一般规律性,并随着经济基础的发展与变革,适时调整上层建筑。鉴于此,我们可以将广义的管理学研究对象表述为三个不可分割的方面,即如何按照客观规律的要求,合理组织生产力,以及如何完善生产关系,调整上层建筑,以促进生产力的发展。

1. 合理组织生产力

主要研究怎样合理配置和整合组织内外的人力、财力、物力、技术、信息等资源,使各要素充分发挥作用;如何根据组织目标的要求和社会需要,合理利用各种资源,创造最佳的经济效益和社会效益等。

2. 不断完善生产关系

主要研究如何处理好组织中人与人之间的相互关系;如何建立和完善组织机构以及各种管理体制;如何激励组织成员,最大限度地调动其积极性和创造性,更好地实现组织目标等。

3. 适时调整上层建筑

主要研究如何使组织内部环境与外部环境相适应;如何遵守和执行国家的法律法规与政策,使组织的规章制度与社会的政治、经济、法律、道德等上层建筑保持一致,从而维持正常的生产关系,促进生产力发展。

(二) 狭义的管理学研究对象

狭义的管理学研究对象几乎覆盖了管理学的所有相关构成要素,主要包括以下几个方面。

1. 管理原理

管理学注重研究管理的基本规律,即适用于一切社会和个别社会形态的各种基本的管理规律,并在此基础上阐释管理的实质、目的与原则。

2. 管理职能

管理的四项基本职能既体现了管理的基本任务,也反映了动态的管理全过程,它们是管理原理、管理原则发挥作用的载体。

3. 管理方法、技术和手段

执行管理职能,需要依靠具体的方法、技术和手段,因此,对管理方法、管理技术和管理手段的研究,构成了管理学研究的重要组成部分。

4. 管理者

管理者是管理的主体,他们通过执行管理职能,与他人共同实现组织目标。管理是否有效,与管理者的素质及其掌握的管理技能等密切相关。现代管理学尤其重视对管理者的素质及其有效性的研究。

5. 管理历史

几千年来,人类的管理实践活动由简单到复杂,有成功经验,也有失败教训,人们不断对此进行总结和思考,经过长期研究、探索和提炼,使管理的思想萌芽逐步形成为简单的概念进而发展成为一套比较完整的、反映管理客观规律的理论知识体系。因此,管理学注重对人类的管理思想与管理实践历史演进过程的研究,试图通过建立管理的历史体系,使人们更清楚地认识和理解管理理论与实践的前世今生,在批判性继承的基础上,不断创新和发展现代管理理论与方法。

三、管理学的研究方法

基于管理学的学科性质与特点,管理学研究主要采用以下方法。

1. 历史法

管理学研究采用历史的方法,主要体现在当它对管理学中的某一理论、某一规律进行研究时,都将其置于一定的历史条件下,通过考察其发生与发展的历史背景,掌握其来龙去脉,透过其源头与演进轨迹,揭示其实质。

2. 逻辑法

管理学研究采用逻辑的方法,主要体现在它注重通过概念、判断、合乎逻辑的推理等科学的思维方式,研究管理活动的客观发展规律,从纯粹、抽象的形态上揭示管理的实质。

3. 比较研究法

管理学研究采用比较研究的方法,主要体现在它注重通过横向比较,研究不同国家、不同经济社会制度、不同文化背景下的管理思想、管理理论和方法及其应用效果,探寻管理的共同规律。

4. 试验法

管理学研究采用试验的方法,主要体现在它注重在一定的约束条件下,进行反复试验,有目的地揭示管理规律,即"人为地为某一试验创造一定条件,观察其实际试验结果,再与未给予这些条件的对比试验的实际结果进行比较分析,寻找外加条件与试验结果之间的因果关系。如果做过多次试验,而且总是得到相同结果,就可以得出结论,这里存在某种普遍适用的规律性"。[①]

5. 案例分析法

管理学研究采用案例分析的方法,主要体现在它注重从现实中挖掘和选择典型案例,通过案例的深入剖析,总结出具有指导意义的一般性规律和可资借鉴的成功经验。

6. 交叉研究法

管理学研究采用交叉研究的方法,主要体现在它注重借鉴其他相关学科的理论和方法,研究管理问题,并探讨管理学科与这些学科之间的密切关联,力求在交叉研究的基础上,形成具有一般意义的管理理论与方法。

本 章 小 结

管理是人类的一种特殊活动,是指组织中的管理者为了实现组织目标,通过实施计划、组织、领导、控制等职能,合理分配、有效整合组织内外相关资源的动态的创造性活动。管理既具有科学性,也具有艺术性。处于组织行政管理体系中不同层级的管理者在管理中扮演着人际、决策、信息等复杂的角色。要成为有效的管理者,必须掌握概念技能、人际关系技能、技术技能和政治技能。当然,不同层级的管理者需要掌握的管理技能具有不同的侧重点。

管理学作为一门学科,具有基础性、应用性、交叉性、历史性等特征。管理学的研究对象可以从广义和狭义两个层面来分析。管理学研究采用的主要方法有历史法、逻辑法、比较研究法、试验法、案例分析法和交叉研究法等。

进一步阅读的材料

[1] (美)贝特曼,等. 管理学[M]. 北京:中国人民大学出版社,2014.
[2] (美)德鲁克. 21世纪的管理挑战[M]. 北京:机械工业出版社,2006.
[3] (美)达夫特. 管理学:第9版[M]. 北京:清华大学出版社,2012.
[4] (美)德鲁克. 卓有成效的管理者[M]. 北京:机械工业出版社,2016.
[5] (美)德鲁克. 动荡时代的管理[M]. 北京:机械工业出版社,2009.
[6] (美)罗宾斯. 管理学原理与实践[M]. 北京:机械工业出版社,2014.
[7] 王凤彬,李东. 管理学[M]. 北京:中国人民大学出版社,2003.
[8] 周三多,陈传明,贾良定. 管理学——原理与方法:第6版[M]. 上海:复旦大学

---

① 周三多,陈传明,贾良定. 管理学——原理与方法:第6版[M]. 上海:复旦大学出版社,2014:32.

出版社,2014.

[9] 赵丽芬.管理学:理论与实务[M].上海:立信会计出版社,2016.

思考题

1. 怎样理解管理的概念?
2. 为什么说管理既具有科学性又具有艺术性?
3. 管理的基本职能有哪些?
4. 组织中的管理者主要扮演哪些角色?
5. 不同层级的管理者侧重掌握哪些管理技能?
6. 怎样理解管理学的研究对象?

第二章

管理思想与管理理论的演进

学习目标

(1) 了解人类社会早期东西方管理思想。
(2) 理解西方古典管理理论。
(3) 熟悉现代管理理论。
(4) 解释"管理丛林"。
(5) 掌握管理理论前沿动态。

> **身边的管理：**
> 　　我们在一个管理理论知识与研究方法多元化的时代学习和生活，学生们在各门课程中被传授各种管理学理论。这样的多种智力输入虽然具有系统性和时效性，但是也往往给学习管理的人留下了一幅关于管理的支离破碎的画面，并假定学习者有意愿、有能力将那些不同的理念融会贯通。很多管理学的学习者，包括许多富有经验的企业家，对现在最"流行"的管理学理论学习越多，越会发现遇到了一种困惑：为什么看起来流行的管理理论越学越不对劲，与管理实践越差越远？
> 　　这是因为：流行的管理理论常常只是一些片面理解，它们发现的只是管理现象的某一个方面，虽然具有一定的概括性和解释力，但不能完整反映真实世界管理的全貌，也难以呈现管理的本质。某一个理论可以解释现象的发生机制，但在抽象的描述中并未呈现发生这些现象的社会文化与历史背景。在不断变化的商业世界中，在将理论应用到新的实际管理场景之时，学习者就会感到"脱节"和力不从心。就像在一条流动的河流中寻找落入水中的宝剑，我们不仅要关注那些不变的"规律"和"法则"，更要看到变化的水流。
> 　　管理学是一门应用型学科，为了更好地学以致用，我们需要学习管理思想史。只有管理思想史才可以告诉你管理思想产生的背景。就像古代管理国家的皇帝要从历史中学习治国之道——前人的历史中有很多现实中即将遇到的类似的问题，因此他们注重直接从史册中寻找前人的宝贵经验，预防只懂理论不懂管理的"纸上谈兵"，并果断停止毫无意义的揣测与摸索。

　　管理活动几乎与人类文明同时诞生。人类对经济、政治和社会有着相当的需求，这种需求与生俱来，并通过一系列组织的活动获得满足，就在通过群体活动来满足这些需求的过程中,管理产生了。所以,管理理论源于管理实践,管理的知识与理论体系是在人类长期的社会实践中逐渐构建起来的。先于系统的管理理论出现的是一些在总结管理经验的基础上形成的管理概念和管理思想,它们在一定程度上反映了人类对管理实践的初步了解和认识。工业革命以来,随着人类社会生产力水平的快速提高以及工业化生产方式的出现和普及,人们越来越需要更加规范有效的管理方法进行系统的管理,而且人们越来越有条件利用系统的思维方式和先进的技术手段,对前人的管理经验进行验证、归纳、提炼,总结管理的规律,建立管理理论体系,并将之大规模应用到商业组织管理过程中。同时,管理理论和管理学以超乎寻常的速度在全世界的范围内成长起来,如今已经发展成为知识体系完整、学科分支复杂的现代学科,在人类文明进展中占据了重要的地位。本章着重介绍各阶段有代表性的管理思想与理论,以便从整体上展示管理思想与理论的发展过程。

第一节 中国传统管理思想

一、中国传统管理思想的主要内容[①]

中国传统的管理思想分为宏观管理的治国学和微观管理的治生学。治国学适应中央集权的封建国家的需要,包括财政税负管理、人口田制管理、市场管理、货币管理、国家行政管理等方面。治生学是在生产发展和经济运行的基础上通过官、民的实践逐步积累起来的,包括农副业、手工业、运输、建筑工程、市场营销等方面的经验和学问。这两方面的学问作为管理的指导思想和主要原则,可以概括为以下要点。

(一)以人为本的管理理念

"重人"是中国传统管理思想中的一大要素,包括两个方面:一是重人心向背;二是重人才归离。要夺取天下,治好国家,办成事业,人是第一位的,因此我国历来讲究得人之道,用人之道。另外,中国古代管理思想家已经意识到管理的核心在于调解人际关系、管理人的行为、引导人的心理反应,以实现管理目的,而要抓住这个核心,就必须了解人,掌握人性和心理特征,于是就产生了荀子的"性恶论"、孟子的"性善论"。荀子特别强调"天下之所谓善者,正理平治也,所谓恶者,偏险悖乱也,是善恶之分也",为如何管理人提供了指导。

古代管理思想家认为,人在本质上是基本相同的,但人的行为能力却千差万别。要管理好人和事物,就要充分认识到这一点,并尽可能创造条件,使人的行为能力发挥出来,实现每个人自身的价值追求,各得其所,只有这样才能使人们接受管理,进而成功地实现管理目标。

古代管理思想家指出,人的行为能力产生于良好的教育和环境,因而成功的管理者首先应当对人进行教育引导式的管理,而管理制度、管理工作、管理环境本身就具有对人的引导教育作用。在他们看来,对人的管理应以教育性、引导性管理为主,而以规范性和防范性管理为辅。

---

① 芮明杰. 管理创新[M]. 上海:上海译文出版社,1996:222-225.

（二）协调人际关系的思想

中国古代管理思想家对人际关系作出过深刻的阐述，并有一套协调人际关系、使人们同心协力工作的规范和方法。他们提出，要有效地协调人际关系，应以"礼"的秩序来规范人的行为，人与人之间应"仁"，即相互之间的交往要"以德待人""谦虚礼让"，获得群体内的"和为贵""交相爱"，而一个领导者对于群体内人际关系的协调应"不偏不倚"，做到"中庸平和"。

（三）"利""义"观

中国古代管理思想家认为，人固然出于生物属性的本能要谋"利"，但也有社会属性的本性，即有时也会产生"舍生取义""君子不言利"的行为；人改造自然的创造性行为能力，只有在社会群体的协作中才能全面发挥出来，从而实现其追求"利"的目的。因此，要求人们的行为应符合社会、集体所要求的协作取利的"义"，而不仅仅是受生物本能驱使或者"完全理性人"假设下的单纯求利。中国古代管理思想在大局与局部、集体与个人的关系上倡导"先天下之忧而忧，后天下之乐而乐"。

（四）人力资源管理思想

中国古代管理想家对于人力资源管理中的人才选拔机制和用人机制都有过丰富的阐述。他们提出，对人才的选拔要注重以仁义道德文章为选拔标准，同时考察其能力。判断一个人是不是人才，要进行"四察（查）"：观察、考察、调查、监察。对人的能力的考察有两项根据：一是看其研究问题的方法，是就事论事地研究问题，还是追根溯源地研究问题，以善于从事物整体的系统关系上去寻找解决问题的方法为佳；二是看其提出的解决问题的方案是有利于长期发展，还是只重短期行为。他们主张在人才使用中要加以培养教育，使"小人远之""君子近之"，成为国家和组织的有用人才。培养教育要讲究教之道，即因材施教，而不是不加区别地、没有针对性地培养，否则培养教育将难以收到理想效果。

（五）提高管理者素质的思想

中国古代管理思想家认为，管理的本质在于"修己"，即管理者自己要重视自身修养，重视自己的行为规范，在下属面前以身作则，然后才能去管理他人，即"安人"。"其身正不令则行，其身不正虽令不从"，倡导"格物——致知——正心——诚意——修身——齐家——治国——平天下"，即从管理者本人自我修养的角度出发，通过观察和认识事物，来获取广泛的知识，同时注重精神的锻炼和提高自身素质，使管理者本人在道德修养、行为规范等方面都达到较高境界，实现自我管理的目标。通过管理者的自我修养、自我约束对下属产生一种人格影响力。

二、中国传统管理思想的影响

中国是一个拥有悠久历史的文明古国，中国人民在长期的社会实践中创造了灿烂的传统文化。中国传统管理思想的形成在很大程度上是以中国的传统文化为基础的，中国的文化社会环境是中国传统管理思想发生发展的土壤。这些思想不但深刻地影响了中国经济社会的发展与特色,而且广泛地影响着其他国家。深入了解中国传统的管理思想,古为今用,既能够创建更加有效的适应中国环境特色的管理模式,也能够提高中国管理学研究在世界的学术地位。

第二节 西方传统管理思想

一、西方早期管理思想的产生

系统地应用于大规模生产管理的管理理论产生于西方工业社会,这些管理理论的产生经历了一个由萌芽到观念再到思想并最终形成系统理论的发展过程。要理解管理理论的发展脉络,首先要了解作为其基础的早期管理思想的产生和发展过程。在18世纪工业革命之前的西方,管理思想处于一种萌芽状态,仅仅以观念的形式存在于人类的管理实践中。工业革命把管理实践和管理思想推到了一个新的历史发展阶段。适应手工业生产向机器生产转变、以手工业为基础的资本主义工场向采用机器的资本主义工厂制度过渡的需要,一些经济学家在其研究中越来越多地涉及管理问题,很多实业家也潜心总结管理经验,研究探讨管理问题,于是出现了一系列早期的管理思想。这些管理思想为后来管理理论的产生与发展奠定了重要基础。本节主要介绍具有代表性的早期管理思想。

二、西方早期典型的管理思想

(一)亚当·斯密的管理思想

亚当·斯密(Adam Smith)是英国古典政治经济学家,他不仅首次系统论述了古典政治经济学,而且对管理学思想的发展作出了重大贡献。1776年,斯密在其论著《国民财富的性质和原因的研究》(通常简称为《国富论》)中提出了劳动分工观点和经济人观点,对系统的管理理论的产生和发展具有深刻影响。

1. 劳动分工观点

斯密认为,劳动分工是导致劳动生产率提高的重要因素,这是因为:①分工使劳动者专门从事一种简单的操作,从而提高劳动的熟练程度,增进技能;②分工可以减少劳动者的劳动转换,从而节约时间;③分工使劳动简化,从而可以把人的注意力集中在一种特定的对象上,有利于发展更为简便的工作方法,进而促进工具的改革和新机器的发明。斯密的劳动分工观点适应了当时社会对迅速扩大劳动分工、推进工业革命的客观要求。

2. 经济人观点

斯密认为,所有的经济现象都是由具有利己主义的"经济人"的活动所产生的。理性的"经济人"在经济活动中追求的完全是个人利益,但是每个人的私人利益又受到他人利益的限制。只有当他意识到给别人做事有利于自己的时候,他才肯去帮助别人。这种利益上的相互依存和相互制约关系,迫使每个人在追求个人利益时必须顾及其他人的利益,因此产生了相互的共同利益,进而产生了社会利益。社会正是以个人利益为基础的。这一观点对企业管理以及宏观经济管理理论及其实践都产生了重要的影响。

(二) 查尔斯·巴比奇的管理思想

查尔斯·巴比奇(Charles Babbage)是英国剑桥大学教授、数学家、机械学家,也是一位富有现代气息的管理先驱。他对管理的主要贡献在于以下几个方面。

1. 对分工的作用作出更全面的解释

巴比奇曾用几年的时间到英、法等国的工厂了解和研究管理问题,并在其1832年出版的《机器与制造业经济学》一书中对专业化分工、机器与工具使用、时间研究、批量生产、均衡生产、成本记录等问题作了充分的论述,特别是以其亲身经历奉劝经理人员尽量采用劳动分工。通过时间研究和成本分析,他进一步肯定了劳动分工对提高劳动生产率的意义,并作出了比亚当·斯密更为全面、细致的解释,认为劳动分工之所以能够使生产率提高,其原因在于:节省了学习所需的时间;节省了学习期间所消耗的材料;节省了不同工序转换所需要的时间;经常从事某一项工作,相关肌肉能够得到锻炼而不易于疲劳;重复同一操作,技术熟练,工作速度较快;注意力集中于单一作业,便于改进工具和机器。

2. 设计了一种工资加利润的分享制度

巴比奇十分强调生产中人的作用,主张实行激励性建议制度,即对有益的建议按其对提高生产效率的贡献给予奖励,以鼓励工人提出改进生产的建议。巴比奇还设计了一种工资加利润分享的制度。根据这种制度,工人除按照工作性质获得固定工资外,还应按照生产效率及其所作的贡献分得工厂利润的一部分。他认为这样做有很多好处,例如,可以使每一个工人的利益同工厂的发展及其所创造利润的多少直接挂钩,从而使每个工人更加关心浪费和管理不善等问题;可以促进每个部门改进工作;可以激励工人提高技术及品德;在劳资关系上,可以使工人同雇主利益一致,消除隔阂,共谋企业发展。

(三) 罗伯特·欧文的管理思想

罗伯特·欧文(Robert Owen)是英国工业家、改革家和空想社会主义的代表人物。他最早注意到企业内部人力资源的重要性,提出在工厂管理中要重视人的因素,主张工厂应该致力于对人力资源的开发和投资,从而开辟了人际关系和行为管理理论的先河,因此被称为"现代人事管理之父"。欧文按照他的管理思想进行了一系列尝试性的改革,例如,改进工人的劳动条件;将工人每天的劳动时间限制在10.5个小时;提高童工的年龄,禁止雇佣10岁以下童工;提供免费餐点、改善工人住宿条件等。改革实践正如欧文所愿,探讨出对工人和工厂所有者双方都有利的方法和制度,提出重视人的因素和尊重人的地位,可以使工厂获得更多利润,用于改善工人待遇和劳动条件上的投资,会得到加倍的补偿。

以上西方早期管理思想虽然尚未形成一套系统的管理理论,不足以产生巨大的推动力以促进传统管理(主要依靠个人经验进行管理)摆脱小生产方式的影响,但是对传统管理实践发挥了重要的指导作用,并为管理理论体系的产生和发展奠定了基础。

第三节 西方古典管理理论

一、西方古典管理理论产生的历史背景

西方对管理理论比较系统地加以阐述,始于19世纪末20世纪初。在这一时期产生的管理理论通常被称为古典管理理论。其中具有代表性的是科学管理理论、组织管理理论和"理想的行政组织"理论。之所以在这个时期产生了古典管理理论,主要是基于两方面的原因。一是从实践方面看,随着科技水平和生产社会化程度的不断提高,企业规模不断扩大,生产技术更加复杂,市场迅速扩展,竞争复杂程度也在提高,企业家越来越感到个人管理经验已难以适应生产发展的需求,客观上要求资本所有者与企业经营者分离,实现管理职能专业化,采用系统的管理制度和方法。同时,也要求对过去积累的管理经验、管理思想进行总结,使之系统化、理论化,从而可以广泛学习并指导实践,进而提升管理水平。二是从科学研究方面看,当时经济社会的发展状况,使欧美的一些管理学家有可能根据实验和试验,以实证主义的研究方法,创建科学管理理论体系。

二、科学管理理论

科学管理理论着重研究如何提高单个工人的劳动生产率问题,其代表人物是美国的弗雷德里克·温斯洛·泰勒(Frederick Winslow Taylor)。泰勒出生于美国费城一个富裕的律师家庭,1875年进入一家小机械厂做学徒,1878年转入费城米德维尔钢铁公司,当过车间勤杂工、技工,后任工长、总技师和总工程师等。1890年泰勒离开该公司,从事顾问咨询工作,1898年又进入伯利恒钢铁公司继续从事管理研究。1901年以后他用大量时间从事写作与演讲。泰勒丰富的实践经验使他有可能在生产第一线系统地观察研究劳动组织和生产管理问题,并在时间研究方面取得最初成果,也为其宣传自己的企业管理理论并将这些管理思维推广运用于实践提供了便利条件。1911年出版的《科学管理原理》是泰勒的代表作,其中系统地阐述了泰勒的管理思想——泰勒制。泰勒因在管理理论的创建上作出了突出贡献而被人们誉为"科学管理之父"。

泰勒在米德维尔钢铁公司工作期间,经过长期观察发现,落后的管理是导致劳动生产效率低下、工人缺乏训练并"磨洋工"、劳资冲突不断的主要原因。为了改进管理,他进行了大量实验,并在此基础上创建了科学管理理论体系,其主要内容如下。

(一)工作定额

泰勒为了制定有科学依据的工作定额,进行了动作和时间研究,所采用的方法是:把工人的操作分解为基本动作,将每一个动作、每一道工序所使用的时间记录下来,去掉多余的动作和不必要的时间,得出必要的工作时间并加上必要的休息时间,即完成该项工作所需要的标准时间,据此定出一个工人"合理的日工作量"。

(二)标准化

泰勒认为,要提高劳动生产率,必须用科学方法对工人的操作方法、工具、劳动和休息

时间的搭配、机器的安排和作业环境的布置等进行分析，消除各种不合理的因素，把各种最好的因素结合起来，形成最好的方法，这是管理当局的重要职责。所谓标准化就是要让工人在工作时采用标准的操作方法，使用标准的工具、机器、材料，并使作业环境标准化。

（三）能力与工作相匹配

泰勒认为，要提高劳动生产率，必须为工作挑选第一流的工人。人具有不同的能力、不同的天赋和才能，一个人对完成某项工作可能是一流的，但对另一项工作就不一定合适。只要工作对他合适而且他也愿意做这项工作，他就能够成为第一流的工人。管理人员的责任就在于使工人的能力与工作相匹配，为每项工作找出最适合这项工作的人选，并对其进行系统的培训和教育，用科学的操作方法来提高经过科学选择的"第一流的工人"，使他们严格按照最佳方法进行工作，激励他们尽最大努力去工作。对于那些体力和智力不适合做分配给他们的工作的人，应重新将其安排到适合他们的工作岗位上去。

（四）差别计件工资制

泰勒发现，报酬制度不合理是引发工人"磨洋工"的重要原因之一。在对原有计时工资、计件工资等报酬制度的弊端进行剖析后，泰勒提出建立在科学工作定额基础上的刺激性差别计件工资制，即根据工人完成工作定额的实际情况采用不同的工资率来计算其应得报酬。如果工人没有完成定额，就按低于正常单价20%的标准计酬；如果工人超额完成定额，则按高工资率付酬，为正常工资的125%，不仅超额部分按高工资率计算，而且定额内部分也按此单价计酬。泰勒认为，这种工资制度有两方面的优越性：①支付工资的对象明确界定为工人的劳动效率，即根据工人的实际工作表现而不是工作类别来支付工资，从而有助于激发工人的劳动热情，大大提高劳动生产率，克服消极怠工的现象；②在生产率的提高幅度和利润提高幅度超过工资增加幅度的情况下，雇主也会从"做大的馅饼"中得到更大的利益。

（五）计划职能与执行职能相分离

泰勒主张用科学的工作方法取代经验工作方法。经验工作方法是指工人自己按照其经验和习惯来确定自己的工作方式，包括工作顺序、工具的选择等，工作效率的高低取决于他们的操作方法与使用工具是否合理，以及个人的熟练程度与努力程度。所谓科学的工作方法，是指在实验和研究的基础上制定标准的操作方法，采用标准的工具、设备。泰勒提出，应该明确划分计划职能与执行职能，所有的计划职能都由计划部门来承担，而执行职能则由部分工长和所有工人承担。这样，计划部门的具体工作就是：①进行时间和动作研究，为合理制订定额和操作方法提供科学依据；②制订科学的工作定额和标准的作业方法并选用标准工具；③拟订计划，发布指示和命令；④比较标准和实际情况，进行有效的控制。计划职能与执行职能分离后，现场的工人只从事执行的职能，即按照计划部门制订的方法、工具和指示从事实际操作，不得自行改变操作方法。

三、组织管理理论

组织管理理论着重研究管理职能和整个组织架构,其代表人物是法国人亨利·法约尔。法约尔出生在法国的一个小资产者家庭,1860年毕业于法国圣艾蒂安国立矿业学院,同年受聘于康门塔里—福尔尚布德矿冶公司,成为一名采矿工程师,1866年任矿井经理,1888年升任公司总经理,1918年退休后建立管理研究中心。由于法约尔多年位居高层管理者职位,并在法国多种机构中从事过管理方面的调查和教学工作,所以他关注的是所有管理者的活动,研究对象是企业整体及整个组织的管理问题,他的管理理论不仅适用于工商企业,而且适用于政府、教会、慈善机构、军事组织以及其他各种事业单位。正因如此,法约尔被公认为是第一个概括和阐述一般管理理论的管理学家,是"现代组织管理之父"。1916年,浓缩了法约尔50多年管理经验和管理思想的著作《工业管理和一般管理》正式出版,其中对经营管理活动、管理职能、管理原则等进行了全面系统的阐述,提出了适用于各类组织的管理的五项职能和有效管理的十四条原则。

(一)企业的经营活动与管理的五项职能

法约尔将企业的经营活动分为六大类,管理不过是其中的一个组成部分,从而将管理与经营区分为两个具有不同内涵的概念。企业的六类经营活动包括:①技术活动,指生产、制造和加工;②商业活动,指采购、销售和交换;③财务活动,指资金的筹措、运用和控制;④安全活动,指设备的维护和人员的安全保护;⑤会计活动,指财产盘点、资产负债表制作、成本核算、统计等;⑥管理活动,指计划、组织、指挥、协调和控制,也就是管理的五项职能。其中,计划是指预测未来,并据此制订行动计划、提出实施方案等;组织是指建立企业的物质结构和社会结构;指挥是指上级对下级的活动给予指导,使之发挥作用;协调是指让企业人员团结一致,使企业中所有的活动及力量都得到连接、联合、调和,维持必要的统一,调整不同部门、不同人员的活动与关系;控制是指保证企业中各项工作的实际执行符合所制订的计划、指令及标准。法约尔提出的五项管理职能形成了一个完整的管理过程和管理框架,其后的管理学教材体系大部分都是按照管理职能构建的。

(二)管理的十四条原则

1. 劳动分工原则

生产越是专业化,人们越能有效完成自己的工作,从而提高工作效率。劳动分工不仅限于技术工作,也适用于"专业化的职能和分离的权力",即同样适用于管理活动。管理者经常处理同一事务,对自己的工作能够做到越来越熟练、自信和准确,从而提高管理效率。

2. 权力与责任对等原则

权力即指挥他人的权和促使他人服从的力的统一体。责任是随权力而来的奖惩。权力和责任互相依存、互为因果,责任是权力的孪生物,在哪里行使权力,就应当在哪里承担相应的责任。权力和责任应该是对等的、统一的。法约尔还把权力分为职务权力和个人权力。前者指管理人员因为担任的职务或地位而拥有的正式权力;后者指因管理者的个人因素如智力、学识、品质、能力等产生的权力。他认为,一名好的管理者应当两者兼备,并善于用个人权力补充职务权力的不足。

3. 纪律严明原则

纪律是企业领导者与下级之间在服从、勤奋、举止等各方面达成的一致协议。它不以畏惧为依据,而是建立在服从与尊重的基础之上,组织中所有成员都要通过各方达成的协议对自己在组织中的行为进行控制。法约尔指出,要维护纪律的有效性必须坚持以下两点。

(1) 协议要明确而公正。要使管理者和员工都对组织规章有明确的理解,奖惩要公正,当纪律遭到破坏时,要明确而果断地采取措施,进行合理的惩罚。

(2) 领导者要以身作则。良好的纪律是有效领导者的"产物",纪律松弛是领导不善的必然结果,高层领导应同下属一样,受纪律的约束。

4. 统一指挥原则

每个员工只服从一个上级的指挥,只接受该上级的命令并向他汇报工作。

5. 统一领导原则

每一项具有共同目标的活动,只能有一个领导和一项计划,这是统一行为、协调力量和一致努力的必要条件。

6. 个人利益服从整体利益原则

任何个人利益都不能超越组织整体利益。两者之间发生矛盾时,领导要率先垂范,并采取有效措施,克服一切试图把个人利益置于组织利益之上从而引起冲突的个人情绪,公正地将两者协调起来。

7. 报酬合理原则

报酬及其支付方式要公平合理,对工作成绩和工作效率优良者要给予奖励。当然,奖励要有一个限度,因为再好的报酬制度也无法取代优良的管理。

8. 集权与分权原则

集权与分权反映了下级参与决策的程度,决策制定权是集中于管理当局还是分散给下属,这只是一个适度问题。法约尔认为,凡减少下属在决策中的作用者为集权,凡增进其作用者为分权。不管环境如何,集权都或多或少地始终存在,没有绝对的分权或集权。管理当局的任务是找到在每种情况下最适合的集权程度,即根据各种情况,包括组织的性质、人员的能力等来决定"产生全面最大利益"的那种集权程度。法约尔主张给下属以足够的权力去很好地完成他们的工作,但管理者应保留最后的决定权。由于管理层和员工的素质、企业条件及环境等变化,任何组织都要适时改变集权与分权的程度。

9. 等级链与跳板原则

等级是指从最高权力机构到底层管理人员的上下级关系系列,它是执行权力的路线和信息传递的途径。从理论上讲,为了保证命令的统一与行动的一致,信息应当按等级链传递,但这可能会导致信息的延迟,因此,法约尔设计了一种分层管理的"跳板",便于同级之间的横向交流。这种横向直接联系的前提条件是沟通之前征求各自的上级的意见,事后要及时向各自的上级汇报,以保证维护统一指挥前提下的迅速、可靠的横向联系,节省时间与人力,提高效率。

10. 秩序原则

组织中的人员和物品要各有其位,各在其位。

11. 公平原则

管理者对自己的下属要公平、公正和友善,使下属忠于职守,热心于履行自己的职责。

12. 人员稳定原则

每个人适应和熟悉自己的工作都需要一个过程,在一个组织中,如果人员尤其是高级雇员经常流动,则对工作不利。因此,管理者应当制订规范的人事计划,鼓励员工特别是管理人员长期承担所分配的任务,以免影响工作的连续性和稳定性。同时,在人事安排上要保证有合适的人选接替职务的空缺。

13. 首创精神原则

首创精神是创立和推行一项计划的动力。[①] 发明创造是首创精神,建议与发挥主动性同样是首创精神。首创精神是推进组织发展的巨大动力,必须大力提倡。管理者要有首创精神,勇于创新,同时要鼓励和发挥下级的首创精神,不断提高创新意识,增强其创新能力。

14. 集体精神原则

集体精神是指在组织中形成团结、和谐与协作的氛围。培养集体精神的有效方法是严守统一指挥原则,加强信息交流和沟通。

法约尔指出,十四条管理原则具有灵活性。管理者应该根据自己的管理经验以及各种可变因素和环境,合理掌握运用上述原则的尺度。如何使这些原则灵活地适用于各种特殊环境,真正使管理有效,要依靠管理者的管理艺术或技巧。

四、"理想的行政组织"理论

行政组织理论强调组织活动要通过职务或职位而不是个人或世袭地位来设计和运作。[②] "理想的行政组织"理论是由德国著名的社会学家、柏林大学教授马克斯·韦伯(Max Weber)提出的。该理论为20世纪初的欧洲企业从不正规的业主式管理向正规的职业化管理过渡提供了一个纯理想化的组织形式,对工业化以来各种类型的组织产生了广泛而深远的影响,成为现代大型组织广为采用的组织管理方式,韦伯也因此被誉为"组织理论之父"。

(一)权威的基础

在人类组织管理历史上,由于管理所依托的基本手段不同,曾经有不同类型的权威关系和相应的管理方式。韦伯从社会学的角度对组织基础进行了分析,他认为,等级、权威和行政制是一切社会组织的基础,而权威有三种类型:个人崇拜式权威、传统式权威和理性—合法的权威。其中,个人崇拜式权威的基础是对个人的明确而特殊的尊严、英雄主义或典范的品格的信仰……传统式权威的基础是先例和惯例,理性—合法的权威的基础是

[①] 周三多. 管理学[M]. 北京:高等教育出版社,2000:22.
[②] 王凤彬,李东. 管理学[M]. 北京:中国人民大学出版社,2003:280.

法律或升上掌权地位的那些人……发布命令的权力。① 从历史上看,早期的组织管理大多依靠个人权威,以传统的权威和"神授"的超凡权威为基础的控制手段,但韦伯认为,在三种权威中,只有理性——合法的权威才是理想的组织形式的基础。所以,在他设计的理想的行政组织中,组织管理过程依赖的基本权威由个人转向"法理",以理性的、正式规定的制度规范为权威中心进行管理。这表明,理想的行政组织理论实质上是强调以科学确定的"法定的"制度规范为组织协作行为的基本约束机制,主要依靠外在于个人的、科学合理的理性权威实施管理。在这里,所谓"理想的"并不是最合乎需要的,而是指组织的"纯粹形态",以区别于现实中的组织形式。人们正是根据韦伯对权威基础的论证,将其"理想的行政组织"理论称为"官僚制"。

(二)"理想的行政组织"的特征

1. 有明确的劳动分工

在组织中的工作分解,按照职业化对成员进行分工,在分工的基础上,规定每个岗位的权力和责任,并将之作为明确规范而制度化。

2. 建立等级体系

按照等级原则对各种公职或职位进行法定安排,即根据不同职位权力的大小,确定其在组织中的地位,形成自上而下的有序的等级体系或指挥链,并以制度形式固定下来。在这个体系中,上级必须对自己的下级拥有权力,并能发号施令,下级必须服从上级的命令与指挥。每一个下级都处在一个上级的控制与监督之下,每个管理者都不仅要对自己的行为和决定负责,而且要为其下属的行为和决定对上级负责。

3. 对员工的严格选拔和任用

明确规定职位特征及该职位对人的应有能力的要求。根据经过正式考试或教育培训获得的技术资格选拔员工,并完全根据职位要求来任用。

4. 对管理人员管理的明确规定

管理人员在实施管理时,只负责特定的工作,拥有执行自己职能所必要的权力,但权力要受到严格的限制,管理者必须严格遵守组织中规定的章程、规则和办事程序。管理者的职务是他的职业,他有固定的报酬,有按才干晋升的机会,有明文规定的升迁制度。

韦伯认为,这种官僚组织体系能够通过组织的结构化、非人格化、规范化和计划等,达到提高组织效率的目的。这种组织形式适应范围很广,在精确性、稳定性、纪律性、可靠性等诸多方面优于其他组织形式,所以是最理想的。

第四节 西方现代管理理论

一、行为科学理论

古典管理理论大多注重生产过程、组织控制方面的研究,较多地强调科学性、精密性、

---

① 周三多. 管理学[M]. 北京:高等教育出版社,2000:22.

纪律性,而忽视了对人这个关键因素的研究,甚至把工人当作机器的附属物看待。古典管理理论所具有的这种局限性本身就决定了运用这些理论和方法无助于彻底解决提高劳动生产率、缓解劳资紧张关系等问题。这是因为人并非是纯粹的"经济人"和完全的"理性人",因此他们追求的不仅是物质上的满足和个人利益最大化,而是客观地存在不断变化的心理需求和社会需求,特别是在工业化、现代化的进程中,劳动者的心理需求和素质不断提高,单纯的金钱刺激和严格的控制难以像以前那样发挥作用。正是在这种背景下,一些管理学家和心理学家开始从社会学、心理学、生理学等角度研究企业中有关人的问题,诸如人的工作动机、情绪、行为与工作环境之间的关系,试图找出影响生产率的因素,进而创建了行为科学理论。行为科学理论早期被称为人际关系学说,后来发展为行为科学,即组织行为理论。

(一)霍桑试验与人际关系学说

人际关系学说的创立过程始于20世纪二三十年代美国学者梅奥负责的霍桑试验。乔治·埃尔顿·梅奥(George Elton Mayo)是美国管理学家和心理学家。1924—1932年他负责在美国芝加哥西方电气公司霍桑工厂进行试验,即著名的霍桑试验(Hawthorne Experiment)。当时试验的目的是根据科学管理理论中关于工作环境影响工人劳动生产率的假设,测定各种有关因素对生产效率的影响程度。经过大量的试验却发现,心理因素和社会因素在很大程度上影响工人的生产效率。1933年,梅奥在他的代表作《工业文明的人类问题》中,全面总结了亲身参与并指导的霍桑试验及其他几个试验的初步成果,系统阐述了与古典管理理论不同的观点——人际关系学说,为提高生产效率开辟了新的途径。该学说的主要内容包括以下几点。

1. 工人是"社会人",而不是"经济人"

工人具有复杂的社会和心理方面的需求,如追求友情、归属感、受人尊重等,而不单纯地追求金钱收入和物质条件的满足,金钱并非刺激工人积极性的唯一动力,社会和心理因素等形成的动力对效率有更大影响。物质刺激对促进生产率只起到第二位的作用,处于第一位的是员工社会和心理需求的满足。所以,管理者要提高劳动生产率,必须重视满足人们的这些非物质需求。

2. 企业中除了"正式组织"之外,还存在"非正式组织"

正式组织是管理当局为了实现企业目标的需要而规定的企业成员之间职责范围的一种结构。非正式组织是企业成员在共同工作过程中,由于具有共同的兴趣爱好、共同的社会感情而自发形成的非正式群体。这种组织以其特殊的感情、规范和倾向,左右着成员的行为。非正式组织与正式组织互相依存,对生产率都会产生影响。管理者应善于引导和发挥非正式组织对正式组织的正面作用。

3. 领导者应通过提高员工的"满足度"来鼓舞"士气"

由于工人是"社会人",而且在企业中存在非正式组织,所以领导者应采用新型有效的领导方式,即通过满足员工的心理需求来提高劳动生产率。

人际关系学说的重要意义在于,它引发了人们对生产中人的因素的兴趣和重视,对改变当时流行的"人与机器没有区别"的观点产生了冲击,开辟了一个管理理论研究的新领域,在一定程度上弥补了古典管理理论的不足,为行为科学理论的产生和发展奠定了重要基础。

(二)行为科学理论

20世纪50年代初期,人际关系学说发展为行为科学理论。行为科学理论综合运用社会学、心理学等相关学科的知识与方法,对工人在生产中的行为以及这些行为产生的原因进行分析研究,其内容主要涉及人的本性和需求、动机、行为之间的关系以及生产中的人际关系等。行为科学理论的特点是:致力于探索人类行为的规律,提倡善于用人、进行人力资源开发;强调个人目标与组织目标的一致性,认为调动积极性必须从个人因素和组织因素两方面着手,使组织目标包含更多个人目标,不仅改进工作的外部条件,更重要的是改进工作设计,从工作本身满足人的需要;主张在企业中恢复人的尊严,实行民主参与管理和员工的自主自治。第二次世界大战之后,行为科学的发展主要集中在两个领域:一是关于人的需要、动机、行为等方面的研究,其结果是形成一系列激励理论,其中有代表性的理论包括马斯洛的"需求层次理论"、赫茨伯格的"双因素理论"、弗鲁姆的"期望理论"、亚当斯的"公平理论"和斯金纳的"强化理论"等;二是关于领导行为方面的研究,产生了麦格雷戈的"X理论—Y理论"、布莱克和默顿的"管理方格理论"等。

从人际关系学说到行为科学理论的研究,进一步丰富和发展了管理理论体系,扩展了管理作为一门学科的研究领域和发展空间,在更大程度上改变了人们对员工在企业中的地位的看法,强调从满足人的需求、动机、相互关系和社会环境、领导方式等方面考察管理职能的执行结果对组织目标的实现和员工个人成长的双重影响,对当时及后来的管理实践具有重要的指导意义。

二、管理科学理论

管理科学理论是以第二次世界大战期间用于解决军事问题的定量方法为基础发展起来的。它是一种以自然科学和技术科学的最新成果为手段,运用数学模型对管理领域中的人力、物力、财力和信息等资源进行定量分析,并制订规划和决策的理论。该理论的主要特点如下。

(一)研究取向不同于行为科学

从理论的产生与发展的时间上考察,管理科学理论与行为科学理论是在第二次世界大战以后平行发展起来的,但它与行为科学研究取向不同。如果说行为科学理论研究的主要目标是用自然科学的方法解决管理中的人事问题,那么管理科学理论就是试图用自然科学的方法(主要是定量统计方法)解决生产与业务管理问题。前者侧重于人的心理、动机、行为等;后者更注重经济技术研究,而不注重社会心理研究,忽略了人的因素。在实践中,管理科学方法主要用于企业决策,特别是计划与控制决策,即在进行决策时,以充分的事实为依据,采用逻辑思考方法,对大量的资料和数据进行分析和计算,遵循系统的程序作出决策。在企业管理中采用管理科学方法,有助于减少主观决策的风险。管理科学理论从另一方面开拓了管理学的研究领域,使管理研究从以往的定性描述开始跨入定量分析阶段。

(二) 研究范围和手段不同于科学管理

从历史渊源考察,不可否认"管理科学"是以泰勒的"科学管理"理论为基础的,是"科学管理"的继续发展,二者都追求最有效的工作方法或最优方案,力求以最短时间、最少支出,取得更大的效果。尽管如此,管理科学理论还是在很多方面不同于且优越于"科学管理"。

(1) 管理科学理论的研究范围已经远远超出泰勒时代的操作方法和作业研究,涵盖了整个组织的所有活动。

(2) 管理科学以现代自然科学和技术科学的最新成果如数学统计方法、电子计算机技术以及系统论、信息论、控制论等为手段,研究企业管理中的一些复杂问题,特别是注重运用系统理论和观点,提出解决企业管理问题的最适宜的方法,并认为应当采用各种数学模型来表示计划、组织、控制、决策等合乎逻辑的程序,求出最优化的解决方案,以达到企业的目标。因此,管理科学大量运用数学模型,试图将管理中与决策有关的各种复杂因素全部数量化。可见,管理科学在研究中大量采用了泰勒时代所无法比拟的现代技术和方法。

三、"热带丛林"现象

第二次世界大战以后,科技进步日新月异,生产力水平迅速提高,生产的社会化程度不断加强,市场竞争日益激烈。组织内外宏观与微观环境的变化,使管理实践面临一系列新情况、新问题,传统的管理理论和方法遇到严峻的挑战。于是,管理学家、心理学家、社会学家以及经济学家、生物学家、哲学家、数学家等都从不同的角度、用不同的方法对现代管理问题展开研究,带来了管理理论的空前繁荣和发展,涌现出一大批管理学派,管理学界出现了各种管理理论和流派盘根错节的"热带丛林"现象。以下仅介绍几种有代表性的学派及其主要观点。

(一) 社会系统学派

社会系统学派的创始人是美国管理学家切斯特·巴纳德(Chester I. Barnard)。巴纳德1909年进入美国电话电报公司统计部工作,1927—1948年任美国新泽西贝尔电话公司总经理。这种长期处于最高管理层的经历为巴纳德对组织和管理问题进行系统研究创造了有利条件。不仅如此,巴纳德还创造性地把对社会学、系统论的研究同管理有机结合起来,共同运用于管理领域,创立了综合性的社会系统学派。1938年公开出版的巴纳德的代表作《经理的职能》系统地阐述了他的管理思想,也标志着社会系统理论的正式确立。

巴纳德认为,组织是两个人或者更多人经过有意识的协调而形成的活动或力量系统。在组织中,经理人员是最为重要的因素,其主要职能是:①建立和维护一个信息联系的系统;②招募和选拔能最好地作出贡献、协调地进行工作的人员,并使之协调有效地工作;③规定组织目标;④授权;⑤决策。经理在系统中的作用是,在协作系统中作为相互联系的中心,并对协作进行有效的协调,以使协作系统能够维持运转。

社会系统学派强调协作系统的基本条件和经理人的职能,是为了实现组织的内部平衡,并使这种协作系统适应外部条件,以求得系统的正常运转和顺利发展。

(二) 权变管理学派

权变管理学派产生于 20 世纪 70 年代的美国。权变管理理论的核心是力图揭示组织的各子系统内部和各子系统之间的相互联系,以及组织和它所处的环境之间的联系,并确定各种变数的关系类型和结构类型,其代表人物有弗莱德·菲德勒(Fred Fiedler)和琼·伍德沃德(Joan Woodward)。

权变管理理论在继承以前的各种管理思想的基础上,把管理研究的重点转移到对管理行为及其效果有重要影响的环境因素上。该理论认为,环境是自变量,管理观念和技术是因变量,组织所处的环境因素决定着何种管理观念和技术更适合该组织。由于组织和组织成员的行为,特别是组织所处的环境是复杂多变的,而不是像自然科学实验对象一样是可控和可直接观察测量的,所以,没有什么普遍适用的最优的管理理论和方法,管理者要根据组织所处的内外部环境随机应变,针对不同的具体条件寻求最适合自己的管理模式、方案和方法。

(三) 决策理论学派

决策理论学派的主要代表人物是美国管理学家和心理学家赫伯特·西蒙。西蒙继承和发展了巴纳德的社会系统理论,吸收了行为科学、系统理论、运筹学、计算机程序等学科内容,对经济组织内的决策程序进行了开创性的研究,并由于在决策理论方面的突出贡献而获得了 1978 年诺贝尔经济学奖,其代表作是于 1960 年先后出版的《组织》《管理决策新科学》等。

西蒙认为,管理的关键在于决策,决策贯穿管理的全过程,决策程序就是全部的管理过程,所以,管理就是决策,组织就是由作为决策者的个人所组成的系统。因此,管理必须采用一套制订决策的科学方法,要研究科学的决策方法以及合理的决策程序等问题。

(四) 经验主义学派

经验主义学派的代表人物是美国管理学家欧内斯特·戴尔(Ernest Dale)和彼得·德鲁克。戴尔的代表作是《伟大的组织者》和《管理:理论和实践》,德鲁克的代表作是《管理的实践》和《卓有成效的管理者》。该学派认为,古典管理理论和行为科学理论都不能完全适应企业发展的实际需要,有关企业管理的知识理论应该从企业管理的实际出发,以大企业的成功的组织管理者的经验为主要研究对象,对之加以概括,找到其中具有共性的东西,将其系统化、理论化,并以此为依据为管理人员提供实际的建议。他们主张通过案例研究经验,不必企图去确定一些原则,只要通过案例研究分析一些经理人员的成功经验和他们解决特殊问题的方法,便可以在相仿的情况下进行有效的管理。正因如此,经验主义学派又被称为案例学派。

第五节 管理理论前沿

一、战略管理的最新理论

美国哈佛大学管理学教授迈克尔·波特(Michael E. Porter)所创建的企业竞争战略理论,提出了决定产业吸引力的五种竞争作用力以及企业发展的三种基本战略和实现这些战略的价值链分析方法。这些不仅引发了美国乃至世界的竞争力讨论热潮,而且在宏微观经济政策制定过程中发挥着重要作用。

继波特的企业竞争战略理论之后,美国的尼尔·瑞克曼(Neil Rackham)等人提出了一种全新的经营战略理论,即合作竞争理论[①],指出,管理人员不要总是期盼抢到更多的蛋糕,而是要将蛋糕做得更大,为此要和自己的竞争对手建立伙伴关系。这种伙伴关系的建立可以在缩减供应商数目的同时,保证产品质量和价格优惠,能够使供应商和企业在各自的市场上具有长期的竞争优势。实施这种新型的、伙伴关系的策略,将逐渐改变企业的经营方式。

此外,管理学者开始越来越多地把企业组织看作是一种有机的存在,把商业看作是一种复杂的生态圈。比如,美国密歇根大学教授提区(Noel M. Tichy)提出,企业有各自的基因密码(DNA)[②],它决定了企业的形态、发展乃至变异的种种特征,决定了企业规模、类型以及企业经营是否健康有序等最基本的方面。企业 DNA 概念的提出,其价值在于把企业的发展视作一个生命体的成长和进化,企业的战略、创新、执行力、文化等问题,都根植于企业 DNA 的不同特征之中。随着时间的推移,企业内在管理要素的巨大多样性、市场环境的高度不确定性,使得企业 DNA 进化理论开始受到越来越多的关注。

摩尔(Moore)[③][④]从生物生态学的角度出发,首次提出"商业生态系统"(Business Ecosystems)概念。此概念代表着战略管理学者开始运用生态理论解释商业运作,用系统观点反思竞争的含义,主张跳出"把自己看作是单个的主体"的竞争思维定式,通过构建顾客、市场、产品或服务、经营过程、组织、利益相关者、社会价值和政府政策等七个维度的系统成员,以合作演化为主要机制建立成功的商业生态系统。

二、组织学习理论

美国学者彼得·圣吉(Peter Senge)致力于将系统动力学与组织学习、创建原理、认知科学、群体深度对话与模拟演练游戏融合,创建了学习型组织理论,被称为"学习型组织之父"。其代表作是《第五项修炼——学习型组织的艺术和任务》和《变革之舞——学习型组织持续发展面临的挑战》。

---

① 文琪. 一次读完28本管理学经典[M]. 北京:中国商业出版社,2005:23.
② 尼尔逊,帕斯特纳克,门德斯. 什么是企业 DNA[J]. 哈佛商业评论,2005(12).
③ MOORE J F. Predators and Prey:A New Ecology of Competition [J]. Harvard Business Review,1993,71(3):75-86.
④ MOORE J F. Business Ecosystems and the View from the Firm[R]. [S.I.]:Antitrust Bulletin,2006.

在《第五项修炼——学习型组织的艺术和任务》中,圣吉倡导组织学习,并提出了建立学习型组织所需要的五项修炼——自我超越、改变心智模式、建立共同愿景、团队学习以及系统思考。这五项修炼实际上是改善个人与组织的思维模式,使组织向着学习型组织迈进的五项技术。它们构成为一个整体,相互作用,相辅相成。[①]

在《变革之舞——学习型组织持续发展面临的挑战》[②]中,圣吉以生态学的观点,描绘组织实际推动深度变革、创建和重建学习型组织时,如何启动,以及如何克服随后各个阶段中可能遇到的各种挑战。此时更需要务实的五项修炼基础。这为企业在新的环境中实施全方位的变革提供了全新的思路和经验资源的支持,有力地诠释了关于深度变革的全新理念——学习型组织及其互动共享的学习系统,是企业应对变化、创造未来的唯一持久的竞争优势。

圣吉认为,变革就是促进变革过程和抑制变革过程之间的相互作用。要使变革、创新活动保持增长的势头,就必须了解哪些是促进发展的因素,并不断激发这些因素,同时要认清哪些是限制发展的因素,并找到恰当的方法来克服这些因素带来的负面影响。深层改革要求投入时间、精力和各种资源,而所有成功的重大变革活动都具有以下特点:与实际的工作目标和过程紧密相连;与不断改善企业业绩紧密相连;实现目标的行动决策人的积极参与;在行动与反思之间保持平衡;给人们充分的时间进行反思;提高人们系统思考和解决问题的能力;把重点放在提高学习能力上,特别是组织整体的学习能力。

圣吉同时指出了学习型组织持续发展面临的十大挑战。一旦变革小组开始以陌生的方式进行工作,变革招致的挑战便接踵而来:①"干这样的事我们没时间",参加变革的人对自己的时间无法控制;②"我们得不到帮助",革新小组缺乏有力的指导、支持和帮助;③"这种事与实际工作无关",怀疑变革与实际工作是否休戚相关;④"他们光说不干",支持改革的人认为管理层的行为与所主张的价值观念不相符。当变革小组取得初期成功时,继续保持发展势头的挑战便出现了:⑤"这种事是——",变革小组成员之间缺乏信任,滋生怕暴露矛盾、怕受到伤害和不称职的担心;⑥"这种做法行不通",对进步作出负面评估;⑦"我们做得对""他们不理解我们",变革小组与组织系统的其他成员处于相互误解中。当变革得到广泛信任,并与组织内部基础结构和做法相抵触时,再设计和再思考的挑战就表现出来;⑧"这事由谁负责?"变革小组希望得到更大的自主权,而经理则担心自主权将导致混乱和内部分裂,继而引发冲突;⑨"我们总是在原地踏步",这是来自传播的挑战,无法将知识在各组织之间传播开来,给体制中的人们在相互借鉴成功经验方面造成很大困难;⑩"我们要向何方?"和"我们的目的是什么?",组织战略和目标的挑战。圣吉针对以上挑战,提出了不同的应对战略和具体方法。

20世纪90年代以来,随着知识经济的快速发展和互联网经济时代的到来,管理思想在创新和整合中继续向前发展,众多新的管理思想和理念不断涌现。除上述之外,比较有代表性的还有野中郁次郎、劳伦斯·普鲁萨克(Laurence Rusak)和托马斯·达文波特(Thomas H. Davenport)等人的知识管理理论,克雷顿·克里斯特森(Clayton M.

---

① 文琪. 一次读完28本管理学经典[M]. 北京:中国商业出版社,2005:251.
② 圣吉,等. 变革之舞——学习型组织持续发展面临的挑战[M]. 北京:东方出版社,2002:104.

Christensen)等的创新理论,迈克尔·哈默(Michael Hammer)和詹姆斯·钱皮(James A. Champy)的流程再造理论,以及吉姆·柯林斯(Jim Collins)对优秀企业走向卓越的探索等。

本 章 小 结

管理思想的诞生与管理理论的发展是为了促进管理效率的提高,以适应时代发展的要求。管理理论的产生与发展经历了"早期管理思想""古典管理思想""现代管理理论"等漫长的历史过程。西方古典管理理论虽然从不同的研究角度对实现管理经验、管理思想的升华及其系统化作出了重要贡献,很大程度上促进了劳动生产率的提高,但也存在把组织中的人视为机器、脱离外部环境封闭地研究组织内部问题等局限性。这些局限性也是现代管理理论发生的背景,而商业社会不断地发展和管理问题复杂性的不断提高,是现代管理理论发展的土壤,"人"这个关键性因素在管理学理论发展中得到了重视。同时,来自其他学科,如社会学、心理学、生物学、统计学、数学、计算机学科的理论和发展也深刻影响和推动着管理理论的发展,并产生了"热带丛林"现象,也标志着管理学学科的空前繁荣。

站在管理思想的百年高地,体会管理思想的更迭演变,学习管理大师的思想精髓,提炼管理思想的发展规律,是总结过去的终点亦是展望未来的新起点。读史明智,鉴往知来。学习管理理论产生与发展的历史,可以让学习者更深入地了解管理学的本质和适用范围,帮助学习者灵活运用所学知识,并对所学理论进行反思。商学院并非传授真理,而是教会人们在新的情况下如何有效思考和解决新的问题。因此,管理学中没有最终的答案,只有永恒的追问[①]。

进一步阅读的材料

[1] 克雷纳. 管理百年[M]. 北京:中国人民大学出版社,2013.

[2] 雷恩. 管理思想史:第6版[M]. 北京:中国人民大学出版社,2012.

[3] 德鲁克. 管理的实践[M]. 北京:机械工业出版社,2009.

[4] 圣吉,等. 变革之舞——学习型组织持续发展面临的挑战[M]. 北京:东方出版社,2002.

[5] 文琪. 一次读完28本管理学经典[M]. 北京:中国商业出版社,2005.

[6] CHRISTENSEN C M, BAUMANN H, RUGGLES R, SADTLER T M. Disruptive Innovation for Social Change[J]. Harvard Business Review,2006,84(12):94.

[7] MOORE J F. Predators and Prey:A New Ecology of Competition[J]. Harvard Business Review,1993,71(3):75-86.

---

① 克雷纳. 管理百年[M]. 北京:中国人民大学出版社,2013:8.

思考题

1. 在管理思想发展过程中涌现出的各种管理理论与其时代背景有什么联系？请举例说明。

2. 中国当前的管理实践有什么特点？来自西方的管理思想与理论对中国的管理实践的借鉴意义与局限性在哪里？

3. 你如何看待"管理学中没有最终的答案，只有永恒的追问"这样的说法？

第三章

商业伦理与企业社会责任

学习目标

(1) 掌握利益相关者的概念及其界定方法。
(2) 理解商业伦理的本质特征。
(3) 掌握企业社会责任、战略性企业社会责任的概念。
(4) 理解企业履行社会责任的战略形式。

身边的管理：

2016年10月11日,韩国三星电子宣布在全球停止销售Galaxy Note7智能手机,三星(中国)投资有限公司向国家质检总局备案了召回计划,将召回在中国大陆销售的全部此系列手机,共计190 984台,包含2016年9月14日公告首次召回的1 858台产品。至此,"三星电池门"事件历时47天后,对用户说了声"建议您关机停用"。

2016年9月初,全球曝出至少有35起三星Note7爆炸的报告。9月2日,韩国三星电子在首尔举行新闻发布会,称将召回全球范围内发售的Galaxy Note7智能手机,并对已经发售Galaxy Note7的市场要求停止销售,其中包括美国、韩国等10个国家和地区,而中国市场却被排除在外。韩国三星电子这种歧视性的政策立即引起了中国消费者的不满。针对为何中国的Note7不大规模召回,三星(中国)给出的理由是,"9月1日起在中国市场正式发售的国行版本,由于采用了不同的电池供应商,而不在此次更换范畴,中国消费者可以放心购买。"随即,就有中国消费者声称,自己的Note7有"爆炸"的情况。对于有中国消费者站出来曝光的案例,三星发布一条声明称,"通过三星电子研究所、品质检测部门对该产品进行了详细分析,检测结果显示该产品损坏是因外部加热导致。"该声明一出,引发舆论场的二次高潮。三星随后发布另一则声明,解释该声明没有完全考虑消费者感受,对此向消费者道歉。

9月14日,三星被中国质检总局约谈,随后宣布在中国召回1 858台Note7手机。据央视新闻报道,此前加拿大投资银行统计,2015年三星智能手机的销量占据全球总销量的23.96%,苹果公司排名第二占全球总销量的17.2%。2014年,三星一度拿下了中国市场销量第一的宝座。在作为三星重要的市场之一的中国仅召回1858台手机,不少网民认为,三星的诚意不够。"三番五次推卸责任,三星一点没大企业的担当",诸如此类评价,不胜枚举。

就在中国的消费者以为三星Note7事件已结束时,10月13日,媒体报道,央视记者调查发现,在宣布召回和停止销售之后,三星Note7手机在北京市场仍然有售,且三星公司在国际市场的召回行动已经进行了一个月之久,而在中国市场的召回细则却迟迟没有出台。三星公司是否正在研究专门针对中国消费者的特殊召回政策呢?从全球召回不包括中国,到全球停止销售不包括中国,再到宣布在中国召回之后又迟迟不采取行动,三星公司的这一系列行为,真的是像它的道歉声明中所说的那样,"为中国消费者带来最佳的产品和体验"吗?

资料来源:朱立雅,王帝.三星手机"爆炸门":迟到了47天的召回网民买账吗?[N].中国青年报,2016-10-14(10).

在全球化浪潮的推动下,企业社会责任的发展必将导致管理理念的变革。中国经济的快速崛起正在改变国际市场的既有格局,但中国经济发展对劳动力、矿产、环境等资源禀赋过度的依赖,给中国经济和社会带来一系列的负面效应,如资源枯竭、环境破坏、生态恶化等。企业社会责任是发达国家实践证明的解决企业与资源、环境和社会各种冲突,保持社会关系和谐和经济秩序稳定的有效方法。企业需要承担哪些社会责任?企业应该如何承担社会责任?企业管理者在管理过程中需要思考和解决这些问题。本章将介绍利益相关者的概念、分类及其权利,阐述商业伦理的特征、内容及建构层次,并介绍企业社会责任及企业履行社会责任的战略形式。

第一节 企业的性质与利益相关者

一、企业的性质

企业的性质是什么?这是经济理论的核心问题,对这一问题的理解是我们掌握利益相关者理论的前提。在众多的经济学派中,以下企业理论比较有代表性。

(一)新古典经济学的企业理论

新古典经济学从本质上是把企业看作一个将投入变为产出的"黑箱",认为企业是一种生产函数,其功能就是实现边际收入与边际成本相等,因而企业就是一个谋求利润最大化的经济单元。这一理论对企业赋予了"经济人"的含义,认为企业在运行过程中掌握完全信息,不存在代理问题与交易成本问题。

(二)新制度经济学的企业理论

新制度经济学企业理论认为企业乃"一系列文字的或口头的,明确的或隐含的契约的联结(Nexus of Contracts)"①。新制度经济学中对企业的研究有两个最具代表性的理论，即交易成本理论与委托代理理论。

1. **交易成本理论的企业观**

罗纳德·科斯于1937年发表了经典论文《企业的性质》，他将企业抽象为某个权威（一个企业家）以行政命令进行资源配置的方式。他认为，作为可以相互替代的资源配置方式，市场与企业的主要区别在于市场是由价格机制来配置资源，企业则由企业家进行资源配置。市场与企业这两种资源配置方式都会产生交易成本，企业之所以出现是因为它可以节省市场交易费用。在科斯的企业理论基础上，其他新制度经济学家分别从资产专用性、机会主义和有限理性等前提出发，进一步探讨了企业与市场的边界，以及从团队生产的角度出发，提出企业的实质就是团队生产等观点。

2. **委托代理理论的企业观**

委托代理理论将代理人引入企业，改进了经济学家对资本家、管理者、工人之间的内在关系以及一般的市场交易关系的理解。委托代理关系主要是指一个或多个行为主体按照一种明确的或隐含的契约，雇佣一些有能力的专业主体为其服务，同时授予被授权者一定权力，并提供相应的报酬，其中授权者就是委托人，被授权者就是代理人。委托代理理论所要解决的问题就是在现代公司制"所有权和经营权"相分离、不同经济主体信息分布不对称的形势下，委托人如何通过契约设计实现对代理人的控制和激励。

（三）演化经济学的企业理论

基于演化经济学思维的企业理论从企业能力、知识和竞争力角度研究与定义企业，将研究视角从企业的"交易属性"转向"生产属性"，侧重对企业本质、边界作出界定，并对企业竞争优势的来源进行了全新的解释。该理论认为，知识与能力等是企业存在、运行以及发挥其"生产功能"的基础，企业是具有一定能力（独特的知识、难以模仿的能力与经验）的集合，作为知识整合组织而存在，企业的竞争优势以内部资源能力为基础。

概括而言，新古典经济学将企业看作生产函数，而不是一个组织；新制度经济学则主要强调了企业来源于交易费用最小化与委托人通过最优契约对被委托人的激励；演化经济学则从企业能力、知识和竞争力角度对企业作出解释。尽管各学派对于企业的关注点有所不同，但是这些理论与现实中的企业的真实面目越来越接近。在现实中，企业作为降低交易成本、优化委托代理关系的微观经济主体，是一个由社会创造并且受约束于社会，并满足社会需求的组织。企业的经营不仅要依靠自身的资源能力，还要整合外部的资源，因而作为社会经济组织存在的企业在其运行中，就会与社会建立各种联系。因此，企业具有双重属性：一方面，企业具有组织生产、从事交易的自然属性，通过对生产要素进行合理组织与分配提高社会经济效率；另一方面，企业具有体现社会制度、社会意志的社会属性，企业在实现其自然属性的过程中，必然与生产关系和社会制度产生联系，企业此时扮演的是社会的一个"企业公民"。因此，企业为了实现其自然属性，就需要科学地认识其社会属性，做到两种属性的协调统一。

---

① 张维迎. 西方企业理论的演进与最新发展[J]. 经济研究，1994，11：70-80.

二、利益相关者理论

(一) 利益相关者理论的产生背景

20 世纪六七十年代,新古典主义经济学将企业看成是一个投入—产出转换的"黑箱"的思想受到了猛烈的批判,进而涌现出以交易费用、委托代理关系、不完全契约、信息不对称等概念为核心的研究成果,形成了主流企业理论。这些理论的基本观点是,股东作为剩余风险的承担者,享有法律上所赋予的对公司的所有权和控制权。这有助于人们透视企业黑箱中的神秘内容,对企业有了进一步的深刻认识。然而,各种主流企业理论并没有充足的理由证明,企业的所有权(以企业的剩余索取权和剩余控制权来表示)应该全部归企业的股东所有,而且他们提出的"股东至上"和"资本雇佣劳动"的命题也存在诸多缺陷。因此,"股东至上"理论受到强烈挑战,利益相关者理论就是在这样的背景下发展起来的。

从实践方面来看,20 世纪 70 年代以后,企业所面临的环境日趋复杂,企业在其经营活动中必须花费更多的精力来处理企业伦理问题、企业社会责任问题、环境管理问题等,而这些问题都与企业经营时是否考虑利益相关者的利益要求密切相关。与此同时,20 世纪 60 年代末期以后,在现实经济中企业奉行"股东至上主义"的英美等国经济遇到了前所未有的困难,而企业经营更多体现"利益相关者理论"思想的德国、日本以及许多东南亚国家和地区经济却迅速崛起。产生这种差距的原因之一就在于"股东至上主义"的公司治理模式使经理人员始终处于严重的短期目标的压力之中,往往无暇顾及公司的长远发展;而日本、德国实行的是内部监控型公司治理模式,企业的经营活动注重公司利益相关者的利益要求,并充分融合了人本主义的管理思想。虽然很难说英美等国的公司治理制度的安排是导致其经济窘境的全部原因,但是西方学术界在这种现实反差面前不得不反思英美企业制度安排的合理性。

(二) 利益相关者理论的发展

按照对利益相关者概念不同的理解及研究侧重点的不同,可以将利益相关者理论的研究分为三个阶段:利益相关者的企业依存观、战略管理观和动态演化观。任何关于利益相关者的研究都要回答以下问题:①公司的利益相关者到底是哪些?他们与公司之间存在什么利害关系?②公司为什么要考虑这些利益相关者的利益?或者说,在公司战略目标中容纳这些利益相关者的基础是什么?③如果应该考虑利益相关者的利益,那么实践中应该通过何种机制实现这一目标?④这种对利益相关者利益的实现机制对公司绩效而言是否有效率?是否符合公司长期价值最大化的目标?如果没有效率,应该如何改进?[①]

1. 利益相关者的"企业依存"观

1963 年,斯坦福研究所(Stanford Research Institute,SRI)的学者提出了利益相关者(Stakeholder)概念,用来表示企业的管理者需要对其利益进行响应的群体和个人,以此与股东(Shareholder)相对应。斯坦福研究所将利益相关者定义为支持并影响企业的利

---

① 王辉. 从"企业依存"到"动态演化"——一个利益相关者理论文献的回顾与评述[J]. 经济管理,2003,2:29-35.

益群体,这一概念对后续的理论研究产生了重要影响。但是,利益相关者观点形成一个独立的理论分支则得益于 1984 年费曼(Freeman)出版的《战略管理——一个利益相关者方法》一书。

从 1963 年 SRI 提出利益相关者定义,到费曼的开创性研究,这一阶段可以归结为利益相关者的"企业依存观"阶段。这种观点强调把利益相关者作为企业生存的必要条件,研究的重点问题是利益相关者是谁,以及为什么要考虑这些利益相关者的利益。早期的文献强调利益相关者与企业之间的相互依存性,即:一方面,利益相关者对企业生存是必要的条件;另一方面,利益相关者也是为了自身的利益参与到企业中去,企业也为他们提供了生存空间。该观点的优势在于突出了利益相关者的重要性,与当时消费者主权运动、环境保护主义的活跃密切相关,但其缺点是过于宽泛,难以挖掘出利益相关者与企业间关系更为本质的东西,不利于理论研究的进一步深化。

2. 利益相关者的"战略管理"观

把利益相关者方法应用于战略管理研究始于费曼,他提出了利益相关者"战略管理"观,强调利益相关者在企业战略分析规划和实施中的作用。由此,学术界将研究重点转向了利益相关者利益的实现机制。费曼的基本观点是:在制订公司战略决策时必须考虑利益相关者的影响,进行利益相关者分析,关键利益相关者的利益必须融合到公司战略目标中去,公司战略的实施也需要利益相关者的积极参与。费曼及其后继者把利益相关者的研究推到前所未有的高度,利益相关者的观点已经融合到现代战略管理理论中,他们在公司事务中扮演着越来越积极的角色。该观点虽然对利益相关者定义的理解还存在不足,也没有为利益相关者利益的实现提供切实可行的机制,但为后来的利益相关者的"动态演化"观奠定了基础。

3. 利益相关者的"动态演化"观

费曼认为,在现实中利益相关者是不断变化的,他们与公司的利害关系也随公司考虑战略问题的改变而改变。对利益相关者"动态演化"观点作出重要贡献的是米切尔(Mitchell),他明确指出,有两个问题居于利益相关者理论的核心:一是利益相关者的认定(Stakeholder Identification),即谁是企业的利益相关者;二是利益相关者的特征(Stakeholder Salience),即管理层依据什么来给予特定群体关注。由此,可以根据三个属性对可能的利益相关者进行评分,然后根据分值的高低确定某一个人或者群体是不是企业的利益相关者,以及确定是哪一类型的利益相关者。这三个属性是:①合法性(Legitimacy),即某一群体是否被赋予法律和道义上的或者特定的拥有企业的索取权;②权力性(Power),即某一群体是否拥有影响企业决策的地位、能力和相应的手段;③紧迫性(Urgency),即某一群体的要求能否立即引起企业管理层的关注。后来,利益相关者理论的研究更是循着"动态演化"的轨迹迅速发展,大致可以归为四个研究领域,即规范性商业理论、公司治理和组织理论、公司社会责任及其影响、战略管理等。

利益相关者理论从"企业依存"观到"动态演化"观的发展过程,是一个从定性描述利益相关者与企业的依存关系,到运用"动态演化"观看待利益相关者,借助定量的实证研究的方法,结合企业伦理学、公司治理理论、组织理论、战略管理理论等学科成果论证公司考虑利益相关者利益的基础、实现机制和实际绩效的过程。

三、利益相关者的概念

自 SRI 提出利益相关者的概念以来,学者们从不同的研究维度对利益相关者的概念进行了界定。

(一)利益相关者的广义概念

费曼认为利益相关者是指能够影响一个组织实现其目标,或者受到组织目标实现过程影响的任何组织和个人。该定义涵盖了影响企业运营与受企业运营影响的个人和群体,包括股东、管理者、雇员、供应商、客户、社区和环境等,是利益相关者广义概念的代表。斯塔里克(Starik)认为利益相关者能够并且正在向企业"投注",他们受到或可能受到组织影响,也可能对组织造成现实或潜在的影响。斯塔里克将利益相关者的范围扩展为潜在受影响者或影响者,实际上是将利益相关者放在企业运行的动态过程中来考察。

(二)利益相关者的狭义概念

费曼对利益相关者的定义在一些学者看来过于宽泛,在理论研究及实践运用方面都存在一些缺点。为此,学者们提出了利益相关者的狭义概念。

克拉克森(Clarkson)是对利益相关者概念采取狭义态度的代表,他将利益相关者定义为"自愿和非自愿的风险承担者",将企业的利益相关者限制在是否承担风险这一条件上。1995 年,他又将利益相关者定义为对企业及其活动具有所有权、索取权和利益要求的个人和组织,并将利益相关者分为首要利益相关者和次要利益相关者。该定义通过引入对企业的特殊资产或其他投入的限制条件,缩小了利益相关者的范围,将利益相关者限定在对企业有投入的人或群体上。

国内学者杨瑞龙将学术界提出的 30 多种利益相关者的概念进一步归纳为三类定义。第一类是最宽泛的定义,即能影响企业活动或被企业活动所影响的人或团体都是利益相关者。股东、债权人、雇员、供应商、消费者、政府部门、相关的社会组织和社会团体、社会成员等,全部纳入此范围。第二类定义稍窄些,即与企业有直接关系的人或团体才是利益相关者。该定义排除了政府部门、社会组织及社会团体、社会成员等。第三类定义最窄,即只有在企业中下了"投注"的人或团体才是利益相关者。这一定义直接与主流经济学中的"资产专用性"概念相通,就是只有在企业中投入了专用性资产的人或团体才是利益相关者。

利益相关者的广义概念与狭义概念的主要区别体现在以下两点。首先,两种概念中的"利益"一词的指代范围存在差异,广义的利益一般泛指企业对相关者造成的影响或相关者对企业的影响,而没有对求偿权作出约束;狭义的利益指的则是对企业的所有权、索取权或其他直接的利益关系。其次,广义的利益相关者概念涵盖潜在利益相关者,在强调对企业造成影响的同时也动态地考虑了企业的运行,而狭义的利益相关者概念仅考虑对企业造成现实影响的组织或个人。虽然狭义的定义更容易抓住关键利益相关者,但往往也容易忽略那些短期内看似与企业并无直接利益关系,但从长期来看却对企业生存造成影响的因素,如自然资源、环境等,在实际操作上可能导致企业的战略误判。

综合以往研究对于利益相关者的界定,利益相关者可以作如下定义:企业的利益相关者是指影响企业的生存和发展(直接的或者间接的),同时又能被企业经营活动所影响的企业内部或外部的个人或群体。在实际运用中,具体的利益相关者还要结合企业的实际情况进行区分。

四、利益相关者的界定分类

许多学者对利益相关者理论的批评就是认为利益相关者难以界定,从而难以指导企业实践。实际上,西方学者对于利益相关者的界定经历了一个"窄定义—宽认识—多维细分—属性评分"的过程:20世纪60—70年代是利益相关者理论的初创期,对于利益相关者的定义是狭隘的;80—90年代初期,对利益相关者从广义上认识后,迅速兴起了对利益相关者的细分热潮;90年代中期以后,定量化的评分法极大地促进了利益相关者的界定工作,也使利益相关者理论具有了很强的可操作性①。

一般来说,企业的利益相关者包括股东、企业员工、债权人、供应商、零售商、消费者、竞争者、中央政府、地方政府、社会活动团体、媒体等。但是,"简单地将所有的利益相关者看成一个整体来进行实证研究与应用推广,几乎无法得出令人信服的结论"②。目前,国际上比较通用的是多维细分法和米切尔评分法。

企业的生存和发展离不开利益相关者的支持,不同类型的利益相关者对于企业管理决策的影响以及被企业活动影响的程度是不一样的,因此利益相关者可以从多个角度进行细分。20世纪80年代中期以来,国内外很多学者采用多维细分法从不同角度对利益相关者进行了分类(如表3-1所示)。

表3-1　国内外学者关于利益相关者分类的研究观点

划分标准	分类	研究者	时间
所有权、经济依赖性和社会利益	对企业拥有所有权的利益相关者和对企业有经济依赖性的利益相关者	Freeman	1984年
是否与企业发生市场交易联系	直接利益相关者和间接利益相关者	Frederick	1988年
与企业发生联系的社会性	首要的社会利益相关者、次要的社会利益相关者	Wheeler	1988年
是否掌握关键资源、实力与公司相比如何	支持型、边缘型、混合型、反对型	Grant	1991年
利益相关群体与企业是否存在交易性的合同关系	契约型利益相关者和公众型利益相关者	Charkham	1992年
在企业经营活动中承担的风险种类	自愿利益相关者、非自愿利益相关者	Clarkson	1994年
群体与企业联系的紧密性	首要的利益相关者、次要的利益相关者	Clarkson	1995年
利益相关者与企业的合作性和威胁性	支持型、边缘型、不支持型和混合型	万建华 李心合	1998年 2001年
利益相关者的属性:主动性、重要性和紧急性	核心利益相关者、蛰伏利益相关者和边缘利益相关者	陈宏辉	2003年

---

① 贾生华,陈宏辉.利益相关者的界定方法述评[J].外国经济与管理,2002,24(5):13-18.
② 陈宏辉.企业的利益相关者理论与实践研究[D].杭州:浙江大学,2003.

米切尔评分法是由美国学者米切尔等人于1997年提出的,他们将利益相关者的界定与分类进行了结合①。企业所有的利益相关者必须具备以下三种属性中的至少一种:合法性、权力性和紧迫性。依据三种属性对利益相关者进行评分,根据分值来确定利益相关者的具体类型。他们将企业的利益相关者分为三种类型:①确定型利益相关者,同时拥有合法性、权力性和紧迫性。这是企业首要关注和密切联系的对象,包括股东、雇员和顾客。②预期型利益相关者,同时拥有合法性和权力性,如投资者、雇员和政府部门等;具有合法性和紧迫性的群体,如媒体、社会组织等;同时拥有紧迫性和权力性,但没有合法性的群体,如一些政治和宗教的极端主义者、激进的社会分子,他们往往会通过一些比较暴力的手段来达到目的。③潜在型利益相关者,他们只具备三种属性中的一种。米切尔评分法可以用于判断和界定企业的利益相关者,操作起来比较简单,是利益相关者理论的一大进步。同时,米切尔等人认为利益相关者分类是一个动态的过程,属性的改变可能会导致利益相关者从一种分类转变为另一种分类。

利益相关者的界定和分类方法给我国企业界最大的启示,就是企业绝不是仅仅为股东而生存的,诸多利益相关者受企业决策的影响,他们也在不同程度上影响企业的决策。因此,需要在科学界定的基础上对不同的利益相关者进行"分类治理",这是企业保持持续发展的必然选择。

五、利益相关者的权利

利益相关者之所以对企业拥有不可忽视的各种影响,是因为其对企业具有种种法定的利益或权利要求。因此,对企业来说,要处理好与利益相关者的关系,就必须正确认识不同利益相关者所拥有的权利。利益相关者的权利是指利益相关者具有运用其资源使一种事情发生或获得所期望结果的能力。利益相关者的权利分为三种类型:投票权利、经济权利和政治权利。

1. 投票权利

投票权利是指利益相关者具有的能左右企业某些决策的法定投票权,其中典型的是股东拥有的投票权。每个股东都可以根据自身持有的股份对企业的重大事项进行投票表决,从而影响企业的重大决策。

2. 经济权利

经济权利是指利益相关者对企业行为具有的经济方面的约束能力。例如,客户、供应商和零售商的意愿和要求对企业具有直接的经济影响。如果一个企业不能履约,供应商会拒绝履行合同;如果一个企业的产品质次价高,客户会联合抵制其产品或整个企业。

3. 政治权利

政治权利主要是指政府通过制定行政规章制度等对企业行为进行规制和约束。其他利益相关者也会运用所掌握的资源向政府施加压力,要求政府制定新的规章和法律去约束企业。

---

① MITCHELL R, AGLE B, WOOD D. Toward a Theory of Stakeholder Identification and Salience: Defining the Principle of Who and What Really Counts [J]. The Academy of Management Review, 1997, 22(4):853-886.

利益相关者保护自身利益的方法可以归为两大类:"契约"与"信用"。契约手段依赖市场规则和市场机制来使管理者按所预期的行为工作。信用手段试图通过法律和道德准则,如受托责任来约束管理者的行为。随着社会越来越复杂,社会控制方式也由基于个人关系的非正式控制向基于统一的人际规则的正式控制转变。因此,如何保护利益相关者的利益,还需要法律进行保证。

第二节　商业伦理

一、商业伦理的概念

道德(Moral)和伦理(Ethics)总是被认为含义相似而被相互替代使用,实际上这两个词是有差别的。道德是指一系列关于品德的原则,这些原则决定了人们的价值观,进而影响人们的行为。在现实中,我们会发现一些道德原则难以用文字或言语表达出来,一些道德原则表述与行动并不相符。伦理是对道德行为的抽象概括,是人们面对复杂、冲突或不明确形势时对于道德原则的思考与应用,其内涵在于反映什么是正确且公平的行为,它要回答的问题是:在评价个人、组织及其相关活动的行为和决策时,何为对错、何为好坏、何为利弊?[①] 但是由于个人对事物的是与非、对与错、善与恶、好与坏、应该与不应该等的价值判断与伦理认知存在差别,因此,在学术界还没有一个被普遍认可的一致定义。

商业伦理(Business Ethics)是有关不同商业情境中伦理困境或问题的特殊伦理范畴,是人类社会伦理准则和行为在企业经济活动中的表现,是企业在与利益相关者互动的过程中所形成的一套有关如何使行为更好地与道德规范相匹配的标准与规则。这个定义具有以下几层含义:①企业作为从事商业活动的主体,是商业伦理的主要载体;②企业作为经济人和道德人的统一,它的求利行为必须遵守道德准则的约束;③生产与慈善是企业经济使命的伦理准则,企业只有通过发展生产,提高效益,才能造福股东、员工、消费者以及整个社会与民族;④企业伦理的核心内容是重视人、尊重人、以人为本和服务社会。不论是内部管理制度构建和组织创新,还是外部的营销策略、公关策略实施,都必须重视并尊重人的价值和地位,处处以人为本和服务社会。

二、商业伦理的本质特征与基本内容

(一)商业伦理的本质特征

商业伦理的本质特征体现在以下三个方面。

1. 商业伦理超越法律的本质

可以将社会责任细分为经济、法律、伦理与慈善四项责任,其中除经济和法律责任是明文规定企业必须遵守和执行外,伦理责任和慈善责任均属于企业自愿的行为,法律没有明文规定企业必须遵守和执行。因此,企业如果从事募款、捐献、公益活动等法律没有规

---

① 韦斯.商业伦理——利益相关者分析与问题管理方法[M].符彩霞,译.北京:中国人民大学出版社,2005:6.

定必须做的事,均是超越法律的高层次伦理表现。

2. 商业伦理具有实践的特性

商业伦理是企业事务中含有伦理成分的一切活动,这类活动是企业具体的行为,具有实践的特性。例如,募款、捐献、重视员工潜能开发培训、谨守政企分开等行为,没有一件是抽象的,都是活生生的实践活动。

3. 商业伦理具有可持续改进的特征

即使是原本经营管理良好的企业,也应该经常检查管理过程中的细节,以发现其中的非伦理行为,并力求改进。现实中,很多知名企业甚至包括一些声誉良好的企业,由于忽视检查商业伦理而作出有失常理的决策,导致企业经营困难甚至倒闭。2000年6月,日本知名的雪印公司在大阪的一家鲜乳制造厂因生产机件部分污染使牛奶不洁,造成1 200人饮用后中毒,雪印公司收回市面上的成品却又将回收的奶粉重新处理后再上市销售。这种非伦理行为经大阪市政府揭露后,雪印公司的声誉一落千丈,直到破产倒闭,被形容为"一瓶200日元的牛奶拖垮了百年老店"[①]。

(二)商业伦理的基本内容

伦理的本质就是关系处理中的利益配置问题[②]。企业在经营过程中有多少关系需要处理,就会有多少伦理矛盾,规范这些矛盾的准则和秩序,就构成了商业伦理的内容。这些规范和准则具有层次性,从利益相关者的角度可以归纳为以下六个方面。

(1) 关于企业与出资者关系的伦理规范。它要求企业对出资者承担资产保值增值的责任,并自觉维护自主经营、自负盈亏、自我发展的权利。

(2) 关于企业与员工关系的伦理规范。要求企业热爱员工、尊重员工、关心员工,以公正的分配保障员工的合理个人利益,为促进员工的全面发展创造条件;员工应敬业爱业,为企业的兴旺多作贡献。

(3) 关于企业与消费者关系的伦理规范。这一伦理规范的灵魂是服务意识,真正把消费者作为自己的衣食父母给予周到细致的服务。

(4) 关于企业与企业关系的伦理规范。它要求企业之间相互平等、相互尊重、公平竞争、诚实守信、互惠互利、团结协作。

(5) 关于企业与政府关系的伦理规范。它要求企业应当依法纳税,这不仅反映企业的法律品格,也体现企业的伦理品格。

(6) 关于企业与公众关系的伦理规范。它要求企业积极参与社会公益和社会慈善活动,回报社会,造福民众。

三、中国商业伦理的发展

在长期的商业实践中,中华民族形成了丰富的商业伦理思想。早在春秋战国时期的文献中就有关于在商业经营过程中遵守诚实、不欺诈、守信、不缺斤短两等商业伦理原则

---

① 张铭. 全球化时代下的中国企业商业伦理研究[D].西安:西安电子科技大学,2008.
② 巴莱,丽泉.企业与道德伦理[M].侣程,译.天津:天津人民出版社,2005.

的记载。《史记》中有"市不豫贾"的记载,"不豫"即不抬高物价、不虚假伪冒、不欺骗顾客、以诚相待。数千年的商业文明发展史中,儒家学派的伦理道德、价值观念对中国商业伦理的形成和发展有着深刻的影响。儒学强调"正其谊而谋其利,明其道而计其功",追求义与利相统一的商业观念,注重从治人、治事、治国的道理中,体悟取予积储、审时应变、择人委任、赀计出入的经营之道。

我国现代商业伦理思想的发展大体经历了以下四个时期。

(一)计划经济时期的商业伦理

新中国成立以后,实行计划经济体制,工商业是国民经济的重要组成部分。因此,计划经济时期的商业伦理要求克服单纯的商业经营观念和本位主义,调节和协调生产部门之间、生产部门和商业部门之间、商业部门彼此之间的利益关系。当时之所以要克服单纯的商业观点,是因为工商业部门也是社会主义政治组织的一部分,因此处理一切政治组织的政治观念和伦理原则,在商业领域同样适用。

(二)社会主义市场经济初期的商业伦理

改革开放初期,中国进入以经济建设为中心的发展新时期,促使人们开始思考经济和商业与伦理道德关系,在伦理学研究的层次上探讨经济与道德的关系,在实践中主要研究职业道德教育和职业道德修养。20 世纪 80—90 年代,经济体制改革在"计划经济为主,市场经济为辅"的理论指导下,进行了建立有计划的商品经济的实践,积累了一系列有关经济体制改革和商业道德建设的经验,在市场经济与道德伦理关系方面的研究取得了一定进展。

(三)社会主义市场经济发展时期的商业伦理

20 世纪 90 年代至 21 世纪初,中国的经济体制改革取得了举世瞩目的成就,社会主义市场经济体制在中国已初步确立,在市场经济的条件下,商业伦理道德方面面临许多尖锐的问题亟待解决。在商业经济高速发展、人民生活水平得到很大提高、国力大大增强的同时,在商业经济活动中出现了种种不道德现象,假冒伪劣商品盛行,贿赂和变相贿赂成风,商业欺诈、侵犯消费者权益、环境污染等频频发生,由此造成的信用危机,阻碍了我国市场经济体制的发展与完善。首先,这些商业伦理道德问题存在的直接后果是减少了消费者的正常消费需求,使消费者在正常消费中顾虑重重,减少消费,影响内需,成为市场疲软的原因之一。其次,商业信用危机妨碍了工商企业的正常运作与企业制度的建立,破坏了全国统一工商业市场的形成和良性循环。最后,由于商业信用危机而导致市场经济秩序的混乱,间接地扭曲了市场信息,给宏观经济调控造成极大困难。因此,普及适应社会主义市场经济发展需要的商业伦理道德教育建设是保证我国市场经济体制的建立与完善的前提。

(四)经济全球化背景下的商业伦理

经济全球化使世界工商业活动空前地联系在一起,成为经济命运共同体,也使商业伦理的意义带上全球的性质。中国在市场经济体制改革、加入经济全球化的过程中,一直存在并且致力于克服商业伦理上的诸多问题,全球化与信息社会的到来对我国原有的伦理观念提出了新的挑战,一系列现代的、全新的观念诸如自主意识、竞争意识、效率意识、民主法制意识和开拓创新精神等,进一步丰富了企业伦理道德的内涵,产生了很多积极因素。我国社会主义市场经济建设时间不长,应该在传承中华民族优秀商业伦理思想的同时,向发达国家学习先进的经营管理经验,借鉴这些国家在建立和完善市场经济商业伦理规则方面的有益经验,吸取教训,避免重复别人走过的弯路。市场经济的发展和伦理道德建设应该是相辅相成、缺一不可的。

四、商业伦理在国外的发展

商业伦理问题是 20 世纪 60 年代以后管理学研究的一个热点问题。当时,由于企业过分地追求所谓的利润最大化,世界各国都不同程度地存在一些企业经营活动中损害相关者利益的行为,如商品以次充好、销售中提供虚假信息、商业行贿受贿等。据 1982 年《美国新闻和世界报道》杂志报道,在美国的 500 家大型企业中,有 115 家曾被起诉,或曾由于行为不良而被判民事罚款。在这些企业名录中,埃克森石油公司、美孚石油公司、美国电报电话公司、IBM 公司、海湾石油公司、西尔斯公司、通用电气公司、美洲银行等世界知名企业赫然在目①。企业在经营活动中应该对谁遵守伦理道德、遵守哪些伦理道德、如何遵守伦理道德等问题摆在了学术界和企业界的面前。

西方国家商业伦理的发展大致经历了五个阶段。

第一阶段萌芽时期,发生在 20 世纪 50 年代前后。当时企业界和学术界对于商业伦理和公司责任这些问题还没有产生大的兴趣,绝大多数人并不关心那些有关商业伦理和公司社会责任的公共政策,只有少数学者开始探讨企业的社会角色这一令人困惑的复杂问题。

第二阶段转型时期,发生于 20 世纪 60 年代。第二次世界大战后,美国在恢复战后经济的基础上,实现了经济飞跃发展的同时,却发生了一系列违背道德的经营行为,如社会腐败、环境污染等,引发了保护消费者利益运动。当时,宗教人士率先呼吁人们要重视企业伦理问题。

第三阶段成长时期,发生于 20 世纪 70 年代。随着经济的发展和市场经济越来越成熟,企业经营中的贿赂、欺诈广告、价格共谋、产品安全等问题越来越突出,参与研究企业伦理的学者也从宗教人士扩展到社会学家、经济学家、哲学家及企业管理者。企业的社会责任、道德在经营决策中的作用及影响企业伦理的决策因素等问题受到了社会的普遍关注。

第四阶段成熟时期,发生于 20 世纪 80 年代。这是一个商业伦理研究的全面发展时期,商业伦理已经明确确立了其作为学术研究领域的地位。主要表现在:①研究商业伦理的国家和地区的范围不断扩大,从美国扩展到西欧各国以及日本、澳大利亚等经济发达国家;②企业伦理已成为必修课在哲学社会科学系、神学院及商学院中开设;③对商业伦理

---

① 张进发.基于利益相关者理论的企业社会责任管理研究[D].天津:南开大学,2009:11.

的研究更深入,从原来狭隘的追逐利润,扩大为经济责任、法律责任、道德责任、环保责任及社会责任等。

第五阶段全球化时期,发生于20世纪90年代。在此阶段,受全球化时代浪潮的影响,商业伦理的发展又有了新的变化,主要表现在:①对商业伦理的研究从发达国家延伸及扩展到发展中国家,如东欧、南美及亚洲等众多国家;②商业伦理涉及的范围进一步扩大,从原来只对某国家、某地区企业伦理的研究,扩展到对不同国家、不同地区商业伦理的比较研究;③在研究商业伦理的方法上,采用了跨学科的研究方法,即综合应用社会学、经济学、法学、管理学、心理学等学科中的新方法,使商业伦理成为综合的学科[①]。

2008年以来,由美国金融市场产生的金融危机波及全世界,它打破了原有国际经济金融秩序,在充分暴露国际经济体系内在弊端的同时,媒体也相继揭露出许多知名商业组织的经营污点或管理丑闻。社会各界认为在当前国际竞争加剧的背景下,"大到不能倒"(Too big to fail)的金融机构为追求利润而丧失自律是2008年金融危机爆发的根本原因之一。金融机构利用各种复杂的金融衍生品谋取自身利益的最大化,然后将这些不断叠加的风险转移,无视这种运作对整个美国社会乃至世界经济运行秩序可能造成的不良影响,就如有人所说的那样:"为了煮熟自己的一个鸡蛋,而不惜烧毁了他人的整间房屋。"也许危机正是人们反思商业伦理之际。2008年全球金融危机引起了管理学界与企业界的高度重视和广泛关注。与此同时,面对危机冲击导致的混乱局面,反思商业伦理的内涵与价值将是治愈危机导致的各种经济、社会创伤的最为有效的软性"药剂"[②]。

五、商业伦理的构建层次

商业伦理与经济社会发展水平相互影响,这就意味着商业伦理的构建必须结合社会的实际情况。从中国目前的现实情况看,企业商业伦理的构建可以从以下三个层次进行。

(一)正确认识商业伦理的内涵

首先,在观念上需要避免对商业伦理作用的极端化认识,摒弃商业伦理"无用论"和"万能论"。"无用论"错误地认为商业伦理是务虚的东西,没有什么作用,商业世界赚钱才是硬道理,而"万能论"则片面夸大商业伦理的作用,把它看作是解决商业世界一切问题的灵丹妙药,认为一旦建立了商业伦理,商业中的任何问题就可以迎刃而解,这种观念实际上也是一种道德万能论的错误延展。

其次,"道德缄默"与不恰当的"道德发声"都是对商业伦理的错误理解[③]。道德缄默是指这样一种现象,即企业的经营者不愿意过多地涉及伦理道德这个话题,甚至在企业面对道德指责或质疑时,经常讳莫如深。在2008年影响甚广的三鹿奶粉事件中,明知加入三聚氰胺这种有毒成分将导致什么样的危害,但企业从"掌门人"到一般员工都保持了缄默,因为这是行业潜规则。这种沉默所牵扯出的行业潜规则以及所导致的更大范围内的

---

① DE GEORGE R T. Business Ethics [M]. Englewood Cliffs, NJ: Simon & Shuster, 1999.
② 申莫江,王重鸣. 国外商业伦理研究回顾与展望[J]. 外国经济与管理,2009,31(7):16-22.
③ 陈婕. 中国商业伦理的当代建构[D]. 上海:复旦大学,2013:3.

"集体失声",发人深省。政治学家威尔逊和犯罪学家凯琳曾提出了一个"破窗效应"理论:如果有人打坏了一幢建筑物的窗户玻璃,而这扇窗户又得不到及时的维修,别人就可能受到某些暗示性的纵容去打烂更多的窗户。在这种公众麻木不仁的氛围中,犯罪就会接连不断地滋生、猖獗。任何一种不良现象的存在,都在传递着一种无声的信息,这种信息会导致不良现象的无限扩展。

不恰当的道德发声是指,企业将商业伦理、道德表现作为营销手段,过分渲染企业的伦理水平以及所承担的社会责任,表面是企业的为善之举,实则是企业的伪善作秀,实质是企业在社会承诺与现实利益之间选择的巨大落差。在轰动一时的毒奶粉事件中,某公司曾有过响亮的口号与荣誉,这也成为后来被公众诟病的话柄。人们还记得该企业总裁去哈佛做"企业社会责任"演讲的身影,转眼间换成了东窗事发后的忏悔声。这种作为行业龙头表里不一的作秀行为对于企业自身甚至整个行业的消极影响都是深远的。在"道德高调"被打假之后,整个行业复归于"道德缄默"的寂静之中。

因此,企业商业伦理的精神构建是一个长期复杂的过程,绝非一朝一夕能完成,而是企业内部全体成员形成共识、多方参与、持续行动的过程。

(二)企业家的道德修养

在《经济伦理学大辞典》里,企业家伦理是"指那些涉及企业家地位的基本信念,这种基本信念肯定了企业家的社会角色理解和自我理解,在伦理要求与经济要求的矛盾地带确立了企业家的'商业道德',并力图使其经受舆论批评的检验"[①]。企业家伦理外化表现为,在一定时代背景和社会关系下,在企业家的经营管理实践中所形成的道德品质和能力的综合与统一,企业家的伦理素质内含了企业家特有的道德品质以及经营理念。

一个企业的成长往往受企业家以及经营者的思维空间的限制,在很多情况下企业家道德素养为整个公司定下了道德基调。企业的社会责任,包括在经济、法律、社会、慈善等各个方面的社会责任,这一金字塔式的递进关系都需要企业家的道德支撑,包括:创造利润,为社会创造财富的经济责任;善待员工,遵守法律法规,追求合法利益的法律责任;不污染环境、不生产假冒伪劣产品、诚信经营的社会责任;力所能及地开展社会公益之类的慈善责任,等等。这些责任的履行,都有赖于企业家的身体力行。

(三)企业组织的伦理共识

当代中国企业商业伦理构建的切入点,除了有赖于企业家的道德素养,也有赖于企业组织内部所能达成的伦理共识。就企业而言,这种伦理共识的重要载体之一,就是建立企业伦理制度,将伦理原则和道德规范结构化,使企业伦理和企业文化建设相互促进。具体做法包括以下三个方面。

1. 制订并执行企业伦理守则

伦理守则所规范的主要内容是企业与其利益相关者等的责任关系,它同时包含公司的经营理念与道德理想(使命宣言),反映公司的文化与行为、生存的基本意义和行为的基

---

① 恩德勒.经济伦理学大辞典[M].上海:上海人民出版社,2001:531.

本方向。企业信奉的伦理守则应贯彻到经营决策的制订以及重要的企业行为中。在建立伦理法则的同时,通过一系列的奖励、审核及控制系统加以强化,并对破坏伦理规范的行为予以惩罚。

2. 设定伦理目标

企业伦理目标强调企业行为不仅具有经济价值,还应考虑伦理价值。企业的经济目标需要伦理目标的调节和制约。企业的行为不仅不能违背以法规形式体现出来的经济活动的游戏规则,而且要进一步以伦理准则来约束自己,主动实现道德自律。

3. 加强员工的企业伦理教育

这并不是让员工死记硬背一些条款,而是试图让员工了解这些准则的来龙去脉,以及它们如何适用道德准则,在管理活动实践和决策中如何应用。可以通过专家讲座、内部刊物等形式让尽可能多的员工认可道德准则。另外,企业定期参与社会的公益活动,不仅能提高企业的向心力,激励员工士气,同时也能满足员工更高层次的精神需求。这种需求的满足也会进一步激发员工的积极性、创造性和敬业精神。

企业的伦理构建也离不开外部制度的补充和保障,政府可以通过各种手段来鼓励和引导企业提高道德建设水平,譬如:出台有差异性的政策措施等进行伦理标准的引导、监督奖惩;设立专门的机构人员对企业伦理经营状况公之于众(加拿大等),或借鉴大型跨国公司的经验在企业内部设立道德委员会等机构,负责日常管理,预防、控制道德危机事件(如欧美、新加坡等)。中国特色商业伦理的当代构建,既要注重中国传统文化的继承和延续,也可以合理借鉴国外有效的方式和方法,使其适应本国的国情。另外,道德约束力的来源之一就是社会舆论力量。人是社会的产物,社会舆论的作用,在日常生活中是很容易感受到的。社会舆论之所以具有权威性,就在于它代表广大群众的一种意志、感情和价值取向。因此,加强商业道德的社会评价作用,特别是加强大众传播媒介对商业道德的评价力度,对规范商业行为、纠正商业行业不正之风以及改善社会风气、培养商业从业人员良好的商业道德品质、抵制种种不道德的商业行为,都具有十分重要的作用。还应利用大众媒介这种"第四种权力",通过报纸、广播、电视、互联网等方式,对商业实践的相关行为进行善恶评价,由此对被评价对象施加影响,从而在更大范围内起到抑恶扬善的作用。

第三节　企业社会责任

一、企业社会责任及相关概念

(一) 企业社会责任的定义

虽然关于企业社会责任的文献很多,但要对企业社会责任精确定义却很难。原因在于:第一,企业社会责任是一个大概念,与许多刻画企业与社会关系的概念相近或交叉,如企业社会响应、企业社会绩效、企业伦理、三重底线、企业可持续发展、企业公民等;第二,企业社会责任是一个动态的概念,处于不同行业、不同国家的企业,对企业社会责任的认知、面对的企业社会责任压力以及表现方面存在差异;第三,对同一行业内的企业而言,企业对利益相关者的可见性以及对外部资源的依赖程度的差异也会致使企业社会责任表现不同;第四,对同一企业的不同利益相关者而言,企业的某一行为可能对某些利益相关者是负责任的,但可能对另一些利益相关者却是不负责任的。此外,随着制度、行业、企业以及利益相关者认知的发展,企业社会责任的内涵和表现也会发生变化。

尽管如此,无论如何定义企业社会责任,都是对两个根本性的问题(企业向谁负责、企业应该负什么责)的解答。对于第一个问题,利益相关者理论给出了答案。利益相关者理论将企业社会责任与特定的利益相关者关联,使得企业社会责任的对象更加清晰。对于第二个问题,经济学从广义和狭义两个角度给出了答案。从狭义角度看,社会责任与私有责任相对应,是指企业为私人(企业)提供公共产品(实施正外部性或消除其他企业的负外部性)或降低公共危害(降低负外部性),仅指道德责任和自发性责任,其隐含前提是企业的经济责任和法律责任已经履行;从广义角度看,社会责任包含了私有责任。

综上所述,企业社会责任(Corporate Social Responsibility,CSR)是指企业在运行过程中,在履行企业基本经济职能并满足社会对其"合规性"要求的基础上,对社会整体福利水平的提高所履行的责任,目的是实现企业、经济、社会及环境的协调与可持续发展。

(二) 企业社会责任与商业伦理的关系

企业社会责任与商业伦理是两个互相关联又有区别的概念。两者的区别首先体现在各自的定义不同,企业社会责任反映了企业对股东、员工、供应商、消费者及公众等利益相关者的行为和态度。履行了社会责任,就表明该企业对于社会是负责的,在经济上是可持续发展的。商业伦理常常被定义为支配一个组织及其成员的一系列道德原则或价值观,通过内部制订的策略和实施与道德相关的项目来体现。其次,企业社会责任可以被外界很容易地观察到并对此做出判断,商业伦理则反映了企业内在理念和价值观,外界难以直接感知。然而,一个很好地设计并有效地完成了社会责任的企业,不一定就是道德的,因为这些企业的社会责任目标可能是出于不同利益相关者诉求的驱动,即企业满足了利益相关者的需求,但这不一定是合乎道德规范的。既有道德又履行社会责任的企业往往对社会问题的关注高于对经济利益的追求,并且,除非这些企业采取足够多的、可见的方式展示其履行社会责任,否则它们满足利益相关者的行为不容易被人们所周知。

企业社会责任与商业伦理的联系体现在社会责任是商业伦理的基础。西方学者阿奇·卡罗尔(Archie Carroll)提出社会责任的内涵,为商业伦理提供了理论基础。卡罗尔举出托马斯·佩蒂特(Thomas Petit)支持社会责任的观点,来解释商业伦理的理论基础。该观点表明,工商业社会急剧发展中产生了人与社会的问题,企业经理人必须在处理企业事务过程中也同时解决人与社会的问题,至少必须改善这些问题。这个基本观点的提出使商业伦理为何必须存在有了基本的理由,也间接回答了"为什么企业要追求商业伦理"的原因。卡罗尔将社会责任区分为以下四项:经济责任(Economic Responsibility)、法律责任(Legal Responsibility)、伦理责任(Ethical Responsibility)、慈善事业(Philanthropic Responsibility)。经济责任是指产品合理的售价;法律责任是指企业必须依法行事;伦理责任是指法律没有规定的行为与活动,这些行为与活动是社会大众期待企业能做到的;慈善责任是指企业出于自愿的行为与活动,但并不在法律规定之内,比如企业举办的慈善募捐等①。

二、企业承担社会责任的理论分歧

(一) 反对企业承担社会责任的理论

1. "股东至上"(Shareholder Supremacy)理论

"股东至上"理论认为，企业的所有权属于股东，因此企业最重要的目标就是最大限度地为股东创造财富。股东是企业的唯一所有人，因此授予企业的所有权力都只有在为了股东利益时才可以行使。因此，企业的首要目的就是为股东创造财富，自由市场经济中的社会问题应该由政治家们去解决。

2. 委托代理(Principal Agent)理论

委托代理理论认为，在公司中，股东是委托人，管理者是代理人；管理者受股东的委托，负责公司的日常经营；在股东（委托人）难以对管理者（代理人）进行有效监督的情况下，作为自利"理性经济人"的管理者会最大限度地追求他们自己的利益，而不是股东的利益。因此，管理者不可能成为可靠、高效的社会责任承担者。企业承担社会责任的结果是，无论是股东、员工、消费者利益，还是国民财富都不可能实现最大化，真正实现最大化的只是管理者自身的利益。

3. 企业社会责任与资本主义制度的关系

这一理论认为，企业承担社会责任将可能导致公司不仅主宰经济，而且能够主导社会、文化与政治制度的形成，从而威胁到资本主义民主政治制度与自由市场的经济制度。费曼认为，企业管理者认同企业的社会责任不只是尽可能多地为股东赚钱已经成为一种趋势，很少有别的趋势如同这一趋势一样对自由社会的基础造成了如此彻底的破坏。

(二) 支持企业承担社会责任的理论

1. 长期利益理论

反对企业承担社会责任的理由之一是企业承担社会责任会损害企业为股东创造财富的能力。对此，20世纪70年代初，一些学者将企业的利益区分为短期利益与长期利益，并且认为企业承担社会责任有利于企业长期利益的最大化。20世纪70年代企业社会责任的研究重心不再是企业是否应该承担社会责任，而是承担什么样的社会责任，以及如何承担社会责任。

2. 利益相关者理论

与"股东至上"理论相反，利益相关者理论认为，虽然企业的所有权属于股东，但企业也需要考虑员工、客户、供应商、债权人等与企业存在利益关系的利益相关者的利益。企业是一个既为盈利也为社会服务的经济组织，公司的目的不仅是为股东赚钱，而且要为员工提供更加稳定的工作，为消费者提供高质量的产品，为整个社会福利作出贡献。

---

① CARROLL A B. Corporate Social Responsibility: Evolution of a Definitional Construction[J]. Business & Society, 1999, 38(3): 268-295.

3. 团队生产理论

团队生产理论认为，企业的生产需要投入土地、劳动力、资金等多种不同资源，企业的产品并非相互合作的各种不同资源的产出的简单相加，生产所需的各种资源通常并不属于同一个人所有。企业的所有人并非只有股东，员工、债权人、客户、供应商也是公司的所有人，公司也应该承担照顾员工、债权人、客户、供应商等所有人的利益的责任。

4. 战略管理理论

20世纪90年代后期开始，一些管理学家将企业战略管理理论与企业社会责任问题结合起来，认为企业可以通过承担社会责任而获得竞争优势，应该积极承担社会责任。

三、企业的战略性社会责任

（一）战略性社会责任的概念

企业社会责任是一个传统而又不断演变的议题。随着社会进步和国民经济的发展，一方面以负责任方式经营已成为企业长期发展的必备条件，另一方面竞争的加剧使得企业不得不考虑参与企业社会责任项目的机会成本。在这种背景下，战略性企业社会责任（Strategic Corporate Social Responsibility）应运而生。战略性企业社会责任是指能为企业带来利润的、涉及企业社会责任的政策、项目或过程，它能支持企业的核心业务，从而有效地实现企业的使命。战略性企业社会责任的基本思想是企业和社会相互依存，以损害其中一方的单方暂时得利，将有损双方的长期繁荣。战略性企业社会责任打破了传统企业社会责任对企业经济目标和社会目标此消彼长的假设，通过创造共享价值，试图破解"企业如何做到赚钱与为善两不误"（Doing Well and Doing Good）的经典难题[1]，为企业实现"善其身"与"济天下"的二元目标指明了方向，也为理论界关于企业是否应该承担社会责任的长期争论按下了暂停键。

战略性企业社会责任的思想可以追溯到1984年德鲁克的《企业社会责任的新意义》一文。德鲁克认为企业应该把"社会责任问题转化为商业机会、经济利益、生产能力、待遇丰厚的工作岗位以及社会财富"[2]。1996年，布克和罗格斯都（Burk & Logsdo）正式提出战略性企业社会责任的概念[3]，但并未得到理论界的积极响应，直到波特和克雷默（Porter & Kramer）合作的两篇文章——《企业慈善的竞争优势》和《战略与社会：企业社会责任与竞争优势》相继在《哈佛商业评论》上发表，战略性企业社会责任的思想才在战略管理领域引起广泛关注[4]。近年来，由于许多知名企业对企业社会责任问题处理不当乃至破产，越

---

[1] 彭雪蓉，刘洋. 战略性企业社会责任与竞争优势：过程机制与权变条件[J]. 管理评论，2015，27(7)：156-167.

[2] DRUCKER P F. The New Meaning of Corporate Social Responsibility [J]. California Management Review，1984，40(2)：8-17.

[3] BURKE L，LOGSDO J M. How Corporate Social Responsibility Pays Off [J]. Long Range Planning，1996，29(4)：495-502.

[4] 两篇文章分别是 PORTER M E，KRAMER M R. The Competitive Advantage of Corporate Philanthropy [J]. Harvard Business Review，2002，80(12)：56-68 和 PORTER M E，KRAMER M R. Strategy and Society：The Link between Competitive Advantage and Corporate Social Responsibility [J]. Harvard Business Review，2006，84(12)：78-92。

来越多的企业开始注重企业经济目标和社会目标的平衡,战略性企业社会责任的实践快速发展。

(二)战略性企业社会责任的内涵与特征

战略性企业社会责任最根本的特征是目标二元性,即企业社会责任行为同时追求企业的经济目标(利润最大化)和社会目标(增加社会福利),是一种利润最大化的企业社会责任。这就意味着企业的社会责任行为不仅包括企业对社会(具化为利益相关者)的价值创造过程,还涉及企业通过价值创造实现价值获取的过程,即如何通过企业社会责任获取竞争优势。

战略性企业社会责任活动具有向心性、专属性、超前反应性和可见性四个特征。

1. 向心性

向心性是对企业社会责任政策或项目与企业使命匹配程度的度量。向心性在战略管理中是非常重要的,常常被称为目的或目标,它通过显示特定的行为或决策是否与使命、目的或目标一致,来指出组织行动的方向并进行反馈。具有高度向心性的行为或项目会在组织中得到优先安排并在未来产生收益。对于战略性企业社会责任来说,那些与组织使命和目标及其实现关系密切的项目或政策,具有较高向心性,而传统的宽泛的企业慈善捐助的向心性则比较低。

2. 专属性

专属性是指企业能够获取或内部化企业社会责任项目的利益,而不是仅仅提供一种能被产业中其他企业共享的产品。外部性和公共品就被定义为非专属性的,而如果研究和开发上的投资能够使产品获得专利,那么该投资就是高度专属性的。很多企业社会责任行为,包括很多慈善捐助,产生了非专属性的公共品,它们可为整个社会所用。

3. 超前反应性

超前反应是企业对预期出现的经济的、技术的、社会的或政治的趋势提前作出应对的行为,超前反应性是企业战略管理人员在进行计划和环境扫描时的重要特征。在不断变化的环境中,企业必须时常扫描它的环境,能预期变化可能对企业的影响。这些变化可能是新市场机会的出现,也可能是社会问题或威胁的出现。企业能够越早识别到关键性的变化,就会占有越有利的态势来利用机会或对付威胁。例如,即将来临的技术变革要求技术更熟练和拥有多种技能的员工,企业如果引入了员工教育与雇佣项目,那么它将更易于转向新技术并在这么做时遭到较少的抵制。

4. 可见性

可见性既表示企业的活动是可观察到的,同时要求企业活动能得到内部和外部利益相关者的认同。可见性对企业来说可能是正面的,也可能是负面的。在企业的一般业务活动中,正面的可见性包括有利的媒体报道、产品成功推出等,负面的可见性包括政府对合同欺诈的调查、企业管理人员受到起诉或审判、药品副作用的揭露等。企业社会责任活动的可见性一般不可能是负面的,尽管导致企业社会责任行为的报道可能起源于负面事件。例如,宝洁公司针对其生产的卫生护理产品可能会引起中毒症状的媒体报道,通过产品召回产生了很大的正面可见性,同时还增强了该公司其他产品的可信性。可见性与企业的内部客户——员工的关系最为密切。例如,员工福利计划、全面医疗保障、现场安全保护和职业继续教育等,在企业内部是高度可见的。这些社会责任项目通过提高生产效率、士气和忠诚度,为企业创造了效益,也使企业更易于吸引和留住优秀员工。

(三)战略性社会责任对管理实践的启示

随着社会的进一步发展,各种企业利益相关者之间的力量对比和博弈关系也在不断地发生变化。从总体上看,企业受到的社会要求其履行社会责任的压力也越来越大,越来越多的企业开始主动适应这种变化,运用企业社会责任战略来获取企业的长期竞争优势。前面介绍的战略性企业社会责任的四个特征,可以用来评价和选择企业的社会责任政策、项目或过程,使企业管理者更深入地考察企业社会责任活动给企业和利益相关者带来的利益,从而可以更好地进行企业社会责任活动决策。

四、企业社会责任评价标准

企业社会责任的国际合作日益增强,并开始走向规范化、标准化,许多国际组织也在按企业社会责任的要求制定企业的行为标准。目前,较有影响力的企业社会责任评价标准有 SA8000 社会责任认证标准、ISO 14000 系列标准(1996)、OECD 公司治理原则(1998)、联合国全球协议、国际劳工协议(Fundamental ILO Conventions)等。

(一) SA8000 社会责任认证标准

随着发展中国家具有国际竞争力的廉价劳动密集型产品大量进入发达国家市场,发达国家内的工会等相关利益团体要求实行贸易保护主义的呼声渐起,美国等国家为保护国内市场,减轻政治压力,对发展中国家的劳工条件及劳工环境的批评指责声日益高涨。

1997 年,美国经济优先认可委员会(CEPAA)成立,后更名为社会责任国际(Social Accountability International,SAI)。1997 年 8 月,该机构公布了 SA8000 标准和认证体系。

SA8000 是全球第一个可用于第三方认证的社会责任国际标准,旨在通过有道德的采购活动,改善全球公认的工作条件,最终达到公平而体面的工作条件。SA8000 标准亦是根据国际劳工组织(ILO)公约、世界人权宣言及联合国儿童权益公约等国际条约制定的全球第一个企业道德规范资质标准。SA8000 标准具有通用性,不仅适用于发展中国家,也适用于发达国家;不仅适用于各类工商企业,也适用于公共机构;另外,SA8000 标准还可以代替公司或行业制定的社会责任守则。SA8000 标准中规定的企业社会责任是:企业或组织在赚取利润的同时,必须主动承担对环境、社会和利益相关者的责任。虽然目前 SA8000 标准尚未转化为 ISO 标准,但它已基本得到国际社会的认可。

SA8000 标准由 9 个要素组成,每个要素又由若干个子要素组成,构成了社会责任管理系统的基本要求,其标准要求内容如下。

(1) 童工。①不使用或不支持使用童工;②救济童工;③童工和未成年人教育;④童工和未成年人的安全卫生。

(2) 强迫劳动。①不使用或不支持使用强迫劳动;②不扣压身份证或收取押金。

（3）健康与安全。①健康、安全的工作环境；②任命高层管理代表负责健康与安全；③健康与安全培训；④健康与安全检查，评估和预防制度；⑤厕所、饮水及食物存放设施；⑥工人宿舍条件。

（4）结社自由及集体谈判权利。①尊重结社自由及集体谈判权利；②法律限制时，应提供类似方法；③不歧视工会代表。

（5）歧视。①不从事或不支持雇佣歧视；②不干涉信仰和风俗习惯；③不容许性侵犯。

（6）惩戒性措施。不使用或不支持使用体罚、辱骂或精神威胁。

（7）工作时间。①遵守标准和法律规定，每周工作不超过 48 小时；②每周至少休息一天；③每周加班不超过 12 小时，特殊情况除外；④额外支付加班工资。

（8）工资报酬。①至少支付法定最低工资，并满足基本需求；②依法支付工资和提供福利，不罚款；③不采用虚假学徒计划。

（9）管理体系。①政策；②管理评审；③公司代表；④计划与实施；⑤供应商、分包商的监控；⑥处理疑虑和采用纠正行动；⑦对外沟通；⑧核实渠道；⑨记录。

据专家估计，目前我国沿海地区已有超过 1 000 多家企业接受过众多跨国公司在劳工和社会责任方面的审核，超过 5 万家企业被要求随时接受检查。

（二）ISO 14001 标准

为了实现可持续发展战略，对社会的基本组织（企业）的环境行为进行约束与规范，国际标准化组织(ISO)于 1992 年成立 TC207（第 207 技术委员会），借鉴 9000 标准的成功经验，负责制定环境管理标准，并于 1996 年 9 月推出 ISO 14000 系列标准，从而也产生了环境管理体系认证制度[①]。其中，ISO 14001 是 ISO 14000 整个系列标准的核心。

ISO14001 的中文名称是环境管理体系——规范及使用指南，它是组织规划、实施、检查、评审环境管理运作系统的规范性标准，该系统主要包括五大部分，17 个要素（如表 3-2 所示）。五大部分的内容概括如下。

（1）环境方针。最高管理者应确定本组织的环境方针。

（2）规划。组织应识别和明确环境因素、法律法规因素，并确保在建立、实施和保持环境管理体系时，对这些要素加以考虑。同时，建立、实施和保持文件化的环境目标和指标及实现目标和指标的方案。

（3）实施与运行。该部分主要包括：①资源、作用、职责与权限；②能力、意识与培训；③信息交流；④环境管理体系文件；⑤文件控制；⑥运行控制；⑦应急准备和响应等要素。

（4）检查与纠正措施。该部分主要包括：①监测和测量；②合规性评价；③不符合，纠正与预防措施；④记录控制；⑤内部审核。

---

① ISO 是世界上最大的非政府性国际标准化机构，它成立于 1947 年 2 月，主要从事各行业国际标准的制定，从而促进世界范围内各国贸易的友好往来以及文化、科学、技术和经济领域内的合作。ISO 自成立以来，已经制定并颁发了许多国际标准，其下设若干个技术委员会，其中 TC176 在 1987 年成功地制定和颁布了 ISO 9000 质量管理体系系列标准，对改善企业的质量管理模式起到了很大的作用，在世界范围内引起了很大的反响。

表 3-2　ISO 14001 的 17 个要素

1. 环境方针	7. 培训、意识与能力	13. 监测
2. 环境要素	8. 信息交流	14. 违章、纠正与预防措施
3. 法律与其他要求	9. 环境管理体系文件编制	15. 记录
4. 目标与指标	10. 文件管理	16. 环境管理体系审核
5. 环境管理方案	11. 运行控制	17. 管理评审
6. 机构和职责	12. 应急准备和响应	

（5）管理评审。最高管理者应根据计划的时间间隔，对组织的环境管理体系进行评审，以确保其保持适宜性、充分性和有效性。评审应包括评价改进的机会和对环境管理体系进行修改的需求，包括环境方针、环境目标和指标的修改需求。

这五个基本部分包括环境管理体系的建立过程和建立后有计划地评审及持续改进的循环，以保证组织内部环境管理体系的不断完善和提高。

ISO 14001 标准在世界范围内获得了一定的认可。例如，ISO 14001 被列入现有的美国环境法规条文中，美国一些大的跨国公司已制定了 ISO 14001 认证计划，澳大利亚、瑞士和土耳其等国家的企业已经采用 ISO 14001 标准。在我国，通过认证的企业均获得了可观的经济效益和社会效益，如青岛海尔集团实施认证后两年内取得了节能降耗1 400万元的效果。

五、企业履行社会责任的战略形式

对企业来说，社会责任短期可能构成一种压力如增加企业运行成本，但从长期看，却可能成为一种竞争优势，它能使企业更加规范化运营，更加注重企业的长远利益。因而，企业履行社会责任有利于企业自身长期竞争优势的构建。一般而言，一个组织的行为与该组织在社会责任问题上采取的战略是一致的，但不同的企业采取的战略不同，其社会效果也是不同的。企业社会责任战略体现在从企业消极对待（Do Nothing）到预先采取行动（Do Much），具体说来有以下四种战略形式。

（一）消极反应战略

消极反应战略（Reaction Strategy）就是未能甚至不愿意按照社会责任方式行动。持这种战略的企业尽可能地隐瞒自己的不负责任行为，有可能在社会上造成极坏的影响。典型的例子是 20 世纪初生产石棉的美国曼维尔公司（Manville）。权威科研机构研究表明，长期呼吸石棉纤维，容易使人虚弱，甚至导致癌症、肺病（被称为石棉肺）等病症。在这种情况下，该公司不是寻找方法改善公司员工的工作条件而是隐瞒证据，与员工的安全和健康相比，公司更关心的是利润，公司总裁认为给员工更多的补偿比改善工作条件费用低。曼维尔公司不负责任的行为不但没有使它的利润最大化反而被迫支付 2.6 亿元调停费,使公司股东利益受到极大的损害①。这也说明,公司如果为了眼前利益而忽视了社会责任,最终必将受到严厉的惩罚。

(二) 抵御战略

抵御战略(Defense Strategy)仅仅是为了保住现有的位置,采取不积极的防御战略。典型的例子就是美国的三大主要汽车生产厂家,20世纪70年代面对空气污染、汽油短缺、车辆交通安全等问题,未能作出积极的反应。当美国大学教授们宣称烟雾的最大贡献者是汽车时,各大汽车厂家却无动于衷,仍然抓住汽车原有的功能不放,置空气污染、汽油短缺等问题于不顾,结果付出了惨痛的代价。当日本公司提前解决了这些社会问题,大举进攻美国市场时,美国汽车公司才意识到问题的严重性,但大量的市场份额已被日本汽车公司占有。因此,抵御战略只能是自欺欺人,一旦忽略或者抵触必将自食其果。

(三) 适应战略

适应战略(Accommodation Strategy)是指企业比较自觉地使自己的行为与公共法则保持一致,更为重要的是尽力对公众的期望负责,以适应社会对企业的要求。例如,美国银行能根据顾客的需求,不断提供信息,满足客户的需求。适应战略强调企业应根据社会和环境因素的变化,及时调整社会责任战略,持续地满足社会公众的社会责任需求。这种战略最显著的特点就是及时性和灵活性,以企业利益相关者需求为导向,能够迅速调整策略。但是,这种战略只是一种被动的适应,即一般是要等到问题发生之后,才能根据问题提出调整和补救措施,短期看,成本可能较低,长期来说成本相对较高,而且也不易在企业内部形成一种承担社会责任的氛围。

(四) 提前采取行动战略

提前采取行动战略(Precaution Strategy),即企业在责任到来之前提前采取行动,担负起社会赋予它的责任,以防患于未然。企业既不单单是追求利润的工具,也不是公共法则的附属,而是应该积极履行社会责任,一旦发生社会责任问题勇于去承担,努力开展改善社会福利、奉献社会的活动。许多企业为社会问题的解决献计献策,如美国通用电气公司(GE)在教育领域的行为就很有代表性,前公司总裁杰克·韦尔奇认为学生是未来社会的栋梁之材,企业有责任引导学生将来为社会奉献,GE的几个分公司在当地都建立了企业与高校学生之间的友好联系,意在为国家教育及社会目标的实现作贡献,为此GE赢得了良好的社会信誉,也使杰克·韦尔奇1999年在全球最受尊重的企业家中名列榜首。这种战略表明企业对待社会责任的态度应是超前的、主动的。

综上所述,企业在面对社会责任时,一般都会在上述四种战略中权衡和决策。那些把社会责任上升到企业战略层次加以考虑的企业,常常会采取第三种或第四种战略,其中第

---

① 张进发.基于利益相关者理论的企业社会责任管理研究[D].天津:南开大学,2009:66.

四种战略最为彻底。因此,企业对待社会责任的不同行为方式将产生不同的结果,这与企业领导者和决策者的风格、魄力和利益观相联系。企业应从各个利益相关者的需求出发,着重从企业制度和运行机制上解决企业的社会责任问题。

本 章 小 结

企业的利益相关者是指影响企业的生存和发展,同时又能被企业经营活动所影响的企业内部或者外部的个人或群体。具体利益相关者界定要结合企业的实际情况进行。

商业伦理是人类社会伦理准则和行为在企业经济活动中的表现,是企业在与利益相关者互动的过程中形成的一套有关如何使行为更好地与道德规范相匹配的标准与规则。商业伦理的本质特征体现为:商业伦理超越法律的本质;商业伦理具有实践特性;商业伦理必须经常检查才不会偏失。

企业社会责任是指企业在运行过程中,在履行企业基本经济职能并满足社会对其"合规性"要求的基础上,对社会整体福利水平的提高所履行的责任,目的是实现企业、经济、社会与环境的协调和可持续发展。战略性企业社会责任是指能为企业带来利润的、涉及企业社会责任的政策、项目或过程,它能支持企业的核心业务,从而有效地实现企业的使命。战略性企业社会责任活动具有四个特征:向心性、专属性、超前反应性、可见性。目前企业社会责任的国际合作日益增强,并开始走向规范化、标准化,许多国际组织也在按企业社会责任的要求制订企业的行为标准。企业社会责任战略体现在从企业消极对待到预先采取行动,具有四种战略形式:消极反应战略、抵御战略、适应战略和提前采取行动战略。

进一步阅读的材料

[1] 周祖诚. 企业伦理学[M]. 北京:清华大学出版社,2005.

[2] MITCHELL R, AGLE B, WOOD D. Toward a Theory of Stakeholder Identification and Salience:Defining the Principle of Who and What Really Counts [J]. The Academy of Management Review,1997,22(4):853-886.

[3] PORTER M E, KRMAER M R. Strategy and Society:The Link between Competitive Advantage and Corporate Social Responsibility [J]. Harvard Business Review,2006,84(12):78-92.

[4] PORTER M E, KRAMER M R. The Competitive Advantage of Corporate Philanthropy [J]. Harvard Business Review,2002,80(12):56-68.

[5] 韦斯. 商业伦理——利益相关者分析与问题管理方法[M]. 符彩霞,译. 北京:中国人民大学出版社,2005.

思考题

1. 什么是利益相关者？请以你熟悉的企业为例，分析该企业的利益相关者都包括哪些。
2. 商业伦理的本质特征是什么？
3. 请谈一谈你对构建中国企业商业伦理的建议。
4. 什么是企业社会责任？什么是战略性企业社会责任？
5. 论述利益相关者、商业伦理以及企业社会责任的关系。

第四章

组织环境

学习目标

(1) 了解有关组织与环境研究的进展。
(2) 理解组织环境的概念、特征及其构成因素。
(3) 掌握组织环境分析的方法。

> **身边的管理：**
> 　　高校选址对学生的影响具有深远性和重要性，教育家陶行知曾提出大学选址"五项标准"，即一要雄壮，可以令人兴奋；二要美丽，可以令人欣赏；三要阔大，可以使人胸襟开阔，度量宽宏；四富于历史，使人常能领略数千百年以来之文物，以启发他们光大国粹的心思；五便于交通，使人常接触外界之思潮，以引起他们自新不已的精神。近年来，随着我国高校招生规模的扩大，许多高校由于原校区周边基本上没有发展的空间和余地，不得不到偏僻的城郊另建新校区，开启两校区或多校区的办学模式。但是，这样会不会影响学校的招生、就业等方面的发展，影响在校学生的成长呢？

任何组织的生存和发展都离不开其所处的环境，这些复杂多变的环境因素为组织带来机会或威胁。管理者必须了解环境，把握环境发展的动态，使组织与不断变化的环境之间处于动态平衡的关系状态。本章主要介绍理论界对组织与环境之间关系研究的情况、组织环境的特征、构成外部环境和内部环境的要素、常用的组织环境分析方法。

第一节　组织与环境

组织的活动必然与社会的其他系统、与组织所处环境的各个方面有着千丝万缕的联系。只有与所处的环境相适应、相协调，才能顺利地开展活动，实现预期目标。

环境（Environment）是指对组织绩效产生潜在影响的各种因素的集合。如图4-1所示，组织之外所有可能影响组织的因素为组织的外部环境，包括一般环境和具体环境；组织内部的条件和因素为组织的内部环境。

组织是一个开放的系统，与环境交换信息、能量和材料。如图4-2所示，企业投入资金、人力及其他资源，通过生产过程加以转换，从而输出产品或服务。

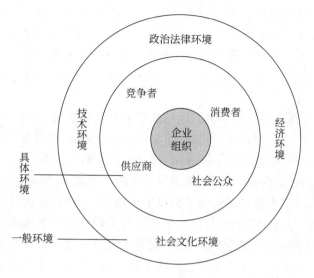

图 4-1　组织环境

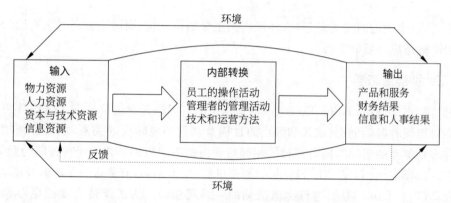

图 4-2　开放的组织与环境的关系

长期以来,组织理论学家们对组织与环境之间关系的研究提出了不同的观点。在开放系统框架下,对组织与环境之间关系的研究大致可划分为三个阶段。

一、组织被动适应环境阶段

20世纪六七十年代,关于组织与环境关系的研究重点是环境对组织的影响,学者们分析环境的各个维度,如技术环境如何决定组织的形式、架构和行为,强调环境对组织的决定性影响,认为迅速变化的环境将决定组织种群的生存或消亡,当外界环境发生变化时,组织将保持某一变量机制以保持与环境的和谐,组织必须适应环境才能生存。本阶段大致以权变理论、制度理论和种群生态组织理论的前期观点为主。

(一)权变理论

权变理论(Contingency Theory)认为组织不仅要对环境开放,还必须使组织的内在特征与其环境要求达到最佳匹配,只有这样才能更好地适应环境。

英国学者伯恩斯(Tom Burns)和斯托克尔(G. M. Stalker)考察了一些企业后,从环境不确定性角度说明了机械性和有机性两种组织形式的差异及各自的适用环境。他们认为,如果环境变化快,那么企业要采用开放灵活的组织形式,企业的组织和管理应该适应不同的环境变化。

随后,理论研究逐步涉及许多组织的外部环境和内部要素,如规模、技术、地理位置、不确定性、参与者的个人偏好、资源依赖、国家和文化差异、范围及组织的生命周期等。

保罗·劳伦斯(Paul R. Lawrence)和骆尔施(Jay W. Lorsch)在1967年出版的《组织与环境》一书中指出,环境因素影响着组织结构的设置,不仅如此,组织内下属各部门的结构设置也会随着各自面临的环境的不同而有所不同。组织与其环境的适应性表现为:①组织的分化程度、整合水平必须与其所处环境的不确定性水平相匹配。不确定的环境要求组织具有较高的分化程度和整合水平,相对确定的环境对组织的分化程度和整合水平的要求则较低。②组织中每个子单位的结构特性都应当和与其自身相关的特定环境相适应,由于子环境的不同,即使在同一组织内部,组织各下属部门的组织结构类型也有所不同。

总之,权变理论的主要思想是,环境占据主导地位,组织则居于被动的次要地位,组织必须被动地适应环境的需要。

(二) 种群生态学

种群生态学(Population Ecology)将达尔文的自然选择学说移植到了组织分析中,致力于探讨组织种群的创造、成长和消亡的过程及其与环境转变的关系,重点解释"为什么会存在多种类型的组织",同时探讨了相同行业内的不同组织形式如何在长期的竞争环境压力下作出反应[①]。汉南(M. Hannan)和弗里曼(J. Freeman)是这一学说的开创者。

种群(Population)是指进行类似活动的一系列组织。为了维持自身的生存和发展,同一种群内的组织必须像自然界中的生物一样,争夺有限的类似的资源,组织的生存依赖于其获取资源的能力。由于组织必须争夺有限的资源以维持自身的生存和发展,组织之间的关系以竞争为主。

1977年,汉南和弗里曼在《组织种群生态学》一书中,借鉴达尔文的进化论思想,运用生物学的自然淘汰原理研究组织种群的兴衰规律以及种群内部单个组织的生存和适应问题。根据汉南等人的理论,种群是由在一个特定边界内的、具有共同形式的所有组织构成的集合,是存在于特定系统中的组织形式。组织具有很强的结构惯性,当组织的生存环境以及竞争条件发生变化时,组织有保持现存结构状态不变的特性。种群内单个组织的管理者虽然也可以从微观的角度去努力适应或改变组织的环境,但始终抵挡不了大系统环境的压力,组织变革来自新组织形式对不适合环境要求的原有组织形式的取代[②]。

这一阶段的理论研究特别强调环境的重要性,组织是一个开放的系统,组织不能根据

---

① 费显政.组织与环境的关系——不同学派述评与比较[J].国外社会科学,2006(3):16.
② 白景坤.基于组织与环境关系理论的组织存续研究[J].华东经济管理,2008(1):33.

环境的特点主动地制定战略以适应环境,其适应行为是自然无意识的被动适应;组织结构不会因为环境变化而发生改变,种群生态组织和群落生态组织在适应环境时不会表现为根据环境的变化而调整其结构。

二、组织自然选择阶段

在这一阶段,研究者们不再一味地强调环境对组织的主导作用,而是意识到组织并非完全处于被动状态和从属状态,组织对环境也会产生积极的影响,组织有能力改变或管理环境。本阶段的研究大致以资源依赖理论、组织生态学的观点为主。

(一) 资源依赖理论

资源依赖理论(Resource Dependence Theory)认为,资源交换是联系组织和环境关系的核心纽带,组织生存的关键是获取资源的能力。面对资源获取的不确定性和组织的依赖性,组织能够对环境作出反应,不断改变自身的结构和行为模式,以获取并维持来自环境的资源。这一理论强调组织在决定其命运时是积极的,有能力改变环境并对事物作出反应。普费(Pfeffer)和萨兰希克(Salancik)在1978年出版的《组织的外部控制》一书中阐述了其观点。

作为一个开放的系统,组织不可能拥有维持自身生存与发展的全部资源,大量决定组织生存的稀缺资源都存在于其所处的外部环境之中。为了生存,组织必须从外部环境中获得原材料、信息、社会和政治等方面资源的支持。企业对某种资源的依赖性,取决于此种资源对企业的重要程度,以及控制此种资源的组织对资源的配置和利用所拥有的决定权或垄断权。

(二) 组织生态学

组织生态学(Organizational Ecology)认为,组织与环境是互动的合作关系,不仅环境会选择组织,组织也会主动构造自己的未来。

正如自然界中的生物组成环境一样,组织的环境也是由大量组织构成的,当组织联合起来时,环境就会变得可以协商,而不是独立的、影响组织的外在力量,即一个相互联系的群体之间通过相互适应实现整个群体生存[①]。

这一阶段的理论认为组织不仅要适应环境,而且要对环境的外生因素进行自然选择。面对环境的变化,组织并不是无能为力的。为了生存,组织必须与外界环境进行交换,即组织对环境具有依赖性。"进化是相互适应者生存(the survival of the fitting),而不是最适者生存(the survival of the fittest)"。

三、组织的理性选择阶段

20世纪80年代以后,组织所处的环境发生了巨大变化,无论是组织还是环境本身都是复杂系统,组织之间的合作与竞争是共存的,组织与环境之间的关系是动态的、复杂的,

---

[①] 陈国权.组织与环境的关系及组织学习[J].管理科学学报,2001(10):39-49.

它们之间是共同演化的。合作网络理论、合作竞争理论、企业生态系统理论代表了这一阶段的主要观点。

(一) 合作网络理论

合作网络(Collaborative Network)理论认为,组织联合起来会变得更有竞争力,更有利于共享稀缺资源。组织之间的联合可以是同类组织之间的横向合作,也可以是上下游企业之间的纵向合作。合作的原因可能是要分担进入新市场的风险,或者分摊研发费用,或者改进组织的业务组合。合作的结果是,大企业由此可以获得市场渠道或创新性技术,小企业由此可以借助大企业的财务或营销能力。

随着组织环境的变化,组织之间的关系从竞争转变为合作伙伴。这种新型的伙伴关系需要合作双方高度的互信、大量的信息共享和及时的沟通。

(二) 合作竞争理论

博弈理论与实务专家布兰登博格(A. M. Brandenburger)和奈勒波夫(B. J. Nalebuff)在1996年出版的《竞合战略》一书中,提出了组织间合作竞争的观点,企业之间不是单纯的竞争,也不是单纯的合作,而是合作与竞争共存。

与企业相关的伙伴企业包括顾客(Customer)、供应商(Supplier)、互补者(Complementor)和竞争者(Competitor)四类。企业与它们之间形成了二维的价值网(如图4-3所示)

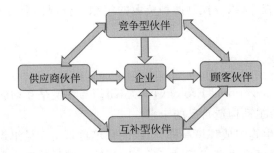

图4-3 企业价值网中与之合作竞争的四种伙伴类型

伙伴之间是竞争与合作的关系,当不同的企业为了一个共同的目标走到一起时,创造价值的本质是合作的过程,但争取价值的本质是竞争的过程,即分享利益时,伙伴之间为竞争关系。

(三) 企业生态系统理论

合作竞争理论只是从静态的角度考察企业同其所处的环境,即顾客、供应商、互补者和竞争者之间合作与竞争并存的关系,企业生态系统理论(Business Ecosystem Theory)则从更广的范围内研究企业之间的关系以及这种关系随着时间变化的状态,认为企业都应与其所处环境(即企业生态系统)不只是竞争或合作,抑或单个企业的进化,"共同进化"(Coevolution)是这一理论的核心。

企业生态系统(Business Ecosystems)的概念是由美国管理学家穆尔(James F. Moore)首次提出的。企业生态系统超出了传统的产业概念,其范围广阔,由核心供应链系统(制造企业及其上下游、直接顾客)、支持系统(投资者、资产所有者、行业协会)、竞争系统(竞争组织)和社会及自然系统(政府、社会、自然)四个系统构成,其发展过程可分为开创阶段、扩展阶段、领导阶段和自我更新阶段。

企业生态理论认为,在快速变化的时代,创新是主旋律。要想在这样的生存环境中发展壮大,组织必须抛弃传统意义上的竞争,密切关注并理解相关的经济环境及影响其进化的组织,与相关企业共同进化,塑造一个开放的抵抗力强的企业生态系统。

这一阶段理论研究的主要特点是:组织不仅关注外部环境,更注重组织内部特点,战略制订的基本单位是共同演化的生态系统,企业可以理性地选择自身的战略行为。

第二节 组织环境特征与构成

组织环境是组织系统所处的环境,这种环境是与组织及组织活动相关的一切物质和条件的统一体。

一、组织环境的特征

组织环境是相对于组织和组织活动而言的,其性质与内容都是与一定组织和组织活动相对应的。组织环境具有以下特性。

(一)复杂性

组织所面对的环境是错综复杂的,构成组织外部环境的因素有政治、经济、文化、科技等一般环境因素,也有竞争者、供应商、消费者等具体环境因素,这些环境要素涉及的范围广、层次多。不仅如此,这些种类众多的环境因素时时刻刻都处在不断变化之中,而且在大多数情况下对环境变化的预测具有一定的难度,甚至不能准确预测。

(二)系统性

组织是一个开放的系统,其活动必然与社会的其他系统、与组织所处环境的各个方面有着千丝万缕的联系。组织对其内部环境要素具有一定的可控性,而那些外部环境要素是组织自身不能控制的,按照这些要素对组织活动的直接影响程度的高低及范围大小,可分为具体环境和一般环境。所以说,组织所处的社会是一个大系统,组织的外部环境和内部环境构成了不同层次的子系统。

(三)动态性

组织环境的各种因素是不断变化的,各种组织环境因素又在不断地重新组合,不断形成新的组织环境。组织的生存与发展都必须与环境之间进行各种能量与信息的交换。组织系统要从组织环境中输入物质、能量和信息,通过组织的转换,再向组织环境输出各种产品和服务,这种转换不仅体现了环境对组织的影响,也通过输出使组织环境或多或少发生一些变化,使组织环境本身总是处于不断的运动和变化之中。环境自身的运动就是组织环境的动态性。

二、组织环境的构成

不同的环境因素对组织的影响各不相同。根据其来源,可将一个组织所处的环境分为外部环境和内部环境。

(一) 外部环境

组织的外部环境是指处于组织外部但能够对组织绩效产生影响的因素和力量,是组织不可控的影响因素。根据其对组织活动影响程度的不同,可分为一般环境(General Environment)和具体环境(Specific Environment)。

1. 一般环境

一般环境又称宏观环境,是指对社会中的各类组织都会产生影响的因素和力量,通常是指一个国家或地区的政治法律环境、经济环境、社会文化环境、技术环境及国际环境的发展变化状况(如图4-4所示)。

图 4-4 组织的一般环境

(1) 政治环境。政治环境是指某一国家或地区乃至全球的法律法规、政治行为、政治形势等,政治环境因素直接与国家的体制、宏观经济政策相联系,它不仅规定了整个国家的发展方向、发展速度及欲采取的措施,也直接关系到社会购买力的提高、企业经营战略方向。国家的法律法规,特别是关系到经济的立法,不仅规范企业的行为,同时也维护着企业的正当权益。在世界经济一体化的开放经营条件下,企业等组织都不可避免地受到国际法、国际局势及其变化趋势以及相关国家政治稳定性的影响。

(2) 经济环境。经济环境是指某一国家或地区乃至世界经济形势、经济发展水平、经济基础设施水平等。经济环境因素包括一个国家或地区的经济管理体制、经济发展阶段、经济增长速度,宏观经济运行中的通货膨胀、利率调整、消费者收入以及经济政策的实施等。在开放经营的环境中,全球经济波动、国际市场行情、相关国家经济政策调整等因素都不可避免地影响企业的经营和发展。

（3）技术环境。技术环境是指企业所处的环境中科技要素及与该要素直接相关的各种社会现象的集合，包括国家科技体制、科技政策、科技水平和科技发展趋势等因素。科学技术是第一生产力，科技的发展水平不仅是经济发展水平的集中反映，而且决定着一个国家经济建设的未来。技术环境包括一个国家的科学技术发明、技术创新、新技术的应用等因素。近年来，信息技术与通信系统建设水平成为影响企业竞争力的重要因素，因为信息产业和信息技术的迅猛发展，互联网技术、现代智能技术被广泛应用到商业领域，抓住"互联网＋"的机遇，一些企业浴火重生，同时也有一些新的经营模式或业态应运而生。新技术也是一种"创造性的毁灭力量"，因为新技术、新材料的出现，不仅会给企业带来新的机会，产生新的组织形式，也可能会给企业造成威胁，使传统产业受到冲击，甚至被淘汰，使原有组织形式消失。

（4）社会文化环境。社会文化环境是指一个国家、地区或民族的传统文化，通常包括一个国家或地区的社会性质、人们共享的价值观、人口状况、教育程度、风俗习惯、宗教信仰等各个方面。人们在不同的文化背景下生活，就建立起不同的观念和信仰，遵循不同的行为规范。企业只有全面了解社会文化环境，认真、准确地判断和分析消费者所处的社会文化环境，才能较准确地把握消费者的需求，抓住机会，取得竞争优势。例如，在当今环境保护日益受到重视的形势下，特别是在国家推行"节能减排"计划的过程中，环保因素日益成为影响企业经营的一个重要因素，注重环境保护成为企业履行社会责任的一种价值观念和行为准则。

（5）国际环境。国际环境是来自国外的各种影响组织的事件或是机遇。随着经济全球化趋势的增强以及信息技术的不断创新，任何国家和地区都不再可能完全封闭起来，越来越有可能受到一般环境中的国际环境的影响。

2．具体环境

具体环境又称微观环境或组织的任务环境（Task Environments），是指与特定组织有着密切联系并产生直接影响的各种力量。具体环境通常包括竞争者、消费者、供应商和社会公众等要素（如图4-5所示）。每个组织的管理者都必须准确把握这些环境要素的变化和发展趋势及其对组织的重要影响。

图 4-5　组织的具体环境

（1）竞争者（Competitor）是同组织竞争资源的其他组织。在市场经济环境中，绝大部分企业都将面临异常激烈的市场竞争。从购买者的角度观察,每个企业在其经营活动中,都面临四种类型的竞争者:①愿望竞争者,亦称欲望竞争者,是指满足购买者当前各种不同愿望的竞争者,他们所提供的是各种不同的产品。②一般竞争者,又称类别竞争者、平行竞争者,是指以各种不同产品来满足消费者某种愿望的竞争者。③产品形式竞争者,是指以某种产品的不同款式或型号来满足消费者某种愿望的竞争者。④品牌竞争者,是指以某一产品的不同品牌来满足消费者同种愿望的竞争者。

(2) 供应商(Supplier)即向其他组织供应原材料、零部件、能源、劳动力和资金等资源的组织。供应商所提供的资源情况对企业生产经营有直接的影响,特别是在资源短缺时,影响更大。因此,企业在选择供应商时,应注意供应商的情况审评,考虑可供物资的规格标准以及对产品质量、交货期的准确性、信贷条件、担保和低成本的最佳组合的影响。

(3) 顾客(Customer)是为购买组织产品和服务支付货币的人或组织。企业的经营活动是以满足顾客的需求为中心的。

(4) 社会公众(the Public)是指对企业实现其经营目标构成实际或潜在影响的团体,包括那些关心和可能影响企业取得资金能力的金融机构,具有广泛影响的大众媒体,与企业业务经营活动有关的行政主管部门如财政、税收、工商、物价、商检等政府机构,消费者权益保护组织、环境保护组织、少数民族组织及其他群众组织,企业所在地附近的居民群众、地方官员和社区组织。这些社会公众,都与企业的经营活动有着直接的关系,企业的市场经营活动不仅要针对目标市场的顾客,而且要考虑社会公众,采取适当的措施,与周围的公众保持互利互惠的良好关系。

(二) 内部环境

企业内部环境包括企业的物质环境和文化环境。它反映了企业所拥有的客观物质条件和工作状况以及企业的综合能力,是企业系统运转的内部基础。因此,企业内部环境分析也可称为企业内部条件分析,其目的在于掌握企业实力现状,找出影响企业生产经营的关键因素,辨别企业的优势和劣势,以便寻找外部发展机会,确定企业战略。如果说外部环境给企业提供了可以利用的机会,那么内部条件则是抓住和利用这种机会的关键。只有在内外环境都适宜的情况下,企业才能健康发展。

内部环境是指影响企业生存和发展的所有相关内部因素和力量,包括内部的资源以及组织所具有的各种能力。组织的资源和能力同样会影响其战略竞争能力(如表 4-1 所示)。

表 4-1 资源、能力和竞争优势

	与竞争者相同或易于模仿	优于竞争者且难于模仿
资源	基本资源	独特资源
能力	基本能力	核心能力

1. 企业资源

为了生存和发展,处于市场中的任何一个组织都必须具备一定的资源,如物质资源、人力资源、财务资源和智力资源等。随着竞争的不断深入,有些行业对资源的要求越来越高,所以,组织还必须不断提高自己的资源基础,以免因这种资源门槛的限制而被淘汰出局。企业的任何活动都需要借助一定的资源来进行,企业资源的拥有和利用情况决定其活动的效率和规模。企业资源包括人、财、物、技术、信息等,可分为有形资源和无形资源两大类。

(1) 人力资源。人力资源是企业拥有的能够参与价值创造过程的一般职员及经营管理者的组合,包括人力资源的数量、素质和使用状况。人力资源分析的具体内容有各类人员(包括生产操作人员、技术人员、管理人员)的数量、技术水平、知识结构、能力结构、年龄结构、专业结构;各类人员的配备情况、合理使用情况;各类人员的学习能力及培训情况;企业员工管理制度分析等。

(2) 物力资源。物力资源是企业从事生产经营的基础,包括厂房、设备、办公用具等各种有形资产。物力资源分析就是要研究企业生产经营活动需要的物质条件的拥有情况及利用程度。

(3) 财务资源。财务资源是企业用于生产和投资的资金来源,包括企业资产的拥有情况、构成情况、筹措渠道和利用情况等。财力资源是一种能够获取和改善企业其他资源的资源。

(4) 技术资源。技术资源主要分析企业的技术现状,包括设备和各种工艺装备的水平、测试及计量仪器的水平、技术人员和技术工人的水平及其能级结构等。

(5) 信息资源。信息资源包括各种情报资料、统计数据、规章制度、计划指令等。信息资源分析主要研究现有信息渠道是否合理、畅通,各种相关信息是否掌握充分,企业组织现状、企业组织及其管理存在的问题及原因等。

2. 企业能力

企业能力是指企业协调资源并发挥其作用的能力。基于对企业资源的有机组合,才能形成企业独特的能力。

企业资源能力包括企业从外部获取资源的能力和从内部积蓄资源的能力。企业资源能力影响企业的发展方向、速度甚至企业的生存,同时直接决定着企业战略的制定和实施。企业从外部获取资源的能力主要取决于以下要素:企业所处的地理位置;企业与资源供应者(包括供应商、金融、科研和情报机构等利益相关者)的关系;资源供应者与企业讨价还价的能力;资源供应者前向一体化趋势;企业供应部门人员素质和效率等。

(1) 竞争性的生产能力。生产是企业进行资源转换的中心环节,它必须在数量、质量、成本和时间等方面符合要求的条件下形成有竞争性的生产能力。竞争性的生产能力构成要素包括企业的加工工艺和流程设计、库存控制、劳动力管理、质量控制等。分析和评价企业的竞争性生产能力,主要看其对生产和服务的需求是否有一定的规律和有效的预测;生产是否达到了合理的经济规模;工厂、库房和销售网点的位置、数量和规模是否适合;企业是否有全面、合理的计划生产成本;企业是否有处理临时订货的应急计划;企业是否有有效的生产控制体系。

(2) 企业营销能力。企业营销能力主要包括市场定位能力、营销组合的有效性和管理能力。市场定位能力取决于企业在以下四个方面的能力:市场调查和研究的能力;评价和确定目标市场的能力;把握市场细分标准的能力;占据和保持市场位置的能力。评价市场营销组合的有效性主要把握两个方面：一是营销组合是否与目标市场中的有效需求一致；二是营销组合是否与目标市场产品生命周期一致。企业对营销各项工作管理能力的分析，主要包括营销队伍的建设与培训、营销人员的考核与激励、应收账款管理等一系列工作。

（3）企业研发能力。企业研发能力是指企业根据其发展需要开发和研制新产品以及改进生产工艺的能力。企业的科研与开发在科学技术水平方面有四个层次，即科学发现、新产品开发、老产品的改进、设备工艺的技术改造。一个企业的科研与开发水平处于哪个层次或哪个层次的组合，由企业的科研与开发能力决定，这种能力决定着企业在研发方面的长处和短处，也决定着企业开发的方向。企业的研发能力和水平由企业科技队伍的现状和变化趋势决定。如果企业内没有这样的人员，而且在短期内又找不到这样的人才，企业就要考虑与高等院校或科研单位合作，以解决技术开发和技术改造的问题。一个好的研发部门，应该能够根据企业战略的要求和自身研发实力决定选择哪一个或哪几个层次的有效组合。企业已有的科研与开发成果是其能力的具体体现，如技术改造、新技术、新产品、专利以及商品化的程度，给企业带来的经济效益等。企业的科研设施、科研人才和科研活动要有足够的科研经费予以支持，因而应根据企业的财务实力作出预算。决定科研预算经费的方法一般有三种：按照总销售收入的百分比来确定；根据竞争对手的状况来确定；根据实际需要来确定。

（4）企业的人力资源管理能力。企业的人力资源管理能力包括企业在发现、培养、使用和管理人才方面所表现出的组织能力。在现代企业的竞争中，人的知识和能力越来越成为决定竞争力的重要因素。因此，企业的人力资源管理能力是企业资源能力的一个重要组成部分。具体包括人才开发和培训分析、人才评价和选拔分析、人力资源薪酬设计分析。

3. 核心竞争力

核心竞争力（Core Competence）是能使公司为客户带来特殊利益的一种独有技能或技术。

第一，核心竞争力能很好地实现顾客所看重的价值，如能显著地降低成本、提高产品质量、提高服务效率、增加顾客的效用，从而给企业带来竞争优势。索尼公司的核心能力是"迷你化"，它给顾客的核心利益是好携带；联邦快递的核心能力是极高水准的后勤管理，它给顾客的核心利益是即时运送。

第二，核心竞争力是企业所特有的，并且是竞争对手难以模仿的，也就是说它不像材料、机器设备那样能在市场上购买到，而是难以转移或复制的。这种难以模仿的能力能为企业带来超过平均水平的利润。

第三，核心竞争力具有延展性，能够同时应用于多个不同的任务，使企业能在较大范围内满足顾客的需要。例如，佳能公司利用在光学镜片成像技术和微处理技术方面的核心竞争力，成功地进入了复印机、激光打印机、照相机、扫描仪和传真机等20多个产品领域；本田公司的核心专长是引擎设计和制造，这支撑了小汽车、摩托车、割草机和方程式赛车的制造。

能使企业相对于竞争对手更具特色、更持久地拥有竞争优势的能力是企业的核心能力,这是对形成组织竞争优势发挥关键作用的活动或流程。

企业竞争优势取决于企业的核心能力,而企业的核心能力又源于企业生产经营环节的一些活动或流程,这些环节或流程存在于企业的基本活动及其辅助活动(如图4-6所示)之中。企业的基本活动包括流入物流、运营、流出物流、营销和销售、服务。辅助活动包括企业的基础设施、人力资源管理、技术开发、采购。基本活动中的每一个类别都与辅助活动相关联,它们共同为企业创造利润。

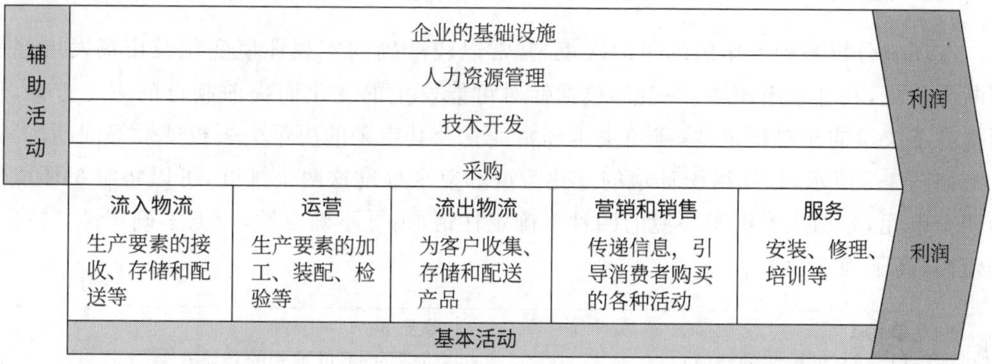

辅助活动	企业的基础设施					利润
	人力资源管理					
	技术开发					
	采购					
	流入物流 生产要素的接收、存储和配送等	运营 生产要素的加工、装配、检验等	流出物流 为客户收集、存储和配送产品	营销和销售 传递信息,引导消费者购买的各种活动	服务 安装、修理、培训等	利润
	基本活动					

图4-6 波特价值链

运用波特的价值链分析来确定核心竞争力,就是要求企业密切关注组织的资源状态,关注和培养在价值链的关键环节上获得重要的核心竞争力,从而形成并保持企业在行业内的竞争优势。

第三节 组织环境分析

了解、认识环境是环境管理的基础,管理者要把对环境的了解与掌握作为重要的管理职责。要通过各种渠道收集有关环境的信息,在掌握组织环境大量信息,对组织环境充分了解的基础上,对各种环境因素进行深入的分析与评估,掌握关于环境的各种因素与变量,把握环境发展变化的趋势与规律。

一、组织环境分析的意义[①]

(一)提高决策的科学性

组织的生存与发展,在很大程度上取决于科学、正确的决策,而要提高组织决策的科学性,必须客观、准确地分析组织环境,预测其变化趋势。科学、正确的决策总是建立在客观、准确的环境分析基础上的,通过环境分析,组织可以把握现在,预知未来,知己知彼,正确判断环境对自己是机会还是威胁,以此为重要参考依据而制定的组织决策,更趋合理和客观,更具有科学性和前瞻性。

---

① 赵丽芬.管理学——理论与实务[M].上海:立信会计出版社,2016:32.

（二）提高决策的有效性

通过环境分析，组织较全面地掌握了宏观环境及其变化趋势，也对市场机会与竞争态势有了基本准确的研判，据此及时作出果断决策，抓住机遇，快速应变，使决策更具有效率和时效性。

（三）提高决策的相对稳定性

在环境分析基础上作出的组织决策，常常以较准确的宏观环境变化及市场发展趋势判断为前提，并且未雨绸缪，一般都包括针对可能发生的变化而提前制订的应变方案，从而提高了决策的相对稳定性，避免决策经常变化及其带来的决策失去权威性等问题。

如图 4-7 所示，根据组织环境的变化程度和复杂程度这两个维度，可以将组织环境分为四个单元，分别代表组织环境的四种不确定性情形：低不确定性、较低不确定性、较高不确定性、高不确定性。

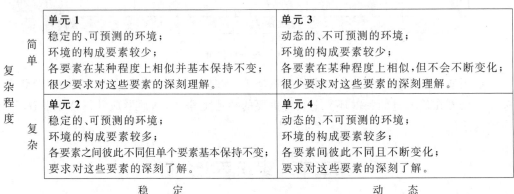

图 4-7 组织环境的不确定性矩阵

单元 1 代表简单、稳定的"低不确定性"环境，即组织环境中的影响因素较少，而且这些因素变化不大，环境因素容易了解。在这种情形下，组织处于相对稳定的状态，管理者对组织成效的影响力最大，主要对内采取强有力的措施来进行管理。

单元 2 代表复杂、稳定的"较低不确定性"环境，即组织环境中的影响因素多，但环境因素基本保持不变，掌握环境因素较难。处于这种环境中的组织为了适应复杂的环境一般采取分权的形式。

单元 3 代表简单、动态的"较高不确定性"环境，即组织环境中的影响因素较少，但这些因素处于不断的变化之中，环境因素比较容易掌握。在这种外部环境中的组织处于相对缓和的不稳定状态。管理者一般采取调整内部组织管理的方法来适应变化中的环境。

单元 4 代表复杂、动态的"高不确定性"环境，即环境影响因素多，且处于不断的变化之中，掌握环境因素困难。在这种情形下，管理者对组织成效的影响力最小，这时需要组织内部各方面进行及时有效的沟通。

由于不确定性会对组织绩效产生一定威胁,管理者会尽可能将不确定性降到最低,如果可以选择,可能绝大多数管理者都愿意在单元1的环境下运行。然而,现实中的组织环境远比分析复杂得多,管理者所面临的实际环境动态多变,不确定性日益增强,并在更大程度上影响组织绩效。因此,如今的管理者也更加重视对不确定性环境的分析评估,不断增强自身管理环境的技能,力求把这种不确定性及其可能给企业带来的负面影响降到最低。

二、"五力"要素模型

"五力"要素模型是迈克尔·波特(Michael Porter)于20世纪80年代初提出的,将大量不同的因素汇集在一个简便的模型中,以此分析一个行业的基本竞争态势,是国际上通用的产业环境分析方法。

所谓"五力"要素是指:供应商的讨价还价能力、购买者的讨价还价能力、潜在竞争者进入的能力、替代品的替代能力、行业内竞争者现在的竞争能力(如图4-8所示)。

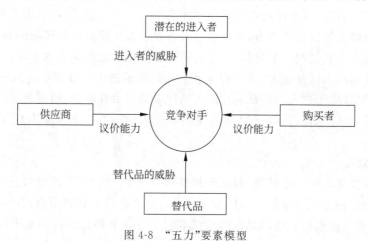

图4-8 "五力"要素模型

(一)供应商

供应商分析包括所有的外购投入,如技术、设备、资金、原材料、劳动力和信息等。供应商主要通过其提高投入要素价格与降低单位价值质量的能力,来影响行业中现有企业的盈利能力与产品竞争力。供应商的竞争威胁首先取决于供求关系,当行业的需求大于供应商的供给时,在交易中供应商占有优势;相反,当供给大于需求时,行业中现有企业则占有优势。其次,如果供应商所提供的是生产所必需的主要投入,其价值构成了产品总成本的较大比例、对产品生产过程非常重要,或者严重影响产品的质量时,供应商的讨价还价力量就大大增强;相反,行业中现有企业则占有优势。对于供应商而言,如果不存在与之竞争的替代品或替代品的力量很小,在交易中供应商就可能会占有一定优势;相反,如果有强大的替代品与供应商竞争,供应商的优势就会被极大地削弱。另外,如果供应商企业之间在产品、营销等方面已经差别化,且由一种差别化转换为另一种差别化的成本较高,在交易中行业内企业就有一定优势。但当行业内企业对采购的差别化要求非常高且转换成本也很高时,则难以确定谁更具有优势。

(二)购买者

购买者包括为消费而购买的消费者和为销售而购买的经销商。购买者对企业形成的威胁主要是其议价能力,即购买者议价的意愿是否强烈以及能够实现压价的能力。购买者主要通过其压价与要求提供较高的产品或服务质量的能力,来影响行业中现有企业的盈利能力。一般来说,购买者议价能力的强弱,取决于品牌的选择余地、购买数量、购买成本、产品售价、产品的同质性、对质量的关心程度、对产品的理解力及收集处理市场信息的能力等因素。如果购买者的总数较少,而每个购买者的购买量较大,占了卖方销售量的很大比例,购买者就具有较强的讨价还价力量。

(三)潜在的进入者

对一个行业中所有的企业来说,尚未进入该行业的企业都可能是潜在的竞争对手。受行业利润的吸引,这些潜在的竞争对手往往会介入这一行业,成为新进入者。新进入者不仅会为行业带来新的生产能力,而且会与现有企业发生原材料与市场份额的竞争,最终导致行业中现有企业盈利水平降低,严重时还有可能危及这些企业的生存。

一个行业的进入壁垒越大,潜在的竞争企业就越难进入。新企业进入一个行业的可能性大小,主要取决于进入者主观估计进入所能带来的潜在利益、所需付出的代价与所要承担的风险等,具体来说,影响或阻碍其他企业进入的行业壁垒主要有以下几个方面的因素。

1. 经济规模

无论企业要进入哪一个行业,都必须具备相应的生产规模,不然难以达到一定的盈利水平。仅仅能够使企业的单位产品成本维持在行业产品最低销售价格水平的生产规模为"最低经济规模",能够使企业的单位产品成本低于行业平均投资盈利水平要求的经济规模就是"合理经济规模"。当一个行业的最低经济规模和合理经济规模过大时,不仅进入该行业所需的投资量很大,资金不足的企业没有能力加入,而且进入该行业从事经营活动的管理难度极大,行业的入门费较高。行业的入门费即预期报酬和实际报酬之差,如果该行业产品价格富有弹性,新进企业的加入会导致该行业的产品供给数量增加,产品价格下跌,使新加入的企业不能再得到行业原有的投资报酬水平,产生一种入门损失;同时行业中原有企业会采取降价、改进产品、提高质量、改变广告、渠道封锁等手段予以抵制,从而也会使新进入的企业达不到预期的投资报酬水平,这也构成了行业的入门损失。一般来说,行业的入门费会随行业最低经济规模和合理经济规模的增加而增加。

2. 产品差异

所谓产品差异是顾客对某产品所形成的消费偏好。如果存在诸如品牌偏好、风俗偏好或口味偏好这样的产品差异,新进入企业要耗费大量的成本费用进行品牌建设、产品定位、广告宣传等工作,以建立新的差异或改变顾客对原企业品牌的忠诚度。否则,新进入企业将无法销售其产品,甚至会导致较大亏损。

3. 顾客品牌转移难度

顾客的品牌转移难度是指顾客对老品牌信任和偏爱的程度。顾客对于熟悉品牌的依赖程度越高，就越难接受新品牌或根本不进行尝试，这样的行业是难以进入的。

4. 投资额

企业进入某一行业所需的投资额的大小，除由行业最低经济规模和合理经济规模决定以外，还由该行业的技术复杂程度决定。一个行业所要求的生产经营技术越复杂、技术难度越大，则进入的企业在开发新产品、试制生产和商品化工作方面需要的费用也就越多。所需投资越大，该行业就越难进入。

5. 转换成本

转换成本不仅包括进入一个新的行业在固定资产、工艺装备的改造和原材料供应转换以及新员工培训等方面所花费的费用，而且包括心理转换成本。心理转换成本是指新进入企业往往需要比现有企业提供更好的产品、更低的价格，或者给予顾客更多的免费服务项目，否则难以使顾客接受其产品。心理转换成本越高，一个行业越难进入。

此外，销售渠道限制、资源的稀缺性、技术进步的速度和政府限制等也都是阻止其他企业进入的行业障碍。

（四）替代品

一种产品的替代品是能给顾客提供相同或类似效用的其他产品。一般来说，替代品价格越低、质量越好、用户转换成本越低，其所能产生的竞争压力就越强。不同的行业来自替代品的竞争威胁程度是不一样的，与替代品竞争的最根本手段是改进产品的功能，或者使其产品具有特色，或者提高产品质量，或者通过降低成本来降低售价。

（五）行业内竞争对手

同行业中的企业之间既相互依存又相互竞争。当行业内企业数量较多时，不管力量是否均衡，往往会为了自身利益施展各种竞争手段。企业之间的竞争常常表现在价格、广告、产品介绍、售后服务等方面，其竞争强度与许多因素有关。一般而言，同行业企业间的竞争有以下几种情况。

1. 市场份额竞争

在成熟行业中，由于市场需求增长缓慢，增长率不断下降，企业只能扩大市场份额以维持投资效益。在这种情况下，企业之间的竞争往往表现为市场份额之争。

2. 均衡竞争

如果行业内所有企业的竞争力量比较均衡，没有任何一个企业具有明显优势，那么这种行业就是均衡竞争行业，又称分散行业。在这种情况下，企业一般要避免采用价格战、广告战、促销战等竞争手段，而应尽可能开发新产品、新技术，以增强企业的竞争能力。

3. 差别竞争

在产品同质性较大的行业里，因为不同企业之间的产品没有明显差别，往往要通过提高顾客对品牌的熟悉度、降低价格、提高服务水平等手段来争夺顾客；在产品差别较大的行业里，企业主要采取为产品增加新的属性差别或其他差别的方法来争夺顾客，提高产品的市场占有率。

4. 多元化竞争

如果对行业的发展预期是不理想的,行业内的企业就会采用多元化经营的方法,将资金向别的行业转移,进行跨行业经营。

三、SWOT 分析模型

SWOT 分析模型是由美国旧金山大学国际管理和行为科学教授海因茨·韦里克(Heinz Weihrich)于 20 世纪 80 年代初提出的。SWOT 四个英文字母分别代表优势(Strength)、劣势(Weakness)、机会(Opportunity)和威胁(Threat)。其中,优势和劣势指的是企业内部要素,主要分析企业自身的实力及其与竞争对手的比较;机会和威胁指的是企业外部要素,主要分析外部环境的变化及其可能对企业产生的影响。SWOT 分析模型如图 4-9 所示。

(一)SWOT 分析模型的构建

首先,把识别出的所有优势分成两组,其中一组与行业中潜在的机会有关,另一组与潜在的威胁有关。

	外部因素		
内部因素	**SO 战略** 领先内部优势 利用外部机会	**WO 战略** 利用外部机会 改进自身劣势	Opportunity
	ST 战略 利用内部优势 应付/回避外部威胁	**WT 战略** 减少内部劣势 回避外部威胁	Threat
	Strength	Weakness	

图 4-9 SWOT 分析模型

其次,用同样的方法把所有劣势分成两组,其中一组与机会有关,另一组与威胁有关。

再次,构建一个表格,每个格子占 1/4。

最后,把企业的优势和劣势与机会或威胁配对,分别放在每个格子中。SWOT 表格表明企业内部的优势和劣势与外部机会和威胁的平衡。

(二)SWOT 分析的内容

1. 企业优势和劣势分析(SW)

企业的优势指一个企业超越其竞争对手的能力,包括人力资源、技术、产品以及其他特殊实力,是企业据以形成和实施战略的技能和能力,如充足的资金来源、良好的企业形象、一种创新的产品或服务、有利的营业场所、完善的服务体系、融洽的雇员关系、成本优势等。

企业的劣势是那些无助于企业选择和执行实现其使命战略的技巧和能力,是影响企业经营效率和效果的不利因素和特征,包括缺乏明确的战略导向、设备陈旧、管理混乱、研发落后、企业形象较差、销售渠道不畅、产品或服务同质化、成本过高等。

由于企业是一个整体,并且由于竞争优势来源的广泛性,进行优劣势分析必须站在现有潜在用户的角度,在整个价值链的每个环节上将企业与竞争对手作详细的对比。

2．机会与威胁分析(OT)

企业的机会是可能给组织带来更高经济绩效的因素,如新兴的有发展潜力的市场、进入细分市场获取更多盈利、竞争对手的退出等。

企业的威胁是阻碍组织经济绩效进一步提高的因素,如竞争对手进入本地市场、竞争对手研发出首创性的产品或服务、竞争对手拥有更好的分销渠道、政府对本企业的产品或服务开始征税等。

环境提供的机会能否被企业利用,环境变化产生的威胁能否有效化解,取决于企业对市场变化反应的灵敏程度和实力。市场机会为企业带来收益的多寡,不利因素给企业造成的负面影响的大小,一方面取决于这一环境因素本身性质,另一方面取决于企业优势与劣势的结合状况。

(三) 四种战略

SWOT分析是运用系统分析的思想,将所有的内部因素(包括企业的优势和劣势)都集中在一起,然后用外部的力量(包括机会和威胁)对这些因素进行评估,通过将各种因素相互匹配起来加以分析,得出可供企业选择的战略。

1．SO 战略

SO战略又称增长型战略,是最理想的战略模式。即运用企业优势,把握外部机会。当企业具有特定优势,而外部环境又为发挥这种优势提供有利机会时,可以采取这一战略。

2．WO 战略

WO战略又称扭转型战略,是利用外部机会来弥补内部弱点,使企业降低劣势的影响进而获取优势的战略,旨在使劣势降到最小、机会增到最大。在内部重视那些存在劣势的领域,或从外部获取所需的能力,从而使企业可以利用外部机会。

3．ST 战略

ST战略又称多元化战略,是指企业利用自身优势,回避或减轻外部威胁所造成的影响,旨在将企业的优势扩大到最大限度,把威胁降低到最小限度。

4．WT 战略

WT战略又称防御性战略,或双重最小化战略,是一种减少内部弱点,回避外部环境威胁的防御性战略,旨在把劣势与威胁降到最低。

SWOT分析模型可以使企业发挥其优势,利用机会克服弱点,回避风险,在企业管理工作中受到广泛重视,得到普遍应用。

本 章 小 结

组织理论学家们对组织与环境之间关系的研究提出了不同的观点。权变理论、种群生态组织理论强调环境对组织有决定性的影响,组织必须适应环境才能生存;资源依赖理论、组织生态学认为,组织不仅要适应环境,而且要面对环境的变化对环境的外生因素进行自然选择;合作网络理论、合作竞争理论、企业生态系统理论强调组织之间的合作与竞争是共存的,它们之间是共同演化的。组织环境具有复杂性、系统性和动态性,一个组织所处的环境根据其来源可分为外部环境和内部环境,其中,外部环境包括一般环境和具体环境,即宏观环境和微观环境;企业内部环境包括企业的物质环境和文化环境。组织环境分析可以提高决策的科学性、有效性和相对稳定性,"五力"要素模型、SWOT分析模型通常用于组织环境的分析。

进一步阅读的材料

[1] 费显政. 组织与环境的关系——不同学派述评与比较[J]. 国外社会科学,2006(3):15-21.

[2] 白景坤. 基于组织与环境关系理论的组织存续研究[J]. 华东经济管理,2008(1):32-36.

[3] 陈国权. 组织与环境的关系及组织学习[J]. 管理科学学报,2001(10):39-49.

[4] 赵丽芬. 管理学——理论与实务[M]. 上海:立信会计出版社,2016.

[5] 周三多,陈传明,贾良定. 管理学:原理与方法:第6版[M]. 上海:复旦大学出版社,2014.

[6] 格里芬. 管理学[M]. 北京:中国市场出版社,2008.

[7] 高向丽,李文同. 管理学——原理、技能及应用[M]. 上海:上海财经大学出版社,2014.

思考题

1. 举例说明组织与环境的关系。
2. 简述组织环境的概念与特征。
3. 结合实际分析组织环境的构成要素。
4. 简述组织环境分析的意义。
5. 选择某一行业,运用"五力"要素模型分析其产业环境。
6. 挑选你熟悉的一个组织,分析其优势和劣势及其外部环境中的机会和威胁。

第一篇案例　伊利集团：中国乳业领跑者

1. 前言

2016年7月，位于中国呼和浩特市的内蒙古伊利实业集团股份有限公司（以下简称伊利）总部，董事长潘刚和他的管理团队得到了一份喜讯：荷兰合作银行发布2016年度"全球乳业20强"榜单，伊利作为上榜的唯一亚洲乳业企业，在榜单中位列第八。这是一份来之不易的成绩。过去的五年，伊利从全球乳业20强外稳步上升至第八强，这让伊利不仅成为历史上在全球乳业排名中上升最快的企业，也成为有史以来排名最高的亚洲乳业企业。

然而在20多年前，伊利还是一家地方性的小型国有企业。回顾伊利的发展历程，在20世纪末到21世纪初的这段被称为中国乳业的"黄金十年"中，伊利把握住了机遇——在中国乳业整体迅速发展前做足了各项前期积蓄，也经历了2008年"三聚氰胺事件"所引发的中国乳业危机。面对危机，伊利及时应对调整，使伊利在机遇丛生的市场大潮里走出了一条独具特色的转型发展之道。

面对新的成绩，潘刚和他的同事心里却并不感到轻松。随着国家"一带一路"计划的实行，伊利集团也随之走出国门。"一带一路"为中国和欧洲提供了合作的机会，但是对于后起之秀的伊利，海外乳业市场无疑是一片竞争激烈的红海，伊利的国际化之路能否成功？在中国未开发的市场和国际市场中伊利更应该选择哪一个？在国际市场中如何同国际大型乳业企业竞争？潘刚和他的团队需要找到对策和方案。

2. 发展与危机

1996—2006年的中国市场，被称为中国乳业的"黄金十年"。中国拥有庞大的人口基数，但是由于长期以来人均可支配收入和人均消费都处于较低水平，绝大部分人口并没有饮用乳制品的习惯。在很长一段时期内，乳制品甚至成了一种奢侈品，只有幼儿、老人和病人才能喝上牛奶。长期以来的经济水平落后以及在利乐进入中国前，没有能够保证长途运输不变质的包装技术，使得中国人均乳制品消费量远远低于世界平均水平。但是，随着20世纪末居民消费水平的逐年上涨以及技术问题的解决，中国乳业迎来了第一次腾飞。

中国乳业的快速发展，带来的是行业竞争加剧和奶源供应不足的问题。1998年中国乳制品行业有395家企业，到了2005年这个数字已经上升为690家。同时市场集中度进一步提高，到了2005年销售收入前五的企业已经占到全国销售收入的47%，剩余主要为年销售收入500万元以下的小型企业带来的销售额，中型企业在乳制品行业中占比很少。[1]

---

[1] 黄琨.中国乳制品业市场竞争研究[D].广州：华南师范大学，2007.

竞争激烈直接导致伊利集团2002—2006年营业费用每年增长30%左右[1]。同时,由于自然环境的限制,我国大部分奶源生产被限制在了西北地区。这意味着除伊利集团外只有蒙牛集团是基于传统的奶源地,有足量的原奶供应。而除了蒙牛外,伊利集团所面临的其余如三元、光明等主要竞争对手,则被称为"城市型奶企"。由于原奶的供应有限,这些城市型奶企在营运规模及销售收入上要追上伊利集团仍具有相当大困难[2]。

(1) 乳业危机爆发

虽然奶牛饲养量和产奶量增速并不低,但仍然不能赶上中国消费者对乳品需求的发展速度。2008年9月17日,三鹿婴幼儿奶粉被曝出含有三聚氰胺。三聚氰胺是一种化工原料,若作为食品添加剂非法加入食品中会引起肾功能损伤、肾结石、膀胱结石等症状。9月18日,全国液态奶三聚氰胺专项检查结果公布,伊利、蒙牛、光明等企业生产的液态奶中均含有三聚氰胺,中国乳企无一幸免。三鹿前期对于事件的隐瞒,成为对于消费者信心的第二次打击,严重影响了消费者对于中国乳制品安全质量的信心。

但是,向乳制品中添加三聚氰胺的却不是三鹿集团,而是作为原奶提供商的奶站。各乳企对于从奶站处购得原奶均有质量要求,其中就包括对于蛋白质含量的要求。这些承包给个人的奶站为了减少成本,同时达到乳企所规定的蛋白质含量,往往通过向原奶中添加化工原料三聚氰胺的方法来提高原奶的含氮量(同时由于个体养殖户的饲料配比不科学,中国原奶中蛋白质含量本身就比较低)。向原奶中添加三聚氰胺甚至已经成为一种产业,地下工厂将三聚氰胺和麦芽糊精混合配制成"蛋白粉",向养殖户和奶站出售。

三聚氰胺事件严重影响了中国乳业的发展,乳业整体市场在2008年第三季度总销量为493.8万吨,到了第四季度下降为398.5万吨[3]。伊利集团在2008年也出现了唯一一次净利润为负额的情况,其主要原因是三聚氰胺事件后伊利产品销量大幅下降,造成大量存货积压。存货报废造成的直接损失为88 466.60万元,计提跌价准备为23 848.07万元[4](这导致2009年伊利股份进入了ST板块)。

(2) 应对危机

三聚氰胺事件后,伊利集团将奶源基地建设提升至企业战略高度,"得奶源者得天下",对奶源基地的管理模式和牧场的建设予以着重关注,逐渐增强对于奶源地的控制及对生产安全的保障。例如,伊利集团在原料奶运输车辆上安装GPS定位系统,提升原奶运输过程中的监管能力[5]。

此时中国乳业进入高淘汰率时代,在乳业危机爆发前乳制品市场本身就已竞争激烈,三聚氰胺事件后整体销售额下降,大量小型乳企停产。伊利通过加大对上游产业链的控制,使得其他乳企对于原奶的控制需要付出更多资金,行业壁垒随资金投入要求增加而逐

---

[1] 黄琨.中国乳制品业市场竞争研究[D].广州:华南师范大学,2007.
[2] 巨头年报全部出笼 乳业大势一览无余[N/OL].中华工商时报,2006-04-20[2017-05-04].http://www.yili.com/cms/rest/reception/articles/show?id=1053.
[3] 李天择.三聚氰胺事件后中国乳品行业分析——结合美国乳业经验[J].科技经济市场,2009(8):59-62.
[4] 伊利股份:2008年年度报告.
[5] 原料奶运输可视化监控 伊利集团将升级GPS监控系统[EB/OL].(2011-06-03)[2017-05-04].http://www.yili.com/cms/rest/reception/articles/show?id=1485.

渐升高。

伊利所面对的海外竞争者随着三聚氰胺事件中消费者对于中国品牌的失望而大幅涌入。2008年海外乳制品价格相对低廉,对于伊利造成较大冲击,但随着2009年海外乳企的原奶产地(如澳大利亚、新西兰)干旱,原奶供应减少、价格上升,在中国销售的海外品牌价格迅速上涨,伊利所受到的竞争压力大幅度减轻。除了对于奶源基地的投资,伊利集团还在品牌形象上下了大功夫,来逐渐使消费者重拾对于中国品牌的信心。通过媒体宣传及一系列手段,乳业危机后(2009)伊利的主营业务收入仍然保持了两位数的增长(相比于2008年)。

3. 用世界最高的安全标准去做产品

自2008年"三聚氰胺事件"爆发后,国民才真正意识到食品的安全问题,政府和相关部门加大了食品安全的监管力度,伊利也因此加速了新型牧场和产业链的建设。

乳业危机发生前,部分企业挤压上游供应商利润,加大对产业链下游的资金投入,这种方式产生的利润又无法达到企业要求,整个乳制品行业呈恶性循环的状态。"三聚氰胺事件"后的伊利找到问题根源所在,加速企业升级转型,积极投入新型牧场及产业链建设,通过标准化的采购、生产、销售模式,更好地监控产品质量,与产业链上的各合作商共同发展,形成良性循环,并采用先进的管理追踪系统,实现端对端的供应链安全管理。

(1) 品质源头:建立标准化牧场,得奶源者得天下

在奶源基地建设、牛奶品质监管方面,伊利不断创新奶源基地建设模式,从源头上确保产品的高品质。通过实施由"公司+农户"到"公司+牧场小区+奶户"再到"公司+规范化牧场园区"的三步走发展模式,实现了奶牛饲养业向科学化、规范化、集约化、现代化经营模式的转变。

伊利通过政策引导,用企业直接收购、几家奶农合并的方式,对零散的奶农进行整合,牧场化的建设扩大了每户奶农的资产规模,使他们更具主动性地管理牧场资源。截至2015年,伊利在全国拥有自建、在建及合作牧场2 400多座,其中,规模化集约化的养殖在奶源供应比例中达到100%,居行业首位。伊利每天可以从这些标准化牧场收集1万多吨的原奶投入生产[1],极大地解决了乳制品供不应求的问题。虽然2014年下旬,国内原奶供应量过剩的问题有所缓和,但直至今日依然没有解决[2]。

(2) 内部质量管理:"三条线"与"三全"质量管理体系

伊利在乳业危机后以国家《食品安全法》为基准,建立了"三条标准控制线""三全质量管理体系"等标准,又根据国际上常用的不同的质量标准和国内消费者的饮食习惯要求,不断完善已有质量标准。例如,消费者对添加了明胶的产品很反感,因此伊利在产品生产时就会禁用明胶,并且不顾高额检验成本对所有产品的质量进行"批批检测"。

伊利的"三条标准控制线",即"国标线""内控线"(也称"企标线")和"预警线"。"国标线"就是国家规定的食品安全控制线,"内控线"是在"国标线"的基础上提升50%而形成

---

[1] 对伊利副总裁张剑秋的访谈,2016-09-26.
[2] 余江. 2015年我国乳品行业发展现状分析[EB/OL]. (2015-03-29) [2017-05-04]. http://bg.qianzhan.com/report/detail/361/150319-ecabf234.html.

的标准线,"预警线"又在"内控线"的基础上增加了20%的要求,伊利不断给自己施加压力,来保证产品的质量,这些标准线会随着国际通用的质量指标规定进行更新、调整。同时,伊利也不断完善企业内部的管理制度,在全球范围内开展"标杆之旅",与国内外优秀企业对标,学习先进的管理技术,强化企业管理的执行力。

(3) 全产业链品控

为了避免不法分子和不规范操作影响原奶质量,伊利除了全面牧场化建设以外,还加强对供应链和产业链的管理,从生产、运输到销售的每一个环节,以及供应商、运输商、经销商每一位参与者,都制订相关策略,以提高原奶收集的效率和质量监管能力。

4. 融合国际资源

2008年乳业危机后,国内乳业成本持续增加,在企业转向寻求国外乳源的同时,推动了与国际市场接轨的进程。随着中国"十三五规划""一带一路"倡议的发展推进,伊利在战略创新上主张实施"走出去,再回来"的发展模式,即通过"走出去"建立生产基地和研发中心,进而将国外的产品和科研成果回流到国内,用于更好地服务国内消费者,同时实现国内产业的转型升级、跨越发展。这一策略的核心是要到国外抢占两个制高点:一个是原料;一个是科研。同时,这也是伊利"全球织网"战略格局的重要展开方式。

伊利落实"走出去,再回来"[①]这一反式创新理念,在海外设厂、搭建全球产业链、建立全球研发体系,充分整合海外优质自然资源和智慧资源,然后投入伊利产品的生产和研发中,为中国市场的消费者提供更优质的服务。伊利从中发现海外优质资源整合的必要性,开始寻求国外的合作商。

以新西兰为例,新西兰终年温和湿润,拥有自然优势,土壤肥沃、牧草茂盛、牧场辽阔、空气清新,采取放养的模式饲养奶牛,不仅天然健康还减少了饲养区域的管理成本以及大量的人工成本。位于南半球的新西兰还可以与国内冬季产奶量不足的形势互补。加上饮食习惯的差异,国外对奶酪的需求量大,在生产奶酪时会产生大量的乳清蛋白等副产品,国内乳业则不行,而这些副产品正是婴儿配方奶粉的主要成分,因此国内至今在生产奶粉时还依赖国外乳源。另外,国内乳业起步晚,国外某些乳业技术要比国内先进,要让国内乳业品牌更有能力对抗海外品牌,就有必要利用海外技术。

随着中国与越来越多的国家签署贸易协议,伊利也开始在全球范围内建立自己的标准化牧场。利用海外自然优势、开展海外合作可以给伊利带来成本优势,为国内消费者提供更好的乳制产品,同时减少对国外乳源的直接进口,并满足伊利品牌的发展需求。在全球资源整合的过程中,伊利坚持知识共享,带动合作伙伴共同发展,落实贯彻"共赢"的思想。

在伊利集团的国际化三步走中,最后一项便是国际化市场体系的构建。而这也是伊利集团所面临的最困难的问题:如何选择海外市场?如何开拓海外市场?以何种身份进军海外市场?到目前为止,伊利集团国际化之路只走了资源全球化和人才全球化两步,市场全球化的道路仍然不是十分清晰。

始于2002年的伊利集团全球化战略,一直是吸取全球的资源来服务中国市场,不同于一般的全球化战略。伊利集团将这种全球化战略称为"反式创新":通过海外平台和全

---

① 摘自伊利官方网站,http://www.yili.com/cms/rest/reception/articles/show?id=1842.

球治理资源进行产品创新,再将创新成果应用到中国市场①。一些产品如安慕希酸奶、托菲尔奶粉、欧洲原装牛奶培兰都是"反式创新"的成果②。

相比于国际市场,伊利更青睐中国市场。其中一个原因是中国仍有很大的市场潜力,并且伊利也对中国市场更加熟悉。美国农业部数据显示,2015年中国人均液体乳消费量为10.6kg,而日韩的消费量为31kg,美国为82.4kg,欧盟为60kg③。中国人均乳品消费水平与发达国家相比仍有很大差距,而城镇化的加速、中产阶层的崛起、"二胎"政策的推出使得中国市场前景可观。在2015年的年报中,伊利集团将利用国内外研发资源达到产品升级换代置于第一位,将拓宽国际业务放到了六项企业发展战略的最后一位。

同时,伊利集团并没有停止开拓海外市场。随着国家"一带一路"倡议的提出,伊利集团也随之走出国门。"一带一路"为中国和欧洲提供了合作的机会,但是仍然未见伊利集团基于"一带一路"所进行的国际化市场安排。反而是张剑秋在2014年的中国—东盟工商论坛上提出期待与东盟进行实业合作。

伊利的国际化之路能否成功?在中国未开发的市场和国际市场中伊利更应该选择哪一个?在国际市场中如何同国际大型乳企竞争?伊利未来的国际化发展之路仍然写满了未知与变数。

(案例来源:根据实地公司访谈获取信息和网络公开资料整理而成。本案例仅供课堂讨论之用,并无暗示或说明某种管理行为是否有效。)

案例分析问题:
1. 中国乳业危机反映了哪些企业管理问题?
2. 企业除了自身的生存发展,还应该担负哪些社会责任?为什么?
3. 结合伊利公司的发展历程,分析其外部环境的变化及其原因。
4. 分析伊利走向海外市场的动机,并评估其在海外市场环境中的机会与威胁。

建议课堂使用计划:
本案例可用于专门的案例讨论课。以下是按照时间进度提供的课堂计划建议,供参考。
整个案例课的课堂时间控制在80~90分钟。
1. 课前计划:提出启发思考题,请学生在课前一周时间内阅读和初步思考。
2. 课中计划:简要的课堂前言,明确主题(2~5分钟);分组讨论(25~30分钟),告知发言要求;小组发言(每组5分钟,控制在30分钟);引导全班进行进一步讨论(15分钟);教师进行归纳总结(5分钟)
3. 课后计划:如果有必要,请学生采用报告形式给出更加具体的解决方案,包括具体的职责分工,为后续章节内容做好铺垫。

---

① 伊利受邀东盟论坛分享国际化经验[EB/OL]. (2014-09-18) [2017-05-04]. http://www.yili.com/cms/rest/reception/articles/show?id=1679.
② 伊利全球织网成果第一波:引进欧洲原装高端牛奶[EB/OL]. (2014-10-01) [2017-05-04]. http://www.yili.com/cms/rest/reception/articles/show?id=1683.
③ 数据来自美国农业部各国的 Dairy and Products Annual 报告,可以在美国农业部官网(http://www.usda.gov/)搜索获得。

第二篇 计 划

第五章　决策
第六章　计划的特点与计划过程
第七章　计划技术
第八章　战略管理

第五章

决 策

学习目标

(1) 描述决策的含义和作用。
(2) 理解和解释决策的假设。
(3) 理解决策的类型,能对具体的决策进行分类。
(4) 图释决策流程,并能阐述决策的流程。
(5) 了解决策偏见和定性决策方法。
(6) 掌握定量决策方法及其适用范围。

身边的管理:

　　其实人活着就挺好,至于生命有没有意义另当别论。活着每天都会看到太阳升起来,看到太阳落下去。你可以看到朝霞,看到晚霞,看到月亮升起和落下,看到满天的繁星,这就是活着的最美好的意义所在。没想到同济大学的同学们把我如此"高大"的形象放在大屏幕上,这就是理想和现实的差距。所以我相信同学们看到我的第一眼一定感到非常失望。实际上,每一个人都是非常普通的,我们很多时候会发现生命中非常重要的东西跟我们未来的幸福和成功其实没有太多的联系。比如,有人认为,相貌跟未来的成功会有很多的联系;有人认为,自己的家庭背景会和成功有必然的联系;有人认为,上名牌大学的人会成功,在大学里成绩好的人比学习成绩差的人更加容易取得成功……所有这些因素可能有部分是对的,但大部分基本无效,比如说相貌。

　　如果说一个人的相貌和成功有关,那就不会有马云和阿里巴巴,因为如果在座的同学认为马云长得好看,那一定是审美出了问题。当然,并不意味着相貌好看的人就做不成事情,比如说,另外一位大家比较熟悉的百度公司老总李彦宏。李彦宏非常英俊潇洒,他所有的照片看上去都像电影明星一样,但是他也取得了成功。所以不管相貌如何,都能取得成功,只不过李彦宏和马云在一起吃饭的时候,他们通常不太愿意坐在相邻的椅子上,因为两个人的对照到了惨不忍睹的地步,解决的方法就是把我放在他们两个中间,起到一个过渡的作用。像我这样,相貌没有什么特点的人也能取得成功……

　　曾伟看着新东方董事长兼总裁俞敏洪 2010 年 8 月 16 日在同济大学的《度过

有意义的生命》的演讲视频,就想到了自己。目前,已经是大学三年级上学期了,除繁重的学习任务外,大学本科毕业后何去何从也是经常考虑的问题。大学本科毕业后是继续深造选择读研究生,还是直接就业?保送研究生已经没有希望,学习成绩在班级里只能处于中游水平,如果读研究生的话,只能考研或者选择出国。考研的话,是考本校(国内重点大学),还是考国内的名牌大学呢?如果选择出国,去哪里读研究生呢?英国、美国、澳大利亚,还是德国呢?还是就近选择新加坡的高校呢?是继续选择本专业,还是跨专业申请呢?不同国家或地区的大学、不同专业对英语成绩的要求并不一样。

如果选择直接就业,到底去哪里工作呢?留在北京,还是回家乡武汉呢?北京的发展机会更多,但竞争非常激烈,而且北京的房价实在是到了令人望而生畏的地步,在北京成家立业显然不是一件简单的事情。自己家里的经济条件不是很好,而且又是独生子女,父母希望自己能回到武汉发展,这样经济压力会小很多。

想到这些问题,曾伟就很焦虑。这些问题都涉及人生的重大决策,太难了!
……

《孙子·谋攻篇》中提到:"知彼知己,百战不殆;不知彼而知己,一胜一负;不知彼,不知己,每战必殆。"孙子在2 500年前的论述闪烁着朴实的决策思想。制订决策并承担相应的责任是管理者工作的基本内容。美国管理学家赫伯特·西蒙甚至认为,管理的关键在于决策,决策贯穿管理的全过程,管理就是决策。管理是科学性和艺术性的融合,决策则是这种融合的最佳体现。从日常生活到组织工作,从大学的非营利性活动到企业的经营管理活动,都充满了形形色色的决策。由于组织外部环境因素的不断复杂化,决策问题越来越成为管理中的核心问题。尽管组织的层次不同而面临不同问题的决策,但任何决策都会影响组织的绩效。如何进行科学决策,是组织管理需要解决的问题。本章将在阐述决策原理的基础上,介绍决策类型和决策过程,讨论如何借助决策方法进行科学有效的决策。

第一节 决 策 原 理

一、决策与决策的假设

(一)决策

决策(Decision-making)是为了实现一定的目标,决策者制订行动方案并从若干个可行方案中选择一个满意方案的分析判断过程。决策的含义实际上包括了以下内容。

1. 决策要有明确的目的

目标必须明确、详细。决策前要明确所要达到的目标,并仔细辨别组织的整体目标和整体目标包含的具体小目标,也就是应明确要解决的问题。目标属于方向性的问题,如果决策开始前就缺乏明确的目标,将会导致整个决策过程偏离方向,最终导致不正确的决策结果。

2. 决策要有若干可行的备选方案

决策必须在两个及以上的备选方案中进行选择。如果只有一个方案,就无法比较其优劣,没有可选择的余地,也就不存在决策。决策时不仅要有若干个方案相互比较,而且决策所依据的各方案必须是可行的。

3. 决策要进行方案的分析评价

决策面临若干个可行的方案,每个方案都有其可取之处,也隐含着缺陷,甚至有的方案还存在很大的风险。决策的过程就是对每个可行方案进行分析、评价和比较,确定各方案对目标的贡献程度和所带来的潜在问题,比较各方案的优劣,最终选择出较好的方案。对方案的分析和评价需要决策者掌握比较充分的信息。另外,在分析评价时,决策者的价值准则、经验和知识会影响决策目标的确定、备选方案的提出、方案优劣的判断及满意方案的抉择。

4. 决策的结果是选择一个满意方案

决策理论认为,最优方案往往要求从诸多方面满足各种苛刻的条件,只要其中有一个条件稍有差异,最优目标便难以实现。因此,决策的结果应该是从诸多备选方案中选择一个合理的满意方案。

5. 决策是一个整体性的过程

选择满意方案的决策过程,是一个连续统一的整体性过程。从初期收集信息,确定决策目标和制订备选方案,到对备选方案的分析、判断、选择再到方案的实施和反馈,没有这个完整的过程,就很难有合理的决策。实际上,经过满意方案实施活动的反馈,又进入下一轮的决策活动。决策是一个循环的过程,贯穿管理活动的始终。在整个决策过程中,管理者要密切重视决策的有效性,随时纠正出现的偏差,保障决策的质量。

(二)决策的假设

不同的决策理论对决策的假设具有不同的观点。目前,主要有完全理性决策和有限理性决策两种基本观点。

1. 完全理性决策

"经济人"假说认为,人类从事经济活动的目的是追求利润最大化。但它忽视了人的社会和心理方面的需求。在"经济人"假设的基础上,形成了完全理性决策理论(Rational Models of Decision Making)。这一理论假设决策者具有完备的理性知识,追求效用最大化,通过冷静客观的思考进行决策。在理性决策中,决策问题清楚,决策者被假设为拥有决策情境有关的完整信息,能确定所有相关的标准,并能列出所有可行的方案;决策者还能预测到每一方案的所有可能的结果。决策者总是选择那些能产生最大经济报酬的方案。

大多数学者认为,这种假设仅仅描述了一种理想状态,对现代决策行为的描述不够真实。管理是科学与艺术的统一体,决策包含了相当大的艺术成分。受到知识和经验的限制,以及决策时效性的约束,决策者无法作出完全理性决策。

2. 有限理性决策

20 世纪 50 年代之后,人们认识到建立在"经济人"假说之上的完全理性决策理论只是一种理想模式,不能指导管理实践中的决策。诺贝尔经济奖获得者赫伯特·西蒙提出了满意标准和有限理性标准,用"社会人"取代"经济人",大大拓展了决策理论的研究领域,产生了有限决策理论。有限理性模型(Bounded Rationality Model)又称西蒙模型或西蒙"满意"模型。这是一个比较现实的模型,它认为人的理性是完全理性和完全非理性之间的一种有限理性,其主要观点如下。

(1) 手段—目标链的内涵有一定矛盾,简单的手段—目标链分析会导致不准确的结论。西蒙认为,手段—目标链的次序系统很少是一个系统的、全面联系的链,组织活动和基本目的之间的联系常常是模糊不清的,这些基本目的也是个不完全系统,这些基本目的内部和达到这些目的所选择的各种手段内部,也存在冲突和矛盾。

(2) 决策者追求理性,但又不是最大限度地追求理性,他只追求有限理性。这是因为人的知识有限,决策者不可能掌握全部信息,也无法认识决策的全部规律,比如,人的想象力和设计能力有限,不可能把所有的备选方案全部列出。因此,决策者的有限理性限制了他作出完全理性的决策,他只能尽力追求在自身能力范围内的有限理性。

(3) 决策者在决策中追求"满意"标准,而非最优标准。在决策过程中,决策者具有清晰的决策目标,然后考察现有的备选方案。如果有一个备选方案能较好地满足决策目标,决策者就实现了满意标准,就不会再去寻找更好的备选方案。决策者在决策过程中会受到自身经验、知识、能力、信息的限制,决策时效也会导致决策者无法制订所有的备选方案。因此,在真实的管理活动中,决策者得到的往往是比较满意的方案,而非最优的方案。

二、决策的作用

决策是管理者从事管理工作的基础,是衡量管理者水平高低的重要标志之一,它在管理活动中具有十分重要的作用(如表 5-1 所示)。

表 5-1　决策与管理职能

管理职能	管理职能中的决策
计划	组织的长远目标是什么? 什么战略能够最好地实现这些目标? 通过哪些途径实现组织的长远目标? 每个目标的困难程度有多大? 通过哪些方法控制计划实施的偏差?
组织	直接向管理者报告的下属是多少人? 组织中的集中程度应多大? 如何设计公司的组织结构? 组织何时应实施改组?
领导	管理者应当如何对待缺乏积极性的雇员? 在特定的环境中,哪一种领导方式最有效? 怎样与下属就产品质量问题进行沟通? 何时是处理冲突的最恰当时机?

续表

管理职能	管理职能中的决策
控制	组织中的哪些活动需要控制？ 如何控制这些活动？ 绩效偏差达到什么程度才算严重？ 组织应建立哪种类型的管理信息系统？

1. 决策是管理者的主要职责

管理者及其管理技能在组织管理活动中起决定性作用，管理者主要通过协调和监督其他人的工作来完成组织活动的目标。管理者承担着组织的决策角色，决策是管理者的主要职责。但是，不同层次的管理者面临的决策问题是不一样的。一般而言，组织的高层管理者面对的更多是组织的重大战略决策，解决的是组织面临的重大问题；基层管理者需要解决的是生产经营活动中的具体问题。华为公司实行董事会领导下的轮值CEO制度，轮值CEO在轮值期间作为公司经营管理和危机管理的最高责任人，对公司生存发展负责。CEO作为企业最高行政首长，以高层管理团队轮流坐庄的方式产生，对企业战略策划和制度建设短期负责，而企业的日常经营管理工作，则由高层管理团队的成员分头负责。

2. 决策是管理的核心，贯穿整个管理活动

管理是在特定的环境下，管理者通过计划、组织、领导和控制职能，整合其所掌握的各种资源，实现组织既定目标的活动过程。决策贯穿计划、组织、领导和控制等管理活动，是管理的核心。首先，计划工作的每一个环节都涉及决策，如计划目标的确立、预测方法和分析方法的选取、行动方案的选择等都离不开决策。其次，组织、领导、控制等管理职能的发挥也离不开决策，如组织结构形式、领导方式的选取、控制方法的选择等，都需要通过管理者的决策来解决。

3. 决策决定组织绩效，关系组织的生存与发展

组织层面的重大决策涉及组织发展的方向性问题，直接影响组织绩效和组织发展。决策规定了组织在未来一定时期内的活动方向和方式，是任何行动发生之前必不可少的一步，它提供了组织各种资源配置的依据，在组织活动尚未开始之前决策就已经在一定程度上决定了组织的活动效率。组织行动的成败得失与决策是否正确密切相关，一项成功的重大决策可能会使组织转败为胜，而一项错误的决策也可能使组织陷入困境。因此，决策的正确性、合理性对组织的生存和发展至关重要。2004年，急欲"走出去"的上海汽车集团收购了韩国双龙汽车公司，但由于整合不当，双方磨合了长达4年之久，最终以失败告终，上海汽车集团耗资5亿美元仅仅买了一个跨国并购的教训。

三、决策的分类

根据不同的标准，可以将决策划分成很多的类型，了解各种类型决策的特点，有助于管理者进行合理决策。

（一）战略决策、战术决策和业务决策

根据决策的作用范围，决策可划分为战略决策、战术决策和业务决策。

1. 战略决策

战略决策是对涉及组织目标、组织战略规划等重大事项进行的决策活动，是对有关组织全局性的、长期性的、关系到组织生存和发展的根本问题进行的决策，具有全局性、长期性和战略性的特征。例如，确定或改变企业的经营方向和经营目标、开发新产品、企业上市融资、兼并重组、海外市场开拓、高管层的变动等，都是企业的战略决策。一般而言，战略决策面临的问题非常复杂，决策过程需要考虑环境的复杂多变，决策方案的设计、研究、分析和最后选择，都需要决策者具有非常强的概念思维能力和决策判断能力。因此，这类决策一般都是由公司的高层管理者负责。

2. 战术决策

战术决策又称为管理决策，是为了实现战略目标而作出的局部性决策，它直接关系着为实现战略决策所需要的资源的合理配置和利用。战术决策必须纳入战略决策的轨道，为组织实现战略目标服务。例如，机构重组、人事调整、资金的分配、市场营销的策划、人力资源的配置等，都属于战术决策的范畴。战术决策虽然不直接影响或仅在短期内影响组织的生存和发展，但对整个组织的运行起到重要作用，一般由公司的中层管理者负责。

3. 业务决策

业务决策是组织为了解决日常工作和业务活动中的问题而作的具体决策，具有烦琐性、短期性和日常性的特点。它是针对短期目标，考虑当前条件而作出的决定，大部分属于影响范围较小的常规性、技术性的决策，直接关系到组织的生产经营效率和工作效率的提高，如设备的维修、产品的售后服务、文件归档整理等。业务决策是组织所有决策的基础，也是组织运行的基础。这类决策一般由组织的基层管理者负责。

（二）程序化决策和非程序化决策

根据决策问题的重复程度，决策可以划分为程序化决策和非程序化决策。

1. 程序化决策

程序化决策指对常规的、经常重复发生的问题的决策。虽然组织运行中面临的问题极其繁杂，但是很多问题是管理者在日常管理工作中经常遇到的。在处理这类问题时，管理者凭借以往的经验就能找出问题的症结，并提出解决问题的方法。组织会将这类问题的解决过程和解决方法用制度、程序和规范等形式进行规定，作为以后处理类似问题的依据和准则。决策的程序化可以使决策问题的处理更加简化，降低管理成本，缩短决策时间，也使决策方案的执行较为容易。对组织来说，应尽可能运用程序化决策方法解决重复性问题，以提高管理效率。

2. 非程序化决策

非程序化决策是指对不经常发生的问题所作的决策。这种决策不是经常反复进行的，要解决的多为偶然发生或首次出现而又非常重要的问题，缺乏准确可靠的统计数据、资料和信息，没有先例，无章可循。例如，企业兼并、资产剥离、设立海外分公司等都是非

程序化决策的范畴。较低层次的管理者主要处理日常熟悉的、重复发生的问题,往往根据管理制度和标准操作流程就能进行决策。较高层次的管理者面临的问题极可能是突发性的、偶然性的或一次性的,由于解决这类问题没有经验可以借鉴,在很大程度上依赖决策者的知识、经验、洞察力和逻辑思维。一般来说,高层管理者所作的决策多属于非程序化决策。

当然,程序化决策和非程序化决策的划分并不是绝对的,二者之间没有严格的界限。在特定的条件下,两者还可以相互转化。比如,企业的一个关于产品定价的程序化决策,可能因为竞争对手定价策略的改变而转化为非程序化决策;同样,某项资源分配的非程序化决策可能因为企业资源计划系统(ERP)的采用而转换成程序化决策。非程序化决策问题的转化是突出例外管理、提升管理水平的重要手段。如果能够注重非程序化决策经验的总结,就可以在一定程度上减少这类问题决策中的非结构化成分。

(三) 确定型决策、风险型决策和不确定型决策

根据决策问题所处的环境条件,决策可以划分为确定型决策、风险型决策和不确定型决策。

1. 确定型决策

确定型决策是指各方案实施后只有一种自然状态的决策。在这类决策中,各种可供选择方案的条件都是已知的、确定的,而且各种方案未来的预期结果也是非常明确的。因此,决策者只要比较各个不同方案的结果,就可以选择出满意的方案。例如,企业的总经理办公室采购电脑,只要明确采购电脑的性能标准和品牌范围,根据价格就能够作出满意的决策。一般来说,确定型决策可以用数学模式求解,如成本—利润—产销量的决策等。

2. 风险型决策

风险型决策的各种备选方案都存在两种以上的自然状态(各种可行方案可能遇到的客观情况和状态),不能肯定哪种自然状态会发生,但可以测定各种自然状态发生的概率。对于这类决策,决策者面临明确的问题,解决问题的方法是可行的,但决策者无法肯定判断未来的情况,无论选择哪种方案,风险都是不可避免的。例如,一些汽车企业为应对能源危机,想要开发电动汽车,根据判断如能有很广的销路,那么就可以在投入市场几年之后收回投资并获得较大利润,这是成功的估计。如果因这种汽车造价高,使用不便,市场需求较小,就会失败。对这两种可能性如何判断,怎样作出选择,就属于风险性的决策。

3. 不确定型决策

不确定型决策是指各种备选方案都存在两种以上可能出现的自然状态,而且不能确定每种自然状态出现的概率的决策。在这类决策过程中,存在许多不可控的因素,决策者不能确认每个方案的执行后果,在掌握有关信息资料的基础上主要凭决策者个人的经验、直觉进行决策。

(四) 个体决策和群体决策

根据决策主体,决策可以划分为个体决策和群体决策。

1. 个体决策

个体决策是指决策整个过程由一个人完成的决策。个体决策具有决策效率高、决策责任明确的优点，但个体决策完全依赖决策个人的知识、经验、能力，具有比较高的风险。

2. 群体决策

随着外部环境的变化，组织的重大决策越来越多地采取群体决策。群体决策是指由两个人以上的群体完成整个决策过程的决策。在很多组织中，许多决策都是通过委员会、团队、任务小组或其他群体的形式完成的，决策者通常会在群体会议上为那些高度不确定性的非程序化决策寻求解决办法。相对于个人决策，群体决策具有以下优势：①提供更完整的信息。由多人组成的群体会将多种决策经验、决策观点集合在一起，决策者得到的信息较多。②可以产生更多的备选方案。决策群体拥有大量的信息和专业知识，能制订更多的备选方案。③提高对决策方案的认可程度。一般来说，人们是不愿意违背自己曾参与制订的决策的。因此，如果让受决策影响或实施决策的人参与决策的制订，不仅他们自己能够接受决策，而且会说服他人也接受决策，这无疑将提高决策的认可度。通常，群体会感觉到由群体制订的决策比个人制定的决策更为合理。

当然，群体决策也有一些缺陷：①决策效率低。组成一个群体必然要花费时间，而且，群体形成后，其成员之间的相互影响也会导致效率降低。因此，群体决策要比个人决策花更多的时间。②少数人统治。群体中的成员在组织中的职位不同，每个人的经验、知识、语言技巧、性格特点等各不相同，因此群体成员之间不可能是绝对平等的，再加上"从众效应"，这就会导致少数人驾驭群体，影响最终决策。③群体思维导致决策质量下降。群体思维是指在群体中人们的思维要屈从于社会压力，因而不同的观点或新观点不能表露出来，最终会取得表面上的一致。这种群体思维会导致决策质量的下降。④责任不清。群体决策由群体成员共同担责，往往会出现责任不清、相互推诿的情况。

第二节 决策过程

一、决策流程

管理者为提高决策水平，避免冒险性的决策，需要根据决策流程进行有效决策。决策是一个系统的动态过程。不同学者描述的决策流程略有差异。西蒙将决策流程分为情报活动、设计活动、抉择活动和审查活动四个主要阶段。其中，情报活动阶段主要是探查环境，找出决策的理由，寻找决策的条件；设计活动阶段主要是制订和分析各个可供选择的行动方案；抉择活动阶段主要是从诸多备选方案中选择一个特定的行动方案；审查活动阶段主要是在实施决策后对以前的选择进行审查评价。斯蒂芬·P.罗宾斯将决策流程 (Decision-making Process) 划分为八个步骤：识别问题，确定标准，分配权重，拟订方案，分析方案，选择方案，实施方案和评价决策效果。

一般来说，决策流程包括五个步骤：识别问题，确定目标，拟订备选方案，评价选择方案，方案实施与监督（如图 5-1 所示）。决策实际上是一个"决策→实施→再决策→再实施"的连续不断的循环过程，如此往复贯穿管理活动的始终。

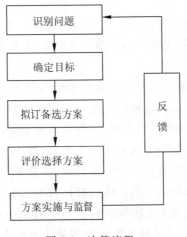

图 5-1 决策流程

（一）识别问题

识别问题是一项决策流程的开始，以后各个阶段的活动都围绕所识别的问题进行。识别问题包括两个方面的工作。一是确定需要解决的问题。如果识别的问题不清晰，所作出的决策将无助于解决真正的问题，因而直接影响决策效果。识别问题的目的是鉴别出那些与预期结果产生偏差的问题，也就是说要确定需要决策的对象。管理者需要解决的问题是多种多样的，有危机型问题（需要立即采取行动的重大问题）、非危机型问题（需要解决但并没有危机型那么重要和紧迫）、机会型问题（如果采取行动就能为组织提供获利的机会）。二是诊断问题出现的根源。仅仅识别问题并不是目的，关键还要根据各种现象诊断出问题产生的根源。这需要收集信息、诊断问题、发现问题出现的原因并分清主次。

由于客观事物的复杂性和主观认知的局限性，识别问题往往并不是轻而易举的。尽管很多人主张识别问题常常是非正式的或依靠直觉，但一些信号的出现将有助于决策者准确地识别问题。

1. 偏离既定的计划

组织运行与既定的计划发生了偏离，或组织实际运行并没有达到计划制订的预期目标。例如，新产品推出后没有达到预期的市场占有率，营销费用大大超出了预算金额，利润水平低于计划要求等。

2. 偏离过去的绩效或经验

如果组织活动突然出现异常变化，偏离过去的经验或绩效模式，则暗示组织可能出现了问题，决策者需要对异常现象进行分析，找出问题的症结。例如，员工离职率飙升、销售额大幅下降、成本费用突然上升等。

3. 组织环境的变化

一个在正常环境条件下常规运行的组织，在环境发生显著变化时，往往会出现很多新问题，比如当一个企业突然面临激烈的竞争时，很可能会有一些不适应竞争环境的异常表现。因此,必须对环境的变化进行分析,这样不仅有利于及时发现组织存在的关键问题,而且可以直接发现一些诸如竞争对手的新举措、市场价格的波动等需要进行决策的问题,也可能会发现一些行业的新机会等。

4. 组织管理工作受到了批评

批评意见可以来自组织内部,也可以来自组织外部。如果顾客投诉率飙升,员工或顾客对组织及其管理工作提出了批评意见或表露出不满情绪,就说明组织的活动可能出现了一些需要解决的问题。

(二) 确定目标

决策者在找到问题及其原因之后,应该进一步分析问题的各个构成要素,明确各构成要素的相互关系并确定重点,以找到本次决策所要达到的目的,即确定目标。决策目标是指在一定的环境和条件下,根据预测所能希望得到的结果。目标的确定十分重要,同样的问题,由于目标不同,可采用的决策方案也会不尽相同。

决策目标的内容应当明确、具体,不能含糊不清。任何一项决策必须是可行的,而要保证决策的可行性,必须分析组织现有的人力、物力、财力、科学技术水平等客观条件,分析事物发展过程中可能发生的各种变化,分析决策实施后可能产生的各种影响,经过慎重、全面、科学的论证与审定、评估,作出可行性分析,确定可行性的程度,在此基础上作出的决策才是科学的。

(三) 拟订备选方案

这一阶段是根据所识别的问题和确定的目标,在决策者面临众多的约束条件时,拟订多个可行的行动方案,并对每个行动方案的潜在结果进行预测。方案的产生过程是在环境研究、发现差异的基础上,根据组织任务和消除差异的目标,提出改变设想开始的,然后对提出的各种改进设想进行集中、整理、归类,形成多种不同的初步方案,继而再对这些初步方案进行筛选、补充和修改,最后进一步完善剩下的方案,并预计执行结果,由此便形成了一系列不同的可行方案(如图 5-2 所示)。

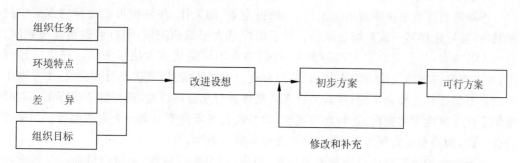

图 5-2　可行方案的产生过程

拟订备选方案的过程是发挥决策者创造性的过程,在实施的过程中要注意三个方面的问题:①至少要拟订两个备选方案。一般来说,该阶段决策者要尽可能拟订一切可行的方案,这样才能保证在众多的备选方案中选择出满意的方案。由于备选方案要解决同一问题、实现同一目标,它们之间可能存在一定程度的互补,而且各有利弊。因此,在实践中,往往是对众多方案进行取长补短的重新组合,形成比较完善的备选方案。②明确列出各方案的影响因素。决策的过程就是不断地寻找与方案相关的影响因素的过程,影响因素越明确,越容易进行备选方案的比较。③备选方案的制订要鼓励创新。制订备选方案时,决策者要鼓励创新,听取不同的意见和建议,尽可能拟订一些比较新颖的解决方案。当然,提出创新性的备选方案并不容易,这需要参与决策的人具有广博的知识、敏锐的洞察力、敢于创新的精神以及较强的概念思维能力。

(四) 评价和选择方案

这个阶段,决策者必须针对每个备选方案提出一个关键问题,即"它是在所有已知约束条件下最好的方案吗?"。为了回答该问题,决策者应预测和合理估计每种备选方案结果可能发生的概率,分析各个方案可能发生的潜在后果。在此基础上,对各备选方案的积极结果和消极结果进行比较。

1. 预测各备选方案的效果

备选方案是面向未来的,它的效果要经过一定时间后才能显现,通过预测才能了解方案的效果。要预测方案的效果,就要预测客观环境可能的变化,认真考虑对决策影响较大、决定组织命运的客观因素,使组织决策者在选择方案时做到心中有数。

2. 确定决策方案的评价标准

没有标准,就没有判断好坏的尺度。要选择满意的方案,必须有科学的评价标准。一般来说,人们常常把目标或目标具体化之后的指标作为评价标准。决策者通常可以从以下两个方面评价备选方案:第一,方案的可行性。备选方案是否符合组织的发展战略,组织是否拥有尝试这一方案所需要的资金和其他资源等。第二,方案的有效性和满意度。备选方案能在多大程度上满足决策目标。需要强调的是,某一方案在实现预期目标时可能会对其他目标产生积极或消极影响。因此,目标多样性在一定程度上增加了决策的难度,也反映了决策者分清决策目标主次的重要性。

3. 选择满意方案

选择满意方案是决策者对方案进行"拍板定案"的工作,在各种可供选择的方案中权衡利弊,然后选择其一或者综合成一。对于组织重大问题的决策,最好能邀请高级顾问、咨询人员参加,尽量听取多方面的意见,以防考虑不周造成重大决策失误。在决策过程中,首先要将方案印发给有关人员,让其拥有充分的决策信息;其次是召开会议,由专家小组报告方案评估过程和结论;最后由决策者集体进行充分的讨论,选择满意的方案。有时组织会在方案全面实施前,进行局部实验,检验在真实条件下方案是否真的可行。如果可行性不高,为避免重大损失,则需要修正或重新拟订方案。

选择满意的方案除依靠决策者的经验、知识、能力和直觉外,也可以借助一些科学决策方法进行辅助决策,如决策树、决策矩阵法等。另外,在选择满意方案的同时,还需要制订备用方案。在选择方案时,要预计方案执行过程中可能发生的问题,针对这些问题,准备好未来环境发生预料到的变化时可以启用的备用方案。备用方案的确定旨在对可预测到的未来变化准备充分的必要措施,以避免临时应变可能造成的混乱。

(五) 方案实施与监督

只有有效地实施决策,才有可能实现决策目标。一项科学的决策很有可能由于实施方面的问题而无法达到预期的目标,甚至归于失败。决策工作不仅仅是制订并选择满意的方案,而且必须将其转化成实际行动,并制定能够衡量其进展状况的检测指标。

首先,决策者必须宣布决策并为其拟订将采取的行动计划,编制预算。

其次,决策者必须与参加决策实施的管理人员沟通,对实施决策过程所包含的具体任务进行分配。

再次,决策者必须对决策实施的有关人员进行恰当的培训和激励。即使是一项科学的决策,如果得不到组织成员的理解和支持,也将成为无效决策。

最后,决策者必须对决策实施的情况进行监督,掌握决策方案的实施情况,尤其是在关键阶段、关键时点要加强控制和监督。如果决策执行结果没有实现预期目标,或决策所执行的环境发生了剧烈变化,就需要在实施阶段调整方案或者修改设定的目标,从而全部或部分重复执行以上决策过程,这实质上是开始了新一轮的决策过程。

二、决策偏见

决策是人类思维活动的一部分。决策者可能会受到决策偏见的影响,难以作出有效决策。管理决策中的偏见主要包括认知偏差和过度自信。

(一) 认知偏差

由于有限理性,决策者在决策时往往会依赖自觉或简单的经验法则。尽管直觉可能会非常有用,但在制订决策过程中也可能会导致严重的、系统性的错误。认知偏差(Cognitive Bias)是指人们根据一些表象或虚假的信息而对某事或某人进行判断,从而造成判断失误或判断本身与判断对象的真实情况不相符合。由于认知偏差的存在,管理者即使掌握了充分的信息,也有可能作出错误的决策。决策中的偏见往往会影响决策者的决断和决策质量,但如果决策者认识到自身的固有心理特征会导致一些认知上的偏见,并采取一些措施纠正这些偏见,采用科学的决策方法,则可以提高决策水平和决策质量。认知偏差主要表现为首因效应、晕轮效应、投射效应和近因效应。

1. 首因效应

首因效应是由美国心理学家洛钦斯(A. S. Lochins)首先提出的,反映了人际交往中主体信息出现的次序对印象形成所产生的影响。首因效应(Primacy Effect)是指个体在社会认知过程中,通过"第一印象"最先输入的信息对客体以后的认知产生的显著影响,它是由第一印象(首次印象)所引起的一种心理倾向,许多人习惯称之为"第一感"。首因效应本质上是一种优先效应,当不同的信息结合在一起的时候,决策者总是倾向于重视前面的信息。即使决策者同样重视了后面的信息,也会认为后面的信息是非本质的、偶然的,决策者习惯按照前面的信息解释后面的信息,即使后面的信息与前面的信息不一致,也会屈从于前面的信息,以形成整体一致的印象。

2. 晕轮效应

晕轮效应(Halo Effect)又称"光环效应",属于心理学范畴,指当认知者对一个人的某种特征形成好或坏的印象后,他还倾向于据此推论该人其他方面的特征。可见,晕轮效应本质上是一种以偏概全的认知上的偏误,但它却愈来愈多地被应用在企业管理上,其对组织管理的负面影响主要体现在各种组织决策上。这需要企业的决策者更加注意晕轮效应对企业决策的负面影响。

当然,企业的决策者也可以积极运用晕轮效应为企业服务。名人效应是一种典型的晕轮效应。例如,企业怎样才能让自己的产品为消费者了解并接受?一条捷径就是让企业的形象或产品与名人相连,让名人为公司产品做宣传。这样就能借助名人的"名气"帮助企业聚集更旺的人气,要做到消费者一想起公司的产品就想到与之相连的名人。因此,不难发现,拍广告片的多数是有名的歌星、影星,而很少见到名不见经传的小人物,由此便出现了所谓的"粉丝经济"。

3. 投射效应

投射效应(Projection Effect)是指将自己的特点归因到其他人身上的倾向。投射使人们倾向于按照自己是什么样的人来知觉他人,而不是按照被观察者的真实情况进行知觉。投射效应是一种严重的认知心理偏差。投射效应也被称为假定相似性效应,例如,企业在市场拓展时有时就会因为受这种效应影响而带来损失,应给予关注。在产品投入新市场之前要进行相关的本土文化等特征的调查,更加正确、详细地了解和掌握消费者需求。同样,本土化策略也越来越受到企业的重视。中国互联网搜索引擎市场的竞争充分体现了这一点。百度的市场份额一升再升,谷歌却在中国市场拼死挣扎,最终退出中国市场。市场拓展要避免投射效应,不要想当然,要用事实和数据说话,重视市场调查,避免不必要的损失。

4. 近因效应

近因效应(Recency Effect)是指在总体印象形成过程中,新近获得的信息比原来获得的信息影响更大的现象。研究发现,近因效应一般不如首因效应明显和普遍。在印象形成过程中,当不断有足够引人注意的新信息,或者原来的印象已经模糊时,新近获得的信息的作用就会较大,就会发生近因效应。例如,在单位招聘面试过程中,主考官告诉考生可以走了,可当考生要离开考场时,主考官又叫住他,对他说:"你已回答了我们所提出的问题,评委觉得不怎么样,你对此如何看待?"其实,考官作出这么一种设计,是对应聘者的最后一考,想借此考察应聘者的心理素质和临场应变能力。如果这一道题回答得精彩,大可弥补此前面试中的缺憾;如果回答得不好,可能会由于这最后的关键性试题而使应聘者前功尽弃。

(二)过度自信

许多心理学研究结果表明人们倾向于对自己的判断过分自信。过度自信(Overconfidence)是指人们独断性的意志品质,是与自觉性品质相反的一种心理和行为偏差。过度自信的决策者总是对自己的决定具有独断性,坚持己见,以自己的意愿代替实际客观事物发展的规律,当客观环境发生变化时,也不肯改变自己的目的和计划,对他人的意见或建议一概拒绝,是缺乏自觉性和意志薄弱的表现。

过度自信的两种表现是:当决策者"希望"某种结果出现时(主观上)将这个结果出现的概率夸大为必然事件;而当他们"不希望"某种结果出现时(主观上)将这个结果夸大为不可能事件。对于一个管理者,如果是为了激励员工,过于自信并不是坏事,但要尽量避免。快速反馈对于纠正过度自信的偏见是行之有效的。过度自信在以下情况下比较突出:①所要完成的任务非常困难;②在预测能力有限的条件下进行预测;③执行缺乏快速和清晰地反馈的任务;④男性似乎比女性更容易犯"过度自信"的毛病。

第三节　决 策 方 法

一、定性决策方法

定性决策方法是一种直接利用决策者本人或有关专家的智慧、经验进行决策的方法,即决策者根据所掌握的信息,通过对事物运动规律的分析,在把握事物内在本质联系的基础上进行决策的方法。这种方法灵活简便,决策成本低,有利于利用专家的经验和智慧,适用于受经济社会因素影响较大、因素错综复杂以及涉及社会心理因素较多的综合性战略问题决策,是企业界决策采用的主要方法。但是,定性决策建立在决策者主观认知的基础上,缺乏严格的论证,主观性较强,有时还会因决策参与者知识或经验的限制而使决策意见有很大的倾向性。

常用的定性决策方法包括征询法、头脑风暴法和德尔菲法等,这些都是群体决策常用的方法。

(一)征询法

征询法是指把被征询意见的人编入一个小组,但他们彼此间互不相知,即使见了面,也不面对面谈问题。在这种互不接触、互无影响的条件下,让他们分别用书面方式提问题、提建议或回答所提的问题。然后,由组织者把每个人的书面材料合并成一份汇编材料,将汇编结果公布给决策参与者,但不公布这些问题、建议或答案是由谁提出来的。最后,对汇编结果进行讨论,并形成统一的意见。该过程可以使每个决策参与者在讨论时,没有顾虑地充分发表自己的意见,有时甚至可能出现否定自己的意见而支持他人意见的情形,这有利于将好的意见进行汇总和归纳,形成意见统一的决策方案。

(二)头脑风暴法

头脑风暴法可以克服阻碍创造性方法的遵从压力,是一种相对简单的方法。它利用一种思想产生过程,鼓励提出任何种类的方法设计思想,同时禁止对各种方案的任何批评。具体的做法是,群体领导者以一种明确的方式向所有参与者阐明问题,然后成员在一定的时间内"自由"提出尽可能多的方案,不允许任何批评,并且所有的方案都当场进行记录,供后续进行讨论和分析。通过面对面的交流,引起思维共振,进行创造性的思维,可以在较短的时间内形成解决问题的决策方案。

头脑风暴法也存在一些不足之处,比如,受决策参与者人数的限制,可能导致代表性不够充分;受个人语言表达能力的限制;受群体思维的影响,随大流或受权威所左右等。因此,采用头脑风暴法时,对决策参与者的选择和对会议的精心组织非常重要。

(三)德尔菲法

德尔菲法是由美国著名的兰德公司首创并用于预测和决策的方法。具体做法是就所要决策的问题以匿名方式通过几轮函询征求专家的意见,组织预测小组对每一轮的意见进行汇总整理后再发给各位专家参考,供他们分析判断,以提出新的意见。这样几轮反复后,专家意见渐趋一致,最后供决策者进行决策。该方法的不足之处是耗时长,费用比较高。

二、定量决策方法

定量决策方法常用于数量化决策,应用数学模型和公式来解决一些决策问题,即运用数学工具建立反映各种因素及其关系的数学模型,并通过对这种数学模型的计算和求解,选择最佳的决策方案。对决策问题进行定量分析,可以提高常规决策的时效性和决策的准确性。运用定量决策方法进行决策也是决策方法科学化的重要标志。

(一)确定型决策方法

判定确定型决策的标准是:存在一个明确的决策目标;存在两个以上的可供选择的决策方案;每个方案实施后只有一种自然状态;可以计算各方案在确定的自然状态下的损益值。确定型决策的方法有损益平衡点法和量本利法。

1. 损益平衡点法

损益平衡点法是当企业可以用几种不同方案生产某产品时,通过分析比较产品产量与成本的关系而进行决策的方法,如图 5-3 所示。

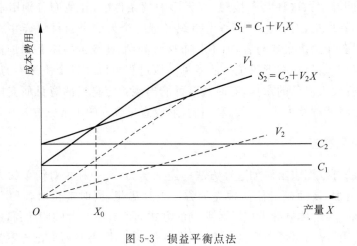

图 5-3 损益平衡点法

图中,S_1 和 S_2 分别代表两个方案的总成本;

C_1 和 C_2 分别代表两个方案的固定成本；

V_1 和 V_2 分别代表两个方案的单位变动成本；

X_0 代表临界产量。

当 $X = X_0$ 时，$S_1 = S_2$，即 $C_1 + V_1 X_0 = C_2 + V_2 X_0$

由此，可得：

$$X_0 = \frac{C_2 - C_1}{V_1 - V_2}$$

当产品产量 $X < X_0$ 时，第一个方案的总成本 S_1 低于第二个方案的总成本 S_2，故应采用第一个方案；相反，当产品产量 $X > X_0$ 时，第一个方案的总成本高于第二个方案，故应选用第二个方案。

2．量本利法

量本利法是通过揭示产销量、成本（包括固定成本和变动成本）、价格和利润之间的内在联系，进行决策分析的一种方法。

如图 5-4 所示，量、本、利的基本关系是：利润＝收入－成本。

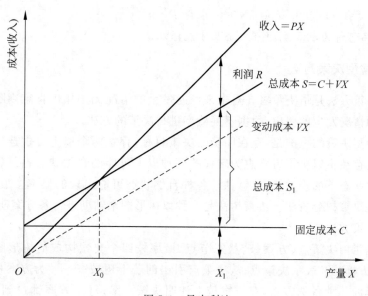

图 5-4　量本利法

图中，P 代表单位价格；R 代表目标利润。

当产量为 X_0 时，不存在利润，收入＝成本

即　　$PX_0 = C + VX_0$

由此可以推出：$X_0 = \dfrac{C}{P - V}$

即当不存在利润，盈亏平衡时，保本点产量 ＝ $\dfrac{\text{固定成本}}{\text{单价} - \text{单位变动成本}}$

当产量为 X_1 时，利润＝收入－成本

即　　$R = PX_1 - (C + VX_1)$

由此可以推出：$X_1 = \dfrac{C+R}{P-V}$

即当存在目标利润时，实现目标利润的产销量计算公式为

$$保利点产销量 = \dfrac{固定成本 + 目标利润}{单价 - 单位变动成本}$$

例 5-1 某企业生产某种产品的固定总成本是 100 万元，该产品的销售单价为 1 000 元，单位变动成本为 800 元，根据市场预测，该产品的年销售量为 8 000 件。(1)如果能顺利完成预计销售量，企业每年可以从该产品获利多少？(2)该产品在销售过程中受到竞争者新产品的竞争，必须降价才能吸引消费者购买该产品。为完成既定的年销售目标，请问该产品的售价为多少时，企业才能保本？

解：(1) 利润＝收入－成本＝收入－(固定成本＋变动成本)

即 $R = PX_1 - (C + VX_1)$

$R = 1\ 000 \times 8\ 000 - (1\ 000\ 000 + 800 \times 8\ 000) = 600\ 000$(元)

(2) 盈亏平衡时，企业收入＝企业成本＝企业变动成本＋固定成本

即 $PX_0 = C + VX_0$

$P \times 8\ 000 = 1\ 000\ 000 + 800 \times 8\ 000$，求得 $P = 925$(元/件)

因此，产品售价为 925 元/件时，企业才能保本。

(二) 风险型决策方法

风险型决策方法是指决策者在对未来可能发生的情况无法作出肯定判断的情况下，通过预测各种情况发生的概率，根据不同概率进行决策的方法。

判定风险型决策的标准是：存在明确的决策目标；存在两个以上可供选择的方案；每个方案实施后存在不以决策者意志为转移的两种以上可能的自然状态；可以计算各个方案在各种自然状态下的损益值；能够估计各种自然状态可能出现的概率。最常用的风险型决策方法是决策树分析法。决策树法是一种以树形图来辅助进行各方案期望收益的计算和比较的决策方法。

决策树是指由决策点、方案枝、状态节点、概率枝四个要素构成的树形图。如图 5-5 所示，左端的方框"□"表示决策点；从决策点引出的若干树枝"——"为方案枝，表示该决策中可供选择的几种备选方案，在方案枝上注明决策方案；每个方案都达到一个状态节点，状态节点用圆圈"○"表示，在圈内或圈上注明所计算出的每个方案的期望值；由状态节点引出的枝条"——"为概率枝，表示该方案可能出现的几种自然状态，在概率枝上注明自然状态的内容及其出现的概率，右侧标明该状态下方案执行所带来的损益值(结果)。

例 5-2 某高新技术企业准备开发一款新产品，经过市场调研，预测该产品需求量大的概率是 30%，需求量一般的概率是 50%，需求量比较小的概率是 20%。企业面临三种备选方案：第一，增加技术开发投入，需要投资 100 万元；第二，新建车间、投入设备，需要投资 60 万元；第三，更新现有设备，需要投资 20 万元。各方案在三种不同需求状态下的利润预测情况如表 5-2 所示。请利用决策树法进行决策，选择满意的决策。

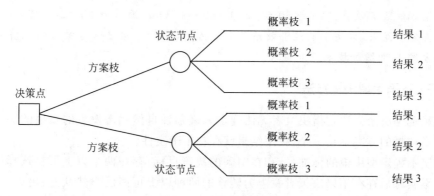

图 5-5 决策树形图

表 5-2 三种方案的具体情况　　　　　　　　　　　　　　　　　单位:万元

	需求量大(30%)	需求量一般(50%)	需求量小(20%)
增加技术开发投入	800	400	-200
新建车间、投入设备	600	300	0
更新现有设备	400	200	100

解：首先画出决策树,如图 5-6 所示。

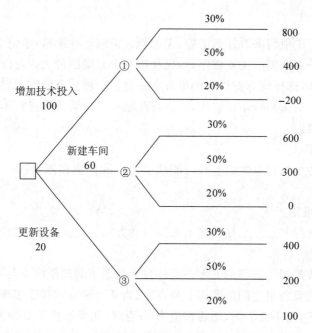

图 5-6 三种方案的决策树

方案的经济效益＝期望收益－投资额,三种方案的经济效益如下：

方案 1 的经济效益：[800×30％＋400×50％＋(－200)×20％]－100＝300(万元)

方案 2 的经济效益：(600×30％＋300×50％＋0×20％)－60＝270(万元)

方案 3 的经济效益：$(400×30\%+200×50\%+100×20\%)-20=220$（万元）

根据计算结果，方案 1 的经济效益是 300 万元，高于方案 2 和方案 3 的经济效益，所以选择方案 1，即增加技术开发投入。

（三）不确定型决策方法

不确定型决策方法是指决策者无法确定未来各种自然状态发生的概率的决策方法。只要可供选择的方案不止一个，决策结果就存在不确定性。

判定不确定型决策的标准是：存在明确的决策目标；存在两个以上可供选择的方案；每个方案实施后存在不以决策者意志为转移的两种以上可能的自然状态；可以计算各个方案在各种自然状态下的损益值，但各种自然状态可能出现的概率是不可知的。面对不确定型决策，不同的决策者由于其性格特点、知识、经验以及风险偏好的差异，会选择不同的决策标准。

1. 悲观准则

决策者认为无论他们采取什么措施，无论别人采取何种策略，事情总是朝着最坏的方向发展。悲观准则的决策程序是：先找出每个方案的最小收益值，再从这些最小收益值中找出最大者，选择该方案作为决策方案。悲观原则的核心是从最坏的可能性中选择最好的结果。对未来持悲观态度、比较谨慎的风险规避型决策者在进行不确定型决策时，一般会采用这种准则。

2. 乐观准则

决策者认为无论他们采取什么措施，无论别人采取何种策略，事情总是朝着对自己有利的方向发展。乐观准则的决策程序是：先找出每个方案的最大收益值，再从这些最大收益值中找出最大者，选择该方案作为决策方案。这是一种乐观原则，是从最好的可能性中选择最好的结果。对未来持乐观态度、富有冒险精神的决策者在进行不确定型决策时，一般会采用乐观准则。

3. 等概率准则

决策者认为各个可行方案的各种可能结果发生的概率相同，进而选择期望值最大的行动方案。

4. 最小后悔准则

决策者总是选择与最好结果偏离不大的行动方案。这是介于乐观准则和悲观准则之间的一个决策准则。

后悔值是指决策者所选择的方案在某种自然状态下的期望收益与在这种自然状态下效益最好的方案的收益值之间的差额。换言之，当某一种自然状态出现后，如果选择了期望收益最高的方案，就不会后悔，即后悔值为 0；否则，如果选择了其他方案，就要后悔，其后悔值就是所选方案的期望收益与最高期望收益之差。最小后悔值准则的决策程序是：先计算每一种自然状态下各方案的后悔值，再找出每个方案的最大后悔值，最后从中选出最小者作为决策方案。

例 5-3 某企业以批发的方式销售其生产的产品，产品的成本是 0.03 万元/件，批发价格是 0.05 万元/件。如果每天生产的产品当天销售不完，销售不完的产品要损失 0.01

万元/件。已知该企业每天的产量可以是 0 件、1 000 件、2 000 件、3 000 件或 4 000 件;根据对市场需要的预测,每天的销售量可能是 0 件、1 000 件、2 000 件、3 000 件或 4 000 件。该企业的决策者应该如何安排每天的生产量才能满意?

解:根据已知条件,决策者有五种备选方案,分别是每天生产 0 件、1 000 件、2 000 件、3 000 件或 4 000 件。该问题的关键是计算出每种方案的收益。因为每种方案面对五种可能的市场需求,所以每种可行方案均有五种可能的收益。

假设产量为 P、销售量为 S、收益为 R,则当 $P>S$ 时,$R=S\times(0.05-0.03)-(P-S)\times 0.01$;当 $P\leqslant S$ 时,$R=P\times(0.05-0.03)$。因此,各种可行方案在不同市场需求下的收益如表 5-3 所示。

表 5-3 各方案的收益

R(万元)		销售量 S(件)				
		0	1 000	2 000	3 000	4 000
产量 P	0	0	0	0	0	0
	1 000	−10	20	20	20	20
	2 000	−20	10	40	40	40
	3 000	−30	0	30	60	60
	4 000	−40	−10	20	50	80

在选择决策方案时,决策者可以根据不同的决策准则进行决策。

(1) 乐观准则。根据乐观准则,决策者找出每个可行方案收益的最大值,然后选出各个最大值中的最大值即 80 万元,这个最大值对应的方案即产量为 4 000 件的方案是最满意的方案。

(2) 悲观准则。根据悲观准则,决策者找出每个可行方案收益的最小值,然后选出各个最小值中的最大值即 0 万元,这个最大值对应的方案即产量为 0 件的方案是最满意的方案。

(3) 等概率准则。需要计算出各种生产方案的期望值。方案 2 即产量 1 000 件的方案的期望值=(−10+20+20+20+20)/5=14 万元。依次算出各方案的期望值分别是 0 万元、14 万元、22 万元、24 万元和 20 万元,选择最大期望值所对应的生产方案。因此,产量为 3 000 件是最满意的方案。

(4) 最小后悔准则。根据最小后悔准则的程序,决策者构造出一个机会损失矩阵(如表 5-4 所示)。具体的方法是,找出收益表(如表 5-3 所示)中每一列的最大值,用该最大值分别减去这一列中相应的数值,以得出的数值为一列,重新构造一个机会矩阵,即机会损失矩阵。然后,从机会损失矩阵的每一行中选出最大的机会损失,再从选出的机会损失中选出最小的机会损失,其所对应的方案就是最满意的方案。所以,方案 4 即产量为 3 000 件是最满意的方案。

表 5-4 最小后悔准则的机会损失表

R(万元)	销售量 S(件)					最大机会损失
	0	1 000	2 000	3 000	4 000	
产量 P 0	0	20	40	60	80	80
1 000	10	0	20	40	60	60
2 000	20	10	0	20	40	40
3 000	30	20	10	0	20	30 ←
4 000	40	30	20	10	0	40

本 章 小 结

决策是管理工作中的普遍工作,决策的科学性是管理工作取得成效的前提。决策是为了实现一定的目标,决策者制订行动方案并从若干个可行方案中选择一个满意方案的分析判断过程。当面对决策问题时,需要识别决策的具体类型,然后选择正确的决策方法进行决策。决策是一个连续的过程,包括识别问题、确定目标、拟订备选方案、评价选择方案和方案实施与监督。在决策过程中,要克服认知偏差和过度自信等决策偏见。

决策的方法包括定性决策方法和定量决策方法。其中,定量决策方法包括损益平衡点法、量本利法、决策树法和不确定型决策法。

进一步阅读的材料

[1] 哈蒙德,基尼,雷法. 决策的艺术 [M]. 王正林,译. 北京:机械工业出版社,2016.

[2] 马浩. 管理决策:直面真实世界[M]. 北京:北京大学出版社,2016.

[3] (美)安德森,斯维尼,威廉斯. 数据、模型与决策:管理科学篇:第 13 版[M]. 侯文华,等,译. 北京:机械工业出版社,2012.

[4] (美)萨蒂. 创造性思维:问题处理与科学决策[M]. 石勇,李兴森,译. 北京:机械工业出版社,2016.

思考题

1. 什么是决策?请列举身边的一个风险决策的例子。
2. 对例外问题应该如何进行处理?
3. 决策偏见会如何影响决策的科学性?
4. 进行有效的群体决策应该注意哪些问题?
5. 描述决策的流程,并画出一个决策的流程图。
6. 决策游戏:随着居民生活水平的提高,选择外出探险成为人们追求幸福和享受生活的重要方式。假设在外出探险前要进行出发前的物品准备,请在下面 20 种物品中,选择你们认为最重要的5种物品,进行排序并阐述理由。供选择的物品包括:打火石、帐篷、刀、钱、手电筒、手机、绳索、雨伞、太阳镜、食盐、指南针、望远镜、衣服、压缩饼干、手套、登山鞋、矿泉水、帽子、水杯、护肤品。游戏规则:5~6人随机组成小组,以小组为单位进行讨论并达成一致意见,时限8分钟。

7. 某连锁店准备在一个选定的新地区开设分店,现有两个关于分店规模的方案:大规模方案和小规模方案。该地区的市场需求有两种可能:需求很大和需求较小,概率分别是60%和40%。其可能结果是:小规模方案,需求很大;小规模方案,需求很小;大规模方案,需求很小;大规模方案,需求很大。

(1) 小规模方案,需求很大。在这种情况下,还需要进一步选择,是维持该规模还是进一步扩大。预计两种选择的经营结果分别是:①维持,所获利润为22.3万元;②扩大,利润为27万元。

(2) 小规模方案,需求很小。该情况下则没必要进一步选择,因为没必要再进一步扩大,预计经营结果为20万元。

(3) 大规模方案,需求很小。这种情况下有两种选择:听之任之(经营结果将为4万元)或进行促销活动。促销可能会引起两种结果:反应一般(相应的经营结果为2万元)或反应热烈(经营结果为22万元),这两种结果发生的概率分别为30%和70%。

(4) 大规模方案,需求很大。这是最好的组合,则没必要再决策,经营结果为80万元。

如果你是连锁店的总经理,请利用决策树法选择满意的决策。

8. 湖北某地区盛产楠竹,主要集中在A、B、C、D、E五个地区。自然条件、运输成本、工业基础、政策优惠与环境保护等方面这五个地区各有千秋。具体的条件如下:A地竹产量最大,现有纸厂产量2 500吨;B地是革命老区,工业基础差,政策较优惠,距铁路站点40千米,运输量小,现有纸厂产量1 150吨,虽不占用农田的地块,但附近有个水库,污水还流经一个棉纺厂,影响其产量;C地距铁路站点2千米,运输量最大,现有纸厂产量2 100吨;D地工业基础好,距铁路站点2千米,位于水库的下游,现有纸产量4 500吨;E地竹林面积小,原先没有纸厂,没有大的污染。

关于建厂规模有三种方案。甲方案日产纸25吨,单位成本1 314元/吨,总投资2 286万元;乙方案日产纸75吨,单位成本1 266元/吨,总投资6 200万元;丙方案日产纸100吨,单位成本1 180元/吨,总投资7 400万元,而纸张的平均价格为1 580元/吨。

关于产品,有以下三种方案可供选择:方案Ⅰ生产文化用纸和漂白浆;方案Ⅱ生产文化用纸;方案Ⅲ生产漂白浆。

请根据上述信息,讨论以下问题:
(1) 厂址最好选在A、B、C、D、E中的何处?
(2) 应选择哪一种规模的建厂方案?
(3) 应选择哪种产品组合方案?
(4) 以上选择的风险有多大?平均收益是多少?
(5) 上述问题所提供的信息是否充足?能否进行决策?如果还可以获得信息,最好有哪些方面的信息?

第六章

计划的特点与计划过程

学习目标

(1) 描述计划的概念。
(2) 理解计划的作用。
(3) 区分计划的类型。
(4) 理解计划的过程。
(5) 理解计划中可能的陷阱。

> **身边的管理：**
>
> 1965年，伊戈尔·安索夫(Igor Ansoff)在《公司战略》(Corporate Strategy)中写道："我们应定义一个规划期，确保公司可对此期间进行准确度不偏离上下20%的预测。"但是，公司究竟如何知道需要多少时间才能作出给定精确度的预测呢？虽然有些重复出现的模式（如季节性波动）是可以预测的，但要对非连续性事项（如技术创新或价格上涨）进行预测，实际上是不可能的。当然，有些人能"预见"这类事物，我们经常说这种人"有先见之明"，其实这些人制订计划时一般会采用更加个性化、更直觉化的方式。
>
> 明茨伯格及其他人的很多研究都证明，计划制订是错综复杂的过程，这涉及最复杂、微妙、有时是潜意识的人类思考因素。计划制订可以是有意识的行为。它可体现出高管的具体意图，例如，进军和攻占新市场。但计划制订也可以是瞬间出现的行为，它可以无须高管有意为之而往往可在无意中通过情况获知而形成。一位销售员说服一位非目标类型的客户尝试了产品，其他销售员纷纷仿效而为，接下来管理层就意识到，公司的产品已经渗透到了新市场。如果能时常发现这些偶然事件，并重视这些意外事件的示范作用，情况获知就必定会在新计划的制订过程中发挥重要作用。
>
> 与传统上对计划的认知恰好相反，深思熟虑形成的计划未必就好，偶然形成的计划未必就差。所有的可行计划都既有直觉性，又有深思熟虑性，必定都是一定程度的灵活获知与理智控制相结合的产物。不擅于用自己的眼睛去"发现"的人，是不可能看到愿景的。计划制订者会不辞辛苦地挖掘新想法，而且真正的计划正是基于他们意外获得的宝贵信息。这些人从不忽视日常细节，而是非常关注这些细

节,从而能够从中提炼出战略性的信息,宏伟的蓝图均由一笔一画勾勒而成。

资料来源:MINTZBERG H. The Fall and Rise of Strategic Planning[J]. Harvard Business Review, 1994, 72(1):107-114.

《礼记·中庸》中的"凡事预则立,不预则废"道出了计划的重要性。计划是管理的首要职能,它普遍存在于组织的各个层次和部门,是为了保证组织目标得以实现而制定的行动纲领,是组织未来的行动蓝图。本章主要介绍计划的概念、作用、特点和类型,以及计划过程及计划过程中可能存在的陷阱。

第一节 计划的特点与作用

一、计划的概念

对计划一词的含义,可以从不同的角度来解释。作为名词,计划是指通过文字或数字指标表示出来的工作或行动的具体内容和步骤;作为动词,计划是指事前拟订计划的工作过程。在管理学中,计划是指为了实现组织目标而事先制订工作的步骤和内容。一项完整的计划通常包括做什么、为什么做、何时做、何地做、谁去做和怎么做等方面的内容,如表6-1所示。

表6-1 计划的内容

项 目	具 体 内 容
做什么 (What)	即需要完成的任务是什么。这是要明确所进行的活动及其要求,如企业生产计划就要明确所生产产品的品种、数量、进度、费用等,以保证充分利用企业的生产能力,按质、按量、按期完成生产计划,并为考核提供依据
为什么做 (Why)	即为什么要做这件事。这是要明确计划的目的和原因,使计划执行者了解、接受和支持这项计划,把"要我做"变为"我要做",充分发挥下属的主观能动性,实现预期目标
何时做 (When)	即这项工作的时间规划。这是要规定计划中各项工作的开始和结束时间,以便进行有效的控制,并对组织内的有限资源进行平衡
何地做 (Where)	即在什么地点做这件事。这是要确定计划的实施地点或场所,了解计划实施的环境条件及限制因素,以便合理地安排计划实施的空间
谁去做 (Who)	即谁应该为这件事负责。这需要划分各部门和组织单位的任务,规定由哪些部门和人员负责实施计划,包括每一阶段的责任者、协助者,各阶段交接时由谁鉴定、审核等
怎么做 (How)	即如何行动。这是要制订实施计划的步骤以及相应的政策、规则,对资源进行合理分配和使用,同时要预估可能出现的各种情况以做好防范应对等

二、计划的特点

(一)目标导向性

计划的制订和执行是为了让组织以最少的消耗实现预定的目标。明确的计划可以帮助组织成员了解组织的目标及自己的职责,同时计划所规定的工作任务和衡量标准也为控制提供依据。所以,计划可以为员工指明方向,使整个组织的活动有序、高效、减少资源浪费,有利于组织目标的实现。

(二) 基础性

就管理的各项职能而言,计划是首要职能,是其他各项职能的基础和依据。管理者在确定目标、拟订计划后,才能确定合适的组织架构,才能知道组织在何时需要什么样的人才,才能明确员工的责权利以及有效的领导和激励手段,才能控制组织和个人的行为不偏离计划。所以说,计划是管理者行使管理职能的起步和基础。

(三) 普遍性

一个组织中的管理人员层次高低不同、部门职能不一,但每一位管理人员的工作都少不了计划职能,各层次的管理活动都需要进行计划,并持续推进。例如,高层管理者要制订战略规划,中层管理者要确定施政计划,基层管理者要制订作业计划,因此,计划是各级管理人员的基本职能,具有普遍性。

(四) 综合性

计划本身是一个结构化的过程,需要系统分析管理者的目标,根据目标确定可行的行动方案,进而在不同的部门、层级、人员之间分配工作职责,同时根据职责分工和实施进展确定可供控制的标准。因此,计划的编制涉及战略规划、组织资源调配、人员配置与管理等不同环节和内容,综合性非常强。

(五) 前瞻性

计划是面向未来的,而未来是不可知的,通常会面临新的机遇或挑战。因为计划是在掌握了过去和现在的基础上通过预测未来而作出的工作安排,所以计划中关于组织未来的行动方案和建议说明具有一定的前瞻性。

三、计划的作用

(一) 明确组织的发展方向

计划首先是系统地分析组织所拥有的内外部资源,明确组织的优劣势的过程。在计划的制订过程中,管理者需要判断哪些资源和行动有利于最终目标的实现,哪些资源和行动与最终目标的实现毫不相干,从而针对所要实现的目标设计出一种能够自始至终协调一致的工作程序和结构框架,用共同的目标、明确的方向来代替不协调的、分散的活动,使所有成员的行动保持一致,保证计划按部就班地顺利进行。

(二) 发现机会与威胁

由于未来充满了不确定性,计划的期限越长,不确定因素就越多。但是,计划的制订和实施过程可以让计划制订者摆脱日常事务的干扰,致力于未来不确定因素的分析和研究,及时预见未来可能出现的机会或威胁。就像微信的开发者张小龙所说的:"我每天都会去谷歌阅读助手(Google Reader)之类的阅读空间,看看消费者在关心什么,互联网领域又有什么新鲜东西诞生了。"对于管理者来说这非常重要,应考虑未来环境变化的冲击,及早制订适应变化的方案或相应的补救措施,降低未来的不确定性的负面影响。

(三)促进各层次管理者的沟通协作

计划的制订和实施是全员参与的过程,也是各部门、各层次管理者就目标制定和实施过程进行沟通交流、团结协作的过程。在这种环境中,各层次管理者并不是被动的任务接受者,他们充分参与计划的制订过程,开诚布公地沟通交流,了解计划的来龙去脉,可以有效地避免计划实施过程中的扯皮现象,有利于提高各层次管理者对计划的接受程度,提高计划实施的效率。

(四)提供控制标准

计划和控制似乎是一枚硬币的两面,如果计划是根,那么控制就是果。未经计划的活动是无法控制的。管理者通过计划环节设立了组织的目标,而在控制过程中,管理者就可以将计划的实际执行情况与组织目标进行比较,以及时发现偏差,采取必要的校正措施,通过纠正脱离计划的偏差使活动保持既定的方向。因此,没有计划,控制活动的任何设想都是毫无意义的。如果没有计划设定的目标作为控制与考核的标准,管理者就无法检查其下属完成工作的情况,所以说,计划为控制活动提供了标准。

第二节 计划的类型

计划是管理的首要职能,它将各种资源预先在时间和空间上进行合理的配置,以实现组织的目标。因此,可以根据实施计划的组织层级、计划实施的时间长短、计划明确性的程度以及计划的使用频率等对计划进行分类(如表 6-2 所示)。

表 6-2 计划的类型

分类标准	类型
管理者层次	战略计划、业务计划、单元计划
实施时间的长短	长期计划、中期计划、短期计划
明确性	指导性计划、具体计划
使用频率	常规计划、一次性计划

一、战略计划、业务计划和单元计划

根据管理者所处层次的不同,可以将计划分为战略计划、业务计划和单元计划。

（一）战略计划

战略计划是企业在战略层面的计划，特别集中在公司战略层面，体现了组织在未来一段时间内总的战略构想和总的发展目标及其实施的途径。战略计划主要围绕企业的总体战略目标，并且根据目标制订企业的战略方案，依托该方案配置企业的各项资源，从而保证战略的顺利进行。因此，战略计划具有长远性、全局性、指导性等特征，在战略计划中必须明确企业的总体发展方向和行动方案。这意味着战略计划不能局限于企业内部的某些枝节性事务，不能仅仅就某一部门的经营重点和目标进行事先的设定。战略计划决定了在相当长的时间内组织资源的配置方向，涉及组织的各个方面，并在较长时间内发挥指导作用。

（二）业务计划

业务计划是针对企业业务部门制订的，需要与业务部门的发展目标和可控资源相衔接，不同的业务部门有不同的关注重点。例如，营销部门的业务计划面向企业的市场销售工作，需要指出企业未来的销售目标以及为实现这一目标所必须采取的行动；生产部门的业务计划面向企业的生产运作活动，需要指出企业未来的生产目标以及相应的资源分配等具体工作方案。尽管如此，这些业务部门的计划都要服从企业的总体战略计划，它们的大致规划在战略计划中已经有初步的设定。因此，业务计划不仅服务于业务部门的工作，同时也要保证彼此之间的协同，以推进企业的整体发展。

（三）单元计划

单元计划是业务部门内部具体的业务单元的计划。一般而言，企业业务部门的全体人员不可能统一行动，他们总是要分为不同的工作单元或工作小组，针对不同的业务范围开展工作，形成针对不同产品的销售行为，或针对不同订单的生产行为。因此，针对不同的业务单元就需要有相应的计划，这些计划为各个业务单元的经营目标和经营行动设定了大致的范围，可以用于指导和控制业务单元的工作状况。同时，单元计划也是服务于业务计划的，各个单元的计划要依据整个业务部门的计划而设定，并且反映总体的协同效应。

二、长期计划、中期计划和短期计划

根据计划涉及时间长短的不同，可以将计划分为长期计划、中期计划和短期计划。

（一）长期计划

长期计划通常又称为远景规划，是为实现组织的长期目标服务的具有战略性、纲领性、指导性、综合性的发展规划。它是组织在相当长时期内（通常是五年以上）整体活动的指导性文件，主要规定组织的长远目标、关键行动步骤、分期目标和重大战略举措等。这类计划往往要对组织发展的整体进程进行长期的构想，其应用对象一般是规模较大的组织。

(二)中期计划

中期计划是根据长期计划提出的战略目标和要求,并结合计划期内组织外部环境和组织自身情况制订的计划,时间跨度通常是一到五年。这类计划一般涉及企业战略计划或业务计划,并需要经由一定时间才能检验计划方案的实施效果。中期计划也是企业内部常见的计划形式,因为长期计划有其自身的局限性,不能精准地确定企业的业务方案,能够应用长期计划的业务往往也较少;短期计划又往往流于琐碎,无法涵盖企业的一些重要问题,所以中期计划应用范围最广,也最值得管理者关注。它是长期计划的具体化,同时又是短期计划的依据。

(三)短期计划

短期计划往往是一年以内的计划,这主要是单元层面的计划。在各个业务单元中,管理者需要根据各项具体管理任务制订相应的计划。这些管理任务的目标、运作流程、实施标准往往较为明确,因此其计划内容可以非常具体详细。它是最接近实施的行动计划,其内容更加具体、详尽,是为实现组织的短期目标服务的。它是对长期计划和中期计划的具体落实,同时又对中期计划起着反馈作用,其执行情况是修订中期计划的依据。

三、指导性计划和具体计划

根据计划明确性的程度,可以将计划分为指导性计划和具体计划。

(一)指导性计划

指导性计划只规定一般的方针,指出重点,但不为管理者设定具体的目标或特定的行动方案,赋予管理者更大的决策权限。例如,某企业利润增长的指导性计划可表示为,在未来的一年里,利润增加5%~8%,这表明指导性计划具有一定的灵活性。

(二)具体计划

具体计划是具有明确规定的目标,没有模棱两可的、容易引起误解的问题的计划。例如,某企业利润增长的具体计划可表示为,在未来的一年里,成本要降低5%,营业收入要增加6%,这说明具体计划规定了为实现目标而进行的各项活动及活动的进度安排。

四、常规计划和一次性计划

根据计划的使用频率,可以将计划分为常规计划和一次性计划。

(一)常规计划

常规计划针对的是企业内部的日常事务性工作。企业大部分业务都可以纳入这一范畴——不论是企业战略层面的长期计划,还是业务层面和单元层面的中短期计划。因此,常规计划往往是企业内部的常态。对于这类计划,企业通常拥有一套完整的体系来确保计划在可控的范围内制订和实施。例如,在大型企业内部,一般都有专门的战略部门负责战略规划的制订工作;在各个业务部门内,也有常规性的组织会议和程序服务于计划职能。

(二)一次性计划

一次性计划是针对偶发事件或例外事件而制订的计划,如企业的突发性危机、出售事宜、破产清算等。当事件结束之后,计划也随之执行完毕。对于一次性计划,企业没有必要为之专门设定独立的部门或使之常规化,但是仍有必要在这些非常规事件发生时成立临时的项目小组来承担相应的组织或协调等管理事务,负责计划的落实和事件的处理。

第三节 计划过程与计划的有效性

一、计划过程

计划过程是一个复杂的、有组织的过程。计划的种类很多,不同类型的计划,虽然制订过程不尽相同,但是一般来说,计划的编制要经过一些必要的环节或步骤,如图 6-1 所示。

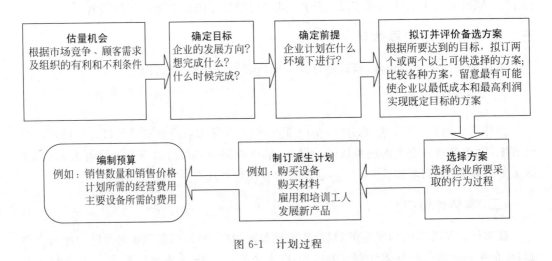

图 6-1 计划过程

(一)估量机会

估量机会是计划工作的起点。其主要内容包括:广泛收集信息资料,在调查研究和社会需求分析的基础上,对组织将要面临的机会和威胁、获得成功需要具备的内外部条件、成功的可能性等进行分析和估计,比较本组织的有利条件和不利条件,弄清楚目前所处的地位及面临的不确定因素,并对未来可能取得的成果进行展望。一个组织能否把切实可行的目标确定下来,关键就在于能否准确地估量机会。

(二)确定目标

对机会和威胁进行正确估量之后,就需要确定组织未来的具体行动目标,包括总体目标的设定、目标的分解、目标结构等,以指明将要做的工作及其重点。因此,在计划管理过程中,一方面要将目标转换为手段,另一方面还要同时把总体目标细分为更具体的目标。可以说,确定目标贯穿整个计划工作过程。

(三)确定前提

计划工作的前提就是计划工作的假定条件,也就是预期的执行计划时组织所面临的环境和组织内部条件,这需要组织进行预测。作为长期计划的基础,科学预测能大大降低不确定性的负面影响。由于计划的未来情况非常复杂,所以计划前提的预测要比通常的基本预测复杂,但要想对每个细节都提出假设是不现实的,也是不经济的。因此,计划前提的确定应该选择那些对计划工作而言关键性的、有战略意义的、对计划情况影响最大的因素。

(四)拟订并评价备选方案

由于一个计划往往同时有许多可供选择的方案,计划制订者的初步工作就是考查大量可供选择的方案,排除完成预期目标希望渺茫的方案,选择有成功希望的几个方案,减少可供选择方案的数目,以便集中精力和时间对希望最大的方案进行充分的分析论证。但在排除希望渺茫的方案时应十分谨慎,因为有时不太引人注意的方案反而是最好的方案。

评价方案时往往会发现几个可供选择的方案各有利弊,且都存在大量的变量和约束条件,因而需要运用运筹学、决策分析等技术进行处理。在这一过程中,应注意发现每个方案的制约因素或隐患;在将一个方案的预测结果和原有目标进行比较时,既要考虑许多有形的可以用数字量化的因素,也要考虑许多无形的不能用数字量化的因素。

(五)选择方案

选择方案就是经过分析和评价,从备选方案中找出最令人满意的方案,这是作出决策的关键性步骤。"甘蔗没有两头甜",有时候决策者可能找不到一个完美的计划方案,此时根据自身情况给不同的决策点分配不同的权重就变得非常重要,也就是需要权衡利弊,选择最有可能实现预期目标的方案。

(六)制订派生计划

选择方案后,就要制订派生计划。派生计划是总计划下的分支计划,一个总计划的实现往往需要若干个派生计划的支持,只有派生计划完成了,总计划的实现才有保证。

(七)编制预算

最后,要把决策和计划转化为预算。预算是组织资源的分配计划,用来帮助协调和控制给定时期内资源的获得、配置和使用。预算作为一种数量化的详细计划,它是对未来活动的细致、周密安排,是未来经营活动的依据。数量化和可执行性是预算最主要的特征。因此,预算是一种可以据以执行和控制经济活动的最为具体的计划,是对目标的具体化、是将企业活动导向预定目标的有力工具。它一方面为汇总和综合平衡各类计划提供有力的工具，使计划的指标体系更加明确，另一方面也为衡量计划完成进度提供了重要标准，便于对计划的执行过程进行控制和约束。

二、计划的有效性

毫无疑问，作为管理活动的重要职能之一，计划对于组织活动和组织目标的实现非常重要，但前提条件是计划必须是有效的计划，而不是管理者随心所欲炮制出来的半成品。为了制订一个有效的计划，需要关注以下几个方面。

（一）业务的背景

计划服务于业务的开展，有效的计划必须立足业务的背景信息。从业务背景中提炼出来的思想和观点将能够促进管理者深刻理解业务的发展特征和趋势，从而制订一份真正可行的计划。缺乏这些信息，计划将失去其实践指导意义。如果是企业战略层面的计划，则需要识别企业的经营环境，找到企业区别于其他企业的竞争优势，从而为战略计划的设定奠定必要的分析基础。如果是业务部门或工作单元层面的计划，则需要就业务发生的背景、可能出现的不确定因素进行系统分析，这样才能制订出一份有效的业务计划或单元计划。

业务背景的了解需要依托详尽的调查工作，而不是凭借管理者的经验或想象。一般来说，较低管理层级的计划，其针对对象的不确定性往往较小，有经验的管理者能够依靠自身判断和简单的调查获得有关业务背景的知识。当计划涉及层级较高时，尤其是在制订面向企业外部市场环境和消费人群特征的工作计划时，管理者一般无法掌握与业务相关的所有知识，市场也是千变万化的，无法准确预测，此时更需要实施广泛而深入的调查，以保证计划的客观性和可行性。

（二）业务的目标

目标设定是计划方案的重要内容。计划方案中所涉及的其他行动都从属于这一目标。目标是关于行动的未来的实施效果，也就是管理者预期在计划期末所能够达到的经营效果。目标的合理性是计划合理性的必要条件。具体而言，目标合理性反映在以下几个方面。

1. 目标必须是关于当前经营活动的最主要环节

当然，企业可以在业务执行过程中追求多样化的目标，如客户的满意度、销售额、员工的业绩等，但是，有效计划强调的是在计划方案中必须区分目标的主次，不能将所有的目标放在同一个重要级别上。这就要求管理者积极分析业务的发展走势以及组织的当前特征，寻找最有价值的突破点，将其作为主要目标。

2. 目标必须清晰

目标用于指导企业的经营行动，必须是清晰的。员工必须知道自己在经营期末需要完成多少业绩指标，客户代表也必须知道自己需要完成多少销售额。太过宽泛或含糊的目标虽然可能在激励方面起到一定的作用，但是无助于企业业务层面的管理和监控。当然，考虑到企业发展的不确定性，应当在精确的目标之外留有一定的余地。

3. 目标必须兼具挑战性和可行性

目标必须具有一定的超前性，必须超越已有的经营水平，这样可以激励员工探求既有经营模式的改进方案，适度的压力也可以保证员工拥有必要的工作动力。同时，目标不能太高，不能大大超出现实的可行性，否则后果只能是组织的凝聚力变弱。

（三）业务的执行方案

业务的执行方案对于组织实践的指导作用是最为直接的。管理者所设定的各项目标，总是要转化为具体的执行方案才能用于管理活动。应当注意到，在不同的管理层级，业务执行方案的要求有所不同。在较高层级上，业务的执行方案更侧重整体上的指导性，而不是偏重每个具体业务环节的实施步骤。管理层级越接近基层，执行方案越具体，越注重细节，越要强调计划方案可为员工直接采纳。

业务的执行方案与资源的配置密切相关。一份详尽的计划必然要限定不同工作岗位、工作层级上的人员和资源配置，同时明确各个人员的权限，避免在操作过程中发生争执和推诿，影响工作绩效。

（四）业务的监督和检查

这一环节实际上已经涉及管理的控制职能。在计划中，为将来的监督和检查留有余地是必要的。计划并非一经推出就是固定不变的，需要根据执行环节出现的问题反复调整，因此计划的有效性还取决于是否拥有一整套完整的监督和检查体系。作为事先设定的行动指南，大部分计划在实施过程中总会出现与事先预料相左的情况，完全严格遵照计划设定的流程开展业务的概率非常小。此时，有效的监督和检查体系能够帮助管理者分析管理活动中的偏差来源。如果是由于最初设定的计划不符合业务发展的客观情况，就需要对计划进行适度调整，以满足业务推进的要求。

第四节 计划过程中可能存在的陷阱

一、过于集权的计划

计划是由管理者来实施的管理职能，计划本身就是高层级管理者对于低层级人员的业务设定和指导。这种自上而下的模式使得计划的主要权限处于更高的管理层级上。在实践中，有些企业计划职能的实施过于集权化，也就是说高层管理者将计划的所有相关工作全部掌控在自己手中，低层级人员无法参与其中，只能被动接受来自上级的命令。这样的计划模式风险非常大。虽然高层级管理者接收到的信息一般要多于低层级人员，其管理经验通常也较低层人员丰富，但是由于组织活动的复杂性，他们并不能完全掌控一切与计划相关的信息，特别是当计划职能涉及与基层员工的工作、激励、控制等活动相关的管理要素时，来自高层管理者的智慧并非总是能够通行无阻的。此时，过于集权的计划可能会导致企业经营中出现问题。

消除计划过于集权的现象就是要在计划制订的各个环节积极吸纳来自下级的信息、知识和智慧。这就需要在组织内部形成一套有效的计划制订机制,将部分权限下放,并且积极开发多层次的沟通渠道,在计划的实施过程中不断完善和修正计划。

二、过于大胆或过于谨慎的计划

计划建立在对未来的假设基础之上。常见的问题是,这些假设有时候可能过于大胆或过于乐观,有时候又可能过于谨慎。例如,营销部门在制订销售计划时,可能过于乐观地判断市场需求将进入超常规井喷时期,也可能过于小心地坚信未来市场一片低迷。过于大胆或过于谨慎对于计划的制订都是不利的。过于大胆的假设将会使管理者制订过高的目标,并且为未来迅速拓展的业务配置过多的资源,如果业务的未来发展并没有达到这些水准,就会造成各项投入的浪费,而且员工难以完成事先设定的业绩标准,也会对他们的工作造成负面的激励效果。过于谨慎的假设将会使管理者在计划制订中尽可能压低各项指标,业务的开展也会趋于保守,这就使得企业难以及时抓住转瞬即逝的市场机会,并且可能在市场竞争中处于下风。

避免计划过于大胆或过于谨慎的关键在于计划制订过程中需要加强对业务情境的深入分析,用客观准确的数据作为计划的支撑要素,而不是仅仅依靠经验或者某些管理者的主观臆断。

三、关注自我的计划

计划是对组织自身未来经营行为的设定。在这一过程中,一个常见的问题是管理者过于关注自我,而忽视了在更大范围内的外部环境要素,特别是竞争对手的情况。组织的计划往往重点阐述自身的人员构成、资源禀赋和组织流程,较少涉及竞争对手的经营重点、发展方向和竞争优势等。这就降低了计划的实践指导价值,因为计划无法告诉组织成员如何应对外部竞争。在快速变化的市场环境中,这一类型的计划陷阱更为致命,因为在组织自身迅速成长壮大的同时,竞争对手也在发生各种变化,对竞争对手分析的缺乏造成的后果往往十分严重。

避免此类陷阱的主要措施在于提高对外部竞争势态的警惕性,不要将计划仅仅看作汇聚人员、配置资源、设计流程的有力工具,更要把它看作协调企业内外环境、整合各种资源,提升企业竞争力的重要支撑。

本 章 小 结

计划是指为了实现组织目标而事先制订工作的内容和步骤。一项完整的计划通常包括做什么、为什么做、何时做、何地做、谁去做、怎么做几个方面的内容,它具有目标导向性、基础性、普遍性、综合性和前瞻性等特点,可以明确组织的发展方向;能使组织及时预见未来可能出现的机会或威胁,降低未来的不确定性的负面影响;可以促进各层次管理者的沟通协作,并为组织提供控制标准。按管理者的层次可把计划分为战略计划、业务计划和单元计划;按计划所涉及的时间可分为长期计划、中期计划、短期计划;根据计划明确性的程度,可以将计划分为指导性计划和具体计划;根据计划的使用频率,可以将计划分为常规性计划和一次性计划。计划的种类很多,不同类型的计划,其制订程序不尽相同,但一般说来,要经过估量机会、确定目标、确定前提、确定可供选择的方案、评价各种方案、选择方案、制订派生计划和预算等几个步骤。为了制订一个有效的计划,需要注意业务的背景、业务的目标、业务的执行方案、业务的监督和检查。当然,管理者在制订计划的过程中也要注意可能存在的陷阱。

进一步阅读的材料

[1] MINTZBERG H. The Fall and Rise of Strategic Planning[J]. Harvard Business Review,1994,72(1):107-114.

[2] BRYSON J M. Strategic Planning for Public and Nonprofit Organizations:A Guide to Strengthening and Sustaining Organizational Achievement[M]. Hoboken NJ:John Wiley & Sons,2011.

思考题

1. 什么是计划?计划有哪些特点?
2. 计划是如何进行分类的?
3. 计划的作用有哪些?
4. 计划过程包括哪些环节或步骤?
5. 计划过程中可能存在哪些陷阱?

第七章

计 划 技 术

学习目标

(1) 理解情景计划的基本思想。
(2) 理解目标管理的基本思想。
(3) 掌握网络计划技术。
(4) 理解标杆管理的基本思想。

身边的管理:

拨开笼罩在计划身上的层层迷思,我们发现,计划其实很简单,它不过是"为未来作现在的决策",但它又不简单,别指望从左边输入一些东西,从右边就会生出计划;它不只是计划书,更是行动;它不是预测,而是承担风险和责任;它不是要消除风险,而是要承担应该承担的风险。计划是理性思维并把资源应用于行动所作出的承诺。

在制订计划的过程中,可能要用到许多技术,但这并不表明这些技术是必不可少的。计划可能需要计算机,但是最重要的问题即"我们的企业是什么?""我们的企业应该是什么?"是不能量化并编制成计算机程序的。建立模型或模拟可能有所帮助,但它们不是计划,它们只是用于特殊目的的工具。

量化并不是计划。有时,计划中一些最重要的问题只能用这样的语句来表达:"较大"或"较小","较快"或"较迟"。这些语句虽然也是量化的,但都不容易用计量技术来运算。还有些同等重要的领域,如社会责任、人力资源等,则根本不能量化。它们只能作为限制条件或参数,而不能作为方程式中的一个因素。

计划不是预测。计划并不是要掌握未来。任何想要掌握未来的企图都是愚蠢的。未来是不可预测的,如果我们试图预测未来,就只能使我们怀疑自己目前正在做的事。如果还有人有这种幻想,认为人类可以预测未来,则请翻阅一下昨天报纸上的头条新闻。请问:有哪一条头条新闻,他能在10年以前预测出来?谁能预测石油禁运?水门事件?或是全球经济一体化?计划之所以需要,正因为我们不能预测。

计划不是用事实来代替判断,不是用科学来代替管理人员。它也并不降低管理者的能力、勇气、经验、直觉,甚至预感的重要性和作用——正如科学的生物学和系统的医学并不降低医生的这些品质的重要性一样。相反,规划工作的系统组织和为规划工作提供知识,加强了管理人员的判断力、领导能力和远见。

计划只是一种思考的工具——思考为了取得未来的结果现在应该做些什么。计划的最终结果并不是信息,不是一本装订精美的计划书,而是工作。我们现在就必须知道:该做些什么?应该让谁去做?如果我们想让新产品在3年后上市,我们就应具备服务客户所需的销售能力、售后服务能力、拥有经销商和适当的仓储支援,到那时才能真正地将产品提供给客户。

管理不在于"知",而在于"行",这是德鲁克管理思想的精要所在。一切都要转化为行动,否则再好的计划也只是一项规划。正如美国前总统艾森豪威尔的一句名言:"规划书没有用,规划过程有用。"(A plan is nothing; planning is everything.)

资料来源:那国毅.战略规划的是与非[J]. IT经理世界,2001(10):103-105.

在目标上所花费的时间、金钱和精力以及计划中的步骤越多,按时完成的可能性就越小。在计划实施过程中,管理者要对容易实现的目标(Low-hanging Fruit)保持高度的警惕性,也要注意用数字说话的风险。当前人工智能、机器学习、语音学习等新技术方兴未艾,也许有一天机器人能够根据海量的数据以纳米级的计算速度帮助管理者更好地制订计划,能够把外部数据和储存在人类大脑里的经验消化(Internalize)、理解(Comprehend)并合成(Synthesize),就像2017年年初的神秘棋手Master战胜人类顶尖棋手一样。一般而言,计划建立在管理者的洞察能力和调研获得的资料基础上。本章将介绍四种实施计划的方法:情景计划、目标管理、网络计划技术和标杆管理。

第一节 情 景 计 划

一、情景计划的基本思想

情景计划(Scenario Planning)是一个激发想象力、创造性思考的计划制订的过程,目的是帮助企业为将来可能出现的各种情况作好充分准备,在迅速变化的商业环境中尤为适用。情景计划的应用最早可以追溯到二战期间军事计划的制定,到了20世纪70年代早期,壳牌石油公司的管理者为了更好地应对石油价格变化的冲击,开始将情景计划应用到企业运营管理中,并取得了不错的成绩。自此,越来越多的企业在进入新市场、扩张产品线、建立合资或战略联盟时采用情景计划的方法。

与传统计划方法追求最佳解决方案的思想不同,情景计划允许并鼓励多种可能的解决方案的存在;与应急计划方法关注某个方面的不确定性不同,情景计划会同时考虑多种不确定性的存在;与仿真模拟的数字导向不同,情景计划既有基于数字的客观分析,也有参与人员的主观分析和判断。情景计划相当于以企业为中心画一个圈,分析企业周围可能出现的所有情况,这个过程不仅能帮助企业更高效地制订计划,同时也给企业提供了按照其发展计划引导市场走向的机会①。

二、情景计划的内容

一般情况下,情景计划主要由关键事项、驱动因素、关键不确定因素、情景框架、情景分析和拓展、可能结果以及预警信号等内容构成(如图 7-1 所示)。

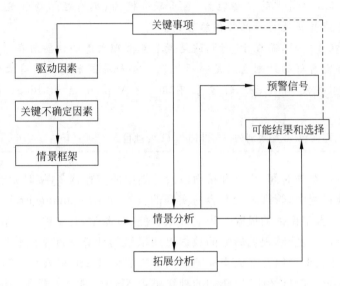

图 7-1　情景计划的内容

1. 关键事项(Key Focal Issues)

情景计划是围绕某个亟待解决的、事关企业成败的关键事项展开的。关键事项通常以问题的形式存在。例如,"未来三年我们应该进入电动汽车生产领域吗?""明年是不是应该在苏州工业园新建一个厂区?"等等。

2. 驱动因素(Driving Forces)

调研是情景计划中的一个非常关键的工作,它鼓励参与人员不仅要调研与企业密切相关的顾客、供应商、渠道商等,还要调研一些看似与解决当前问题不相关的主体,因为他们有可能提供一些新思路,起到"一语惊醒梦中人"的作用。调研的目的是获得对关键事项产生影响的主题及其发展趋势。例如,在经典的 PEST 模型中,政治方面(国家的宏观发展规划、税收政策、法律政策等)、经济方面(产业结构调整的政策、国际贸易流向的变化、汇率等)、社会方面(人口结构的变化、生活方式的转变、消费者的消费价值观等)和技术方面(软硬件的发展趋势等),这些主题及其趋势就是驱动因素。按照计划时驱动因素的确定性程度,驱动因素又可分为确定性因素和不确定因素。

3. 关键不确定因素(Critical Uncertainties)

将不确定因素按照重要程度和不确定性程度进行排序,前两个影响最大的因素就是

---

① GARVIN, LEVESQUE. Strategic Planning at United Parcel Service [R]. Boston:Harvard Business School, 2006.

关键不确定因素。

4. 情景框架(Scenario Framework)

两个关键不确定因素作为坐标轴的两个维度将空间划分出四个象限,即情景框架。

5. 情景分析和拓展(Scenarios and Narratives)

划分出的四个象限即情景分析的四个出发点,针对每个象限形成一套完整的分析报告。

6. 可能结果(Implications)

参与人员将最初的关键事项放入四个情景分析中,探索在各个情景下可能出现的结果、优势、劣势及可能采取的行动方案。

7. 预警信号(Early Warning Signals)

选择一些具有预警功能事件的发生作为信号,以判断哪种情景会成为主流,如政府对新能源电动汽车鼓励政策的出台、石油等基础性生产资料价格的变化等。

三、情景计划的步骤

一般来说,情景计划需要15~30位跨越企业各层级、各部门的人员参与,通过调研顾客、供应商、监管层、专家学者、咨询机构等获取信息,组织专题讨论会。一个完整的情景计划过程大约需要3~9个月的时间,通常会经历以下五个步骤(如图7-2所示)。

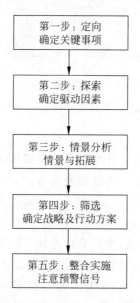

图7-2 情景计划的步骤

1. 定向

通过广泛调研确定关键事项,最终形成明确的、包括实施时间和地点等细节的关键事项描述。

2. 探索

围绕关键事项,通过调研和专题研讨会识别驱动因素,并对其进行排序,最后形成驱动因素表和关键不确定因素表,并找出两个最重要的关键不确定因素。

3. 情景和拓展分析

根据两个关键不确定因素形成的 2×2 矩阵(如图 7-3 所示)进行情景分析,参与人员确定每种情景的关键特征、成因和该情景下应该采取的行动,通常需要将参与人员分成四组,每组分别认领一个情景,通过头脑风暴形成该象限对应的分析报告。这个过程中,注意不要受限于最初的关键事项。

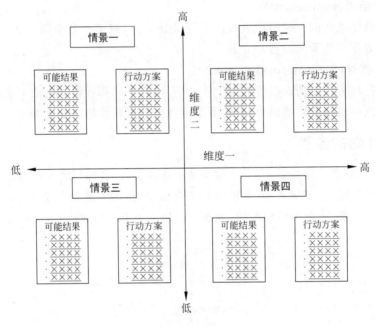

图 7-3　情景计划 2×2 象限

4. 筛选

情景分析报告完成后,企业高层管理者分别听取四个小组的汇报,进行评价分析,并将情景分析与起初的关键事项、企业的战略发展方向结合在一起,经过敏感性测试,形成一系列备选计划。

5. 实施

情景计划方法不是一次性活动,而是要渗透到管理人员的日常经营管理中。例如,壳牌石油公司的情景计划已经深入各层级管理人员的心中,每当项目经理想创建新项目时,他们都会拿出情景计划手册进行一次全面的分析和论证,这个过程中参与人员的讨论和思想碰撞远远胜过具体情景的准确与否。此外,管理人员要时刻保持对预警信号的警惕。

第二节　目标管理

在管理过程中,组织目标不仅能为管理工作指明方向,为组织决策提供依据,而且对组织成员具有激励作用,是组织稳定的依据。一个组织的管理过程,实际上是不断实现目标的过程,因为明确的目标是有效管理的前提,是组织及其成员的行动指南。

一、目标及其特征

目标是组织宗旨的具体化,是组织在未来一段时间内预期要实现的目的,是组织及其成员的行动指南。目标的特征表现在以下几个方面。

1. 差异性

不同类型的组织,由于其组织宗旨的不同,组织目标不尽相同。例如,企业的目标往往表现为各种盈利性指标,而事业性组织则不会将盈利性指标作为组织目标。同一类型的组织受其所处具体环境、所拥有的组织资源及价值观念等的制约和影响,即使组织目标的指标体系相同,其目标的具体数值也存在较大差异。

2. 多元性

每个组织都要面对众多的公众,而每一类公众又都要对组织提出其不同的要求。为了能够在社会中生存和发展,每个组织都必须考虑各类公众的要求,并尽可能予以满足。因此就导致了组织目标的多元性,即不同的组织有不同的组织目标,同一组织也会有不同性质的多个目标。例如,一个医院的总体目标可能包括资金利用率、病床周转率、病人治愈率等目标,而一个企业的总体目标则可能包括一定的利润率、投资收益率、产品的市场占有率等。但是,目标的多元性并不是说目标越多越好,对于主管人员来说,如果目标太多,也许会导致任何一个目标都不能充分顾及,或者完成不了。这样就会影响计划实施的成效。

3. 层次性

为了使组织目标能够成为组织中每一个成员的行动指南,往往需要对组织目标进行进一步的分解,使不同层次和岗位的员工都知道自己应当做什么才能有助于组织总体目标的实现。因此,组织目标往往要按其重要性或所涉及的范围大小进行层层分解,如按重要性分为总目标、战略目标、行动目标三个层次,或按组织等级分为总体目标、部门目标、岗位目标,形成一个有组织的目标体系。

4. 时效性

组织目标的时效性,一方面,组织目标是在未来一定时期内预期要达到的目的,如果失去了"未来一定时期"这一约束条件,目标就失去了存在的意义。所以,在确定目标时必须指明其时间区限;另一方面,在不同的时间里,组织目标是发展变化的,管理者要根据环境的发展和组织内部条件的变化及时地制定新的组织目标。

二、目标的类别

每一个组织不可能只有一个目标,而是有一系列相互联系、相互制约的目标要实现。根据不同的标准,目标可划分为不同的类别。

(一)总目标、战略目标和行动目标

根据目标重要程度的不同,可分为总目标、战略目标和行动目标。其中,总目标和战略目标是公开的,也是社会希望该组织达到的目标;行动目标是保密的,是组织的真正目标,通常只有少数高层管理人员知道。

（二）主要目标和次要目标

根据目标优先次序的先后，可分为主要目标和次要目标。所谓目标的优先次序表示在一定时期内，实现某一目标相对而言要比实现其他目标更为重要和紧迫。根据目标的优先次序划分主要目标和次要目标是一种判断性的决策，在实际工作中，大多数组织都是按目标的优先次序合理配置资源的。

（三）长期目标、中期目标和短期目标

根据目标时间跨度长短的不同，可分为长期目标、中期目标和短期目标。其中，长期目标是指五年以上的目标，它是一个组织的总体目标或战略目标，在整个组织目标体系中最为抽象，时间跨度最长；中期目标是指一年到五年的目标，它是中层组织的目标，比较抽象；短期目标是指一年以内的目标，它是基层组织的目标，时间跨度最短。在一个组织内，往往层次越低，组织目标就越具体，时间跨度也就越短。因此，组织内各目标的时间跨度是不同的，要使计划工作收到成效，保证总目标的实现，管理者必须把长期目标、中期目标和短期目标有机地结合起来，在确定目标时，由远到近，先制定长期目标，后制定短期目标。

（四）定量目标和定性目标

根据目标考核的标准不同，可分为定量目标和定性目标。其中，定量目标是可以用数量表示的目标，它是用"多少"的标准来衡量的。因为可考核性是拟定目标的关键，要使目标能够考核，最方便的办法是使目标定量化。但是，数量目标不宜过多，否则，会产生用数字或数学代替管理工作的倾向，给管理工作造成不良影响。定性目标是不能用数量表示的目标，它通常是用"多好"的标准来衡量的。许多目标不宜或不能用数量来表示，特别是一些有重要价值的目标只能用质量来表示。一般而言，管理的层次越高，定性目标可能就越多。

（五）总体目标、局部目标和岗位目标

根据目标在组织中所处层次的不同，可分为总体目标、局部目标和岗位目标。其中，总体目标是指全局性的目标或战略性的目标；局部目标是指群体、部门或阶段性的目标。总体目标和局部目标是相辅相成的，只有在总体目标确定的前提下，才能制定局部目标，同时，只有在逐步完成每个局部目标的基础上，才能最终实现总体目标。岗位目标即个人目标，是指每个组织成员的分目标，这是组织对其成员的要求，也是每个员工对组织总目标的贡献。只有每个员工和管理人员都完成了自己的分目标，组织总目标才有希望实现。因此，保证组织目标和个人目标的一致性，是一项重要的管理工作。

三、目标的作用

1. 为管理工作指明方向

管理的过程就是为了实现组织目标而协调集体活动的过程。因此，目标是管理工作

的终点或管理所追求的宗旨。没有一个明确的目标,就不可能使组织成员协调一致地共同工作。所以,每个组织都有自己的总体目标,而组织中的每个单位和部门也都有与总体目标相适应的分目标。这样,才能使全体组织成员团结一致,为实现组织的目标而努力工作。

2. 为组织决策提供依据

管理者只有清晰地了解组织目标,才能判断什么是正确的组织行动,才能寻找实现目标的途径和方案。寻找实现组织目标的途径和方案,就需要组织管理者进行决策。

3. 对组织成员产生激励作用

对于组织成员来说,一旦经过努力实现了既定目标,就会产生一种成就感和满足感,而且目标也是组织的上级管理者对下级进行考核的依据。如果考核结果表明,组织成员的行为符合组织目标,是积极有效的,该员工就会得到一定的奖赏,从而更加有效地激励员工为实现组织目标而努力。

4. 维持组织稳定

由于分工不同,组织内各种人员的工作内容往往有很大的差异性,不同部门的工作性质也有很大区别,组织目标为组织中各种人员的相互协调和配合提供了统一的基础,以维持组织的稳定、协调组织内部的冲突和矛盾。特别是当组织目标充分体现了组织成员的愿望,或者是变成了组织成员的共同利益和共同追求时,就能够大大地激发组织成员的工作热情,充分发挥员工的积极性和创造性。因此,组织目标不仅提高了组织行为的一致性,而且增强了组织的凝聚力和稳定性。

四、目标管理的基本思想

美国著名管理学家彼得·德鲁克在 1954 年出版的《管理实践》一书中,首先提出了目标管理的基本思想。他认为,目标管理就是强调通过目标来进行管理,目标管理应置于管理的中心地位,成为经营管理活动中的一项强有力的中心原则。随后,他的学生乔治·奥迪奥恩(George Odiorne)对目标管理进行了发展和完善。目前,应用目标管理最成功的企业当属惠普电脑公司。公司创始人比尔·帕卡德(Bill Packard)曾说:"惠普正是因为实行了目标管理才能走到今天,没有哪种管理方法比目标管理更有效。"在惠普,各层级管理者都有自己明确的发展目标,并有详细的行动计划,同时彼此之间相互沟通协调确保公司整体目标的实现。目标管理的基本思想可以归纳为以下几个方面。

(一)强调以目标为中心的管理

所谓强调以目标为中心的管理,就是强调明确的目标是有效管理的首要前提。目标的确定是一切管理活动的开始,组织目标是组织行为的导向,也是任务完成情况的考核依据。组织的目的、任务、行动都必须转化为目标,管理人员通过这些目标对下级实施管理,并以此保证组织目标的完成。总之,目标管理强调的是目标而不是行动本身。

(二)强调以目标网络为基础的系统管理

任何组织都会有不同层次、不同要求的多个目标,每个部门、每个成员也都有各自的目标,这些目标之间相互联系、相互支持,形成了整体的目标网络系统。管理者必须着眼于整个目标网络体系,保证组织目标的整体性和一致性。

(三) 强调以人为中心的主动式管理

所谓强调以人为中心的主动式管理,就是强调由管理者和被管理者共同参与目标的确定和目标体系的建立,这样不仅能使目标更符合实际、更具有可行性,而且更有利于激发各级人员在实现目标过程中的积极性和创造性。

五、目标管理的过程

目标管理是全体员工参加目标的制定并保证目标的实现,其过程大体分为以下四个步骤。

(一) 建立一套完整的目标体系

目标的确定是目标管理的关键,它一般采取自上而下和自下而上相结合的方式。首先,由组织的最高管理层确定组织在未来一定时期内要达到的总目标,这是目标管理的中心内容,因为任何一项管理活动都是由一个总体目标联系起来的整体,这个总体目标体现了一个组织在一定时期内各项工作的努力方向和管理目的;然后,经过上下协商,制定与总体目标相一致的下属各部门及个人的分目标。总体目标指导分目标,分目标保证总体目标,组织内部上下左右都有自己的具体目标,从而形成一个完整的目标体系(如图7-4所示)。

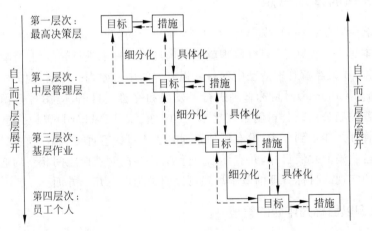

图 7-4 组织目标体系

(二) 组织实施

总体目标和分目标确定之后,主管人员应放手授权给下级成员,靠执行者的自主管理去实现目标,而主管人员则重点抓总括性管理。目标体系中各分目标的确定是建立在充分考虑每个人的能力的基础上的。因此,在目标管理过程方面,上级管理者应对每项目标和每个人的能力持信任的态度,并对下属的工作进行指导、协助,提出问题,提供信息,创造良好的工作环境;而下属部门或人员应独立地进行工作,自行决定完成目标的方法和手段,在目标规定的范围内自主地开展业务。因此,在目标的贯彻实施过程中,应注意以下几点:

(1) 根据目标体系的要求,明确各级各部门的协调任务和控制要求;
(2) 明确目标管理的组织系统,加强对各个环节的指导和领导作用;
(3) 合理调配和利用所需要的各种资源,为目标管理活动的正常开展创造条件;
(4) 建立信息反馈系统,完善必不可少的统计工作;完善必要的规章制度。

(三)检查结果

在目标实施过程中,管理者应定期检查各项任务的进展情况,以便及时发现问题,采取相应的补救措施。在达到预定期限后,上级管理者必须和有关的下属逐个地全面考核目标的完成情况,将其成果与原定目标进行比较,据此给予奖惩。在这一过程中,应注意做到以下几点。

1. 自查

员工本人对自己所完成的工作进行自查是非常重要的,因为通过自我测定和评价,可以总结经验教训,具体地找到今后提高自己工作能力、弥补自己不足的关键。

2. 商谈

面对员工本人的自查结果,上级管理者必须采取某种形式,通过商谈,使其找出制定下一步更高目标的依据。

3. 评价

在进行成果评价时,要根据目标的完成程度、目标的复杂程度,以及工作的努力程度将结果分为 A、B、C、D 四个等级:达到预期目标以上的为 A 级;正好完成预期目标的为 B 级;没有达到预期目标的为 C 级;结果与目标相反的为 D 级。

总之,对按期完成目标任务,成果显著的组织、部门或个人,应予以表彰和奖励,以便进一步改进工作、鼓舞士气,为搞好下一期的目标管理而努力;对没有按期完成目标任务的组织、部门或个人,要给予必要的惩罚。

(四)新的循环

根据对目标实施结果的考核情况,制定下一阶段新的目标体系,开始新的循环。一个目标管理过程的结束,同时也是下一个目标管理过程的开始,目标管理就是这样一个循环往复的过程。

六、提高目标管理效果的途径

要使目标管理取得良好效果,管理者需要注意以下几个问题。

1. 目标要明确

目标管理中的目标应该简明扼要,并尽可能量化。管理者不能仅仅描述性地说明是要降低成本还是改善服务或提高产品质量,需要对目标进行量化。

2. 上下级共同参与目标的选择决策

目标管理中的目标不能完全由高层管理人员制定然后再分派下去,下级人员应积极参与目标的制定和实现过程。首先确定总目标,然后对总目标进行分解,逐级展开,通过上下协商,制定企业各部门、各车间直至每个员工的目标;用总目标指导分目标,用分目标保证总目标,形成一个"目标—手段"链。

3. 规定目标的完成期限

事先明确规定每一个目标的完成期限,如果在时间概念上模糊不清,将无法对目标的实施过程进行及时控制和考核,不利于目标的实现,会造成目标完成的拖延和组织资源的浪费。

4. 注重反馈绩效

管理者对实现目标的手段要有相应的控制权。同时,应强调员工的"自我控制",不断地将目标进展情况反馈给个人,以使他们能够及时调整自己的行动。实行目标管理后,由于制定了一套完善的目标考核体系,从而能够按员工的实际贡献大小如实地评价一个人。管理者应根据员工实现目标的情况对他们进行奖励,以增强员工在工作中的满足感,这将进一步调动员工的积极性,增强组织的凝聚力。

第三节 网络计划技术

一、网络计划技术的概念

网络计划技术是20世纪50年代末发展起来的用于工程项目的计划与控制的一项管理技术。1956年,美国杜邦公司在制定企业不同业务部门的系统规划时,制订了第一套网络计划。这种计划借助网络表示各项工作及所需要的时间,以及各项工作的相互关系,通过网络分析研究工程费用与工期的相互关系,并找出在编制计划及计划执行过程中的关键路线,旨在使用较少的资源、最短的时间完成工作。这种将项目层层分解,最终落实到网络图和甘特图上的方法,在现实中具有很强的可操作性,在企业的过程控制中得到广泛应用。

二、网络计划技术的过程

网络计划技术具有一套标准的、可视化的实施步骤。在此以正在考虑是否需要扩大产能的生产有机果汁的企业MTT为例,具体分析网络计划技术过程的几个步骤。

(一)项目定向

项目定向(Orient the Project)的目的是确保参与人员充分了解项目内容并制订切实可行的实施方案。首先,参与人员要界定清楚项目的目标,然后排查可能出现的各种问题和关键点,最后确定实现各个目标在各种情况下应该采取的行动并记录下来,所有相关人员共同讨论,确定项目的各个阶段及截止日期。在这一环节,参与人员可以借助定向表(Orientation & Issues Worksheet)(如表7-1所示)把精力集中在解决项目的关键问题上,因为定向表格要求参与人员就各个决策点按照"特别重要""重要""一般""不重要"进行标记,以提醒参与人员哪些事项是重中之重。在 MTT 案例中,该企业只有一台机器可以生产大容量的塑料包装瓶,现有产能无法满足日益增长的市场需求,企业的管理层需要在"改造升级现有生产线"和"新增一条可以生产大容量塑料包装瓶的生产线"之间进行决策。如果是改造现有生产线,最佳的升级改造地点是哪个工厂?计划制订小组需要根据当前的数据资料确定成本最低的方案。

表 7-1　定　向　表

公司名称:MTT
项目名称:产能扩大项目组
参与人员及日期:××

目标:调整产品 A 的第二条生产线的生产成本					
问题:当前 M 工厂的生产线已经超负荷,不扩大生产会丧失很多市场机会(M 工厂的主要产品是 A)					
序号	关键点	采取的行动	负责人	协调人	重要程度
1	新增生产线可能的运输成本	评估可能发生的成本	张×	陈×	√√√
2	对原材料供应商的影响	确认原材料供应成本是否发生变化	李×	冯×	√√√
3	其他工厂的生产成本	预估每一个可能的地址的成本	赵×	钱×	√√
4	还有新产品推出吗?	获取市场分析和调研报告	王×	谢×	√
5	如何分配顾客需求(目前 A 产品只能在 M 工厂生产)	重新评估如何在各个工厂间分配需求订单	周×	苏×	√
6	现有的哪些生产线经过升级改造后可以生产 A	评估现有生产线的柔性	孙×	范×	√√

(二)界定变量

界定变量(Define the Variables)的目的是确定待建立模型中的假设前提、限制条件、涉及的变量、参数、模型的具体形式,形成变量总结表(Variables Summary Sheet),如表 7-2 所示。在 MTT 的案例中,变量总结表的左上角明确了该项目涉及的范围,包括所有的生产工厂、外部瓶装公司和分销中心,具体来说有 1 个原材料供应商、6 个外部瓶装公司、6 个 MTT 生产工厂和 42 个分销中心。6 个生产工厂分别位于 6 个不同的省份,分销中心依照数字编码而不是按照地理位置编码,任何一个分销中心都可能收到来自 6 个生产工厂的产品。模型涉及的资源包括生产线、产品的运输和存储。模型的结果建立在过去 12 个月内每周的需求数据的基础上。变量总结表的右上角列出了模型需要的数据类型(需求数据、与资源相关的数据及与成本相关的数据)及来源,其中,与产品有关的数据来自公司的需求-计划信息系统(CIMMS),与资源相关的数据是手动输入的,成本数据来自企业的 ERP 系统。模型约束条件确定实际运营中各种资源的限制,如 MTT 的生产线每周的运行时间限制在 80~140 小时。变量总结表中还列出了表述成本-绩效关系的公式,如运输成本的加权平均公式。此外,左下角还有模型中涉及的关键参数,如生产线的条数、以运营时间计算的最大及最小产能、以货板数量计算的库存能力、生产速度等。

表 7-2 变量总结表

项目名称:××						日期:××	数据类型总结	
模 型 特 征							数 据 元 素	数 据 类 型
地点	所有的生产工厂、外部瓶装公司和分销中心						与需求、供给相关的数据	
路径	现存的所有生产工厂之间的运输路径						1 数据条目	ERP
产品	MTT 销售的所有果汁						2 位置数据	ERP
产品结构	库存单位						3 SKU 数据	ERP
资源	生产线、运输工具、劳动力、库存设备						4 需求数据	CIMMS
需求数据类型	历史数据						5 供给数据	CIMMS
需要数据持续时间	12 个月						6 生产线	手册
数据频率	每周						7 运输	手册
							8 仓储	手册
							与成本相关的数据	
							1 制造成本	SAP
							可变间接费用	811111
							直接劳动成本	811112
可视化图形							转变成本	811113
							2 运输成本	SME
							3 仓储成本	P&L 配送公司
							4 加班费	1.5×直接劳动成本
							模型约束条件	
							1 产能受限(生产线 1 只能生产金属罐)	
							2 生产时有最低产地要求	
公 式							3 生产成本与展示的产能有关	
							4 每周有最低运行时间的要求(80 小时/周)	
运输成本=X1×(往返河运成本,900 元/次)+X2×(单向公共运输成本,600 元/次)+X3×(回程成本,200 元/次)+X4×(集装箱、破损商品的返回成本) 注:X1,X2,X3,X4 代表的是次数							5 每周有最高运行时间的要求(140 小时/周)	
							6 运行时间不达标,成本增加 1.5×直接劳动成本	
							7 无限的运输能力;卡车运能不受限	
参 数							8 生产厂的仓储能力有限	
	P1	P2	P3	P4	P5	P6	模 型 假 设	
生产厂位置	X	X	X	X	X	X	1 不考虑内部物流因素	
生产线数量	X	X	X	X	X	X	2 原材料可无限供应	
生产线速度	X	X	X	X	X	X	3 模型包括了生产的固定成本	
最大产能	X	X	X	X	X	X	4 不考虑批量的增加	
最小产能	X	X	X	X	X	X	5 不考虑其他瓶装公司的有效产能	
库存能力	X	X	X	X	X	X	6 合同规定的各条款切实执行	

（三）模型检验

模型检验（Analyze the Sensitivities）是用现有的数据检验建立的模型是否有效，及时排查模型失效的因素并作出相应调整，这是一个不断迭代的过程，直至模型估计值和实际值的差异在可接受的范围内，同时对出现的合理差异作出解释，形成如表 7-3 所示的基准校验表（Baseline Validation Sheet）。实际应用中，模型设计时即使考虑得再周密，模型检验环节也会花费一定的时间。

表 7-3　基准校验表

	变　量　需　求	分析单位	模型结果	实际值	误差	是否接受
1	P1 生产中心的产出	工厂	10 985 632	10 916 130	69 502	√
2	P2 生产中心的产出	工厂	7 845 978	7 880 862	−34 884	√
3	P3 生产中心的产出	工厂	1 288 448	1 318 526	−30 078	√
4	P4 生产中心的产出	工厂	1 071 289	1 085 172	−13 883	√
5	P5 生产中心的产出	工厂	1 405 731	1 442 651	−36 920	√
6	P6 生产中心的产出	工厂	714 605	714 605	0	√
7	P1 生产中心的库存	货板	4 754	0	4 754	√
8	P6 生产中心的库存	货板	3 849	0	3 849	√
	成　　本					
1	P1 生产中心的生产成本/美元	成本/厂	1.0820	1.0806	0.0014	√
2	P2 生产中心的生产成本/美元	成本/厂	1.0838	0.0000	1.0838	√
3	P3 生产中心的生产成本/美元	成本/厂	1.0801	0.0000	1.0801	√
4	P4 生产中心的生产成本/美元	成本/厂	1.0873	0.0000	1.0873	√
5	P5 生产中心的生产成本/美元	成本/厂	1.0805	1.0804	0.0001	√
6	P6 生产中心的生产成本/美元	成本/厂	1.0842	1.0839	0.0003	√
7	运输成本/美元	成本/厂	1.7309	1.7256	0.0053	√
8	饮料瓶采购成本/美元	成本/厂	6.1600	6.1600	0.0000	√
	模型约束条件					
1	产能固定（产品线 1 只能生产罐装饮料）					√
2	最低运行次数（P3 工厂每周 80 小时最低运行时间）					√
3	最高运行次数（每周 140 小时最低运行时间）					√
4	运行时间不达标，成本增加 1.5×直接劳动成本					√
5	无限的运输能力；卡车运能不受限					√
6	生产厂的仓储能力有限					√
	备　　注					
1	由于生产线关闭一周，P2 少生产 7 万件产品					
2	在生产线关闭期间，P3 为 P2 生产部分产品					
3	在生产线关闭期间，P4 为 P2 生产部分产品					
4	P6 的库存差异是生产批量的假设导致的					

(四)情景分析

情景分析(Create Scenarios)是预估现实中可能出现的情况,针对每一种情况,改变基础模型中的假设、参数、约束条件或数据源,并编制相应的情景总结表(Scenario Summary Sheet),形成备选计划。在 MTT 的案例中,计划小组将大容量包装瓶的生产放在不同的工厂,表 7-4 展示的是将其放在 P4 工厂的情形,在设置总结(Setup Summary)部分,各分销中心会收到来自 P4 工厂的包装瓶,并且各分销中心的订单必须是一货车的容量,在模型运行过程中,计划小组将 30 万件产品从 P1 工厂转移到 P4 工厂,其中的 20 万件以前是由 P4 工厂直接发往各分销中心的。在资源分配方面,P1 工厂的生产减少了 450 小时/年,P4 工厂增加了 300 小时/年,这个差异主要是因为新更新的生产线生产效率比较高。生产的调整也带来了分销的变化,23 号分销中心因为不能满足 P4 工厂一货车满载荷的要求,计划小组对此作了相应的调整。成本总结(Cost Summary)是实践中决策者最关心的部分,需要计划小组给出详细的分类和计算依据。

表 7-4　情景—总结表

情 景 分 类				设 置 总 结			
a	成本节省最乐观的估计(无最低产能的限制、运输过程中多停靠点)			需　　求			
b	最可能的解决方案(产品保质期、满载荷运输、多停靠点)			1	大容量包装瓶 SKU 加入 P4 工厂		
c	成本节省最悲观的估计(补给装载量的节省、单一停靠点)			2	产品生产地点和运输地点保持不变		
约 束 条 件				3	每个厂包装瓶的来源有两个		
1	生产受当前生产线产能的限制			资　　源			
2	每条运输路径的资源供应为 250 单位/周			1	每条路径的满负荷运载能力		
3	P4 工厂的生产速度快于 P1 工厂			2	升级后的产品线可以立即投入生产		
4	P4 工厂北部的大容量包装瓶需求将全部由 P4 工厂提供			3	满载荷运输的资源保证		
假　　设				运 输 路 径			
1	P4 工厂的生产成本和 P1 工厂一样			1	所有分销中心都有 2 条运输路径		
2	其余工厂的生产成本保持不变			2	每条运输路径都有最低运输数量要求		
3	P4 工厂产生的运输成本按照模型公式计算			结 果 总 结			
备　　注				需　　求			
1	运输成本计算没有考虑承运人的机会成本			1	省份 1 和省份 2 的产品供给全部来自 P4		
2	没有考虑产品线更新后的新需求			2	P4 北部的产品供给全部来自 P4		
成 本 总 结				3	P4 每年承载 30 万件产品		
成本类型	a	b	c	资　　源			
1	生产成本/美元	24 404 000	24 404 000	24 404 000	1	P1 工厂每年减少 190 小时的生产时间
2	运输成本/美元	38 010 000	38 202 000	38 320 000	2	P4 工厂的生产时间每年减少 200 小时
3	交叉货仓成本/美元	60 000	62 500	65 000	运 输 路 径	
4	加班成本的降低/美元	102 000	106 940	115 000	1	省份 3 的产品来自 P1
5	购买成本/美元	9 440 640	9 440 640	9 440 640	2	省份 4 的产品来自 P4

（五）评价备选计划

评价备选计划（Evaluate the alternatives），即评估上一步形成的备选计划，形成备选计划分析表（Alternatives Analysis Worksheet）。在这一环节，经常要进行两个方面的分析：成本分析和模型外因素分析，以选出最佳方案。在 MTT 的案例中，计划小组比较了在四个不同的生产厂进行产品线改造的成本，P4 工厂的成本最低，比现在的生产线每年能节省 70 万美元，其他三个厂的成本节省在 39.1 万美元到 58.1 万美元之间。从成本节省的角度看，应当选 P4 工厂，但在各备选方案差别不超过 1% 的情况下，还要注意一些不可量化的因素的影响，如应对需求变化的反应速度、组织结构的柔性、与工人和设备相关的其他因素等。一般来说，计划小组需要尽可能地列出各个不可量化的因素，并按照重要程度赋予权重，以对各备选方案进行打分。在 MTT 的案例中，P4 工厂方案被淘汰了，尽管其成本最低，但生产线关闭的风险最高，最终 MTT 选择了 P3 工厂进行产品线改造升级。

表 7-5　备选计划分析表

成本总结		备选方案				
		基础	方案一	方案二	方案三	方案四
1	生产成本（标准成本）/美元	24 404 000	24 404 000	24 404 000	24 404 000	24 404 000
2	运输成本/美元	38 850 000	38 200 000	38 315 000	38 340 000	38 500 000
3	交叉货仓成本/美元	76 000	62 500	65 200	67 500	66 500
4	加班成本的降低/美元	143 000	105 940	107 900	112 200	111 000
5	购买成本/美元	N/A	N/A	N/A	N/A	N/A
	总成本/美元	63 473 000	62 772 440	62 892 100	62 923 700	63 081 500
	成本的节省/美元		−700 560	−580 900	−549 300	−391 500
不可量化因素分析		权重	备选方案			
			基础	方案一	方案二	方案三	方案四
1	产能释放	10		O(10)	A(40)	E(30)	O(10)
2	实施的便利性	6		A(24)	E(18)	O(6)	O(6)
3	工厂环境	5		U(0)	U(0)	U(0)	I(10)
4	组织结构	4		I(8)	I(8)	U(0)	I(8)
5	生产线状况	1		U(0)	I(2)	I(2)	O(1)
6	关闭风险	8		X	I(16)	I(16)	I(16)
不可量化因素总得分				42	84	54	51
评价标准			方案一	方案二	方案三	方案四
A	完美	O	一般	P4 工厂	P3 工厂	P2 工厂	P1 工厂
E	特别好	U	不好	总　结			
I	好	X	不可接受	从成本角度看，P4 最佳，但综合来看，P3 最佳			

（六）制订实施计划

根据选出的最佳方案，制订每一环节需要完成的工作及时间安排（Detail and Do Worksheet）。此时，甘特图（如图 7-5 所示）可以帮助参与人员清晰地阐述实施计划。

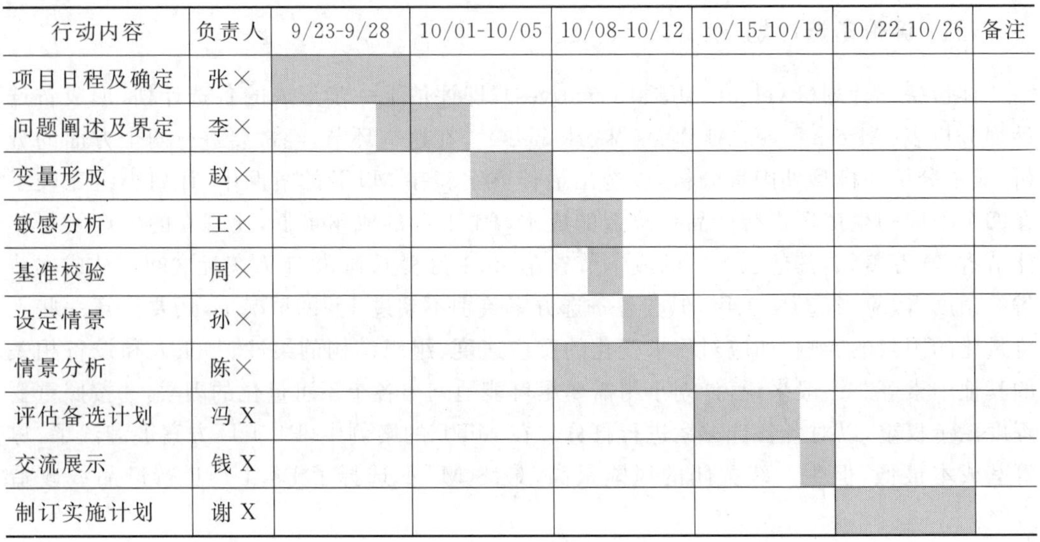

行动内容	负责人	9/23-9/28	10/01-10/05	10/08-10/12	10/15-10/19	10/22-10/26	备注
项目日程及确定	张×						
问题阐述及界定	李×						
变量形成	赵×						
敏感分析	王×						
基准校验	周×						
设定情景	孙×						
情景分析	陈×						
评估备选计划	冯X						
交流展示	钱X						
制订实施计划	谢X						

图 7-5　MTT 项目总体甘特图

第四节　标杆管理

一、标杆管理的概念

标杆管理是 20 世纪 70 年代末施乐公司实施的一种管理方法。凯撒联合公司在 1988 年出版的 *Beating the competition：a practical guide to benchmarking* 一书中正式提出了标杆管理的概念。此后，一些学者[1][2]又继续完善和补充了标杆管理理论。

标杆管理是指寻找同行业或相似行业内一流公司的管理实践，以此为基准与企业自身进行比较分析，查漏补缺，以期提高企业绩效的管理方法。

标杆管理凭借其简单、实用的优点赢得了国内外众多企业的青睐。自施乐公司以后，许多世界 500 强企业纷纷在日常经营活动中应用了标杆管理的方法，国内知名企业如联想、海尔、李宁等也通过标杆管理的方法取得了骄人成绩。然而，也有学者指出了标杆管理的不足之处，例如，标杆管理容易导致企业的发展模式趋同；每个企业都有其独特之处，一味地模仿并不能带来好的业绩；简单的标杆管理无法提高科技型企业的创新能力，等等。

---

[1] CAMP R C. Benchmarking：the Search for Industry Best Practices that Lead to Superior Performance[M]. Park Forest，IL：Productivity Press，1989.

[2] BENDELL T，BOULTER L，KELLY J. Benchmarking for Competitive Advantage [M]. London：Financial Times/Pitman Publishing，1993.

二、标杆管理的过程

一般而言,标杆管理通常会包括以下四个步骤。

(一)识别企业存在的问题类型

标杆管理适用于企业的任何部门和流程,在选定标杆企业前,参与人员往往需要做大量的调研,以识别企业的真正问题所在,调研的方式可以是非正式的利益相关者访谈、焦点小组式的探索式调研、深入的市场调研、问卷调查、财务指标分析等。以中国海洋石油公司(以下简称"中海油")为例,该公司发现,虽然自己已经是中国三大石油企业之一,但是在很多方面与同行业优秀海外企业的差距仍然很大。同时,鉴于公司曾经在海外市场上市失利的经历,中海油原总经理卫留成要求中海油遵照上市公司的标准去经营,每年定时公布年报,同时加强投资者关系的沟通与维护,并把中海油的实际经营情况展示给投资人。基于这样的考虑,在 2001 年导入"标杆"管理便是顺理成章了。在中海油人看来,对标不但是为了寻找差距、分析不足、补齐短板,还有透明、公开的意味在其中。

(二)确定标杆企业

标杆企业的选择与企业要解决的问题息息相关,标杆企业既可以是业内同行,也可以是与企业有类似问题的其他行业企业。假设某电商企业欲搭建自己的物流体系,选取的标杆企业就可以是运输行业里的佼佼者。此外,企业也可以借助咨询公司、市场分析师、行业协会、供应商等的力量寻找标杆企业。中海油选取了 5 家海外公司作为参照,其中挪威国家石油公司(以下简称"挪威石油")是最主要的一家。为什么是挪威石油而不是大名鼎鼎的壳牌或英国石油公司?中海油的解释是:"这就像赛跑,现在我是第 20 名,那么我追赶的对象首先不是第一名、第二名,而必须是 19、18、17 名这样往前追赶。而且,挪威石油在发展历史上和我们有很多相似之处,而我们和它的差距又很大,具有可比性和可学性。"

(三)获取最佳管理实践

通过第三方调查或实地调研标杆企业,以获得标杆企业在企业管理方面的最佳实践,以此为基准分析自身与标杆企业的差距。中海油的分析人员将与绩效和竞争力有关的指标分解成公司规模、持续盈利能力、发展能力、经营管理水平、国际化程度和抗风险能力等六个方面、18 个子项。通过对照,中海油除了销售净利率指标占优势之外,其他各项都处于下风。其中,挪威石油与中海油的资产规模比是 4∶1,年产量比也是 4∶1,营业收入比是 7∶1,国际化程度比是 11∶1。另外,在研究费用占总收入比重这项指标上,挪威石油是中海油的 3.5 倍。中海油的每个员工都在与挪威石油的同行进行对号入座的比较。中海油由于在前 20 年没有注重技术研发,所以这方面的机构和实际的研究能力与挪威石油具有很大差距。中海油认真研究了指标差异产生的原因,发现了很多差距和问题,如产业结构不合理、规模小、市场份额少、缺乏竞争型营销体系、缺乏国际竞争内部机制、缺乏适应业务发展的人才等。

（四）实施改良后的管理实践

结合习得的最佳管理实践及自身的资源与能力，制订改进计划，并在后期实施过程中不断调整和修正。通过与挪威石油对标，中海油引进了国外先进的理念和方法，推动了资本运营管理的开展，逐步建立了现代企业制度，公司经营管理理念也发生了变化，由追求发展速度和规模转变为发展质量优先。对标后，中海油完善了企业制度，调整了公司战略，将5年进入世界500强的战略目标调整为2008年建成具有国际竞争力的能源公司。在此基础上，中海油的具体业务层面也分别开展了与其他国际大型石油公司的对标工作，不同侧重点和级别的对标工作每年都在进行。

本 章 小 结

情景计划、目标管理、网络计划技术和标杆管理是实施计划的四种方法。其中，情景计划是一个激发想象力、创造性思考的计划过程，目的是帮助企业为将来可能出现的各种情况做好充分准备，在迅速变化的商业环境中比较适用。目标管理强调通过目标进行管理，目标管理应置于管理的中心地位，成为经营管理事件中的一项强有力的中心原则。网络计划技术借助网络表示各项工作与所需要的时间，以及各项工作的相互关系，通过网络分析研究工程费用与工期的相互关系，并找出在编制计划及计划执行过程中的关键路线。标杆管理是指寻找同行业或相似行业内一流公司的管理实践，以此为基准与企业自身进行比较分析，查缺补漏，以期提高企业绩效的计划方法。

进一步阅读的材料

[1] ANSOFF H I, DECLERCK R P, HAYES R L. From Strategic Planning to Strategic Management [Z]// International Conference on Strategic Management（1973：Vanderbilt University）. Hoboken, NJ:John Wiley & Sons, 1976.

[2] GRANT R M. Strategic Planning in a Turbulent Environment:Evidence from the Oil Majors[J]. Strategic Management Journal, 2003, 24(6):491-517.

[3] KAPLAN R S, NORTON D P. Integrating Strategy Planning and Operational Execution:A Six-Stage System [J]. Balanced Scorecard Report, 2008, 10(3):1-16.

[4] KAPLAN R S, NORTON D P. Strategy Maps:Converting Intangible Assets into Tangible Outcomes [M]. Boston:Harvard Business Press, 2004.

[5] KAPLAN R S, NORTON D P. The Balanced Scorecard:Translating Strategy into Action [M]. Boston:Harvard Business Press, 1996.

[6] HAMERMESH R G. Making Planning Strategic [J]. Harvard Business Review, 1986, 64(4):115-120.

[7] CHRISTENSEN C M. Making Strategy:Learning by Doing [J]. Harvard Business Review, 1997, 75(6):141-156.

[8] MANKINS M C, STEELE R. Stop Making Plans; Start Making Decisions

[J]. Harvard Business Review,2006,84(1):76-84.

[9] SHANK J K,NIBLOCK E G,SANDALLS W T. Balance 'Creativity' and 'Practicality' in Formal Planning[J]. Harvard Business Review,1973,51(1):87-95.

[10] CHRISTENSEN C M. Using Aggregate Project Planning to Link Strategy,Innovation,and the Resource Allocation Process [M]. Boston:Harvard Business Publishing,2000.

[11] ABELL D F. Defining the Business:The Starting Point of Strategic Planning [M]. Englewood Cliffs,NJ:Prentice-Hall,1980:3-26.

[12] MASON R O,MITROFF I I. Challenging Strategic Planning Assumptions:Theory,Cases,and Techniques[M]. Hoboken,NJ:John Wiley & Sons,1981.

[13] DRUCKER P. The Practice of Management [M]. Oxford,UK:Butterworth-Heinemann,2007

[14] ODIORNE G S. Management by Objectives:a System of Managerial Leadership[M]. London:Pitman Publishing,1965.

思考题

1. 什么是情景计划？情景计划有哪些好处？
2. 目标管理的基本思想是什么？哪些中国企业实施了目标管理？请以小组为单位，结合某企业的实际说明其目标管理的具体实施过程。
3. 什么是网络计划技术？
4. 什么是标杆管理？哪些中国企业实施了标杆管理？请以小组为单位，结合某企业的实际说明其标杆管理的具体实施过程。

第八章

战略管理

学习目标

(1) 领会战略的概念和特征。
(2) 熟悉企业战略的层次和类别。
(3) 掌握战略管理的过程。
(4) 识别并解释企业的战略选择。
(5) 了解蓝海战略和平台战略。

身边的管理：

不畏浮云遮望眼，吹尽狂沙始到金。2016年，全球政治经济环境黑天鹅群飞，我们始终坚持战略聚焦，厚积薄发，实实在在为客户创造价值，公司销售收入预计将达到5 200亿元人民币，同比增长32％。同时经过多年的努力，交付流程基本贯通，并用ISDP承载，交付效率和质量得到了大幅提升；2016年终于实现了账实相符；行政服务也取得了明显进步。这些成绩来之不易，值此新年，我谨代表公司管理团队，感谢客户和合作伙伴对我们的信任与支持，感谢全球员工的奉献和奋斗！感谢全体员工家属的支持和奉献！

2016年，运营商业务在持续做强网络产品与服务的同时，以视频、云化、运营转型等为重大战略方向，做大产业、推动产业发展，在保持高增长的同时，运营资产效率也得到了提升；企业业务与全球合作伙伴密切协作，共同为企业数字化转型提供创新的解决方案，助力客户应对数字化转型挑战，构建合作共赢生态圈，实现在智慧城市、能源、金融、交通、制造等重点行业持续有效增长；消费者业务实现了面向全球高端智能手机市场的关键性突破，品牌影响力进一步提升。

展望未来，云计算、物联网、视频、大数据和人工智能等迅速发展，智能社会即将到来。全球电信运营商的网络建设逐步由"投资驱动"向"价值驱动"转变，我们要努力让运营商的网络能够覆盖更多的连接，帮助运营商将视频作为基础业务并取得商业成功，引领运营商IT系统由传统技术架构向云架构转变，实现互联网化的运营及ROADS用户体验。华为走到今天，必须站在全球、站在更高的层面去帮助运营商转型、帮助运营商增加收入、帮助运营商发展得更好，这是我们在新时期必然的战略选择。企业数字化转型开始加速，IT从支撑系统成为企业的核心生产系统。华为要把握行业数字化转型带来重构生态的机会，以利他思维看待伙伴的价值,打造开放、弹性、灵活、安全的平台,打造客户＋伙伴＋华为的数字化转型共同体发展模式,成为行业数字化转型的使能者和优选合作伙伴。智能社会的到来,将会无限放大智能终端的形态边界,消费者业务要在人工智能、人机交互、大数据等前沿领域不断投入,应对消费者对智能终端快速变化的需求。

即将到来的 2017 年,全球政治经济的不确定性正在加大,ICT 产业处于转型的时代。我们要识别当前存在的问题,面向未来,针对公司层面的业务、经营、组织、人才等方面的重大问题采取如下关键举措:

……

资料来源:摘自《华为轮值 CEO 徐直军 2017 年新年献词》。

"战略"这个概念来自军事领域。在现代商业世界里,随着经济社会活动国际化程度的不断加深和科学技术水平的日益提高,企业经营者所处的内外部环境瞬息万变,管理者只有在激烈的市场竞争中同样具备战略思维和视角,以及做好战略管理工作,才能够在"商战"中求得生存与发展。本章将介绍企业战略的概念与特点、企业战略的层次和类别、战略管理过程、企业战略选择及理论前沿。

第一节 战略管理与企业战略

一、战略管理及其特征

战略是个人或者组织根据其外部环境及内部资源和能力的状况,为求得生存和长期稳定地发展,为不断地获得新的竞争优势,对其发展目标、达到目标的途径和手段的总体谋划。运用战略进行的管理以及从战略制定到战略落地的整个过程的管理,就是战略管理。

把战略的这一含义应用于政治、经济领域,就形成了政治和经济发展战略,而本章所提到的战略,主要围绕商业领域,与商业组织的企业相关。企业战略是企业长远性的主要目的与任务,是为实现此目的而选择的主要行动路线与方式方法。企业战略管理是从整体上对企业进行系统的审视,目的在于使企业的资源与环境相匹配,并且在合适的情况下积极影响环境和塑造培养新的企业资源。

战略管理和运营管理相比,有着明显不同的特点。

1. 宏观全局性

战略管理的范围比运营管理的任何一个领域都更加广泛,它涉及组织的各个维度,思考组织全局的发展,其内容关系到企业总体的长远目标、发展的方向以及基本的行动方针和重大措施等。这些原则性、概括性的内容对组织各个方面的活动都具有权威性的指导作用。

2. 高瞻远瞩性

战略目标不能拘泥于当下,而是对组织未来较长时间的发展定位,关注组织长远的利益。虽然它的制定基于当前的组织资源和外部环境,并且对当前的生产经营活动有指导限制作用,但其根本在于高处和远方,是一个大胆生动而长期的目标。另外,为了达到远方的目标,需要组织齐心协力、始终不渝地朝着一个方向前进。

3. 动态应变性

战略管理是针对外界竞争环境而采取的行动方案,以谋求改变组织在竞争中的力量,从而求得自身的生存发展。因为外部的竞争环境是动态的,企业的内部资源和能力也并非一成不变,这就使战略管理针对的不是某一个具体运营单位的日常性管理问题,而是在多变的环境中可能影响全局的复杂问题。这就需要管理者根据组织内外部环境的变化,适时加以调整和随机应变。

二、企业战略的层次与类别

为了保证战略目标的实现,一个组织的战略必须由不同层次、不同方面的战略构成。与组织层次相适应,企业战略按经营层次大体分为三个层次:第一层是总体战略,主要是公司层从结构和财务角度对整个经营范围的资源配置;第二层是竞争战略,主要是公司内某些战略经营单位的产品开发或者服务在特定市场层次上的竞争;第三层是职能性战略,主要是不同的职能如营销、融资和运营等如何为其他各级战略服务。

战略的内容和形式是多种多样的,按不同的标准可以划分为不同的类别。

1. 退却型、稳定型和发展型战略

战略起点是指组织制定新战略时在同行业内所处的地位和水平。根据偏离起点的程度,战略可划分为退却型、稳定型和发展型三种类型。其中,退却型战略是指从现有战略基础点往后退的战略,它常在经济不景气、市场需求萎缩、资源匮乏、产品滞销等情况下使用;稳定型战略是指不主动出击,而重点采取措施防范竞争对手、保持现有战略水平或略有增长的战略;发展型战略是指在现有基础上向更高一级的方向发展的战略。

2. 成本领先战略、差异化战略和聚焦战略

根据战略中心可以把战略分为成本领先战略、差异化战略和聚焦战略(或者重点战略)三种类型。其中,成本领先战略的核心是使企业生产的产品(或者服务)的成本比竞争对手低;差异化战略是指企业通过专利技术或者其他手段生产出在设计、性能或者质量等某一方面或者多方面优于现有标准产品、具有顾客可辨识差别的产品,或通过营销手段使顾客对企业的产品产生与众不同的印象;聚焦(重点)战略是指企业将经营目标集中到某一个区隔市场(Market Segmentation),在这一区隔建立自己在成本或者差异性上的优势地位。

3. 多元化战略和单一战略

根据战略所涉及的空间范围,可以把战略分为多元化战略和单一战略。其中,多元化战略是指涉及全部领域范围的战略,它适用于实力雄厚的大企业;单一战略是指战略涉及的空间只是某一个或少数几个具有同质性的领域。

4. 保守型战略、可靠型战略和风险型战略

主客观条件是指企业在充分利用客观条件的基础上经过主观努力所能达到的条件。根据战略符合这种条件的程度可将其分为保守型、可靠型和风险型三种类型。其中,保守

型战略并没有充分利用企业的潜力,所确定的总战略目标和对策水平低于经过努力能够达到的水平,企业实现目标有比较大的保险系数;可靠型战略的总战略目标与对策水平正好与企业经过努力所能达到的水平相适应,所采取的手段与措施正好符合客观可能性;风险型战略的总战略目标与对策水平超过了企业经过努力所能够达到的水平,在与竞争对手的抗衡中有一定的风险。

第二节 战略管理过程

企业战略管理是从整体上对企业进行系统的审视,目的在于使企业的资源与环境相匹配,并且在合适的情况下积极影响环境和塑造培养新的企业资源。战略管理过程主要包括四个行动步骤或基本环节(如图8-1所示);第一步是确定企业使命和愿景;第二步是通过战略环境分析发现战略行动的约束条件,这是战略制定与决策的依据;第三步是根据特定的约束条件,确立要选择的战略及战略组合;第四步是实施已确立的战略,并对战略进行纠偏,保证企业战略目标的实现。

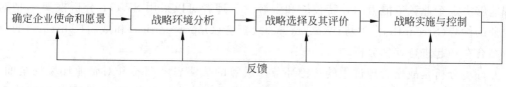

图 8-1 战略管理过程

一、确定企业使命和愿景

就企业组织来说,战略分析首先应该确立企业使命和愿景目标,它们是确立战略的"内在动机"和分析的依据。使命(Vision)是企业存在于社会的基本职能或根本任务。企业的使命(和愿景)往往由企业的创始人确立,反映的是一个企业稳定的精神气质和意义追求,也是企业文化的土壤并深刻影响战略选择过程。例如,全球领先咨询公司麦肯锡的使命是:"帮助杰出公司和政府更为成功";沃尔玛的使命是:"给普通百姓提供机会,使他们能买到与富人一样的东西";阿里巴巴集团的使命是:"促进开放、透明、分享、有责任感的新商业文明"。

相对于使命,企业愿景(或远景)(Mission)是企业的价值观更具体的表达。愿景的描述应该大胆长远且形象,这样可以使企业所有成员看到一个共同的生动未来并为之努力。例如,日本索尼公司在20世纪50年代为企业发展订立的愿景是:"成为全球最知名的企业,改变日本产品在世界上的劣质形象。届时,我们生产的产品将分布于世界各地,我们将成为第一家打入美国市场的日本公司,并直接销售我们的产品。50年后,我们的品牌在全世界都是知名的。我们崇尚创新和质量,我们可以和任何一家最具创新精神的公司媲美。"福特汽车在其第一代领导人老亨利时期对公司愿景的描述是:"①使汽车大众化;②我们要为大众生产一种汽车,它的价格如此之低,不会有人因为工资不高而无法拥有,当我们实现它时,每个人都可以拥有它,马会从马路上消失,汽车理所当然取代了它。"使命和愿景都需要企业长期坚持，它们直接影响企业的战略选择，对企业发展的影响是系统性的、长期性的。

二、战略环境分析

战略环境分析是企业战略管理过程的关键环节，其目的是建立和发现战略行动的约束条件，并找到战略与环境相适应的契合点。一个企业所处的外部环境可以分为社会环境、产业环境和微观环境。每个组织的管理者都需要准确把握这些外部环境要素的变化和发展趋势及其对组织的重要影响。外部环境包括存在于组织外部的各种变量，它们最终表现为机会和威胁，这些变量在短期内不受企业组织管理者的控制。这些外部环境变量中有些是一般性因素或趋势，还有一些是特殊因素，它们形成了企业组织特定的任务环境，即所谓的产业环境。除了外部环境因素之外，企业内部条件（即存在于组织内部的变量）也共同决定着企业的优势和劣势。

通过对企业外部环境和企业组织内部条件的分析，管理者会认识到本企业的优势和劣势，从而识别出什么是组织在资源和能力等方面的限制，什么是企业与众不同的能力，即能够决定企业竞争能力的独特技能和资源。管理者可以采用 SWOT 分析框架[①]，把对企业的优势（Strengths）、劣势（Weaknesses）、机会（Opportunities）和威胁（Threats）的分析结合在一起进行评估分析。

环境分析是战略管理过程的关键环节。成熟的战略思考离不开对企业环境的全面、深刻的把握。前文已经提到，一个组织所处的环境可分为宏观环境、产业环境和微观环境。每个组织管理者都需要准确把握这些环境要素的变化和发展趋势及其对组织的潜在的重要影响。有关战略环境的分析方法的详细内容，可以参考第四章"组织环境"的内容。

需要强调的是，通过对企业组织的外部环境和内部条件的分析，管理者需要识别出什么是企业在资源能力方面的限制，什么是"敌无我有、敌有我优"的特色与核心竞争力。值得注意的是，企业的核心竞争力并不是保证企业高枕无忧的定心丸，因为外部环境在不断变化，昔日的优势可能在激烈的竞争中很快被追赶。企业如果太倚重已有的核心竞争力，就会故步自封，核心竞争力反而会变为阻碍企业变革的"核心刚性"。

三、战略选择及其评价

1. 发现机会和威胁

环境分析为企业提供了大量信息，管理者应通过评估分析，确定哪些机会可以发掘，哪些因素会给企业带来不利影响、造成威胁，以便把握有利机会，形成企业的战略选择与战略目标。

2. 分析企业的资源

要把目光转向企业内部，分析内部条件，如人力资源状况、财务状况、品牌特色、管理风格、产品服务等方面的能力。

---

① HUMPHREY A. SWOT Analysis for Management Consulting [R]. SRI Alumni Newsletter (SRI International), 2005.

3. 识别优势和劣势

通过对外部环境和内部条件的分析，管理者会认识到企业的优势和劣势，从而识别出什么是企业在资源和技能等方面的限制，什么是企业与众不同的能力，即能够决定企业竞争能力的独特技能和资源，尤其是要理解企业的文化和力量及它们赋予管理者的责任。

4. 重新评价组织的宗旨和目标

进行SWOT分析，即把对企业的优势、劣势、机会和威胁的分析结合在一起，重新评价企业的宗旨和目标，分析它们是否具有客观基础、是否需要调整企业的整体方向。如果需要调整企业的整体方向，战略管理过程可能要重新开始。

战略评价的目的是检验和评价企业战略的正确性，这是战略管理过程极为重要的环节。战略评价需要考虑的标准主要有：

(1) 适用性。这是用来评估所提出战略对在战略分析中确定的企业情况的适应程度，以及它如何保持或改进企业的竞争地位。

(2) 可行性。对战略进行可行性评估就是分析该战略是否能够成功地实施。

(3) 可接受性。这是评估该战略是否与人们的期望密切相关。

四、战略实施与控制

不同的企业，由于其性质与任务不同、管理模式有差异，战略实施的方式也不同。根据西方企业战略管理的经验，战略实施需要抓好以下几个环节。

1. 制订实施计划和方案

这是战略的具体化，是战略在某一时期、某一阶段或某一部分的具体体现，也是实现战略的具体要求。战略正是通过这些计划具体实施和落地的，因而，这些具体的计划应反映战略重点的选择，保证战略目标的实现。

2. 分配资源

企业战略涉及企业的全部资源，包括资金、人员、设备、原材料、时间、信息等的分配。战略实施需要从资源分配上得到体现，否则将难以落地，而资源分配也将清楚地反映企业战略的重点。

3. 组织设计

这是保证实施战略的重要步骤，包括企业内部的领导体制、组织性质、组织结构、集权与分权等问题。要采用哪种性质的组织，主要取决于企业任务的性质、战略的内容和组织人力资源的特点。

4. 战略实施过程的控制

在实施战略的过程中，必须进行有效的监督控制，包括不断了解战略落地进展情况、持续地沟通指挥、协调和调节。

在战略执行过程中，如果出现新的情况，企业管理者应灵活应对，而不是拘泥于已经制定的目标。在商业史中，也有许多成功的战略并不是深思熟虑的结果，而是蹒跚经历未知事物时的意外偶得。例如，3M公司一次意外的研究发现促成了其最盈利的产品"苏格兰卫队"，并把公司带入了纤维物保护业务领域，而这一想法是公司从未计划和预期过的。意外的发现和事件能够为公司带来各种方式的盈利性收益，但是一些公司却因为这些意外发现或事件与它们先前形成的战略构想的概念不一致而丧失了发展机会。因此,战略管理者应该清楚认识到战略的作用在于指引,而不是约束。类似的,亨利·明茨伯格（Henry Mintzburg）认为许多已经规划的战略会由于环境发生不可预测的变化(这些变化人们难以意识到)而无法实施,所以应该有应急战略对不可预知的情况进行非计划性反应。

在实践中,大多数组织的战略可能是意图战略和应急战略的综合体。对管理者而言,在制定了战略之后,需要时刻关注战略落地实施的状况和外界环境的变化,更需要认清紧急事件发生的过程,适当地排除不佳的应急战略并培育有潜力的优秀战略。

第三节　企 业 战 略

战略目标表明了企业的发展方向,但是要实现目标,需要选择制定相应的战略。

一、竞争战略

竞争战略是企业战略的一部分,是在企业总体战略的制约下,指导和管理具体战略经营单位的计划和行动。企业竞争战略要解决的中心问题是,如何通过确定顾客需求、竞争对手产品及本企业产品这三者之间的关系,来奠定本企业产品在市场上的特定地位并维持这一地位,取得竞争优势。企业可以选择的竞争战略有成本领先战略、差异化战略和聚焦战略。

（一）成本领先战略

成本领先战略的指导思想是在较长时间内使生产成本与分销成本达到最低水平,保持企业在同行业中的领先地位,使企业能够获得同行业平均水平以上的利润,赢得更高的市场占有率。

成本领先战略以控制压低成本为战略重点,依靠较低的价格和较高的性价比吸引顾客、促进销量、提高市场占有率,能够在同行业中享有较高的利润。采用此战略的企业需要具备的条件是:具有先进的生产设备、信息控管和物流系统；能够严格控制一切费用的开支并最大限度地减少开发研究经费,产品特色、服务、推销、广告及其他一系列的经营活动等,都具有较为统一的标准,因此产生较低的经营开支；企业生产类型为大批量生产,产量能达到经济规模；能够严格控制产品定价和初始亏损,以此来获得较高的市场份额；企业靠较高的市场占有率赢得较高的利润后,对先进设备和信息管理物流等系统进行投资,进一步维护其成本领先地位,这种投资也是保持低成本状态的先决条件。成本领先战略的风险在于专注于统一化、规模化的企业可能会忽视对于产品差异化的研发,而且在面临突破性技术产品和市场产业巨变的时候难以快速应变从而处于极大的被动地位。

全球著名连锁超市沃尔玛公司能够成长到今天的规模,其中一个重要的原因就是成功实施了成本领先战略。沃尔玛在购货环节通过向工厂直接购货、统一购货和辅助供应商减少成本；存货环节通过建立高效运转的配送中心来保持低成本库存；在运输环节,沃尔玛采取了自身拥有车队的方法,并辅以全球定位的高科技管理手段,保证车队总是处在一种准确、高效、快速、满负荷的状态,从而降低运输成本;在日常经费管理环节,沃尔玛也有严格控制。

(二) 差异化战略

差异化战略的指导思想是企业提供的产品和服务需要具备与众不同的特色,这些特色侧重于企业通过对整体市场的评估所发现的一些重要顾客利益区域,表现在产品设计、技术特征、产品形象、服务方式、销售方式等一个或者多个方面。由于企业在某一个或者几个方面出类拔萃,具有领先优势,因而可以得到顾客的青睐与信任,在竞争中获得优势。

此外,采用差异化战略可以减低顾客对产品价格的敏感度,有利于企业在特定领域形成独家经营的市场,取得差别经营利益。然而,要保持产品的差异性,往往要以提高产品成本为代价,如果特色产品的价格较高,则很难大量销售并因此难以迅速提高市场占有率。另外,目标顾客可能对产品特色的感知度与接受度不够,从而不会为此差异性买单。

苹果公司就是在商业世界中成功实施差异化战略的代表。首先,具有强大产品设计与开发能力的苹果公司在创新标准、创新周期、创新团队和创新文化上都做得相当出色;其次,苹果在产品、销售、服务上都体现出差异化。

(三) 聚焦战略

聚焦战略是指企业在一个或者几个小的细分市场上保持成本领先或实施产品差异化战略,力求在较小的细分市场上占有较大的市场份额。其最突出的特征是企业专门服务于总体市场的一部分,通过满足特定消费者群体的特殊需要,或集中服务于某一有限的区域市场,来建立企业的竞争优势。

采用聚焦战略,有利于企业集中使用人、财、物等资源,更深入熟悉市场需求、竞争等方面的情况,精通有关的专业技术,更有效地进行专业化生产以取得规模经济效益。

聚焦战略适用于中小型企业。采取这一战略应具备的条件是:在行业中或在某一地区存在有特殊需求的顾客,或有顾客某方面需求未被很好满足;没有其他有力的竞争对手在上述目标市场上采用同样的战略;企业经营实力较弱,不足以追求广泛的市场目标;产品在各细分市场的规模、成长速度、获利能力、竞争强度等方面有较大差别,因而使部分细分化市场有一定的吸引力。

在激烈的市场竞争中,聚焦战略可以让企业专注于它最擅长、最了解的业务,这样可以防止企业错误地进入现有资源和能力无法创造最高价值的产业或业务。例如,在汽车行业,长城汽车公司就选择聚焦战略——聚焦SUV,定位"SUV领导者";先保留皮卡和轿车业务,砍掉MPV、工程车等其他业务,并大力推进SUV品类扩张,不再投入资源发展轿车业务;打造"哈弗"独立品牌;优化产品矩阵,并打造核心单品H6。聚焦战略帮助长城汽车公司在2008年以来取得了快速的发展。

上述三类战略是任何行业任何企业都可以采用的竞争战略类型。成本领先战略和差异化战略是在广泛的市场中谋求竞争优势,而聚焦战略则侧重特定目标市场以获取成本优势或独特化优势。企业可以根据自己的生产经营情况,选择适合自身的竞争战略。

二、发展战略

为了保持长期稳定的发展，企业不仅要对现有业务进行分析评价，逐步淘汰不能为企业创造价值的业务，而且必须补充新的业务，实现企业业务组合的不断更新。根据新业务与企业现有业务之间的关系，可以将企业的新业务发展战略分为密集型发展战略、一体化发展战略和多元化发展战略三大类（如表 8-1 所示）。

表 8-1　企业新业务战略类型

密集型发展战略	一体化发展战略	多元化发展战略
市场渗透	后向一体化	同心多元化
市场开发	前向一体化	水平多元化
产品开发	水平一体化	综合多元化

（一）密集型发展战略

密集型发展战略是指企业利用现有业务内的市场机会寻求增长和发展的战略，这一战略又可以进一步划分为三种战略。

1. 市场渗透

市场渗透是指企业利用现有产品在现有市场上扩大产品销量的战略。这一战略的实施可以通过促销、降价等措施，促进现有顾客更多地购买产品，吸引购买竞争对手产品的顾客转而选择本企业的产品，或刺激没有使用过该产品的顾客加入购买该产品的消费群体。

2. 市场开发

市场开发是指企业将现有的产品推向新市场以扩大产品销售量的战略。这一战略可以通过扩大或者转移市场区域，或找到产品的新使用领域等方式实现。

3. 产品开发

产品开发是指企业开发新产品以满足现有市场需求的战略。开发新产品战略可以通过对老产品的更新换代，或增加产品品种，对产品的特色、外观等进行改变等方式实现，以更好地满足现有市场的顾客需求。

（二）一体化发展战略

一体化发展战略是指企业利用与现有业务有直接联系的市场机会寻求发展的战略。与企业现有业务有直接联系的有供应商、销售商和竞争对手三个方面，由此一体化发展战略可以划分为后向一体化、前向一体化和水平一体化三种。

1. 后向一体化

后向一体化是指企业向其供应商系统发展，实现供产一体化的战略。企业实施这一战略，一方面可以利用其供应商系统出现的市场机会，另一方面可以有效避免供应商系统对企业经营的制约。例如，卖咖啡饮料的企业进行后向一体化收购，自己经营其咖啡饮料原料供应商的咖啡豆种植园,从而建立自己的原材料供应系统。

2. 前向一体化

前向一体化是指企业向其销售商系统发展,实现产销一体化的战略。如果企业的销售商系统具有企业可以利用的市场机会,或销售商系统对企业的发展构成制约,企业就可以通过实施这一战略,确保企业发展。例如,种植生产有机蔬菜和水果的企业,不仅依靠原有的分销渠道,而且开始建立自己的专卖店,从而在产品销售方式上具有更多的主动性。

3. 水平一体化

水平一体化是指企业向其竞争对手方向发展,以实现对竞争的控制的战略。企业实施这一战略可以通过兼并或新建、扩建同类企业,达到提高企业竞争地位的目的。例如,甲骨文公司曾经进行了一系列重大的企业软件收购活动,从而使甲骨文公司能够在软件业所有细分市场上构建自己的竞争能力,进而能更好地应对思爱普公司的竞争。

(三)多元化发展战略

多元化发展战略是指企业利用现有业务范围以外的领域出现的市场机会寻求发展的战略。根据企业现有资源的利用情况,多元化发展战略可以划分为同心多元化、水平多元化和综合多元化三种。

1. 同心多元化战略

同心多元化战略是指企业利用现有的技术或营销资源开发新业务的战略。这种战略有利于充分发挥企业现有的资源优势。

2. 水平多元化战略

水平多元化战略是指企业利用新的技术,在现有的市场上开发新业务的战略。这种战略主要着眼于利用与现有市场有关的机会。

3. 综合多元化战略

综合多元化战略是指企业向与现有技术、产品和市场无关的方向拓展业务的战略。

很多大型企业都采取多元化发展战略,比如3M、英特尔和通用电气等公司都从实施多元化战略的过程中获益颇多,并且长时间提升利润水平。而且,当两个或者多个处于不同行业的业务单位能够共享资源和能力的时候,也可以实现范围经济[①]。

从密集型发展战略到多元化发展战略,企业发展的业务与现有业务的关系越来越远,这就意味着要向这些业务领域拓展,需要补充的资源条件越来越多。因此,在制订新业务战略计划时,企业首先应该考虑利用密集型发展战略的机会,当密集型发展战略的机会不能满足企业发展目标的要求时,再依次采取一体化发展战略和多元化发展战略。无论选择哪种发展战略,企业都必须辨别清楚可利用的发展机会,同时也要考虑企业所拥有的资源。

---

① TEECE D J. Economies of Scope and the Scope of the Enterprise [J]. Journal of Economic Behavior and Organization,1980,3:223-247.

第四节　战略管理前沿

管理没有最终的答案,只有永恒的追问。与管理学的本质一样,企业战略管理理论与分析框架只是帮助企业管理者和战略制定者解析问题与梳理信息的思考工具,并不是学习了之后就可以使学习者一劳永逸的万能钥匙,或只知道纸上谈兵的条条框框。有效的战略思考需要回归到商业世界的真实中,去发现战略知识应用场景的独特性与动态性,去掌握"隐晦"的经验知识,进而更加灵活有效地进行战略管理。

一、战略的动态性与灵活性

在常规视角下,企业战略可以被看作是企业组织将内部资源、外部机遇与威胁进行匹配的过程,是企业的决策形式,以及决定和揭示它的目标及达成目标的计划。战略可以分解为两方面的基本活动:规划与执行。规划是决定做什么、目标是什么;执行是围绕目标制订战略落地的方案。在此视角下,一旦企业确定了自己的能力与面对的机会,战略选择的范围就被聚焦到对能力与机会的匹配上。这样的"匹配",实质上就是企业的定位过程,目的在于令企业的弱势产生最小化影响,同时令企业的优势发挥最大化效用。在以上描述的常规视角下和传统的企业战略制定方法中,战略往往是高级经理人和企业决策者综合考虑企业组织内外部环境因素的产物。战略制定者需要回答三个基本问题:企业的使命和愿景是什么?企业有哪些资源和能力?企业有哪些战略选择?

在一个相对稳定的产业环境中,企业将内部资源或能力与外部需求进行匹配的做法通常是有效的,公司战略也因此是相对稳定的。也就是说,在一个顾客需求稳定、市场和产业边界明确、竞争对手明晰的市场环境中,企业竞争就像是一场"阵地战"。在这样的环境中,获取竞争优势的关键在于企业选择在哪里展开竞争。相比于计划,执行显得更为重要。

但是,科技的快速进步、竞争的全球化和知识经济与互联网经济的出现都为社会与企业竞争模式带来了很大的改变:市场和产品需求比过去任何时候都变化得更快,顾客需要更多的选择和定制化服务;产品生命周期不断缩短;市场边界变得模糊;全球化的需求和竞争成为常态;技术创新对产业发展产生更为广泛的影响。这些改变很多都是不确定的、快速的、反复无常和难以察觉的。可以说,传统的阵地战的竞争模式日益变成动态竞争模式。环境的改变也要求企业战略和实践不能再像以往那样僵化死板。在很多情况下,企业需要颠覆之前的战略定位,开辟一片新的空白市场来建立竞争优势和可持续发展能力。此时,战略就由传统的"阵地战"变成"运动战"——如果能够成功预测市场趋势并作出相应的反应,企业就可以快速进入市场、创造产品,并获得新的能力,有时候也可以迅速撤出甚至退出整个行业以保存实力。在新的竞争环境中,企业战略的本质不再仅仅是市场定位,而是需要更多关注市场的动态变化。之前通过匹配内部能力与外部环境匹配来产生战略定位的做法,或许能够帮助企业获得短期内的组织绩效,但是,企业要想长期生存下去、不被竞争所淘汰,就需要通过不断地学习与创新来应对外部环境的动荡。

组织学习和创新能力对于企业战略的重要性也被许多战略管理学者所重视。例如,明兹伯格认为战略不是刻意计划的,而是自然生产的[①]。计划出来的战略是静态的,而且会阻碍企业的学习、创新和适应能力的发展。而在自然产生的战略演进过程中,企业能够自发地进行学习和适应。哈默和普拉哈拉德(Hamel & Prahalad)认为企业的战略意图不仅包含设计产生的战略和利用机会逐渐形成的战略,还包括市场中企业有可能获取的潜在机会[②]。为了抓住这样的机会,具有战略意图的企业应该通过学习创新拓展当前的能力,而不是受到其约束。类似的,伯格曼(Burgelman)指出成功的企业通过基于内部实验和学习的流程重建获得生存能力,而不是通过向不利于积累性学习的方向进行资源或者战略转移[③]。

有关战略的观点有很多矛盾之处,企业战略制定者和组织管理者需要学会在实际环境中平衡它们。战略活动需要在以下情况中找到最佳平衡点:过度规划和缺乏引导,僵化不变和频繁改变,稳固传统和学习创新,控制与放权,效率和绩效。

二、新的战略类型

(一)蓝海战略

蓝海战略(Blue Ocean Strategy)最早是由 W. 钱·金(W. Chan Kim)和勒妮·莫博涅(Renée Mauborgne)于 2005 年 2 月在其合著的《蓝海战略》[④]一书中提出的。蓝海战略的概念是相对于之前的红海提出的。蓝海指的是现今尚不存在的未知市场空间,而红海则代表现有的产业和已知的市场空间。蓝海的特点是新的市场边界、新的需求、不可预测的高利润增长、无成型的竞争规则;而红海的边界是已划定的,竞争规则广为接受,市场拥挤,利用空间有限。蓝海战略认为,传统的市场竞争者往往聚焦竞争激烈的红海市场,这等于接受了商战的限制性因素,即在有限的土地上求胜,却否认了商业世界开创新市场的可能。运用蓝海战略,视线将超越竞争对手移向买方需求,跨越现有竞争边界,对不同市场的买方价值元素进行筛选并重新排序,从给定结构下的定位选择向改变市场结构本身转变。

蓝海以战略行动作为分析单位,战略行动包含开辟市场的主要业务项目所涉及的一整套管理动作和决定,而价值创新则是蓝海战略的基石。价值创新挑战了基于竞争的传统教条即价值和成本的权衡取舍关系,让企业将创新与效用、价格与成本整合为一体,不是比照现有产业最佳实践去赶超对手,而是改变产业境况重新设定游戏规则;不是瞄准现有市场"高端"或"低端"顾客,而是面向潜在需求的买方大众;不是一味细分市场满足顾客

[①] MINTZBERG H. Managers, not MBAs: a Hard Look at the Soft Practice of Managing and Management Development[M]. Oakland:Berrett-Koehler, 2004:464.
[②] HAMEL G, PRAHALAD C K. Strategic Intent [J]. Harvard Business Review, 1989, 83 (7):148-147 & 161;HAMEL G, PRAHALAD C K. Strategy as Stretch and Leverage [J]. Harvard Business Review, 1993, 71 (2): 75-84.
[③] BURGELMAN R A. Intraorganizational Ecology of Strategy Making and Organizational Adaptation:Theory and Field Research[J]. Organization Science, 1991, 2(3):239-262.
[④] [韩]金,莫博涅. 蓝海战略[M]. 北京:商务印书馆,2010.

偏好,而是合并细分市场整合需求。一个典型的蓝海战略例子是太阳马戏团,在传统马戏团受制于"动物保护""马戏明星供方砍价"和"家庭娱乐竞争买方砍价"而萎缩的马戏业中,从传统马戏的儿童观众转向成年人和商界人士,以马戏的形式来表达戏剧的情节,吸引人们以高于传统马戏数倍的门票来享受这项前所未见的娱乐。

(二)平台战略

平台战略[①]是指打造连接两个以上的特定群体,为其提供互动交流机制,满足所有群体的需求,并从中盈利的商业模式的企业战略。平台商业模式的精髓,在于打造一个完善的、成长潜能强大的"生态圈"。它拥有独树一帜的精密规范和机制系统,能有效激励多方群体之间互动,达成平台企业的愿景。纵观全球许多重新定义产业架构的企业,它们往往具备共同的成功关键——建立了良好的"平台生态圈",连接两个以上群体,弯曲、打碎了既有的产业链。

在平台生态圈中,如果一方群体因为需求增加而壮大,另一方群体的需求也会随之增长。如此一来,一个良性循环机制便建立起来了,通过该平台交流的各方也会促进对方无限增长,而通过平台模式达到战略目的,包括规模的壮大和生态圈的完善,乃至对抗竞争者,甚至是拆解产业现状、重塑市场格局。在中国互联网经济快速发展的时代背景中,就出现了腾讯、阿里、京东、世纪佳缘、大众点评等一系列借助平台战略发展壮大的成功企业。以阿里的淘宝为例,它的平台战略是通过搭建双边市场模式(如图 8-2 所示)实现的:淘宝把自己从产业链里面释放出来,促使下游与上游直接对接。严格地说,淘宝并不是一个电商,而是在从事商家服务,免费让商家在上面接触消费者。如果商家想跟别人不同,采取打广告、融资、了解消费者的需要等手段,就给淘宝提供了赚钱盈利的机会,并且带出一个共赢的生态圈。

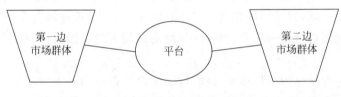

图 8-2 双边模式基本结构

本 章 小 结

战略是为了实现预定的目标对涉及企业全局的、长远的重大问题进行的谋划。运用战略进行的管理以及从战略制定到战略落地的整个过程的管理,就是战略管理。战略管理具有宏观全局性、高瞻远瞩性和随机应变性。战略管理的内容和形式是多种多样的,按照不同的标准可以分为不同的类别。战略管理过程主要包括确定企业使命和愿景、战略环境分析、战略选择及其评价、战略实施和控制几个阶段。其中,环境分析是企业战略管

---

① 陈威如,余卓轩. 平台战略——正在席卷全球的商业模式革命[M]. 北京:中信出版社,2013:244.

理过程的关键环节。一个企业所处的环境可分为宏观环境、产业环境和微观环境。通过对外部环境和内部条件的分析，管理者会认识到本组织的优势和劣势，从而识别企业的战略目标。要实现战略目标需要制定相应的战略，其竞争战略包括成本领先战略、差异化战略和聚焦战略；其发展战略包括密集型发展战略、一体化发展战略和多元化发展战略。企业战略不是闭门造车、不是公式法则，战略制定与管理者需要深入了解真实的商业社会与市场情景，才能够真正具备战略思维，并进行有效的战略管理。

进一步阅读的材料

[1] 明茨伯格. 战略历程：综览战略管理学派[M]. 北京：机械工业出版社，2002.

[2] 希尔，琼斯，周长辉. 战略管理（中国版）——创建企业竞争优势的系统思维[M]. 北京：中国市场出版社，2007.

[3] 波特. 竞争战略[M]. 北京：华夏出版社，1997.

[4] 波特. 竞争优势[M]. 北京：华夏出版社，1997.

[5] 波特. 国家竞争优势[M]. 北京：华夏出版社，1997.

[6] 陈威如，余卓轩. 平台战略——正在席卷全球的商业模式革命[M]. 北京：中信出版社，2013.

[7] [韩]金，莫博涅. 蓝海战略[M]. 北京：商务印书馆，2010.

[8] 张小宁. 平台战略研究述评及展望[J]. 经济管理，2014，36(3)：190-199.

思考题

1. 通过公开渠道的信息，列举并说明几家较为知名的企业所采用的战略。
2. 简述企业战略的概念与作用。
3. 简述不同企业发展战略的特点和使用范围。
4. 简述战略环境分析的意义。
5. 以小组为单位，挑选所熟悉的某一行业的一个企业，通过战略分析制订过程，找到其优势和劣势以及其外部环境中的机会和威胁，进而确定其未来战略发展方向并制订备选方案。
6. 描述并解释京东或腾讯的平台战略。

第二篇案例 格力电器:多元化战略何去何从?

1. 背景

2016年5月13日,由品牌观察杂志社、中国品牌研究院联合多家国内主流媒体主办的"第十届中国品牌价值500强榜单"和"第六届中国行业标志性品牌"对外公布结果。作为家电行业的领军企业,格力排名总榜单第12位,以高达1 463.01亿元的品牌价值,排名行业第一位,并获得行业内唯一的"空调行业标志性品牌"殊荣,成为此次中国品牌价值榜单家电行业的大赢家。其实,格力在2015年就已经成为全球500强公司,而且格力空调是唯一以100%自主品牌入驻2016年里约奥运会的中国制造产品。

从一个年产值不到两万台的小厂到全球最大的专业化空调企业,二十多年间,格力电器完成了一个国际化家电企业的成长蜕变。在塑造品牌形象的过程中,格力坚持与时俱进的品牌思路,针对不同阶段的市场及社会现实,格力给品牌不断"注入"新的理念,通过在不同的阶段采取不同的发展战略,使品牌始终保持新鲜的生命力。

近几年,格力董事长董明珠正在努力打造属于格力自己的产业生态,进行多元化发展,将格力空调、智能手机、新能源汽车等纳入这一生态圈。然而,随着格力收购计划的失败,该多元化战略被迫中止,不少业内人士和相关学者都对董明珠的这一决策表示质疑。同时,随着李克强总理"中国制造2025"产业发展战略的提出,格力迎来了新一轮的机遇与挑战。面对格力内外形势的变化,多元化战略能否带领格力走向新的辉煌?该战略给格力带来了哪些改变?格力眼下和未来的发展又将受到什么影响?

2. 战略选择与发展

1991年,格力还是一个年产量不到两万台的空调小厂。彼时的中国空调产业还没有制造的概念,格力像其他空调企业一样,采用散件组装的产品供给方式,无论是核心零部件及其技术还是市场地位、品牌形象都没有优势。

(1) "好空调,格力造"

1994年起,格力本着对消费者负责任的诚信理念,将竞争力塑造聚焦产品品质,围绕品质开展了各项工作。1995年,格力组建筛选分厂,对产品的零部件和材料进行专门的检查,构建了筛选分厂、质量控制部、企业管理部"三位一体"的格力特色质量控制体系。1997年,格力作出"好空调,格力造"的承诺,传达了格力以消费者满意为衡量产品品质的第一标准。2002年,格力向日本某企业购买压缩机技术被拒,让格力意识到,掌握核心技术才是制造企业的根本和尊严所在。这件事情也成为格力自主创新的一个新的转折点。

随后,格力提出了"掌握核心科技"的目标,科研投入实行"按需分配,不设上限"的原则。公司内部还设立最高达100万元的科技进步奖,通过多种措施激励科技创新。科研投入的成果显著,格力在家用机、多联机、螺杆机、离心机等多个空调领域推出了大量领先型产品,双级增焓转子式变频压缩机、1赫兹变频技术、双级高效永磁同步变频离心式冷水机组等尖端技术相继获得"国际领先"认定。格力核心竞争力不断提升,市场销量也与其他品牌拉开差距,格力成为名副其实的全球空调行业领军者。

(2)"让世界爱上中国造"

格力电器在巩固和提升现有国内市场份额的同时,也不断扩大和抢占国外市场份额。1993年开始出口产品到家电产品强国——日本,1994年年底拿到国内第一张欧盟CE认证证书,即格力电器打开通往欧洲市场的通行证。在如此极具良好发展前景的形势下,1998年格力电器领导以高瞻远瞩的战略眼光和胆略、独具慧眼的英明决策,决定走出去,向国际化企业迈进。

为了选择最佳的外部投资环境,公司董事长朱江洪多次亲自或派遣海外营销团队前往国外考察和了解空调市场销售状况,并对全球空调市场和投资环境进行全面深入的调查和分析。南美洲这一潜力巨大的市场深深地吸引着朱江洪董事长,特别是南美的巴西、阿根廷等发展中国家。1998年10月起,格力电器空调产品就敲开巴西市场,并以"格力"品牌进行销售,格力空调以高技术含量、优良的品质渐渐被广大巴西消费者接受与认可,短短半年内就在巴西市场上销售了1.2万多台空调。

通过全面的可行性投资研究分析和科学论证,并经过格力电器公司董事会的批准,格力电器决定一次性斥巨资2 000万美元在巴西建立年产30万台(套)空调器的生产基地。巴西投资建厂项目的签订,标志着格力电器加快向国际化企业迈进的步伐,它是格力电器国际化的一个重要里程碑。随后,格力先后在巴基斯坦、越南建立生产基地。格力的产能以几何倍数急剧增长,并成为目前全国最大的专业空调生产基地,其产品已远销欧洲、亚洲、非洲、南美洲及北美洲的150多个国家和地区,产品质量、品牌已经能和世界著名品牌同台竞争。

3. 多元化战略之路

格力电器之前一直在竭力避免"多元化"的形象。曾经有很多企业(做冰箱、彩电、洗衣机的都有)来找格力,希望贴格力的品牌。面对多元化的诱惑,格力考虑到人力、物力等具体情况,都拒绝了。那时格力只做空调,从家用空调做到中央空调,格力始终认为市场空间是存在的,潜力是无尽的。董明珠更是先后在多个场合为格力专注于空调制造主业辩护,坚称要把一件事做好,并在2014年将一元化战略做到了顶峰。当年,格力销售空调5 000多万台,国内市场占有率近半,营业收入1 400亿元,成为中国家电业唯一一家靠单个品类做到千亿销售的企业。

然而,随着市场的饱和、产能过剩,加之宏观经济发展放缓、房地产市场波动,格力陷入了前所未有的困境。2015年,受整体经济下行压力的影响,国内生产家用空调10 385万台,同比下降12%;累计销售10 660万台,同比下降8.6%。这种销量销售额双降、价格持续走低的产业态势,给格力带来了沉重的打击——2015年格力电器空调产品实现营业收入837.17亿元,同比下滑29.48%。为了摆脱这种困境,格力不得不主动调整战略,开拓多元化道路。

2016年3月6日,停牌中的格力电器发布公告,宣布将收购珠海银隆新能源公司,拟进入新能源汽车领域。7月23日,在"让世界爱上中国造·自主创新"第二届中国制造高峰论坛上,格力电器董事长董明珠手持二代格力手机激情演讲15分钟,格力的"多元化战略"终于公开落地。这意味着,格力电器自成立以来一直坚持的空调制造单一主业格局被打破。至此,手机、智能装备和新能源汽车并列,成为格力的三大新战略方向。

(1) 手机领域

对于格力而言,跨界进入手机行业不是没有优势。一方面,目前手机入门的技术门槛并不高,而且格力有 6 个研究院,电器的很多技术功能与手机的研发要求存在一定的关联性;另一方面,作为国内空调行业第一品牌,格力完全可以借用自己的强势品牌号召力,迅速在智能手机市场上打响知名度和销路。另外,与其他空调品牌依赖国美、苏宁等传统渠道和电商平台不同,格力在全国拥有 3 万家专卖直营店,这些线下渠道可以帮格力手机迅速铺开市场。

当然,从传统家电行业跨入新兴通信行业,格力不是没有风险。目前国内智能手机市场已经渐趋成熟,华为、小米、联想、中兴等厂商稳稳占据销量前列,留给格力这样后来者的机会并不多。而且据中国信息通信研究院发布的最新数据显示,2014 年我国手机出货量为 4.52 亿部,同比下降 22%,其中,智能手机出货量达 3.89 亿部,同比下降 8.2%,国内手机普及率高达 95%。在这样一个饱和的市场上,格力手机如果不拿出格外新颖的差异化优势,其市场前景很难乐观。

2015 年 3 月,格力手机首度揭开神秘面纱。2016 年 6 月,格力手机 2 代正式在格力官方商城开启预售。尽管市场关注热度不减,但格力手机一直未在市场上大规模销售。董明珠说,2017 年,格力将正式启动手机的大规模市场销售。"过去我们没有在市场上卖,就是想用另外一种方式,通过实际体验让消费者认可我们的产品。"

格力手机是否能够打动消费者,如何通过竞争激烈的手机市场在"红海"拥抱更加宽广的智能家居"蓝海",格力还需要进一步思考与探索。

(2) 智能装备领域

格力自 2003 年开始引入自动化理念,对生产车间进行"机器换人"改造。从董明珠掌舵的 2012 年开始,格力正式宣布进军智能装备领域,制订了"3 至 5 年实现无人车间"的自动化发展规划。2015 年,格力首度将智能装备制造事业部独立为格力智能装备有限公司,同年 8 月,格力首个智能装备产业园正式落户武汉市蔡甸区,预计于 2020 年建成投产。

目前,格力的智能装备产品已覆盖了伺服机械手、工业机器人、智能仓储设备、智能检测、换热器专用机床设备、无人自动化生产线、数控机床等多个领域。已自主研发超过 100 种自动化产品,格力智能装备也应用到电器、新能源、食品、节能等多个领域。

(3) 新能源汽车领域

格力选择进入新能源汽车领域并不奇怪。国内新能源汽车产业的发展正呈现欣欣向荣的态势,格力选择在此时进入这一领域,似乎有意要搭上这趟快车。

在政策层面,国家近年来出台了一系列优惠政策以鼓励新能源汽车的发展。2016 年 2 月 24 日,国务院总理李克强主持召开了国务院常务会议,提出五项措施进一步支持新能源汽车产业发展。工信部部长苗圩也表示,工信部已联合行业内外的九家企业投入 5 亿元资金,组建动力电池研究院或动力电池的研究研发院。3 月 1 日,国家发改委等十部委印发了《关于促进绿色消费的指导意见的通知》,再度提到利于新能源汽车推广利用的政策。但是，由于格力之前的技术研发、人才储备、销售渠道、推广方式等都属于家电行业，与汽车完全不相关，从家电领域进入汽车领域属于非相关多元化发展，等于是进入一个完全陌生的领域。不少人并不看好。

事实上，格力在新能源方面已有所布局。2011年，格力斥资1.5亿元在珠海建立专业化锂离子电池企业珠海格力电器新能源科技有限公司；2013年，格力组建智能装备研发团队；2015年，又注册成立了珠海格力电器智能装备有限公司。董明珠说，2017年，通过与银隆的合作，格力将正式进入汽车空调领域。

董明珠透露，格力的汽车空调已研发数年，并且产品非常不错，但由于汽车空调行业的封闭性，此前格力一直未能找到好的突破口。银隆新能源的纯电动客车已进入全国数十个城市，同银隆的合作正是契机。2017年2月，董明珠在一次座谈会上说："如果今年银隆实现销售300亿元，生产3万台汽车，那就意味着我们卖3万部汽车空调。"有了银隆这个合作案例，格力汽车空调向全国推广就会顺利很多。除此以外，在电机、模具和电容电线等方面，格力也都将与银隆展开合作。

格力的造车梦到底是否能够实现？它与银隆的合作是否能够成功？这一切仍需我们进一步观察与探究。

随着"中国制造2025"的提出，制造业转型升级已经成为企业发展的必由之路。面对格力内外形势的变化，多元化战略能否带领格力走向新的辉煌？该战略给格力带来了哪些改变？格力眼下和未来的发展又将受到什么影响？格力的多元化之路仍充满了风险和未知。

（案例来源：根据网络公开资料整理而成。本案例仅供课堂讨论之用，并无暗示或说明某种管理行为是否有效。）

案例分析问题：

1. 结合企业的发展历程，说明格力为什么要改变发展战略。
2. 格力是如何将战略转化为具体计划的？
3. 格力的多元化战略如何走向成功？结合内外环境说出你的建议。
4. 领导者在格力的发展中起到了什么作用？

建议课堂使用计划：

本案例可用于专门的案例讨论课。如下是按照时间进度提供的课堂计划建议，供参考。

整个案例课的课堂时间控制在80~90分钟。

1. 课前计划：提出启发思考题，请学生在课前一周时间内阅读和初步思考。
2. 课中计划：简要的课堂前言，明确主题（2~5分钟）；分组讨论（25~30分钟），告知发言要求；小组发言（每组5分钟，控制在30分钟）；引导全班进行进一步讨论（15分钟）；教师进行归纳总结（5分钟）。
3. 课后计划：如果有必要，请学生采用报告形式给出更加具体的解决方案，包括具体的职责分工，为后续章节内容做好铺垫。

第三篇 组 织

第九章 组织结构与组织设计
第十章 组织员工配备
第十一章 组织文化与组织变革

第九章

组织结构与组织设计

学习目标

(1) 理解自己与组织结构的关系。
(2) 理解组织的概念、内涵与分类。
(3) 掌握组织结构的概念和基本类型。
(4) 熟悉组织结构差异的四大来源。
(5) 掌握组织结构的具体形式。
(6) 领会组织设计的六个关键要素。

> **身边的管理：**
> 亲爱的读者朋友,不论拿起书的你是一名本科生还是一名参加工作的有心人,能够充满好奇地走近《管理理论与实务》这本书,说明大家在心底里已经有了"管理"的萌芽,有了与人交往互动的初期经验,有了成为"管理者"的冲动。
> 前面"计划"一篇的内容介绍了如何统筹考虑内外部环境因素进而制订切实可行的行动方案,但再好的计划,如果不能付诸实施也只能是空谈,因此就有了"组织"篇,而本章组织结构与组织设计则是一个开头。本章的内容与我们有什么关系?假设你是一名本科生,你学习生活的大学就是一个"组织"(名词),你会发现这个组织里有很多部门——教务处、学生处、财务处、科研处、后勤中心等,这些部门就构成了一个组织的结构,不同部门既满足我们的不同需求,也存在相互协调与合作,它们保证着大学这个组织的正常运转。你有没有想过设立新的部门?一个其他大学都没有的部门?比如"大一工作部""大二工作部"……再比如"男生工作部""女生工作部"……或许你还能想到更有创意的新部门。如果说"教务处"这个部门是以服务者的服务专业为要素设立的,那么"大一工作部"就是以被服务者的特定需求为要素而设立的,因此组织结构离我们很近,且直接影响着我们在大学的学习和生活。什么样的"大学"组织结构更能满足你的需求?组织结构如果要重新设计,都有哪些设计要素?受哪些因素影响?

每个人的生活和工作都在与各种类型的组织打交道,而组织结构则是组织得以运转的一个载体,承担着对组织内部权力、责任、利益的配置功能,因而对组织绩效的实现具有重大影响。本章首先介绍组织与组织结构的概念,重点阐述组织结构的几种具体形式、不同组织结构差异的来源,以及组织设计的六个关键要素。

第一节 组织的内涵与分类

一、组织的内涵

(一)组织的概念

单纯从中文的角度考察,"组织"二字有两个指向:一个是名词的"组织",是对一个静态对象的描述;另一个是动词的"组织",是对一个动态行为的描述。首先,我们需要针对前者来阐述,即什么是名词的"组织"?如何定义组织?坐在同一间教室,听同一堂课的大学生们构成了一个"组织"吗?或者说只是一个"群体"?组织的定义非常多,不一而足,在这诸多定义中,美国管理学家斯蒂芬·P. 罗宾斯(Stephen P. Robbins)和蒂莫西·A. 贾奇(Timothy A. Judge)对"组织"(名词)的定义言简意赅且含义完整,他们指出组织是一种人们有目的地组合起来的社会单元,它由两个或多个个体组成,在一个相对连续的基础上运作,以实现一个共同目标或一系列共同目标[①]。

这一概念中涉及三个关键内涵,即"一个以上的个体""连续的基础"以及"共同的目标"。"一个以上的个体"意味着一个人不能构成一个组织;"连续的基础"意味着这个社会单元是长期存在的,且拥有较为稳定的形态;"共同的目标"意味着大家的力量是朝向同一个方向和目标的。那么在同一间教室,听同一堂课的大学生们是否满足以上三个内涵呢?核心是甄别大家有"共同的目标"吗?从逻辑出发,显然同班同学在同一节课上只是拥有"相同的个人目标",即掌握相应章节的内容和思想,但并非拥有"共同的目标",换言之,"张三"达到了其个人上课的目标,而"李四"没达到,那么并不影响整个班级的正常运转,因此他们只能算是"群体"而非"组织"。如果全班同学在某一节课上要共同协作完成一件事,那么在这个特定的时间段以内,他们构成了一个临时的"组织",但随着下课铃声的响起,这个临时的"组织"又解散了,每个人还原到了自我的状态。因此,在掌握组织的概念时,对组织内涵的准确理解是关键。

(二)组织的特征

根据对组织概念和内涵的阐述,不难看出社会存在大量组织,如企业、政府、高校、社团等。不同的组织虽然在存在形式和存在目的上存在差异,但却有着一些共性特征。

1. 组织是一个高度有机的整体

这一共性特征的核心词是"有机",即组织是"有生命的"。这意味着不仅构成组织的每个人是有生命的,而且组织作为一个整体也具有"拟人化"的特征。这是因为任何一个组织都有着共同的目标,在共同目标的驱动下,由一个以上个体构成的这个组织就好像安装上了"心脏"一般,开始调动组织内部成员的资源来实现目标,实现目标的努力过程就如

---

① 罗宾斯,贾奇. 组织行为学[M]. 李原,孙健敏,译. 北京:中国人民大学出版社,2008:5.

同人体的"循环系统""消化系统""呼吸系统"一般,这种周而复始地循环往复就如同组织尝试通过不同的路径来达到目标。组织的有机属性不仅体现在上述组织运转的方式上,而且组织自身还具有成长、发展的能力。以企业组织为例,随着企业组织一次次实现预定的共同目标,通过组织内部成员的共同努力满足了消费者的需求,进而也满足了投资者和员工的需求,组织本身就得到了发展,可能在经营范围、经营领域、经营规模上实现了扩张,企业掌控了更多的资产规模、雇用了更多的员工、满足了更多消费者的需求,企业作为一个拟人化的有机体,自身就能得到发展壮大。当然,有机性的特征也意味着一旦组织不能适应内外环境的变化,自身也存在收缩、消亡的可能,组织内部的资源会重新配置到更有"生命力"的组织中去。

2. 组织是一个矛盾集合体

组织是由一个以上的个体构成的,且第一个特征又说明由他们构成的这个整体是具有拟人化生命的。那么从微观出发,每个组织成员个体在存在与发展过程中就充满了矛盾,每个个体都要决定加入哪一个组织,对于大学生而言就需要自主就业择业,而职场人士也需要究其一生不断选择调整服务的组织,而即使是自主创业也需要在哪个领域创业、立足哪些优势来创业、通过什么方式创业等问题上自主选择,而从哲学的角度出发,这些选择本身就没有绝对的对与错,都是动态变化的、唯物辩证的。既然每个个体都是如此,那么由流动中的个体构成的组织,其本身也是一个矛盾集合体,在组织设定共同目标时,组织内部的不同个体、不同力量总是存在不同意见和不同利益,目标的设定就是一个各种矛盾博弈的过程,而在目标付诸实施时,不同个体也必然在行为方式上存在差异,目标能否达成具有不确定性。然而,能说这就是坏事吗? 好与坏的判断是基于人们的主观认识作出的,没有客观结论,但组织永远是一个矛盾集合体却是一个客观存在。若论其"坏",不同力量的过度博弈可能会让一个企业、一届政府、一所学校失去发展的良机,但若论其"好",不同力量的适度博弈则可让每一个组织决策更加科学,通过不同个体不同意见的碰撞,互相取长补短,并且考虑到每一个决策的潜在风险进而预备好各种预案。因此组织作为一个矛盾集合体是一个客观实在,是不以人的意志为转移的,对于即将第一次加入某一个组织的大学生而言,更需要从哲学的角度在认识上更加清醒,在心态上更加积极。

3. 组织的发展轨迹具有路径依赖性

每个组织的创立、发展都是由小到大、由弱到强、由不成熟走向成熟的,但正如每个个体生命,不论未来发展为哪种状态,个体的基因始终是保持不变的。对于组织而言,组织初创阶段形成的组织结构、组织文化等特性也具有一定程度的稳定性,对组织未来的组织结构、组织文化都有很强的影响,即使未来发现组织结构和组织文化不再适应新的环境,但由于这种路径依赖性,要想完全抛弃过去的历史、过去的文化、过去的习惯是很难的,即使可行,也需要付出高昂的代价且伴随着很高的失败风险。

二、组织的分类

组织的具体存在形式是多种多样的,不同类型的组织承担着不同的社会功能,不同类型的组织之间也是互相需要和互相影响的。根据不同的标准可将组织分为以下几种分类。

（一）营利性组织与非营利性组织

根据是否以营利为目的，组织可分为营利性组织和非营利性组织。

1. 营利性组织

顾名思义，以营利为目的创建的组织就是营利性组织。例如，各种类型的企业（包括公司、合伙企业等不同企业形式）都属于营利性组织，它们提供消费者或其他组织需要的某种产品或服务，通过买卖交易获得一定利润，并且这些利润是再次投入企业以扩大规模还是由企业所有者个人获得，是由企业所有者决定的。换句话说，就是赚到的钱可以进入所有者个人的腰包，这是营利性组织与非营利性组织的一个重大区别。营利性组织涉及的领域很广泛，吃、穿、住、用、行等各个领域都存在大量的营利性组织，如酒店、商场、餐厅、火车航空服务、银行等，它们履行着重要的社会功能，实现了对物质资产的高效率的投入产出转化。

2. 非营利性组织

非营利性组织，即不以营利为目的而创建的组织。那么，非营利性组织在运营过程中就不盈利吗？并不一定，有些非营利性组织也可以营利，但关键是它获得的盈利只能再次投入本组织以扩大非营利性组织的规模，而不能由组织创建者个人获得。非营利性组织也很多，如政府、公立医疗机构、公立学校、军队及各种类型的社会团体。正因为其不以营利为目的的特征，非营利性组织往往是一个社会公共服务或产品的提供者，满足着社会大众最基本的公共需求，如安全、教育和医疗等，因此这类组织最主要的创建者是政府，政府需要出资来构建这类组织。在这类组织运营的过程中，为了减少政府直接投入带来的巨大负担，也为了提高这类组织自身的运营效率进而提高政府投入的效率，国家允许部分非营利性组织在运营过程中产生一定盈余，但这类盈余不能私自挪用划分，而是要投入本组织以进一步扩大公共服务的数量，提高其质量。因此，非营利性组织与营利性组织一样，也需要大量的管理人才，通过管理活动来提高组织运营的效率，这是管理活动一贯的价值目标。因此，大学生通过学习管理类课程也可以为日后服务于非营利性组织打下基础。

（二）正式组织与非正式组织

根据表现形态，组织分为正式组织与非正式组织。

1. 正式组织

正式组织是指为了更高效地达到组织目标而设定了清晰的组织结构、工作职责和评价体制的组织。一般而言，组织成员对组织的规章制度和运行方式都严格遵守。例如，在政府、企业、学校等正式组织中，都有明确的运营目标，而且为了达到这个目标，其组织结构是明确的，组织内部都有明确的组织分工，组织日常的运营都有相对稳定的流程和评价机制，以保证组织目标的实现。可以说，我们每一个人都存在于至少一个正式组织中，即使一个自由职业者，也需要与一个正式的外部组织相联系，借此获得信息来源。

2. 非正式组织

非正式组织是指在正式组织中由一部分爱好、兴趣、性格等特征相仿的个体自发形成的组织。与正式组织相反，这类组织的组织结构、成员分工、运行流程和评价机制不能说没有,但却是隐性的、模糊的。这类组织中往往也有一个影响力最大的个体在实质上扮演着"领导者"的角色,而其他个体也由于各自特点的不同而扮演着不同的角色,各自贡献各自独特的资源与能力,进而形成一种潜在的"组织结构"和"运营模式"。非正式组织的成员是高度动态流转的,个别成员可能慢慢就不再参加组织的活动,组织成员对组织的依存度取决于组织成员个人,相对受组织的约束较小。非正式组织虽然在形态上不如正式组织那么显性,也没有很多硬性的条条框框,但是却也有自身隐性的行为规范,组织成员之间更多依靠自觉、自愿的方式来遵守,并且不通过正式的方式,而是通过彼此的默契和默认等非正式的方式来修改组织的运行模式。同时,正式组织内的个体很容易就能察觉出组织内"非正式"的小团体,非正式组织往往对正式组织的运行有着巨大的影响,其成员由于有相同的特质和爱好而聚合为一个潜在的利益集团,进而对正式组织的绩效产生影响。

第二节 组 织 结 构

一、组织结构的概念

(一)结构的概念

在谈组织结构的概念之前,首先需探讨结构的概念,这里不妨扩展到系统科学的视野中去看待广义的结构概念,以便从更开放的层面来看待狭义的组织结构。正如有的学者指出的那样,要了解系统或整体中组分之间如何互动,部分与整体如何相互沟通,或组分与系统如何相互过渡,必须掌握结构的概念;系统科学讲的组分(要素)和结构是两个紧密联系而又不同的概念,组分仅指系统的基本的或主要的组成部分(硬要素)或构成要素(软要素),不涉及它们之间的关系,结构才涉及而且只涉及组分之间的关系。就字面看,系统的结构指的是组分或要素相互结合而形成的架构,关注的是结合方式及其形成的整个框架或构形。更准确地讲,系统科学把结构定义为组分或要素之间关联方式的总和,如图 9-1 所示①。

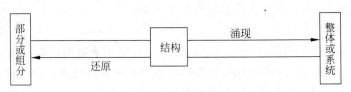

图 9-1 部分(组分)与整体(系统)的关系②

通过对系统科学中结构概念的理解,有助于更深入、更切实地体会结构本身的内涵。如果说结构是各个组成成分之间的关联方式,那么组织结构中的各个组成部分就不再是

---

① 苗东升.系统科学大学讲稿[M].北京:中国人民大学出版社,2007:29.
② 苗东升.系统科学大学讲稿[M].北京:中国人民大学出版社,2007:28.

重点,重点是各个组成部分是如何关联的,组织结构的形式只是表皮,而其内核则是组织结构的运转方式。从这个角度看,后面涉及的各种类型的组织结构形式都只是外在表现,即使两个组织运用了完全一样的组织结构,其实也只是拥有一样的组织结构形式而已,两个组织的日常运转必定有很多不同,这才是组织结构内核的不同,也是我们应该多多思考的地方。画出一个组织的组织结构图只是了解该组织结构的"万里长征第一步",只有身在该组织内部、与该组织的利益相联系,才能真正了解各个组成部分是如何关联的,也才能了解组织结构的内核。作为大学生,虽然还未进入企业组织,但却身在高校这个组织中,大学生应该以此为学习素材,尝试画出所在高校的组织结构图,并且以自身的生活和学习经历为第一素材来更深入地感受、了解和领悟高校这一组织的运转方式,进而提高对组织结构概念和内涵的掌握。

(二)组织结构的概念

虽然我们这里要开始正式讨论组织结构的具体技术问题,但还是需要明确组织结构的广泛性的概念问题,即组织结构对于一个组织的意义究竟是什么。对于一个组织来说,组织结构是最重要的设计环节吗?组织结构是为谁服务的?对此,管理大师德鲁克指出:"在讨论组织结构的时候,必须同时考虑需要的是哪一种结构,以及应该如何建立这种结构。两个问题都很重要,只有当我们能有系统地回答这两个问题,才能建立健全、有效而持久的组织结构。首先,我们必须弄清企业需要哪一种结构。组织本身不是目的,而是达到经营绩效和成果的手段。组织结构是不可或缺的工具;错误的结构会严重伤害,甚至摧毁企业经营绩效。不过,任何针对组织的分析,都不应该从讨论结构开始,而必须先进行经营分析。讨论组织结构的第一个问题应该是:我们的事业是什么?我们的事业究竟应该是什么?组织结构的设计必须能达到未来5年、10年,甚至15年的企业经营目标。"[1] 显然,德鲁克认为组织结构是为企业经营服务的,只有先明确了我们事业的本质才能从长远的角度看待具体的经营领域。我们是一家满足人们口舌之欲的餐馆,还是一家带给人快乐的地方?这是两种截然不同的长远事业定位,而只有在现在就较早地确定自己未来长远的事业定位,才能在一开始就设立更符合长远目标的组织结构,也只有这样,这一组织结构才能在客观上支撑企业存活发展5年、10年,进而使自己之前设想的事业梦想成真。因此,虽然我们本章后面要谈论组织结构的方方面面,但头脑中对组织结构的价值定位却是最重要的学习内容,只有掌握了这个指导思想,才能把后面方方面面的技术问题视为思考素材而非答案,不至于仅仅是僵化地"熟悉"各种组织结构的形式,才能运用这个指导思想来灵活思考和运用不同的组织结构形式,进而在未来设计出更符合所在组织事业本质的组织结构。

就组织结构的概念这一技术问题而言,美国管理学家斯蒂芬·P.罗宾斯和蒂莫西·A.贾奇将组织结构定义为"对工作任务进行正式分解、组合和协调的方式"。[2] 这一概念以非常直接的方式传递了三个概念内涵。

---

[1] 德鲁克.管理的实践[M].齐若兰,译.北京:机械工业出版社,2011:157.
[2] 罗宾斯,贾奇.组织行为学[M].李原,孙健敏,译.北京:中国人民大学出版社,2008:461.

1. 工作任务的分解

组织都拥有明确的目标,而为了实现这一目标就需要对其进行分解,因此工作任务分解的前提是工作目标的分解。通过工作任务的分解,可以看清楚总共有哪些事情需要做,这样避免了对若干工作任务的忽视和遗漏。例如,对于企业而言,既需要采购原材料、检验所采购原材料的质量是否达标、设定检验的标准,也需要设定生产的标准和规范、把生产的产品销售出去、提供售后服务,等等,这些不同的工作任务通过分解就变得清晰可见,哪些任务不能再分解、哪些任务可以再分解都需要在这个环节完成。只有先把需要"组织"(动词)的工作任务(要件)摆出来,才谈得上对这些要件进行管理。

2. 工作任务的组合

在进行了上述工作任务分解之后,组织就可以根据某一准则对部分工作任务进行组合,进而形成一个个的部门。工作任务组合的目的有两个,或是能提高工作效率,或是能提高满足顾客的效果。例如,采购原材料、质量检验、安排生产计划等工作任务往往被组合到"生产部门",通过这种部门化的方式,生产部门的员工相对其他部门而言,更熟悉生产管理的方方面面,经过长期的工作积累,他们就成为生产领域的专家和熟练工,他们的个人技能变得更加专一,自身的工作效率得以提高;市场调查、营销策划、产品定价、渠道建设等工作任务往往被组合到"营销部门",该部门的员工自然就成为该领域的专家和熟练工。当然,后面还会介绍很多其他的部门化方式,但工作任务组合本身都是形成组织结构的一个必要环节。通过任务的组合也降低了组织管理的难度,最高管理者不需要直接管理每一个人,而是对组合后的部门负责人进行管理,这也使企业的经营规模可以得到扩张,管理的价值可以得到放大。

3. 工作任务的协调

经过任务的组合,在组织中就形成了很多部门,但部门之间的划分是人为的,从本质上讲各个部门的目标应该是一致的,都是为了企业的最终事业而努力。然而,一旦形成不同部门,个体的自我意识就容易产生膨胀,单个部门的利益就容易抬头,部门之间也容易产生利益纷争,例如,生产部门希望生产的产品是单一品种且批量生产,这样生产效率更高、生产计划安排更容易、产品质量也易于保障,但消费者对产品的多样化需求使营销部门更愿意多品种少批量,于是,不同部门的利益博弈就产生了。因此,在工作任务组合后,还需要对工作任务进行协调,需要不同部门之间相互沟通和协商,形成一种稳定的交流机制,甚至通过设计"矩阵结构"来使不同部门的人员形成交叉关系,进而促进工作任务的协调,使不同部门的人员都能以企业整体目标为自身工作的目标,进而统一思想、统一认识,最终统一工作步调。

二、组织结构的基本类型

由于对工作任务进行正式分解、组合和协调的方式不同,就产生了不同的组织结构。尽管组织结构的具体形式多种多样,但存在两个极端模型即机械模型和有机模型(如图 9-2 所示),这是认识组织结构的两个典型样本。

```
┌─────────────────────────┐    ┌─────────────────────────┐
│ 机械模型                │    │ 有机模型                │
│  • 高度具体化           │    │  • 交叉功能团队         │
│  • 固定的部门化结构     │    │  • 跨层级工作团队       │
│  • 命令链明晰           │    │  • 信息自由流动         │
│  • 控制跨度窄           │    │  • 控制跨度宽           │
│  • 决策集权化           │    │  • 决策分权化           │
│  • 高度正规化           │    │  • 正规化程度低         │
└─────────────────────────┘    └─────────────────────────┘
```

图 9-2　机械模型和有机模型[①]

（一）机械模型

较为接近机械模型组织的是军队。机械模型在对工作任务进行正式分解时，力求做到"术业有专攻"，每个任务都有具体明晰的工作方式、工作程序、工作流程和工作质量检验办法，在特定岗位工作的人员需要严格执行设计好的工作流程，每个人的工作不需要个人发挥主观创造性，严格执行是最重要的。在对工作任务进行组合时，以工作技术的相关性为组合依据，同类技术的岗位被整合在一个部门，如生产部门、营销部门、财务部门、人力资源部门等，以提高特定部门的工作效率为任务组合的指向。在工作任务的协调上，部门之间、不同部门的人员之间联系很少，并不鼓励横向联系。

因此，机械模型就如同一架高速运转的机器一般，每个人、每个岗位、每个部门都各司其职，各自按照设定好的程度高速运转就可以了。这意味着工作的高度具体化，人们的工作已经被细分到非常具体，如同一颗螺丝钉，日复一日地重复运转，例如，生产部门中各个具体岗位的员工，往往都是高度具体化的工作，工作的丰富化和多样化程度很低，不需要员工个人去发生横向联系。同时，部门之间联系很少，且部门的设定会维持很长时间，变动很少。在这种模型中，上下级之间的职权关系是非常明确的，上级向下级发出命令，下级严格执行，上下级间形成了明晰的命令链，这也意味着组织的决策都是集权化的，都是由上级制定的，下级参与决策制定的程度很低，甚至完全没有。所有的工作也都是按照标准程序完成，具有高度的正规化，不需要员工自主改变。显然，这种组织结构对于军队有一定的契合性，对企业而言，它往往只存在于高度依赖效率的大规模制造型企业中，并不适合中小企业和服务型企业。

（二）有机模型

与机械模型相反，有机模型的核心是"有机"二字，即该模型同样具有了拟人化的"生命"特征，有很强的可塑性和弹性，可以顺应内外部环境的变化而动态调整，组织内部的决策流、信息流及权力设置是双向、多向变化的，因而具备高度的动态灵活性。一些互联网企业和高科技企业，以员工的个人创意头脑为组织的核心竞争力，这些组织的结构特点就贴近有机模型。首先，在这类组织中，工作任务的分解是模糊的，以互联网企业为例，所有的产品都是依据消费者的新需求来挖掘的，工作任务本身就是模糊不清的，是需要员工自

---

① 罗宾斯，贾奇.组织行为学[M].李原，孙健敏，译. 北京：中国人民大学出版社，2008：474.

主创造的,何谈分解?因此,有机模型中存在大量交叉功能团队和跨层级工作团队,不同员工之间基于各自掌握的能力和创意,共同自发汇聚在一起创造新的产品或服务。正是因为这种交流产生了有机模型的第二个特征,其工作任务的组合是一个动态变化的过程,更多形成了团队型结构(后文将详细展开),没有了固定的部门设置,团队是由相同志趣的员工自发形成又自发解散的,因此信息是自由流动的。正因为如此,决策不再完全是上级的事情,更多需要员工共同参与制定并自主执行。由于外部环境的动态变化,工作的具体方式和内容也需要随机应变,因此工作的正规化程度也很低,需要针对遇到的新问题去思考新的工作方式。

从对上面两种模型的阐述不难看出,机械模型具有很强的刚性,可塑性低,追求的是稳定、统一和效率,而有机模型则具有很强的柔性,可塑性强,追求的是灵活、多样和创造性,但极不稳定,尤其是效率不一定稳定。现实生活中,完全的机械模型组织和完全的有机模型组织并不存在,只是有些组织接近于它们,绝大多数组织都介于这两种组织模型之间。在这里分别阐述这两种极端模型,就是将它们作为两个样本,便于大家理解不同的组织结构模型和逻辑。

三、组织结构差异的来源

德鲁克已经指出,任何针对组织的分析,都不应该从讨论结构开始,而必须先进行经营分析,且组织结构的设计必须能达到未来 5 年、10 年,甚至 15 年的企业经营目标。因此,组织结构只是一个结果,只是一个被解释变量 Y,而影响组织结构的因素才是原因,才是解释变量 X。鉴于此,单纯地了解机械模型与有机模型的区别并不重要,关键是要了解这种结构差异的来源,挖掘导致这些差异的内外部原因。只有明确了解释变量有哪些,才能设计出与客观实际相符的组织结构。现有的管理理论普遍将这种差异来源归结为四个方面,分别是战略因素、组织规模因素、技术因素和环境因素。

(一)战略因素

战略因素是"计划"篇的内容,是战略管理一章阐述的内容,而组织结构则是"组织"篇的内容。从最朴素的逻辑思维出发,显然应先制订计划,再去组织实施,因此组织的战略因素是前导因素,会对组织结构产生影响。战略管理一章已阐明,竞争战略包括成本领先战略和差异化战略,不同的战略是基于内外部环境决定的,战略决策直接影响着企业目标的实现与否,因此战略是组织结构的前导因素。

以成本领先战略为例。执行这一战略往往以平均总成本更低为战略目标。为了实现这一目标,企业就需要提高整个组织的劳动生产率,每个岗位上的员工都应该努力提高自身工作的效率,每个员工也都应该积极融入整个工作流程中,保质保量地完成自身份内的工作。要想降低平均成本,就需要整个组织是一个浑然一体的整体,如同一架高效运转的机器一般,一旦上级发出指令,下级就应该无条件服从,并且按时按质按量地完成份内的任务。显然,这种战略要求组织结构倾向于"机械模型"。只有在"机械模型"下,每个管理者直接管理的下属数量不多,管理者才能对下属施以严格的管控,使下级严格服从上级;也只有在"机械模型"下决策才能是集权的,信息流是从上向下的,这样大家工作的方向就能保持一致,才能消除分权模式下信息流从下向上流动,而一旦反向流动,上级就容易管不住下级,观点的不一致和由此引发的讨论就会延缓整个企业机器的高效运转,进而导致成本无法降低。因此,成本领先战略制定的同时就意味着需要配备相应的"机械模型"组织结构。

反之,如果企业根据自身的内外部环境决定要实施差异化战略,那么就会带来完全不同的景象。差异化战略的本质就是要追求产品或服务的与众不同,而与众不同是需要人来实现的,但仅仅依靠创业者、总经理或 CEO 一个人的努力难以做到,与众不同需要组织内部的大多数人都来努力创造。那么,创业者、总经理或 CEO 如何使大多数人都去努力创造差异化呢?毕竟人在一定程度上具有一些"惰性",要个体去努力创造差异化,就意味着让员工去开动脑筋,让员工动脑子学习新的思维、新的知识和技能,让员工想出新的工作方式、新的工作内容,并且让员工自己按照新的方式工作,这一切无疑都是巨大的挑战。为了实现这一切,除非员工自愿,而员工要想自愿动脑子,除非给员工自主权,允许员工按照自己的想法去工作。员工按照自己的想法工作并有所贡献和突破时,员工内心所获得的前所未有的成就感和贡献感本身就会给员工本人巨大的内在激励和奖励,即使组织没有物质和精神奖励,员工自己也充分鼓舞了自己,如同"重新活了一把",这样员工就如同被自己点燃一般持续"自燃"下去,不断去接受新事物、学习新事物进而创造新事物。如果每一个岗位上都发生这一切,那么整个企业的差异化战略的实现就是自然而然的事情。因此,如果企业试图实施差异化战略,那么组织结构就应该是"有机模型",通过决策的分权化来给予员工更多的自主权,并且鼓励信息的充分自由流动,进而促进信息来源的多样化,创造"头脑风暴"的机会以产生更多创造性。

因此,随着组织战略的调整,组织结构也需要相应调整,即结构跟随战略。

(二)组织规模因素

组织的规模也会对组织结构产生影响,一般而言,组织规模越大,采用"机械模型"的必要性就越强,而组织规模越小,则越倾向于"有机模型"。举个简单的例子,在大学课堂上,如果面对一个 200 人以上的大班级,要采取案例分析或课堂讨论的教学方式,可能会由于众口难调的原因,效果和效率都很差。因此,这个课堂讲授就必然是以老师为中心的,以老师为主角来单向传递信息。这时整个课堂就好比一个"机械模型",一切工作的推进都是按照既定的备课内容来完成的,正规化程度较高,信息的流动是自上而下的,学生参与课程进度决策的程度较低。如果是一个 50 人以内的小班级,则案例分析和课堂讨论就容易成为常态,上课不再是以老师为中心,而是以学生为中心,学生就成为主角,每一堂课会发生什么谁也不知道,工作的正规化程度会降低,学生的参与度也会提高,信息的流动成为双向的,因此当规模小时,"有机模型"更适合。

(三)技术因素

每个组织都是基于某一种技术来完成某种产品或服务的供给,农产品生产企业是基于农业技术来完成投入产出的转化,而手机等各种电子产品制造企业是基于信息技术来完成投入产出的转化,但这两种技术都属于"硬技术",而大量的服务业则是基于"软技术"

来完成投入产出的转化。例如,餐馆的技术是什么?每一道菜作为一个产品,其背后是厨师的"硬技术",而餐馆的服务水平则是"软技术",甚至"软技术"比"硬技术"还重要。不同的技术如何影响组织结构?首先,技术更新的速度会对组织结构产生影响,对于农产品生产企业而言,农业技术的发展是相对缓慢的,因此农产品生产企业并不需要过多关注员工创新,更需要的是改善流程、提高效率;并不需要员工更多参与决策,需要的是员工的稳定执行,因此"机械模型"相对更适合。但是,对于电子产品制造企业而言,信息技术的更新换代速度极快,再伟大的 CEO 一个人也不能源源不断创造新的创意,需要众多员工贡献自己的智慧、能力、创意和信息,因此就需要"有机模型"下信息的自由流动,需要给员工分权,需要降低工作的正规化程度进而鼓励员工先行先试。

其次,如果把技术分为"硬技术"和"软技术",那么总体而言,提供传统产品的企业一般都是基于"硬技术"来完成产品,而提供高科技产品的企业和所有服务企业则一般都是基于"软技术"来完成产品或提供服务。对于前者,组织经营方向的调整是不频繁的,更多的是对既有运营流程的优化改造,因此"机械模型"更适合;对于后者,尤其是服务型企业,由于消费者的需求是瞬息万变的,且不同消费者的需求各有差异,这就要求组织的一线员工能够根据客户的需求来调整服务方式,这就意味着需要给员工授权,需要允许他们以他们自己的方式来完成工作,即需要工作的低度正规化,因此"有机模型"更适合。

(四)环境因素

任何一个组织都存在于一个广泛的宏观环境和一个相对中观的产业环境中,每一个组织就好比一只水中的"鱼",而外部环境则是"水"。因此,组织结构也需要顺应环境的变化。当外部环境相对稳定时,如当地 GDP 的增长是稳定的,竞争对手的竞争策略是稳定的,整个行业的供需是基本平衡的,国际环境没有大的变动,那么"机械模型"相对适合。如果外部环境是动荡的,如整体经济不景气或产业环境发生重大变化,竞争对手发生了兼并重组,新的外部竞争者大量涌入,那么就需要组织主动适应变化,只有组织自身比外部环境变得更快,才能占据先机,才能化被动为主动,这时一个"有机模型"更能鼓励全体员工积极参与决策,也更能适应外部环境的变化。

四、组织结构的具体形式

(一)简单结构

简单结构是一种低度部门化、宽管理幅度,职权集中在一个人手中,且正规化程度低的组织结构(如图 9-3 所示),在所有者与经营者合一的小企业中广泛应用。

图 9-3 简单结构

简单结构一般是初创阶段的企业会采用的组织结构。由于这类企业的人财物都很紧缺,往往需要一人身兼数职,企业内部的大小事情都是创业者(老板)一人说了算,通过这种高度集权的方式来强化企业经营的方向。同时,所有的工作环节都刚刚运转,还有很多不够完善的地方,因此工作的正规化程度也很低。简单结构也非常适合初创阶段的企业。对于这个阶段的企业而言,外部环境变化对企业的冲击较大,企业能够度过这个阶段几乎完全取决于创业者个人的资源与能力,同时这个阶段的企业需要发挥"船小好调头"的优势,需要快速准确地抓住市场机会来扩大实力,因此"指哪打哪"般地高效率运转是企业生存的法宝,这就意味着组织结构不需要从下向上传递信息,决策的难度不大,不需要员工贡献太多智慧,更需要的是创业者自己想清楚未来如何经营。低度的正规化对于这个阶段的企业反而是好事,因为企业的一切工作流程和环节都在"摸着石头过河",通过初期的低度正规化恰恰可以检验出哪种工作方式更有效,通过在实践中的检验来积累沉淀出未来成熟的工作方式。总之,简单结构具有快速、灵活、维护成本低以及责任明确的优点,缺点在于对成长后的企业不适用,过于依赖老板个人是有风险的。

(二)直线型组织结构

这种组织结构是一种较为集权的组织结构,组织中的岗位按照垂直系统直线排列,不设专门的职能部门(如图9-4所示)。

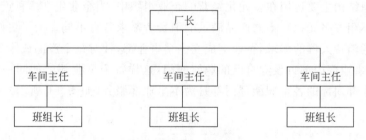

图9-4 直线型组织结构

实行直线型组织结构具有一定前提条件,从战略因素、组织规模因素、技术因素和环境因素出发来考察:首先,一般要求组织的战略是成本领先战略,在这一战略选择下,组织追求的就是高效率的执行,而直线型组织结构没有横向联系,所有联系都是由上向下的直线单向联系,这有利于贯彻成本领先战略;其次,要求组织的规模不能太大,人财物相对便于集中管理;再次,实施这种组织结构,也要求组织运用的技术相对成熟,技术的更新换代较慢,这样就不需要过多的横向联系,直线结构的优势就大于劣势;最后,由于直线结构属于刚性结构,不适应快速变化的技术和产品,因此只有外部环境较为稳定时,这一结构才较为适用。

(三)职能型组织结构

职能型组织结构是指,在总经理的统一领导下,根据所开展业务的专业属性来设立职能部门,各个职能部门具有相关业务领域的权力(如图9-5所示)。

这种组织结构将相关业务技能领域的工作都整合到一个部门,如"财会部"的员工从

图 9-5 职能型组织结构

事的都是财务会计类工作,他们可能具有相似的教育背景和专业,在业务技能上可以互相取长补短。这种组织结构以"物以类聚"的方式来划分部门,好处在于提高了单个部门的效率,但缺乏不同专业背景人员的互相学习和碰撞,整个组织结构是以专业技能来划分的,这非常适合外部环境稳定的情境,但如果发生环境变化,这一结构的适应性不强,不能很好地实现横向沟通,"头脑风暴"发生的概率低,且不同部门易于形成狭隘的部门利益,不利于整个组织目标的实现。

(四) 事业部制组织结构

事业部制组织结构是指在公司总部的统一管理下,按照顾客、地区、产品等分别设立若干事业部,每个事业部拥有较大的经营自主权,并且独立核算,而公司总部对各事业部进行总体管控。

这种组织结构主要运用在多元化经营的企业组织中,当企业生产多种产品时(包括相关多元化和不相关多元化),不同产品满足的消费者需求各有不同。为了更好地满足特定产品或服务的消费人群的需求,企业会成立多个事业部,针对每个产品或服务设定每个事业部,而每个事业部内部再设立自己的职能部门,这样每个事业部就如同一个小的"子企业",单个事业部内部的各个职能部门都是为本事业部服务(如图 9-6 所示)。

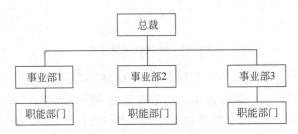

图 9-6 事业部制组织结构

这种组织结构往往适用于中大规模的企业组织,尤其是针对不同的产品或服务来划分事业部,这有利于发展壮大每一个事业部,企业也可以对不同的事业部进行比较,进而作出不同的投资预算。当某一个事业部经营不善时,企业也可以将其单独卖掉,因此该组织结构的可塑性较强。

(五) 矩阵型组织结构

矩阵结构中的"矩阵"二字意味着这是一个二维结构(如图 9-7 所示)。职能型组织结构和事业部型组织结构都属于一维结构,前者是基于职能来划分部门,后者是基于产品来划分部门,而矩阵结构是基于这两个维度来共同划分部门(当然也可以基于其他两个维度来划分)。

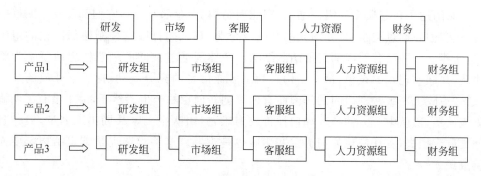

图 9-7　矩阵型组织结构

以上矩阵结构的横轴是按照职能来划分部门的,包括研发、市场、客服、人力资源和财务等部门。当企业需要开发新的产品时,就需要这些职能部门分别派出相应的人员来组成一个团队,因而在纵轴上形成了产品 1、产品 2、产品 3 这样的部门序列。这样每个职能部门的员工就有了两个上级,一个是本职能部门的管理者,另一个就是所属产品团队的负责人。这种矩阵结构的好处在于,可以解决职能结构的缺点,即可以使不同职能部门的员工发生横向的联系和碰撞,进而在开发新产品时吸收不同部门员工的智慧,使产品在初期的策划上更加成功,也更有可操作性。矩阵结构也有明显的缺点,即每个员工都有两个上级,如果两个上级的指令不一致,就会使员工产生困扰,因此实行矩阵结构的组织都需要针对职能部门管理者和团队负责人进行培训,让他们分别明确各自的职权范围。一般而言,职能经理拥有晋升、薪酬建议和年度考核等职权,而团队负责人(或称之为项目经理)则拥有与实现该团队目标相关的职权。

五、组织结构的新挑战

随着整个社会新技术、新理念、新思潮的不断涌现,企业所面对的内外部环境变化更加快速也更难把握,这使得组织结构面临一些新的挑战。

(一)知识型组织中组织结构更难设计

随着经济社会发展的需要以及人们受教育水平的不断提高,高科技企业、研发机构、医疗机构、教育机构、律师事务所、会计师事务所、咨询机构等知识型组织越来越多,这类组织中的员工往往在各自的专业技术领域都有自己的专长,或者说都谋求建立自己的专长,将"一技之长"作为自己安身立命的根本。对雇用这类员工的组织而言,其核心竞争力就来源于这些人才,因此如何设计更适合的组织结构就是关键。这里也存在一定的矛盾。在这类组织中,工作的方向和内容需要员工自我开发,因此分权(员工自主决策)的程度应该较高,但同时又强调通过构建团队来推动组织发展,而团队的发展往往以典型热门命题为方向,这就需要每个人放弃一部分自我意识,进而形成一些集权,在分权与集权中如何把握好"度"就成为这类组织管理者所面对的一个难题。

(二)团队结构中责权利的配置难题

前面阐述了一些典型的组织结构(职能型结构、事业部制等),它们都设立了明确的部门,但很多创新创意型组织,如新兴的互联网企业,都试图打破这种刚性部门化的组织结构,进而建立一种没有明确部门的团队结构。个体间通过共同的创意构想而凝结为临时的团队,共同实现新的设想,这一结构有利于多样信息的充分流动,提供了开放的互动情境,通过消除上下级和部门间的隔阂而有助于创新创意的产生。然而,由于没有了明确的上下级关系,团队中个人的绩效如何评价成为难题,团队中大家共同出谋划策,但一旦出现问题造成损失,责任应该如何界定和明确也是难题。这些难题也是组织结构需要面对的挑战。

(三)组织结构如何适应"互联网+"的时代

与其说"互联网+"是一种技术,不如说它更是一种"思维方式",一种重构整个商业生态的思想革命。"互联网"技术本身提供了一种低成本、高速度、网络化的拉近人与人、人与组织、组织与组织、组织与环境的模式,这种模式使企业组织需要时刻关注商业模式的变化,在商业模式上进行线上与线下间的动态调整,这也要求组织结构相应进行动态调整,但组织结构本身的特性就是相对稳定,这使组织结构的稳定性与组织结构的可塑性之间存在矛盾,因此组织结构如何更好地适应"互联网+"的时代也是一个未来的挑战。

第三节 组 织 设 计

一、组织设计的概念

组织设计就是通过对六个关键设计要素(劳动分工、部门化、指挥链、管理跨度、集权与分权以及正规化)的明确来构建组织结构的内涵。这六个设计要素分别对应着六个关键问题,如表9-1所示。

表9-1 为了设计恰当的组织结构,管理者需要面对六个关键问题[①]

关 键 问 题	由 谁 回 答
1. 把任务分解成相互独立的工作单元时,应细化到什么程度?	劳动分工
2. 对工作单元进行合并组合的基础是什么?	部门化
3. 员工个人和群体向谁汇报工作?	指挥链
4. 一名管理者可以有效指导多少员工?	管理跨度
5. 决策权应该放在哪一级?	集权与分权
6. 规章制度在多大程度上可以指导员工和管理者的行为?	正规化

---

① 罗宾斯,贾奇.组织行为学[M].李原,孙健敏,译.北京:中国人民大学出版社,2008:461.

二、组织设计的六个关键要素

(一) 劳动分工的程度

关于劳动分工的必要性,泰勒在其代表作《科学管理》一书中表达了对劳动分工的重视。他指出:"只有通过强制性的标准化方法,强制采用最好的工具和工作条件,强制性合作,才能保证快速工作。而强行采用标准和强行合作的责任只能落在管理者身上。……管理者必须认识的广泛事实是,如果工人不能从这种做法中获得额外的报酬,他们是不会顺从这种更为死板的标准的,他们也不会额外勤奋地工作。"[①]世界上第一条流水生产线的创建者,福特汽车的创始人亨利·福特也描述了劳动分工的巨大价值,他指出:"以前我们用常规的方法装配飞轮磁石电机,一个工人干完全部工序,一天9个小时能装35~40台,或者说每20分钟组装一台。后来,1913年4月1日,我们第一次试验了一条装配流水线——装配飞轮磁石电机,单个工人所做的全部工作后来被分解成29道工序,这样就把装配时间减少到13分10秒。然后我们把流水线的高度提高了7英寸——这是在1914年——把时间减少到了7分钟。该流水线传动的速度就是通过反复试验才得出来的,我们最初的速度是每分钟60英寸,这太快了,我们又试了每分钟18英寸,这又太慢了,最后我们定下来每分钟44英寸。这样做的想法是,一个人的工作必须能够不慌忙——他必须有所需要的每一秒钟,但又不能有多余的每一秒钟。"[②]亨利·福特还专门总结了流水线生产的三原则:"首先,按照操作程序安排工人和工具,这样在整个走向成品的过程中,每个部件都将经过尽可能最短的距离;其次,运用工作传动带或别的传送工具,这样当一个工人完成他的操作后,他总是把零部件放在同样的地方——这个地方是他的手放起来最方便的地方——如果可能的话,运用重力把零件送到下一个工人处,供他操作;最后,运用滑动装配线,需要装配的零件放在最方便的距离处。这些原则运用的结果是,减少了工人无谓的思考,把动作的复杂性减少到最低程度,使他几乎只用一个动作就完成一件事情。当我们开始让工作来迁就工人而不是让工人去迁就工作时,便迈出了走向生产流水线的第一步,我们现在对所有的工作贯彻两条原则——如果能够避免的话,一个人决不能多走一步;没有人需要一直弯着腰。"[③]

因此,劳动分工的程度取决于人与工作任务如何匹配,对于汽车制造业,工作任务需要根据人的生理特征来设计。对于目前的服务型企业,同样需要根据员工的具体特征来设计工作任务和分工程度,一切以满足消费者的需求为导向。

(二) 部门化

部门化是指在劳动分工后,再将若干相同或相似功能的职位组合在一起的依据和方式。共有五种通用的部门化方式(如图9-8所示)。

---

① 颜泽贤,范冬萍,张华夏.系统科学导论——复杂性探索[M].北京:人民出版社,2006:407.
② 福特.我的生活与工作[M].梓浪,莫丽芸,译.北京:北京邮电大学出版社,2005:57-58.
③ 福特.我的生活与工作[M].梓浪,莫丽芸,译.北京:北京邮电大学出版社,2005:56-57.

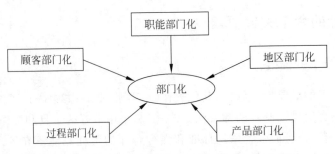

图 9-8　五种通用的部门化方式

1. 职能部门化

这种部门化方式最为常见,图 9-5 所示的职能型组织结构就是如此(在此不再画图展示)。其优点在于:便于组织成员发挥专长,提高业务水平;将拥有相同技能、知识和观念的人员组合在一起以提高效率。缺点在于:各职能部门长期只从事某项专业业务,缺乏总体观念,不利于培养高级管理人才;各职能部门之间沟通少,缺乏对组织整体目标的认识。

2. 地区部门化

即根据地区的不同划分各自的业务范围(如图 9-9 所示)。这种部门化方式的优点在于可以更有效地处理特定区域所产生的问题,更好地满足区域市场的独特需要。缺点在于可能感觉到与组织其他领域的隔离。

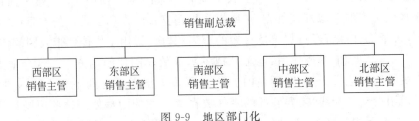

图 9-9　地区部门化

3. 产品部门化

即依据产品线来组合工作(如图 9-10 所示)。这种部门化方式的优点在于:贴近顾客,促进特定产品或服务的专门化经营,同时经理人员成为所在行业的专家;有利于培养高层管理者。缺点在于职能的重复配置,每个事业部都有相应的职能部门,造成人员成本较高。

图 9-10　产品部门化

4. 过程部门化

即依据产品或顾客流来组合工作,使各项工作活动沿着处理产品或为顾客提供服务的工艺过程的顺序来组织(如图 9-11 所示)。这种部门化方式的优点在于工作活动的更有效流动;缺点在于只适用于某些多生产环节产品的生产,应用范围较为有限。

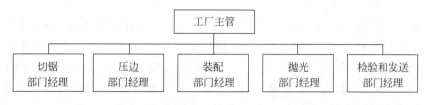

图 9-11 过程部门化

5. 顾客部门化

即依据共同的顾客来组合工作,同一组顾客具有某类相同的需要或问题,要由相应的专家才能更好地予以满足(如图 9-12 所示)。这种部门化方式的优点在于能由专家来满足和处理顾客的需要及问题,并且能更好地监控顾客的需求并针对需求的变化快速作出反应。缺点在于职能的重复配置,而且缺乏对组织整体目标的认识。

图 9-12 顾客部门化

(三)指挥链

指挥链是指从组织高层延伸到基层的一条职权线,它界定了谁向谁报告工作;它帮助员工回答"我遇到问题时向谁请示",或者"我对谁负责"这类问题。指挥链构成了一条信息与决策上传下达的网络,通过这个网络,组织内部的信息可以按序流动。在传统的组织结构中,指挥链往往是清晰而明确的,具有很强的刚性,上下级之间责任明晰。但是,随着团队结构、项目结构的增多,对指挥链提出了挑战,这两种结构中成员之间在权力、责任和利益上是平等共享的,并没有明确的指挥链,而这种组织结构的优势就在于发挥无领导下的群策群力。指挥链的存在意味着决策更多是上级制定的,战略事务更多由上级动脑子,下级更多是执行,但并不见得上级想的就都是对的,团队结构和项目结构就消除了这种主观设置的障碍,让团队内部没有明确的指挥者,进而调动大家的智慧,使每个人都可以成为"隐性"的指挥者,都能够通过贡献自己的智慧来赢得影响力,而且团队内部针对不同性质的问题,就会显现出不同的"隐性"指挥者。于是,指挥者就成了一个轮转替换的角色,使不同的个体在不同类型的问题上都能发挥自己的价值,这样就避免了指挥链模式下单一指挥者必然存在的能力失衡问题。因此,存在一个指挥链的适用性问题。对于高科技企业和知识型企业,团队结构和项目结构更多见,指挥链的设定就需要考虑更多因素,或者取消指挥链,或者将指挥链设计得更加具有柔性和弹性,降低指挥链的刚性,而对于技术成熟的大规模制造业,统一指挥、令行禁止、责任明确则是第一要务,刚性指挥链就是利大于弊的。

(四) 管理幅度

管理幅度又称管理跨度、控制跨度,是指管理者直接指挥和监督的下属数量。与之相对应衍生出另一个概念,即管理层次,它是指从最高管理者到基层工作者的组织层次数目。显然,管理跨度和管理层次是反向关系,管理跨度越大,管理者直接管理的下属数量越多,那么整个组织的管理层次就越少,这只是一个简单的数学问题。显然,管理跨度会对组织形态产生很大影响,使组织呈现为高耸型结构与扁平型结构。

1. 高耸型结构

高耸型结构即管理跨度小、管理层次多的组织结构。由于管理跨度小,每个管理者直接管理的下属数量较少,这使得组织结构严谨周密,便于管理者对下属实施严密控制,同时组织成员分工明确,职责分明,上下级之间等级森严,纵向关系清晰,有利于统一指挥,组织的稳定程度高。

2. 扁平型结构

扁平型结构即管理跨度大、管理层次少的组织结构。由于管理层次较少,这意味着最高管理者与最基层的距离更近,高层领导比较容易了解基层情况。同时,管理层次的减少也意味着各级管理者数量的减少,这使得支付给各级管理者的薪酬总量减少,进而节省了管理费用开支。管理层次的减少也使信息的传递速度更快,进而减少了信息失真。由于基层与高层离得更近,基层员工更有机会提出自己的想法并参与决策,进而有利于提高决策的民主化程度,也利于基层管理人员的成长。

但是,管理层级的增加是潜移默化的。德鲁克指出,对任何企业而言,无论组织是多么井然有序,管理层级增加都是严重的问题。因为管理层级就好像树木的年轮一样,会随着年岁增长,在不知不觉中逐渐增加,我们无法完全遏止这个过程。就拿史密斯为例吧,他在工厂经理职位上非常胜任,但是还没有达到升迁标准。他的属下布朗是个"振翅待飞"的一流人才——但是他能飞到哪儿去呢?公司不可能把他升到和史密斯差不多的职位上,即使公司愿意让他越过上司跳级升官,也没有适当的工作给他。为了避免布朗受挫离开,管理层把史密斯升到新职位上,让他担任制造经理的特别助理,专门负责工具的供应,如此一来,就可以名正言顺地让布朗担任工厂经理。史密斯很懂得怎么把新工作弄得忙碌不堪,他的办公室很快就不断涌出大量油印文件。当史密斯终于退休时,公司不得不派一个能干的年轻人——姑且称他为布朗二世——去清理史密斯留下的混乱。由于布朗二世十分优秀,他很快就把这个原本为了解决人事问题而虚设的职位变成实质工作。而不久下一个史密斯又出现了,必须想办法创造新职位,于是他变成一个协调者。这样,公司就创造了两个新的层级,这两个层级很快就变得不可或缺,成为公司传统的一部分。①

那么,高耸型与扁平型结构,哪种更适应市场?德鲁克指出,组织结构必须尽可能包含最少的管理层级,设计最便捷的指挥链。每增加一个管理层级,组织成员就更难建立共同的方向感和增进彼此了解。每个新增的层级都可能扭曲目标,误导注意力。指挥链中

---

① 德鲁克.管理的实践[M].齐若兰,译.北京:机械工业出版社,2011:164-165.

的每个连接点都会带来压力,成为引发怠惰、冲突和松懈的另一个源头。更重要的是,管理层级越多,就越难培养出未来的管理者,因为有潜力的管理人才从基层脱颖而出的时间拉长了,而且在指挥链中往上爬的过程中,往往造就的是专才,而非管理人才。对大企业而言,这个问题尤其严重。今天,在好几家大公司中,第一线主管和公司总裁之间有12个管理层级。假定一个人在25岁时当上了一线主管,之后他每5年就晋升一级——这已经是非常乐观的预期了——等到他有资格角逐公司总裁时,早已85岁高龄,垂垂老矣。[①]因此,未来随着市场环境变化得更快,外部环境要求企业加快决策、增强灵活性,更接近顾客,因此扁平型结构将更加契合。

(五)集权与分权

集权是指高层管理者在作出组织的关键决策时,从不或很少从低层取得决策投入,相应地,如果低层人员提供了更多的决策投入,则组织的分权化程度就较高。因此,集权与分权的差别和高耸型结构与扁平型结构的差别有相似之处,高耸型结构本身就是为了追求结构的严格控制与刚性稳定,而控制与稳定的获得就意味着少数人决策,因此高耸型结构一般而言都是集权的。反之,扁平型结构本身就是为了追求结构的弹性和灵活性,就是要鼓励多数人共同发声以群策群力,因此扁平型结构一般而言都是分权的。另外,选择集权还是分权也受外部环境稳定性的影响。如果外部市场环境较为稳定,没有新的技术突破,没有新的商业模式,没有新的竞争对手,那么企业自身运营的效率就是成功的关键,这时高耸型结构带来的集权化有助于效率的提高;如果外部环境有重大变化或潜在变化,那么扁平型结构带来的分权化就有助于全体员工群策群力,有助于调动更广泛的信息、资源和智慧,共同应对变化。因此集权与分权也需要因势利导。

(六)正规化

正规化是指组织中各项工作标准化以及员工行为受规则和程序约束的程度。高度正规化,意味着承担工作的员工对做什么、何时做以及如何做等没有自主权,组织有明确的规则条例,对工作过程制定明确的程序。低度正规化意味着工作行为相对非结构化,员工对如何做他们的工作拥有较大的自主权。一般而言,技术革新较慢的大规模制造业,往往适合采用高度正规化,而服务业由于顾客需求的多样化和善变性,往往适合低度的正规化,由一线员工根据所服务顾客的个性化需求来提供个性化的服务。

本 章 小 结

"组织"二字有两个指向:一个是名词的"组织",是对一个静态对象的描述;另一个是动词的"组织",是对一个动态行为的描述。组织的具体存在形式是多种多样的,不同类型的组织承担着不同的社会功能,根据不同的标准可将组织分为营利性组织和非营利性组织、正式组织和非正式组织。

---

① 德鲁克.管理的实践[M].齐若兰,译.北京:机械工业出版社,2011:164-165.

组织结构是对组织中的工作任务进行正式的分解、组合和协调的方式方法,这直接影响着组织的运作效率和效果。组织结构的差异源于战略因素、组织规模因素、技术因素和环境因素。机械模型具有很强的刚性,可塑性低,追求的是稳定、统一和效率,而有机模型则具有很强的柔性,可塑性强,追求的是灵活、多样和创造性。组织结构的具体形式有简单结构、直线型、职能型、事业部制和矩阵型等。

组织设计就是通过对六个关键设计要素(劳动分工、部门化、指挥链、管理跨度、集权与分权以及正规化)的明确来构建组织结构的内涵。随着企业管理实践的不断发展,组织设计需要更好地服务于客户需求,需要将组织内部优势与外部客户需求进行对接。

进一步阅读的材料

[1] 罗宾斯,贾奇. 组织行为学[M]. 李原,孙健敏,译. 北京:中国人民大学出版社,2008.

[2] 苗东升. 系统科学大学讲稿[M]. 北京:中国人民大学出版社,2007.

[3] 德鲁克. 管理的实践[M]. 齐若兰,译. 北京:机械工业出版社,2011.

[4] 颜泽贤,范冬萍,张华夏. 系统科学导论——复杂性探索[M]. 北京:人民出版社,2006.

[5] 福特. 我的生活与工作[M]. 梓浪,莫丽芸,译. 北京:北京邮电大学出版社,2005.

思考题

1. 请以你所工作或学习的组织为对象,画出其组织结构图。
2. 你所工作或学习的组织属于机械模型还是有机模型?
3. 你所工作或学习的组织的结构为什么是这样的?结合四大差异来源分析。
4. 你所工作或学习的组织能否建立矩阵结构?请尝试设计。
5. 你所工作或学习的组织,其现有组织结构有哪些不足?应该如何调整?
6. 请尝试联系实际分析组织设计的六个关键因素。

第十章

组织员工配备

学习目标

(1) 掌握人力资源管理的主要内容。
(2) 熟悉员工选聘的主要方法及其各自的优缺点。
(3) 熟悉员工培训的几种形式。
(4) 掌握员工考核的几种主要方法及其各自的优缺点。
(5) 了解职业生涯发展的含义。

身边的管理：

本章涉及的是"人"的问题，在有些教材中称之为"人力资源管理"。不论如何称呼和表述，核心问题都是针对"人"的选、养、育、用、留。如果以大学生群体为对象，大学生是大学这个组织的服务对象，而提供服务的人则主要是师资队伍，这也就有了针对教师的选聘、培训和考核问题。如果教师选聘不成功，大学生就不能很好地获得相应的知识、经验和技能，如果教师培训没有跟上，则大学生获得的知识、经验和技能就可能是陈旧的，而如果对教师的考核不科学不客观，就可能对师资队伍造成打击，影响其工作积极性。上一章本质上涉及的是对"岗位"的管理，即如何设计工作岗位，而本章涉及的是对岗位上的"人"的管理，如果不能为相应的岗位配备相应的"人"，每个岗位的工作任务就不能很好地完成，最终整个组织的目标就会受到不利影响。

本章内容的核心是对"人"的管理，涉及如何进行员工选聘、如何进行员工培训以及如何对员工的工作表现进行考核，最后也包括对员工个人职业生涯发展的管理。员工选聘环节需要"人"与"岗位"的匹配，员工培训需要提高人的能力，绩效考核则是对员工工作结果的评价与反馈，最后通过职业生涯规划使员工的发展与企业的发展相互助力。

第一节　人力资源管理的基础

对于一个组织而言，不论是营利性组织还是非营利性组织，不论是正式组织还是非正式组织，再怎么强调"人"的重要性都不为过。1926年，洛克菲勒基金会向哈佛大学工业心理委员会提供了一笔为期5年的捐款，每年10万美元，用于探索现实中的工作情况，即人们在工厂里怎样工作？人们在工作中最关心什么？怎样才能激励工人？哪些因素会影响工人的士气和生产力？那么，科学管理为何不能对生产力和人的行为产生革命性影响呢？当时的企业为此困惑不已。从理论上看，科学管理的逻辑精密而有力，无可辩驳，但在实践中，引入大规模生产和科学管理技术，反而会降低工人的士气。这样才引出了著名的"霍桑试验"。管理学思想开始关注人的问题，这不是出于人道的考虑，而是受到绝望的驱使，公司只希望能最大限度地提高生产效率。科学管理之父泰勒发现了工作，福特汽车创始人福特发现了大规模应用的工作，通用汽车的斯隆组织了工作，但他们都没看见，是"人"在完成工作。[①] 因此，对"人"的价值的不断发现和挖掘就成为本章内容的源头。针对这一内容的表述也经历了一些变化，最早被称为"人事管理"，后来被称为"人力资源管理"或"员工管理"，这里称之为"组织员工配备"是为了直接突显出"配备员工"的重要性。不论怎么称呼，核心内容都是员工的选聘、培训和考核问题，但在对每个具体问题展开讨论以前，本节有必要先对人力资源管理的基础内容进行一个概述，以形成整体认识。

一、人力资源的内涵

（一）人力资源及其重要性

人力资源是相对于实物资源和财务资源而言的，是指体现在全体员工脑力与体力上的各种资源，包括体力、智力、知识、技能、经验和社会资本等。人力资源反映了一个人现在和未来所能创造价值的整体。

通用电气（GE）前CEO杰克·韦尔奇曾指出，不管他们来自什么地方，GE总是致力于发现和造就了不起的人。我强调过许多观点，但我尤为注重把人作为GE的核心竞争力，在这一点上我倾注了比任何其他事务都多的热情。我们造就了不起的人，然后由他们造就了不起的产品和服务。[②] 因此，对于一个组织而言，无论事前的战略计划如何英明，无论大小决策多么正确，也无论组织结构与组织战略多么契合，如果各个岗位上没有配备正确的人，那么战略的执行难免出现偏差，决策的执行难免出现纰漏，组织结构的传导功能难免受到影响，最终的事业也都将成为空谈。可见，只有充分认识到人的重要性，并且设计科学合理的组织政策来保障和提升"人"的价值创造性，才能促使组织价值的最终实现。

（二）人力资源的特征

1. 价值弹性

人力资源的价值有多大？答案是"可大可小"，它首先受个体本人的主观意识支配，具有很大的弹性。假设一个员工在选聘环节表现出了较好的技术技能和工作责任感，但他在其工作岗位上却消极怠工、磨洋工甚至不务正业，其个人的人力资源价值将大打折扣，不仅没能为组织创造价值，还可能消耗掉组织的价值，同时也给组织带来了无法衡量的机

[①] 克雷纳. 管理百年[M]. 闾佳,译. 北京：中国人民大学出版社,2013:95-100.
[②] 韦尔奇,拜恩. 杰克·韦尔奇自传[M]. 曹彦博,孙立明,丁浩,译. 北京：中信出版社,2010:126.

会损失。反之,如果一个员工在选聘环节表现一般,但被选聘之后在其工作岗位上不断自主学习、积极改善自身工作,并且帮助其他同事共同进步,那么其人力资源将得到增值,这种增值,不仅是为组织创造了更多价值,同时也利用组织这个平台为其自身积累了更多价值。其实,不论是价值增值还是价值贬损,除了受到员工个人心智和情商的影响之外,还受到组织人力资源政策的影响。人力资源的这种价值弹性既为人力资源管理提供了空间和机会,同时也意味着潜在的风险和挑战,这就需要管理者通过制定科学性与艺术性兼具的人力资源管理政策来因势利导,激发释放出每个员工的人力资源价值。

2. **情境依赖性**

正如学习过程需要一个良好的学习氛围一样,工作过程也需要一个良性的工作氛围,而这个工作氛围就是工作情境,其中除了以上提到的人力资源管理政策之外,还包括其他组织政策,如组织战略是否与大多数员工的能力特点相契合。对于一个由创新创意型员工构成的组织,如果要执行刚性的成本领先战略,就有可能会遏制员工个体价值的发挥,而这就需要在制定组织战略的过程中充分吸纳各层次员工的意见,使员工的人力资源特质与组织战略相契合。再比如组织文化。组织文化本身并没有高低优劣之分,关键是要与组织成员的文化特质以及组织所依托的技术特性相契合。如果组织文化与大多数员工的认知理念不相符,那么员工就会对组织产生排斥反应,就会渐渐疏远工作,减少投入,进而影响组织的团队精神和最终绩效。因此,组织最高管理者首先应该对全体员工的个体特征、人力资源特点、个体工作诉求有一个基本了解和把握,在此基础上再构建一个与大多数员工特征相契合的组织情境,通过对组织战略、组织文化、组织人事政策、组织结构等情境抓手的设计,来调动最广泛员工的工作积极性,进而释放出更大的人力资源价值。

3. **自我再生性**

除了以上提出的各类组织政策对人力资源价值的影响以外,个体自身也可以自我增值。个体通过接受组织提供的在岗培训,或者自主参加的各类在职教育,都可以增加自己的知识、经验、能力以及社会关系网络。新的知识有助于通过新的方式来完成工作,新的经验和能力有助于提高完成工作的效率和效果,新建立的社会关系网络有助于借助其他个体或组织的资源来完成工作,通过建立协同联盟的方式改善工作的质量。因此,组织也需要鼓励员工积极自主参加各类教育培训,通过自身价值的再生来促进组织价值的增值。

二、人力资源管理的内涵

(一)人力资源管理的概念

人力资源管理,又称人事管理,是指为了完成管理工作中涉及人或人事方面的任务所需要掌握的各种概念和技术[1]。人事管理始于第一次世界大战时,是为了雇佣和训练大量新劳工来从事战时生产活动,并支付他们薪资而诞生的新领域[2]。对任何组织的管理,本质而言都是对"人、财、物、事"的管理,而对"人"的管理则是形式和手段,对"财、物、事"

---

① 德斯勒.人力资源管理[M].刘昕,吴雯芳,译.北京:中国人民大学出版社,2004:2.
② 德鲁克.管理的实践[M].齐若兰,译.北京:机械工业出版社,2011:222.

的管理则是内容和结果，因此人力资源管理成为一切管理工作的抓手，人力资源管理虽然不直接创造价值，但却是价值创造的内在根源。

（二）人力资源管理的内容

具体而言，人力资源管理涉及的内容包括人力资源规划、招聘或解聘、培训、绩效考核、薪酬设计、职业生涯规划等方面。

首先是制订人力资源规划。企业组织需要分析组织的内外部环境，当预测未来市场需求将会扩张，经营范围和经营规模将随之扩张时，就需要审视组织内部现有的人力资源状况，看一看现有的人力资源是否能满足未来对人力资源的需求。如果可以，那么只需要预先规划好人员的分配预案，为未来人员的变动做一些铺垫工作，例如对未来将要调整岗位的员工提前安排培训或转岗；如果认为现有人力资源不足以支撑企业未来的扩张，那么就需要编制人员招聘计划，看一看具体需要在哪些部门、哪些岗位，招聘具备哪些技能的人员，招聘的数量有多少。相反，如果预测未来市场需求和经营规模将会收缩，而现有人力资源过于臃肿，那么就需要预先编制解聘的计划。因此，简而言之，这种针对未来内外部环境变化而预先编制的招聘或解聘方案，就是人力资源规划的核心内容。当然人力资源规划还包括对现有人力资源的再培训、再调整、再优化，还涉及对组织绩效考核和薪酬福利政策的长远谋划，目的是使人力资源能更好地服务于组织战略目标的实现。

其次是招聘或解聘与培训。招聘是一个吸引求职者、考察求职者和录用求职者的过程，而解聘则是对不符合组织当下或未来发展要求的员工的遣散行为。大规模的解聘往往对组织冲击较大。对于新招聘进来的员工，不同组织开展了不同性质和内容的培训，既有在岗培训，也有脱岗培训，既有务实的培训，也有务虚的培训，其目的都是让新员工尽快在具体技能上达到工作要求，同时在综合素质上达到组织文化的要求，使其尽快融入组织。当然，除了针对新员工的培训，也存在对老员工的培训，尤其是对中高层管理者的培训往往是一个企业组织最为重视的培训，甚至经常跟高校和相关专业机构开展培训合作。对新老员工的培训，一方面可以提高员工的业务技能、技术技能、人际技能和概念技能，另一方面也是组织对员工的一种间接福利，通过多种形式的培训使员工个人的知识、经验和视野得到提升，员工个人的自尊感、自豪感和自信心得到增强，精神面貌也得到改善，这都有助于员工找到工作的成就感和认同感，增强员工为组织贡献智慧与能力的决心。

再次是绩效考核与薪酬设计。对于在岗工作的每一个人（包括各级管理者和被管理者）都需要在一定周期内对其工作表现进行评价，即绩效考核。考核的方式多种多样，既有定量考核，也有定性考核，既有鼓励性质的考核，也有奖罚分明的考核，但科学的绩效考核并不是要把考核过程本身作为目的，并不是以把员工"考倒"为目的，而是以绩效反馈为目的，通过绩效考核来科学、客观地评价每个人对组织的贡献，获知每个人表现优秀的方面和有待提高的方面，进而将考核结果反馈给个人，使其明确未来需要提升哪些能力、改进哪些方面。因此，绩效考核是人力资源管理的重要环节，也是一个敏感问题和难点，因为考核结果往往与薪酬福利相挂钩。薪酬福利的设计关乎每个人的生活质量和价值体现，福特汽车创始人亨利·福特在1914年首次向工人支付8小时5美元的工资改变了美国工人的工作方式，并指出工资中包含着神圣的意味，它代表着房子、家庭和家境，业绩不好时降低工资是最容易和草率的方式,它实际是把经理的无能转嫁到工人的劳动上,强调从工人或从消费者身上获取利润都不是好的经营管理,并呼吁不要降低工人工资、不要降低产品质量、不要提高产品价格,把脑子用在发现更好的方法上,管理不善得用脑子来纠正,多用脑子,再多用脑子。[①] 因此,薪酬福利设计实在值得各级管理者反复推敲琢磨,它以最直接的方式刺激着绝大多数依靠薪酬生活的人,因而也对人们在工作中的表现产生巨大影响。

最后是对员工个人职业生涯发展的管理。对于较为成功和先进的大型组织,职业生涯规划也成为人力资源管理的一个工作内容,这涉及对组织内部的人才进行合理的能力测评、能力开发及未来职业展望,并辅以相应的职位锻炼和轮训,进而一方面提升员工的职业生涯阶段,另一方面相应提高组织的绩效表现。当然这仍然只是极少数大型组织的工作内容,对于绝大多数中小企业而言,职业生涯规划仍然只是员工个人的私事,组织既没有动力也没有能力去帮助员工开展规划。

三、人力资源规划

(一)人力资源规划的概念

人力资源规划是基于对组织长远目标与发展战略的考虑,对组织未来的人力资源需求进行评估,同时审查现有人力资源的供给状况,通过对供需平衡与否的判断而作出的人力资源管理规划。

规划既有指导思想和原则方面的内容,也有涉及具体的人力资源管理环节的计划。前者主要是为组织未来的人力资源管理指明大的方向,例如组织未来的人力资源应该如何支撑组织战略的实现,未来给人力资源管理工作投入的预算有多少,应该占到组织年度预算的多少权重,预算比例应该逐渐递增还是递减,整个组织人才队伍的结构(学历结构、专业结构、职级结构)是否需要调整、如何调整等,而具体的人力资源管理环节的计划,则包括招聘计划或解聘计划、培训计划、绩效考核计划、薪酬福利计划等。

(二)人力资源规划的价值

1. 与组织的战略规划、经营规划、财务规划相协同

人力资源规划虽然只是组织人力资源部门或人事部门的事情,但由于涉及"人"的事情都将对整个组织目标的实现产生巨大影响,因此人力资源规划就必须存在,而且必须与整个组织未来的重大发展方向相协同。鉴于此,在学术领域也存在"战略人力资源管理"这个学术研究方向,即将人力资源管理视为战略层面的问题,而非仅仅是一个职能部门的事情,也只有从这个高度去看待人力资源管理工作,才能还原"人"的价值存在。因此,该规划就需要与战略规划相协同,需要招聘合格的各级员工来为战略实施贡献智慧,需要通过培训来提升员工的战略执行能力,需要通过绩效考核以及相关联的薪酬设计来"留"住有价值的员工。同时,规划也需要与更具体一些的经营计划相协调,为了战略的实施,需

---

① 福特.我的生活与工作[M].梓浪,莫丽芸,译.北京:北京邮电大学出版社,2005:125.

要生产部门、营销部门、售后服务部门、物流部门、后勤部门共同配合,但都需要人力资源部门为相应部门提供人才保证,对各个不同部门的员工队伍进行结构化调整。除此之外,所有这些人力资源管理工作都需要投入相应预算,这就需要与财务规划相协同,在财务预算有限的范围内,哪些环节需要压缩预算,哪些环节需要增加预算,进而提高人力资源管理投入的产出效率。

2. 增强人力资源管理工作的稳定性

人才队伍的稳定对组织的稳定至关重要,前瞻性的人力资源规划通过提前计划有助于降低人才队伍的波动风险,增强组织的抗风险能力。例如,如果预测未来市场需求将会增加,组织战略将以多元化经营为方向,那么提前通过招聘相关产业的人才作为人才储备,并安排他们参加相关工作,将有助于他们尽早熟悉组织内外部环境,进而为未来从事新的事业做好充分准备。同时,规划也涉及对绩效考核和薪酬设计的预先安排,通过这种与时俱进的制度更新会对现有优秀员工产生吸引力,让他们看到未来发展的愿景和方向,进而有助于吸引优秀员工"留"在组织中,避免优秀人才频繁流动对组织稳定性产生不利影响。

3. 有助于对现有人力资源管理问题的识别

规划的第一步就是对现有的人力资源管理状况进行评价,评价内容涉及人事政策原则、招聘方式方法、培训有效性、绩效评估的改进状况及薪酬满意度调查等,通过这种全景式的考察有助于发现现存问题,可见,新的人力资源规划不仅是对未来战略目标的满足,也是对现存问题的发现、总结和改进。因此,面向未来还需立足当下,只有建立在解决现存问题基础上的规划才可能是面向未来的,如果现有问题都不能解决,何谈未来?所以,规划本身就是对组织人力政策的一次大梳理,梳理出的问题本身就是创新和提高的契机,而发现不了问题就是最大的问题,那说明问题已经深入"骨髓"以致习以为常,甚至反以为荣。

第二节 员工招聘

一、员工招聘

(一)员工招聘的意义

员工招聘是指根据人力资源规划的要求,在特定时间内吸引、确定和安置与招聘岗位能力要求相符的申请者的活动过程。在员工招聘环节,员工与组织是双向选择的关系,双方通过对对方的预先了解作出初步的选择,在具体的招聘环节再进一步加强了解,组织在选择申请者,申请者也在选择组织,但在员工招聘环节,各自对对方的了解都是模糊含混的,是一个更多基于个人判断而作出的决断,既受到理性思维的影响,也会受到有限理性,甚至直觉感性的影响,尤其是人与人直接互动的面试环节,更是一个充满了未知、多变的偶然性过程。然而,员工招聘对组织具有重大意义。

1. 员工招聘是为组织输送新鲜血液

组织增加新的员工,如同家庭增加新的人口,会从根本上给组织带来巨大影响。新的员工有其自身的能力特征、性格特质及行为方式,在进入组织前,这些个人特征正是组织所看重的,在进入组织后,企业组织也希望该员工能继续发挥自身的差异化特点,进而为组织的具体岗位带来相应的改善,因此,员工招聘是为组织输送新鲜血液。

2. 员工招聘也是一个激发老员工的过程

正如家庭增添新的人口时,每个家庭成员都要扮演新的角色,适应新的功能,形成新的结构,一个企业组织的新进员工也会给老员工带来影响。这些影响可能是正面的,也可能是负面的,当然组织力求获得更多正面效应。新员工的新知识、新能力和新的行为方式在一定程度上必然有别于老员工,如果组织能够在新员工入职过程中很好地调和这些差异,将有助于激发老员工,促使他们重新审视自身的工作方式和工作方向,甚至可能通过新老员工的合作创造更大的价值。

(二)员工招聘的流程

员工的招聘流程需要组织的人力资源管理部门或人事部门主观设计,但还是有一些固定的流程环节。

1. 发布招聘信息

员工招聘首先要吸引到足够的应聘候选人,应聘候选人的数量至少要超过拟招聘的员工数量,因此选择合适的招聘信息发布时机和渠道就是关键。常见的发布渠道包括专业招聘网站、公司网站、学校招聘、职业招聘机构(如猎头公司)。不同的发布渠道各有优劣,在专业招聘网站发布招聘信息,可以通过这个平台接触到大量的个体,并且便于立即收到反馈,但由于个体样本多种多样,因而也会产生大量明显不合格的应聘者。公司网站往往只有与本行业相关的个体才会登录,因此可以有针对性地针对某一特定群体来发布信息,但同样存在大量不合格的应聘者。学校招聘可以成本较低地吸引大量的候选人,但仅限于一些初级岗位,不适合中高级管理岗位。猎头公司等职业招聘机构可以为组织吸引到一些中高级管理者作为候选人,他们有行业经验也熟悉行业现状,但流动性较强,能否长期服务于组织有待观察。

2. 初步筛选

通过招聘信息的发布,会吸引一些候选人投递个人简历,组织主要是通过这些简历来完成初步筛选。如果简历众多,对于简历的初步筛选往往会很快,每一份简历浏览的时间很短,这就要求人事部门的员工能够快速而敏锐地从众多简历中识别出更适合的对象。对于大学生群体,筛选的依据可能是受教育程度、所学专业、学习成绩、所获奖励或荣誉、实习经历,但不同的人事部门员工筛选的依据往往不同,每个人都形成了其独特的选择标准,这就有可能存在偏见和遗漏,因此设计针对相同字段(如学习成绩)的筛选记录表,将有助于更客观地作出评价。

3. 深度筛选

初步筛选后,将会通知部分候选者到企业组织所在地或其他固定场所参加进一步的深度筛选。具体形式包括笔试、面试,甚至更全面的工作模拟测试。笔试可能考察候选者的逻辑思维能力、智商情况、数学水平、性格特质等,不同组织所关注的维度有很大差异。面试则是更直接的筛选机制,人力资源管理部门的员工或者是部门负责人将面对面与候选人进行交流,既可以询问简历中的事项,也可以针对任何方面的问题展开探讨,目的是全面了解候选者这个"人"本身是什么样的,包括他的思维方式、性格特征、语言表达能力、心理素质、临场表现力、业务熟悉程度等。工作模拟测试则要求候选者模拟参加具体工作,看其在工作中的真实表现,通过更加直接、立体的方式全面了解候选者。

4. 确定录用与持续改进

经过上面的几个环节,最终将得出针对每个人的综合评价,进而最终确定入选者,与其签订雇佣合同,并办理相关录用手续。这一轮招聘工作虽然结束,但是否录用了合格者仍然只是一个主观判断,需要在未来实际工作中进行评价,通过对新员工工作表现的跟踪调查,可以发现招聘环节的不足之处。如果录用了不该录用的人,那么就要"回头看",查阅之前的招聘记录,找到未来需要改进的方面,实现招聘环节的持续改进。

(三) 员工招聘的来源

根据新员工是来自组织内部还是外部,可分为内部招聘和外部招聘。

1. 内部招聘

内部招聘,顾名思义,当组织内部某个职位出现空缺时,从企业组织内部现有的人员中挑选合适的人来担任该职位。内部招聘有很多优点:首先成本和风险相对较小,组织对内部员工更为熟悉和了解,因此甄选环节花费的时间成本和机会成本都较小,挑选失败的风险也较小,由于熟悉组织经营状况,被选上的人未来也能迅速投入工作,产生价值;其次,从内部选拔"老人"担任新岗位,往往是管理性质的提升,这有助于激励内部员工努力工作,使其看到未来得到发展的机会。但是,内部招聘也存在一些弊端:首先,如果得到提升的是一个同事们都不认同的人,那么不仅不会激励员工,还会严重打击员工,并且破坏团队精神;其次,内部选拔的人由于是组织"内部人",已经受组织"同化",形成了一些组织所惯常的工作思路和工作方法,得到提拔后可能难以给组织带来新鲜血液和新的工作思路,容易循规蹈矩,难有重大突破。因此,内部招聘一般针对的岗位是传统岗位,对个体的要求偏重于成熟稳重,而不是那些需要求新求变的新设岗位。

2. 外部招聘

外部招聘就是从组织外部挑选合格者来担任某职位。同样它也有其优缺点。优点在于:首先,当内部无法找到合适的候选人,或者从内部挑选会导致打击更多内部人的工作积极性时,从外部招聘有助于缓和内部矛盾,进而找到一个大家都能接受的"外部人";其次,外部招聘可以为组织带来新鲜血液,外部人的工作方式有其自身特质,尚没有被组织所"同化",这就可能给组织带来新的价值。但是,外部招聘也有缺点:一是成本和风险相对较高,由于对外部人不了解,招聘环节的设计要更加全面细致以准确甄别候选人,即便如此,风险依然很高,如果招错了人,未来的机会损失更大;二是当内部有大家都认同的个体能够胜任新的岗位时,如果从外部招聘就会打击大家的工作积极性,不利于外部人更好地团结大家一道工作。

除了上面两种来源,还有一种特殊的招聘来源,就是"员工推荐"。当需要人员担任某岗位时,组织可以发动现有老员工来推荐自己熟悉的外部人应聘该岗位,虽然应聘者来自外部,但却是内部人推荐的,其好处在于,内部人实际上起到了一个"甄选"和"担保"的作用。内部人会在自己头脑中检索自己熟悉的个体,或者是以前的同事或同学,由于内部人对其较为了解,因此这个过程本身就是一个甄选的过程,因而招聘成本也很低;同时内部人在推荐时是有一定压力的,一定会推荐自己更加确定的外部人来应聘,以避免未来工作不合格而对自己造成负面影响,因此内部人起到了"担保"的作用,这也使招聘的风险大大降低,招到合格者的概率很大。当然,员工推荐也有缺点,比如,为了避免被推荐者未来是一个组织的"麻烦制造者",内部人推荐的往往都是中规中矩的个体,可能不会给组织带来新的气象。因此,员工推荐适合一些中规中矩以扮演执行角色为主的行政岗位,而非开拓型岗位。

二、甄选的方式

甄选是一种预测行为,它设法预见聘用哪一位申请者能确保工作取得成功。员工甄选是一项充满挑战与未知的模糊的主观判断,甄选出正确的人的难度总是很大,充满了不确定性。尽管已经积累了很多可靠性更高的甄选技术手段,但甄选者却是一个有血有肉、理性与感性相交织的"人",每个甄选者身上必然存在的所谓"经验"总有可能沦为个人"偏好"乃至"偏见",而其本人却难以自我察觉。因此,需要运用更加多样、客观、可量化、可记录的甄选方式来开展工作。

(一) 简历筛查

简历筛查意味着甄选者并没有见到应聘者本人,而是完全通过书面的情况介绍来作出判断。个人简历中包括个人的照片、性别、年龄、受教育程度、所学专业、学习成绩、所获奖励或荣誉、实习经历或工作经历、工作成绩等内容。这些内容只反映了应聘者之前做过些什么、经历过什么,甄选者需要基于应聘者过去的经历来预判其未来的表现,而这种预判难免夹杂着甄选者本人的生活、学习和工作经验,如果应聘者是本科毕业生,甄选者或者更重视其毕业高校的影响力,或者更重视其学习成绩,或者更重视其实习经历。由于每个甄选者的预判偏好各不相同,因此简历筛查具有较强的主观性,稳定性也并不很高,甄选者主要基于应聘者可衡量的"硬件"来评判,无法对应聘者这个"人"本身的"软件"特征进行评判。

(二) 笔试

笔试的测试内容包括逻辑思维能力、智商情况、数学水平、性格特质等方面,不同组织关注的维度都不一样。相比较而言,笔试的准确性较高,一致性较强,能够针对某一方面的特征得出一个客观值,因而便于在不同应聘者之间进行横向比较。

(三) 面试

面试考察的更多是应聘者这个"人"的"软件"特征,如语言表达能力、心理素质、思维方式、心态、精神面貌等综合特点,当然也包括对其技术能力、业务能力的当面问答。面试的具体形式和种类很多,可以一对一或多对一,甚至是在偶然发生的情境中。杰克·韦尔奇指出:"发现优秀人才可以通过各种各样的渠道。我一直相信,你与每个人的相遇都可视为一场面试。将近20年前,我正开着自己的大众轿车在新泽西州的收费公路上行驶,突然引擎熄火了,我的车被拖到当地的一家修理站,在那里遇到了一位名叫霍斯特·欧博斯特(Horst Oburst)的德国技师,在随后的两天里,他一直忙碌着找零件,我们建立了很好的关系。我对他的胆量很是惊叹,便给他提供了一份工作,一周后,他便到匹兹菲尔德的 GE 塑料公司上班了,霍斯特在那里工作了 35 年,得到了好几次提升。"[①]因此,面试是一场令人激动的"会面",谁又能知道会发生什么呢? 简而言之,面试可以分为有固定格式的结构化面试和无固定结构的非结构化面试。

1. 结构化面试

结构化面试主要是指在面试之前,甄选者设计了一些固定的问题,对每个应聘者都问相同的问题,并且把他们的典型回答都记录下来,这样便于比较不同的人对同一个问题的不同想法。这种方式使得面试过程更加稳定,面试过程主要受"标准面试题"的影响,而不受甄选者本人当天或当时情况的影响,能够把甄选者的个人偏好降到最低,当然其前提是面试题应该是多人共同商讨的结果,而不是某一个人的想法,否则还是会受到甄选者个人因素的影响。同时,面试题的设计应该是面向未来工作岗位技能的,因此结构化面试方式也能较为准确地考察出应聘者该方面的能力,使面试过程更有针对性,避免了随机问问题有可能把最关键的问题给遗忘,仅仅认为其"沟通能力"强,就认为其"技术技能"也强。这种面试结束后,由于有书面记录,也便于事后比较不同应聘者的具体差异,从而还原面试过程,便于更客观、深入地比较不同个体的差异。

2. 非结构化面试

与结构化面试刚好相反,非结构化面试并没有固定的问题,甄选者可以向应聘者提出任何问题,问题的提出取决于甄选者在当下时空环境的想法,并且可以针对应聘者的回答进行追问,甚至把问题延伸得很远,试图挖掘出应聘者内心深处的想法。这种面试很具有开放性,因而受甄选者个人的影响极大,容易因为"聊得很开心"而忽略了对关键问题的质询,因此,需要甄选者有稳定的情绪、清醒的头脑、务实的质询和成熟的心态。这种面试方式的优点在于,能够对应聘者进行深度"挖掘",通过追问的方式了解应聘者心底的真实想法,而且使应聘者无法在面试之前进行准备和伪装,便于了解这个人本身。缺点在于,受甄选者个人的影响很大,由于针对每个人的问题不一样,问题的难度和性质也不一样,不便于对不同的个体差异进行横向客观比较。

(四)工作模拟测试

这是一种让应聘者直接模拟参加工作进而评估其工作表现的甄选方式。例如,让同时来应聘的候选人模拟召开一次决策会议,通过提供一些假设的经营情境,让应聘者们在规定时间内商讨出对策,并且要求指派一个人进行汇报,甄选者所要做的就是坐在圆桌旁边静静观察、聆听并且做记录。这种甄选方式对应聘者是一种挑战,在一起模拟工作的同

---

① 韦尔奇,拜恩. 杰克·韦尔奇自传[M]. 曹彦博,孙立明,丁浩,译. 北京:中信出版社,2010:126.

事都是第一次见面,互相并不了解,讨论过程中能体现出每个人的性格特征、沟通特点、合作意识与能力、团队精神以及领导力。这种方式要求旁听的甄选者至少是2~3人,以便最后集中商讨最终人选,其缺点是之前的准备工作较多,消耗时间较长,招聘成本较高,往往适用于针对中高层管理者的选聘。

(五) 体检

必要的身体和心理健康状况检查是需要的,以保证应聘者能承担相应的工作量,当然这也是对应聘者本人负责的表现。

第三节 员工培训

员工培训是对员工人力资本的开发与挖掘,力求提高每个员工的业务技能和综合素质,进而提升整个企业组织的绩效。通用电气是一家在全球范围内成功的企业,其成功与其大规模且独特化的培训投入有着很大的关系。正如杰克·韦尔奇所介绍的:"克罗顿维尔中心是坐落在纽约州奥西宁的一所占地52英亩的学院,于20世纪50年代中后期,由前任CEO拉尔夫·科迪纳(Ralph Cordiner)建立。该中心的教师在'蓝宝书'(GE自主编写)的基础上教授大量很有实用价值的培训课程,'蓝宝书'将近3 000页,写的都是经理们应该或者不应该做什么。中心开设的课程很多,从新员工定向课程到特定的技能培训项目都有。旨在培养领导能力的课程有三项:为最具潜力的高级经理开设的高级管理开发课程(EDC),为中层经理开设的企业管理课程(BMC),以及为初级管理人员开设的管理开发课程(MDC)。对于MDC课程,每年推出6~8次,全部在中心的大教室里授课,每年参加这一课程的经理有400~500人。而BMC课程每年推出3次,每班大约60人。EDC课程每年只有一次,安排35~50位最具潜力的高级管理人员参加。在更高级的EDC和BMC课程中,始终通过'行动学习'的教学方式,要求面对真实的企业管理问题进行探讨和学习,课程都聚焦于一个核心国家、一个主要的GE企业,或者是公司在执行某些计划或政策方面的进展情况,如质量管理或全球化等。"[1]当然,很多企业并没有自己独立建造一座专门用于培训的中心,也许也没有通用电气这般系统化,但培训工作是绝大多数企业组织都会开展的重要的人事工作,尽管形式和内容各有不同。

一、培训的目的

员工培训的目的就是提升员工的业务技能和综合素养。具体而言,涉及以下几个方面。

(一) 组织导入功能

新员工的入职培训往往以组织导入为主要目的。在这类培训活动中,培训者会对组织的过去、现在和未来进行描述和展望,尤其对组织过去取得的成绩进行介绍,并且强调

---

[1] 韦尔奇,拜恩.杰克·韦尔奇自传[M].曹彦博,孙立明,丁浩,译.北京:中信出版社,2010:137-141.

组织取得这些成功的关键要素，进而引导新员工按照这些关键要素来开展工作，力求通过过去的成功来唤起新员工对组织的自豪感和自信心，激发新员工积极投身具体工作的主观愿望。当然，入职培训也包括介绍组织的目标、战略、组织结构、各个部门的职责分工以及各种规章制度，促使新员工尽快熟悉组织的方方面面，尽快从一个"外部人"变成一个"内部人"。

（二）提高工作技能

很多会计师事务所等第三方专业咨询机构开展培训只是为了提高新员工的工作技能，使其有能力从事具体的工作任务。这种培训由受过良好训练，且在第一线从事过具体工作的组织内部专业人员来完成，由于其对组织工作非常熟悉，因此这种培训的针对性极强，除了基本的理论知识学习外，重点是结合一些实际工作案例，通过对典型情境下的典型问题的剖析，让新员工迅速掌握解决问题的要害，能够快速上手工作。这类培训对员工的学习能力要求较高，需要员工具有较强的悟性和理解力，能够触类旁通，举一反三。有些组织还会在培训开始之前就告知新员工，培训结束后会有一个培训考试，来检验员工的学习效果（甚至将其作为一种淘汰机制），因此给员工施以一定的学习压力，促使其积极主动地投入培训过程，以保证培训效果。

（三）增强综合素养

除了工作技能外，个体的综合素养也是个体人力资本的重要组成部分，包括沟通能力、创新意识、仪容仪表、商务礼仪、举止言谈等。这类培训往往会邀请组织外的专业人士当场讲解或示范。当然，这种培训的效果较为一般，新员工的综合素养如何主要还是取决于招聘环节是否成功，是否招到了综合素养较高的个体。综合素养的形成始于漫长的家庭教育、学校教育和社会教育，是靠一点一滴缓慢积累的，某些方面受家庭教育和家庭环境的熏陶更多，因此，后期的集中培训只能起到系统梳理的作用。除培训外，也需要在组织内部营造一种较好的文化氛围，进而对新员工综合素养的提高形成一种熏陶机制。

（四）组织文化的植入

组织文化正如一个个体的性格，是组织在长期的运营实践中缓慢积累形成的，往往源于创始人个人的性格特征和价值观念。每一个组织要想具有凝聚力和战斗力，就需要凝聚得像一个人一般，统一思想，坚定方向，而这个凝结核就是组织的文化。组织文化需要把每个人都吸纳其中，这样全体员工才能"拧成一股绳"，组织文化才能发挥作用。因此，对新员工的培训就是一个组织文化植入的绝好时机，通过培训讲解组织文化的特征，以及由于组织文化而给组织带来的成功范例，可以使新员工对组织文化产生认同感和追随感。如果由企业组织的创始人本人进行这方面的培训，效果会更好。

二、培训的内容

培训的内容可分为三种类型，分别是技术技能培训、人际技能培训和概念技能培训。

(一)技术技能培训

这种培训是以某种技术的提高为目标的培训,如电脑办公软件的应用技能培训、各类生产技能的培训、营销技能培训、专业知识技能培训(如针对医学、会计学、法学、财务的培训)、安全生产培训及消防技能培训等。这种技术技能培训所指向的是完成某一类具体的工作任务,因此培训的方式与大学课堂讲授有相似之处,但区别在于更侧重实际应用,不强调对整体思维和理论框架的系统理解。

(二)人际技能培训

这类培训的目的是提高员工与人交往的能力,包括沟通表达能力、团队合作能力、相互包容妥协的意识、规避摩擦的技巧等。这种能力对新员工日后更好地开展工作意义重大,只有善于与别人相处合作,才能取长补短,整合不同个体的资源优势,进而完成一个人不可能完成的大任务。因此,这类培训在组织中越来越受重视,其培训形式也更加灵活,对培训老师的要求较高,需要老师善于调动培训者的积极性,通过一个个人际互动情境的再现来引导员工进入真实的环境,再通过对不同沟通方式的结果比较来促使员工理解人际技能的微妙之处。总体而言,这类培训更像一门艺术而非科学,需要培训者和培训方式都具备艺术特质,由于讲解的是真实的人与人的互动,因此需要善于运用直白、真实、简单的工作情景实例来传递人际技能的灵魂。

(三)概念技能培训

概念技能是一种抽象的综合领悟能力,掌握这种技能的人往往善于通过抽象思维和推理性思维来预测不同决策的不同结果,因此这种技能对于高层管理者非常重要。因此,概念技能培训也以高层管理者为对象,通过完整详细的案例材料,来引导受培训者自主思考决策方案,并进行比较,最后通过案例讨论的方式相互比较各自的方案,通过深度讨论、互动、碰撞来训练每个人的思维,使每个人得出各自的观点,形成各自不同的概念技能。

三、培训的方法

培训的方法多种多样,既有在岗培训,也有脱岗培训。

(一)在岗培训

在岗培训是指员工并没有完全脱离工作岗位,而是通过"干中学"的方式来完成能力的提升。这种方式由于没有脱离岗位,且往往由本组织相同岗位的熟练员工担任老师,因而培训成本较低。通过"干中学"的方式也实现了实践出真知的理念,能够快速、有效地提高员工的相关能力。具体的在岗培训形式有以下几种。

1. 导师制

导师制是指员工跟随有经验的"老员工"一起工作,由其提供信息、支持、反馈和激励。这种方式简单说就是"师傅带徒弟",通过这种一对一的结对子方式,使新员工直接面对一个固定的人,这给了新员工明确的压力,但日复一日地跟随工作使新老员工间也产生了工作友谊,鞭策新员工"不好意思"拖后腿,进而使之积极主动地向老员工学习。通过这种人际之间的自动联系保证师徒之间的相互尊重,而学生对老师最基本的尊重就需要学生尽快掌握老师传授的能力,因此会自动倒逼新员工自我加压、自主学习。

2. 职位轮换

职位轮换是指员工在特定领域的不同岗位上工作,承担多种工作任务,进而提高综合能力。不同职位要求不同的能力,而能力的提高只有在实际工作中才能得到检验,因此通过职位轮换可以有效且低成本地提高员工的综合能力,尤其对于拟提拔重用的管理者,只有通过职位轮换才能成为一个能够独当一面的"多面手",也才能够从不同部门、不同环节、不同岗位的不同角度来看待同一件事,进而提高其综合把控能力,增强其解决复杂问题的实际能力。

(二) 脱岗培训

脱岗培训的成本相对较高,一方面适用于针对综合素养的培训,另一方面适用于对某一个重大、复杂、系统问题的综合培训。脱离工作岗位的培训方式,使受培训者跳出既有的工作环境和人事环境,抽身到一个完全不同的开放环境中,促使其避免"不识庐山真面目,只缘身在此山中"的迷障,以更加清醒的头脑反思自身工作方式的利弊得失,进而自主识别自身存在的问题,实现自我提升。

对组织而言,脱岗培训的具体形式要么是自建培训中心,要么是与高校、咨询机构等开展合作。这类培训一般以课堂讲授为主,且以一个个专题讲座的形式较为多见,员工可以参加传达特定信息的讲座。在这些讲座上,老师与被培训者针对特定专题深入讨论、争论,甚至辩论,在这个过程中提高员工的综合能力,获取他人的思想精华和思维逻辑,也拓宽自身的视野。当然,在讲授过程中,也可以进行综合性的案例分析,或者模拟参加具体工作,通过情境再现的方式,来提高每个人的综合能力。脱岗培训还可以采取"员工手册"的形式进行。手册中记录了组织的文化、组织的发展历程、最高决策者的观点和价值观、常见管理问题的答疑等,通过员工在工作之余自学来完成潜移默化的培训。

第四节 员工考核与职业生涯发展

组织选聘的员工通过参加培训,应当具备了从事具体工作的能力,但其实际工作表现如何呢?这需要通过员工考核,即针对员工的绩效进行评估来体现,而绩效评估的本质就是明确人与人的"区别"。杰克·韦尔奇指出:"在制造行业,我们力图消除区别;而对人来说,区别就是一切。'区别'并不容易做到。如何找到一个方法,从而将一个大公司的人们区别开来,这是最难做到的事情之一。"[1]可见,针对员工的考核是一个非常重要却又非常困难和敏感的工作,这涉及员工考核的指导思想、技术手段、维度设计及程序公平等多个方面。

---

[1] 韦尔奇,拜恩.杰克·韦尔奇自传[M].曹彦博,孙立明,丁浩,译.北京:中信出版社,2010:127.

一、员工考核

(一)员工考核的功能

员工考核是指组织定期对员工的工作行为与业绩表现进行考察评价,由此来确定员工的报酬,并通过对考核结果的反馈来为员工的绩效改进提供建议。在企业组织中,员工考核往往是以一年为一个考核周期。员工考核的功能涉及以下几个方面。

1. 客观总结员工的工作表现

企业组织是由一个个部门和一个个员工所构成的有机系统,经过一年的生产经营,企业这一系统会产生一个年度报表,显示了总收入、总利润等客观指标,这就相当于针对整个企业的考核结果。为了提高次年的这个整体结果,企业希望知道每个人的考核结果,进而让每个人都努力提升个人结果,希望由此带来整体结果的提升。因此,员工考核的首要功能就是客观总结员工个人的工作表现。但是,在理论上是否能够做到"客观总结"员工个人的工作表现呢?这就涉及了针对员工考核的指导思想,进而存在不同的理论观点。企业本身是一个系统,如果将每一个部门、每一个具体工作、每一个岗位、每一个人、每一个点作为考核单元,会不会割裂了系统的原则?管理专家戴明(W. Edwards Deming)指出,系统就是一组互相依赖的组成部分,通过共同运作以达到该系统的目标,但组织目标往往被划分为各组成部分或部门的目标,并假设若各部门都达到目标,则整个组织的目标就自然达到,但这并不成立,因为部门间是相互依赖的,部门的成果不能简单相加,如采购赢(采购成本降低),生产就输(质量降低)。构成系统的各部门和环节若互相竞争,各自为政,只顾尽自己的最大努力来获得高分,则系统将遭到破坏。① 因此,尽管对每一个员工、每一个部门的考核不可避免,但需要从更具有弹性、更开放的视野看待这个考核结果,仅仅将其作为一个参考答案,而非标准答案,以避免"被数字"管理,因为员工考核受到太多信息不充分的限制,真正客观的"真值"往往难以量化。

2. 作为确定员工薪酬的依据

通过员工考核获得的评估结果,将会成为管理者的一个参考答案,管理者在此基础上参考自己对"管理是科学还是艺术?"的理解来明确员工最终的业绩表现,进而据此确定员工的薪酬。

3. 作为改进工作的依据

员工考核的结果可以作为向员工反馈改进意见的依据。通过同一部门横向员工间的考核比较,可以发现自身有待改进的方面。尤其是通过"关键事件法"可以记录员工在一整年时间中典型的好行为和差行为,再通过横向比较,就能够直接发现其有待改进的领域和环节。

(二)员工考核的方法

员工考核的方法有很多,不同方法各有优缺点,需要每个组织根据自己的情况选择

---

① 戴明.戴明论质量管理[M].钟汉清,戴久永,译.海口:海南出版社,2003:333.

使用。

1. 书面描述法

书面描述法是指由上级管理者针对下级的业绩表现,通过书面语言表达的方式进行总结描述,对其工作的优缺点和有待改进的方面进行分类阐述。这种方式的优点在于,成本较低,技术难度不大,但其缺点也很明显。由于没有统一的描述格式和量化指标,因而考核的结果不利于横向比较。同时,考核结果受评估者本人的主观意志影响大,其科学性和客观性也有待商榷。

2. 关键事件法

关键事件法是指管理者将员工在工作中表现出来的典型的好行为或典型的差行为记录下来,然后在一个考核周期的时间里,管理者与下属员工见面,根据所记录的关键事件讨论其绩效。其优点在于,考核结果很有说服力,并且有行为记录可以作为员工改进绩效的明确指引,但缺点在于无法量化,同时对评估者日常的归纳总结能力要求较高。

3. 评分表法

评分表法是一种常见的考核方法,首先列出一系列绩效考核要素,如工作的数量、工作的质量、合作精神、创新意识、出勤率等,考核者对表中的每一项要素进行打分,通常可以采用5分制来计分,不同的考核要素也可以设置不同的权重,最终算出一个加权的总分。其优点在于可以提供定量的数据,且时间耗费较少,这弥补了关键事件法的缺点,而缺点在于不能提供具体的行为改进信息,这恰恰是关键事件法所能做到的。

4. 行为定位评分法

该方法最为复杂,是对关键事件法和评分表法的整合。首先将某一项具体工作的不同行为表现(从最好的表现到最差的表现)都罗列出来(假设分为9种),并且对这些不同的行为表现进行一段具体的行为描述(这类似于关键事件法),再为每一种行为表现赋予一个分值,假设为1~9分(这类似于评分表法),这就是考核前的准备工作。开始考核时,考核者根据员工日常的行为表现,将其归为9种表现中的某一种行为描述(或者说接近某一种),并且得到该行为的得分,由此得出考核结果。该方法既提供了行为改善的建议,又能得到一个量化分值便于比较,但其缺点在于编制难度和实施难度都较大,成本也很高。

5. 多人比较法

该方法又称强制排序法。评估的方式并不是给予每个人一个绝对值,而是将评估成绩分为"优、良、中、差"四档,进而通过员工间的比较,将每一个人都归入某一档。美国通用电气公司是这种方法的践行者。杰克·韦尔奇指出:"每年,我们都要求每一家GE公司为所有的高层管理人员分类排序,其基本构想就是强迫我们每家公司的领导对他们领导的团队进行区分。他们必须区分出:在他们的组织中,他们认为哪些人是属于最好的20%(A类),哪些人是属于中间的70%(B类),哪些人是属于最差的10%(C类)。表现最差的员工通常必须走人。其中,A类人是指那些激情满怀、勇于任事、思想开阔、富有远见的人;而B类员工是公司的主体,也是业务经营成败的关键;C类则是指那些不能胜任自己工作的人。作出这样的判断并不容易,而且并不总是准确无误的。是的,你可能会错失几个明星或者后起之秀,但是你造就一支全明星团队的可能性却会大大提高。这就是如何建立一个伟大组织的全部秘密。"①

显然,这种强制排序意味着必须将某些人归为"差",因此该方法容易引起冲突和对抗,也受到很多人的质疑,如果员工都优秀却要被明确区分差别,这会不会打击团队精神?通用电气在执行中也遇到过困难。杰克·韦尔奇指出:"处理底部的 10% 最艰难,新上任的经理第一次确定最差的员工时,不会有太大麻烦,但到第二年时,事情就困难得多了,第三年则成了一场战争。到那时,那些明显最差的员工已经离开了团队,很多经理不愿把任何人放到 C 类里去,他们已经喜欢上了团队里的每一个人。经理们会想出各种各样的花招来避免确定这底部最差的 10%,他们会把那些当年就要退休或者已经被告知要离开公司的人放进来,甚至把已经离职的人放进来,甚至把两个多月前就已经去世的员工放进来。"②为了解决这个问题,杰克·韦尔奇认为必须先建立一种开放坦诚的企业文化,使大家能够接受这一理念,然后才能实施强制排序法。他指出:"有些人认为,把我们员工中底部的 10% 清除出去是残酷或者野蛮的行径。事情并非如此,而且恰恰相反。在我看来,让一个人待在一个他不能成长和进步的环境里才是真正的野蛮行径或者'假慈悲'。先让一个人等待着,什么也不说,直到最后出了事,实在不行了,不得不说了,才告诉人家:'你走吧,这地方不适合你。'而此时他的工作选择机会已经很有限了,而且要供养孩子上学,还要支付大额的住房按揭贷款,这才是真正的残酷。认为残酷是根据错误的逻辑得出的结论,是那种弥漫着假慈悲的企业文化所能产生的后果。绩效管理是人们生命的一部分,从我们上小学一年级开始就是这样,我们生命的头 20 年里一直经历着区分,我们清醒时绝大部分的时光是在工作场所度过的,为什么要在工作场所中停止区分呢?我们的分类排序之所以能有效发挥作用,是因为我们花了 10 年的时间在我们的企业里建立起一种绩效文化。在这种绩效文化里,人们可以在任何层次上进行坦率的沟通和回馈,坦率和公开是这种文化的基石,我不会在一个并不具备这种文化基础的企业组织里强行使用这种方法。"③

6. 360 度反馈法

该方法是指由上级管理者、同级同事、员工本人、下属及客户等多个主体共同对员工进行考核,每个主体都从不同角度对同一个人进行考核,力求收集更全面的信息,但该方法也有弊端。杰克·韦尔奇指出:"我们也使用 360 度评估,也就是把同级和下级员工的意见都考虑进来进行评估。我们喜欢这个想法——在头几年里它的确帮助我们找出了那些媚上傲下的害群之马。不过,像任何由同事主导的评估方法一样,时间一长,这一办法就开始走过场了。人们开始只说好话,因而每个人都能得到很好的评级,大家相安无事。现在我们只在很特殊的场合下才使用 360 度评估。"④

(三) 针对员工考核的不同观点

尽管员工考核在绝大多数组织中是不可避免的,但管理专家戴明还是提出了不同观

---

① 韦尔奇,拜恩.杰克·韦尔奇自传[M].曹彦博,孙立明,丁浩,译.北京:中信出版社,2010:127-129.
② 韦尔奇,拜恩.杰克·韦尔奇自传[M].曹彦博,孙立明,丁浩,译.北京:中信出版社,2010:129-130.
③ 韦尔奇,拜恩.杰克·韦尔奇自传[M].曹彦博,孙立明,丁浩,译.北京:中信出版社,2010:130-131.
④ 韦尔奇,拜恩.杰克·韦尔奇自传[M].曹彦博,孙立明,丁浩,译.北京:中信出版社,2010:127.

点。戴明指出,绩效评价助长短期表现,抑制长期规划,增加恐惧,破坏团队合作,(而且)滋长敌对情绪和公司政治。员工因此体会到的是苦涩、被压垮、伤痕累累、身心俱碎、冷落凄清、心灰意冷、垂头丧气、自卑。知道评级后,有些人甚至患上忧郁症,几周不适合上班,他们不能理解自己为什么这么差。这是不公平的,因为他们之所以被归类于不同等级可能完全是工作体制造成的。绩效评价奖励那些与该体制保持一致的人,但不会奖励试图改善该体制的人,(并且警告那些试图改善该体制的人)不要兴风作浪。[①]

这里所说的"工作体制"就是指组织这个整体"系统"。戴明将生产过程中发生变异(即问题)的原因归纳为两类,分别是"特殊原因"(Special Cause)和"共同原因"(Common Cause,也称"系统原因"),前者是员工的责任,后者则是管理阶层的责任,强调员工是在"系统中"工作,管理阶层则在"系统上"运作;并指出"依我的经验看来,大多数麻烦及提高的可能性所占比例大致为,94%属于系统,6%属于特殊原因",因此管理者而非员工需要作出更多改变,管理者的责任就是设计并持续改进人们工作的过程。[②] 如果员工考核是一个重目标的考核制度,就意味着强调量化指标是否达到,即注重依靠数字化目标来管理。戴明却强调系统化管理,明确反对目标管理和结果导向的管理,指出管理者应专注于"改善过程"而不是设定"数字化目标",并且应该问"该以何种方法改善";强调数字化目标并不会完成什么,重要的是方法而不是目标;数字化目标会导致扭曲和作假,尤其是当系统根本无力达到目标的时候,因为每个人都会设法达到被分配的配额(目标),但却并不对由此所导致的损失负责;以结果为导向的管理针对结果采取行动,也就是认定结果来自特殊原因,但结果主要来自共同原因,即系统。[③]

现实中企业的做法与戴明的上述观点是相矛盾的,谁对谁错,尚无定论。管理学作为一门年轻的科学,很多规律都还不明确,因此人们可以从自身的生活工作实践出发去甄别判断,从而得出自己的管理风格。

二、员工的职业生涯发展

员工的职业生涯发展是指在其一生的职业历程中,如何在不同阶段设定不同的职业发展目标,并且整合资源实现这些目标。完成这一目标的第一责任人就是员工自己,每个人都应当为自己的职业生涯负责,当然有条件的组织也应该由人力资源管理部门来协助员工去实现其职业发展目标,通过帮助员工实现价值进而为组织创造更多价值。本部分内容主要涉及职业发展历程的客观共性规律和个体的主观特点两个方面。

(一)职业发展历程

一个人的职业发展历程可以分为五个阶段[④]。

(1)成长阶段:从出生到14岁这一年龄段。个人通过对家庭成员、朋友及老师的认

---

① 戴明.戴明管理思想精要[M].奥尔西尼,整理;裴咏铭,译.北京:西苑出版社,2014:24.
② 戴明.戴明论质量管理[M].钟汉清,戴久永,译.海口:海南出版社,2003:215.
③ 戴明.戴明论质量管理[M].钟汉清,戴久永,译.海口:海南出版社,2003:355-356.
④ 德斯勒.人力资源管理[M].刘昕,吴雯芳,译.北京:中国人民大学出版社,2004:374-375.

同以及他们之间的相互作用,逐渐建立起"自我"概念。

(2) 探索阶段:15~24 岁。个人将认真探索各种可能的职业选择,试图将职业选择与他们对职业的了解、兴趣和能力匹配起来。

(3) 确立阶段:24~44 岁。个人期待找到合适的职业并随之全力以赴地投入有助于自己得到永久发展的各项活动中。这一阶段又分为3个子阶段:尝试子阶段,即24~30岁,个人确定当前所选择的职业是否适合自己;稳定子阶段,即31~40岁,定下了较为坚定的职业目标,制订较为明确的职业计划来确定自己晋升的潜力、工作调换的必要;职业中期危机阶段,即41~44岁的某个阶段,根据最初理想对现状进行评价,判定自己到底需要什么、什么目标是可以达到的。

(4) 维持阶段:45~60 岁。保有过去努力工作所获得的职位和资源。

(5) 下降阶段:60 岁以上。接受权利和责任减少的现实,学会成为年轻人的良师益友。

(二) 个体的主观特点

职业咨询专家约翰·霍兰德提出了个人选择何种职业的六种基本"职业性向":①实际性向,指偏好需要技能、力量、协调性的体力活动,如机械师、钻井操作工、装配线工人;②调研性向,指偏好需要思考、组织和理解的活动,如生物学家、经济学家、数学家、新闻记者;③社会性向,指偏好能够帮助和提高别人的活动,如社会工作者、教师、议员、临床心理学家;④常规性向,指偏好规范、有序、清楚明确的活动,如会计、业务经理、银行出纳员、档案管理员;⑤企业性向,指偏好那些能够影响他人和获得权利的言语活动,如法官、房地产经纪人、公共关系专家、企业主;⑥艺术性向,指偏好创造性表达的模糊且无规则可循的活动,如画家、音乐家、作家、室内装饰家。约翰·霍兰德指出,大多数人实际都并非只有一种性向,这些性向越相似或相容性越强,一个人在职业选择时面临的内在冲突和犹豫就越少,如果某人的两种性向是紧挨着的,那么他将会很容易选定一种职业,而如果某人的两种性向是相互对立的(实际性向和社会性向),由于他的多种兴趣,在职业选择时将面临较多的犹豫不决。[1]

本 章 小 结

人力资源是指体现在全体员工脑力与体力上的各种资源,包括体力、智力、知识、技能、经验及社会资本等。人力资源的特征包括价值弹性、情境依赖性及自我再生性。而人力资源管理是指为了完成管理工作中涉及人或人事方面的任务所需要掌握的各种概念和技术,涉及的内容包括人力资源规划、招聘或解聘、培训、绩效考核、薪酬设计、职业生涯规划等方面。

人力资源规划是基于对组织长远目标与发展战略的考虑,对组织未来的人力资源需求进行评估,同时审查现有人力资源的供给状况,通过对供需平衡与否的判断而作出的规

---

[1] 德斯勒.人力资源管理[M].刘昕,吴雯芳,译.北京:中国人民大学出版社,2004:375-377.

划。人力资源规划的价值在于与组织的战略规划、经营规划、财务规划相协同,增强人力资源管理工作的稳定性,同时有助于对现有人力资源管理问题的识别。

员工招聘是指根据人力资源规划的要求,在特定时间内吸引、确定和安置与招聘岗位能力要求相符的申请者的活动过程,可以为组织输送新鲜血液,也是一个激发老员工的过程。员工招聘的流程包括发布招聘信息、初步筛选、深度筛选、确定录用与持续改进。员工招聘根据来源可分为内部招聘和外部招聘,两种方式各有优劣。

员工培训是对员工人力资本的开发与挖掘,力求提高每个员工的业务技能和综合素质,进而提升整个企业组织的绩效。员工培训的目的包括组织导入功能、提高工作技能、增强综合素养及组织文化的植入。培训的内容可分为三种类型,分别是技术技能培训、人际技能培训和概念技能培训。培训的方法多种多样,既有在岗培训,也有脱岗培训。

员工考核是指组织定期对员工的工作行为与业绩表现进行考察评价,由此来确定员工的报酬,并通过对考核结果的反馈为员工的绩效改进提供建议,具体方法包括书面描述法、关键事件法、评分表法、行为定位评分法、多人比较法和360度反馈法等。员工的职业生涯发展是指在其一生的职业历程中,如何在不同阶段设定不同的职业发展目标,并且整合资源以实现这些目标。

进一步阅读的材料

[1] 德鲁克.管理的实践[M].齐若兰,译.北京:机械工业出版社,2011.

[2] 德斯勒.人力资源管理[M].刘昕,吴雯芳,译.北京:中国人民大学出版社,2004.

[3] 韦尔奇,拜恩.杰克·韦尔奇自传[M].曹彦博,孙立明,丁浩,译.北京:中信出版社,2010.

[4] 戴明.戴明管理思想精要[M].奥尔西尼,整理;裴咏铭,译.北京:西苑出版社,2014.

[5] 戴明.戴明论质量管理[M].钟汉清,戴久永,译.海口:海南出版社,2003.

[6] 克雷纳.管理百年[M].闾佳,译.北京:中国人民大学出版社,2013.

思考题

1. 你所工作或学习的组织采取哪种方式选聘员工?有什么不足之处?
2. 你所工作或学习的组织采取什么方式培训员工?如何增强培训效果?
3. 你所工作或学习的组织如何对员工进行考核?有哪些不足之处?
4. 你所工作或学习的组织采取哪些措施协助员工实现其职业发展目标?取得了怎样的效果?

第十章

组织文化与组织变革

学习目标

(1) 掌握组织文化的定义与维度。
(2) 了解组织文化的结构与功能。
(3) 阐述如何塑造组织文化。
(4) 掌握组织变革的概念与基本规律。
(5) 了解组织变革的动因。
(6) 理解卢因的组织变革模型。
(7) 了解变革阻力的来源,并能阐述如何管控变革阻力。

身边的管理:

组织结构与组织设计的内容是为组织搭建一个硬件框架,组织员工配备是往这个框架中配备相应的人员,而本章的组织文化与组织变革则是在人员配备的基础上,为整个硬件框架输入软件与灵魂。一个组织只有拥有了文化才能盘活整个硬件框架和人员。对于在职场工作的人员而言,每个员工工作一段时间后就会对本组织的文化"心知肚明",即使对于进入高校读书的大学生而言,高校就是其生活学习的环境,高校本身也是一个组织,因此不同高校也具有不同的文化。走进不同的高校,与不同高校的学生互动就能发现文化的区别:人与人之间的互动是含蓄地保持距离还是直截了当地有一说一?饭堂吃饭是整齐地排队还是随意随机站位?对各类手续事项的办理是精细、明确与量化还是粗略、模糊与变通?这些生活和学习中的琐事都包含着组织文化的内容。需要明确的是,组织文化是为组织的目标与战略服务的,当组织外部环境变化时,组织的目标或战略需要作出调整,这时相应地就要进行组织变革。对于高校而言,随着我国高等教育改革的持续推进,内外部环境的变化也要求各个高校顺应这些变化而进行组织变革。这些变革与每个学生都息息相关,变革的可能内容有很多,如各个专业培养方案的调整、院系组织结构的调整、组织内部工作流程的再造、教师教学方法和教学大纲的调整等,当然也包括高校组织文化的变革。因此,本章的内容是组织职能中的"软件",是在前两章"硬件"基础之上的构建,学好这一章才能更加深入、更加真实地把握组织职能的灵魂。

组织文化是一个组织在长期的经营管理实践中积累形成的具有自身特殊性的文化表现，蕴含着为所有组织成员所遵循和接受的价值观念、心理程序、思维逻辑和行为规范等。组织通过对组织文化的塑造，可以引导员工的行为。组织变革是组织获得长远发展的重要保障。本章主要阐述组织文化的结构、功能以及塑造组织文化的路径；重点介绍当组织内外部环境发生变化时组织如何通过变革来适应新的环境、组织变革的动因、组织变革的模型，以及组织变革的管理理论与方法。

第一节 组织文化

一、组织文化的内涵

（一）组织文化的定义

组织文化的核心词是"文化"二字，而说到"文化"显然存在东方文化与西方文化的差异，这是一个大的范畴，这种差异是在不同的自然环境、人文环境下演变出来的。然而，组织文化的范畴就相对较小了，它描述的仅仅是一个组织（包括营利性组织与非营利性组织）自身的文化特质。人们一般将组织文化定义为一个组织在长期的经营管理实践中积累形成的具有自身特殊性的文化表现，蕴含着为所有组织成员所遵循和接受的价值观念、心理程序、思维逻辑和行为规范等。

（二）组织文化的维度

组织文化具体包含哪些维度呢？罗宾斯等在其著作中引用了一项关于组织文化维度的研究，该研究将组织文化分为七个维度[①]。

1. 创新与冒险

即组织鼓励员工创新、冒险并因此而承担风险的程度。不同的组织在这一维度上差异极大，对于"互联网＋"背景下的手机、电脑以及各类移动终端等信息技术行业，组织一般都较为鼓励员工创新与冒险，并能容忍员工在这一过程中犯错，而传统制造业虽然之前在这个维度上并没有强调，但随着竞争压力的不断加大，传统制造业也同样强化了对这一维度的关注。鼓励创新已经成为当今各行各业的共有维度，只是在实践程度上有很大差异。

2. 关注细节

即组织在多大程度上期望员工在日常工作中表现出精确性以及对细节的关注。俗话说"细节决定成败"，但不同的组织仍然对此有不同理解，进而在这个维度上形成了差异。高端制造业和服务行业的组织一般应该更加关注细节，尤其是服务业，因为服务对象往往具有不同的服务需求，而这些需求又往往是琐碎的细节，这就要求组织构建一种关注细节的文化，进而影响组织内的每一个员工。

---

① 罗宾斯，库尔特.管理学：第11版[M].北京：中国人民大学出版社，2012：50.

3. 成果导向

即管理者在多大程度上更加关注工作成果或效果，而不是取得这些成果的过程。成果导向强，意味着管理者对下属的工作方式并不关心，而是更关注最终的结果，因此采取向下授权的松散式管理；成果导向弱，则意味着组织对工作的方式方法、工作程序、工作规范等均有一定的统一要求，这里实际上隐含了一个假设，即对过程的严格执行就能产生良好的成果，这种导向往往发生在一些工作受到伦理道德约束的行业，如教育、医疗和政府部门。

4. 员工导向

即管理者在日常决策中，在多大程度上会考虑决策结果对员工的影响。员工导向强，意味着"以人为本"理念的落地，意味着管理者较为关注员工的利益得失，将员工视为重要的利益相关者，在制定决策之前就充分考虑对员工的影响，进而提前优化调整决策；员工导向弱，则意味着管理者更关心的是所有者、管理者和客户的利益。

5. 团队导向

即日常工作在多大程度上是以团队而非个人的方式组织的。团队导向强，意味着鼓励每个员工都积极加入相应的团队，使每个人都成为团队中的一分子，工作的计划与组织也是分配到各个团队的；团队导向弱，则与之相反。总体而言，越来越多的组织开始强化团队导向，因为没有完美的个人，只有完美的团队，强化团队导向可以促进不同个体之间相互取长补短，进而有利于整个组织目标的更好实现。

6. 进取性

即组织在多大程度上更加鼓励员工富有进取性和竞争性，而不是随和性和合作性。这一维度与团队导向维度有一定的相关性。越是强调团队的组织，一般而言对进取性越没有过多要求，更鼓励的是随和性和合作性，而越是强调个人的组织，则往往越是鼓励员工通过进取性和竞争性来展现个人价值。这一维度的表现往往取决于组织创立者或最高管理者的个人文化特质。当他对自身的职业成功自主识别为源于个体努力时，他往往会将组织文化引导为强调进取性；反之，当他将个人成功归因于所在团队的整体贡献时，则对进取性的强调就会减少。

7. 稳定性

即组织的未来决策在多大程度上更加强调组织的稳定性（维持现状），而不是发展和变化。在竞争性的企业组织中，一般对稳定性的追求较低，除非面对外部经济不景气，进而在中短期内暂时保持收缩与稳定，但长远趋势都是追求成长与发展。

当我们观察一个组织的文化时，可以按照以上七个维度进行梳理，对七个维度各自强调程度的了解将使我们总体掌握该组织的文化特质。这些维度就如同每个个体的不同性格维度一样，有些维度彼此有一定关联，而有些维度则彼此无关，但总有一些维度较为突出，正如同每个个体都有典型性格特征一样，每个组织也因为在某个维度上的凸显而形成了该组织的典型特质。对每一位即将走入职场的大学生而言，应该将自身的性格特质与不同求职组织的文化特质进行交叉比对，通过知己知彼来作出自己的求职选择。

（三）组织文化的特征

组织文化是一个组织的"软件"，正如一台电脑的操作系统一样，组织文化通过间接却深远的方式影响着组织的实际运转。虽然大多数组织并没有明文将组织文化表述出来，但组织文化却实际存在于每个组织中，因此，掌握组织文化的特征，有助于我们深刻认识组织文化，进而迅速接受并遵循既有的组织文化，从而有利于每个个体的职业发展。组织文化具有以下特征。

1. 稳定性

组织文化的稳定性正如同每个个体性格的稳定性一样，一般不容易发生质变，往往只是在组织文化的个别维度上发生量变。这种稳定性源于组织文化的形成过程本身就是一个长期积累的过程，尤其在组织创立初期所形成的一些价值观念和行为方式具有很强的刚性，组织正是靠着这些价值观念和行为方式才有了初期的成功和当下的发展，因此这种成功经历作为一种强力证据给了组织成员坚持下去的理由，这是组织文化稳定性的一个重要原因。同时，在这种长期坚持中，组织文化的一些特征也渐渐内化为每个个体的工作习惯，甚至内化到每个个体的性格特质中，这也使组织文化在个体层面具有了最朴素而持续的稳定性。

2. 自成系统性

每个组织的组织文化都自发形成了一个系统，组织文化的七个维度彼此并不会互为矛盾，不会让组织成员遵循其中一个维度的同时违反另一个维度。这是因为组织文化是从组织的长期经营管理实践中自然而然体现出来的，因此每个组织的文化都浑然一体。即使在组织文化的形成初期不同维度存在矛盾，在后期的经营实践中也会得到修正和妥协，否则将严重影响组织目标的实现，因此在组织目标和战略的引领下，组织文化的不同维度相互支撑、相互融合，彼此构成了一个系统。

3. 自我弹性

虽然组织文化具有较强的稳定性，但并不意味着组织文化是一成不变的，组织文化在稳定性的基础上仍然具有一定程度的自我弹性，这种弹性使得组织文化能够进行适度调整以适应内外部环境的变化。当一个组织的领导者发生变更，或者外部环境迫使组织战略目标发生调整时，就会对组织文化产生新的要求，例如要求组织成员由进取性弱向进取性强转变，或者由创新与冒险程度低向较高程度转变，这时组织成员出于对组织未来前途命运的关切，出于对变革的客观需要的认识，往往能够表现出行为弹性，调整自身的行为表现，最终不同的组织文化维度又在新的状态下达到了新的稳定态。

4. 价值导向性

组织文化为一个组织的每个成员设定了一个隐形的价值导向。通过设定哪些是适当的行为、哪些是不适当的行为，组织文化的价值导向对组织成员形成了约束力。当然，组织成员对组织文化的接受和遵循，并不意味着每个成员都出于自愿，甚至可能是一种被动接受和妥协，但这恰恰体现出组织文化较强的约束力。当新员工刚刚加入组织时，能够看到老员工的言行在表现上是彼此协调统一的，出于群体遵从压力和群居属性，新员工往往也会自动以自愿或非自愿的心态接受组织文化，在行为上遵循组织文化。

5. 差异性

每个组织的组织文化都是其在长期经营管理实践中形成的，不同组织的发展历史、发展过程的差异，决定了不同组织的组织文化都是不同的，尽管两两比较时，可能在个别维度上存在相似甚至相同特征,但由于每个组织文化都自成系统,因此整体比较而言,不同的组织文化具有很强的差异性。正如同没有两个人的性格完全一样一般,也没有两个组织的组织文化是完全一样的,它们总是在方方面面存在差异,这种差异可能不明显,但只要在不同组织中工作过一段时间,就能迅速识别出文化差异。

二、组织文化的结构与功能

(一)组织文化的结构

组织文化的结构由三个层次构成,分别是物质层、制度层和精神层。

1. 物质层

组织文化的最表层是物质层,即能够反映出组织文化的外在物质表现,如组织的行为过程、组织工作流程、组织的产出等,也包括能直接看得见的实体设施,如组织所在范围的厂房设施、园林绿化程度、工作办公环境、就餐环境、娱乐休闲环境等。这些能直接看得见、摸得着的组织文化要素就是物质层的内容,它们勾勒了一个组织最直观的文化特征,以最简单直接的方式反映了组织最看重的是什么。例如,由于园林绿化本身并不为组织直接创造价值,但当一个组织的园林绿化程度非常好时,那一定是管理者有意为之,这个物质层的表现可能反映出该组织的"员工导向维度"较强,将员工的工作环境放在较高位置。同样,当生产车间的通风环境、地面环境都进行了科学设计和日常维护时,也可能反映出对"员工导向维度"的重视。当员工餐厅放置有公平秤时,可能意味着组织对"关注细节维度"的重视。因此,物质层虽然是组织文化的最表层,但也是最容易发现的要素,在一定程度上是对精神层的组织文化最直接的暴露,如果我们善于留心观察、比较和思考,就能从物质层的表现洞察到制度层和精神层的内容。

2. 制度层

制度层的内容并不容易被组织外的人直接观察到,涉及的是组织内部自身运营管理中的组织文化表现。如果说物质层是组织文化这棵大树的枝叶,那么制度层则是树干,是物质层和精神层的重要传导体。制度层的内容涉及组织结构的具体形式以及实际运作方式、组织内部的规章制度、员工的行为规范、全员绩效考核制度等多种多样的制度和办法。制度层的内容是组织文化保持稳定性的重要来源,各种制度为组织的日常运转构建了基本框架、流程与逻辑,使得组织能够长期稳定地运转,避免了朝令夕改导致的文化混乱与人心不齐。

3. 精神层

精神层是组织文化这棵大树的树根,是整个组织文化的核心与灵魂。精神层的内容涉及的是组织成员共同的心理程序、价值观念和精神追求,决定着组织文化的本质差异。精神层的内容是最不易观察和发现的,需要组织成员加入一个组织后经过长期的工作实践才能察觉和确认。组织最看重员工的哪些能力?最不重视员工的哪些能力?组织的管理哲学是什么?是人尽其用还是各取所长?组织所实际执行的价值标准是什么?是重视结果和形式还是过程和内容?这些根子上的要素就是精神层所涉及的内容。这些精神层的内容往往取决于历史沉淀;是由组织创建初期的外部环境和内部领导集体共同决定的,具有很强的路径依赖性,往往可以影响组织很长时间。

(二)组织文化的功能

1. 助推功能

组织文化能够助推组织目标与战略的实现。组织文化决定着一个组织的软件,即影响着人们的思维方式、工作模式和工作态度,而这些深层次的要素将对每个员工的工作效果与效率产生直接影响,进而影响组织目标与战略的实现。因此,组织不应只关注硬件建设,如创新组织的商业模式或运营模式、开发新的技术、设计新的产品或服务、创新营销手段,同时还需要构建组织文化这个"软件"。只有正确引导了员工的思维和价值体系,员工才能按照设定好的组织硬件来投入人力,进而实现组织目标。

2. 凝聚功能

组织文化就如同是黏合剂,能够将不同性格特征的员工的行为统一起来,尽管有部分行为属于不情愿而为之,但组织目标的唯一性决定了不能以每个人的主观意志为转移,需要求同存异地整合所有员工的力量,因此组织文化的客观存在和长期稳定使得员工需要对自己的行为进行自我校准,他们会迅速意识到如果不能与组织文化相统一,自己的利益就会受到影响,个人的职业发展就会受到波折,甚至个体的心理状态和情绪也会受到影响。因此,组织文化的凝聚功能是组织成员与组织文化博弈后的客观结果,并不是一个风平浪静、你情我愿的自然过程,这个结果使得组织目标的实现具有了内在的系统保障。

3. 外部性功能

组织文化如果与组织目标和战略相适应,那么组织的经营业绩或社会价值就会得到提高,这时组织文化就会向社会提供"正"的外部性,能够树立一个标杆和成功样本,向其他组织贡献出自己的文化产品,而这种正的外部性又会反过来对本组织起到宣传、推广的作用,从而促进本组织的进一步发展。反之,如果组织文化与组织目标和战略不相符,那么组织的运营就会受到负面影响,而这种组织文化就会向社会提供"负"的外部性,并且树立了一个负面样本,当然这也可能给其他组织敲响警钟,但对本组织则是一次负面宣传。因此,组织文化并不是只在组织内部发挥正面或负面的作用,还会从外部对组织产生影响,这就需要管理者在组织职能的管理中重视对组织文化的建设。

4. 约束功能

组织文化的存在将对每个员工产生一定程度上的约束。组织文化就如同组织的"性格"一样,而每个员工的性格必然与组织"性格"存在不同程度的差异,但组织"性格"的唯一性和长期稳定性决定了每个员工都需要在一定程度上作出妥协和让步,需要在行为上与组织文化保持一致,进而获得内心的认同感和归属感。组织文化的这种约束功能使得各个组织成员都能够摒弃各自的性格特质,自动自觉地将组织"性格"设定为自己在工作状态下的性格,而这显然有利于整合所有成员的智慧。

5. 负面功能

上面提到的四个功能都属于组织文化的正面功能,都有利于组织目标的实现,但辩证法告诉我们事物存在两面性。由于既有的组织文化是过去内外部环境的产物，具有稳定性和系统性，当未来内外部环境发生剧烈变化时，如经济危机、新技术突破、行业新规、领导人更替等，组织往往需要设定质变性的目标和战略，但由于组织文化具有的"惰性"和"惯性"导致其变化速度会相对更慢，这就使得组织文化会在客观上成为变革的障碍，并且是变革过程中较大的障碍之一，而这也为管理者提出了新的管理组织文化的命题。管理者在适度修正组织文化的过程中，既需要科学的思路，也需要艺术的智慧，甚至后者变得更为重要。可见，组织文化是一把双刃剑，管理者需要时刻关注外部环境变化和内部人心嬗变，在既有管理学知识、理论的基础上，结合客观实际发挥个人智慧来动态管控，努力使组织文化与组织目标和战略保持动态协调。

三、组织文化的塑造

组织文化究竟是如何形成的？是刻意为之，还是自然而然的过程？针对这一点，学界存在不同意见，尚无定论，但人们普遍认为，组织文化的塑造既需要组织领导者的刻意为之，也需要遵循组织文化的客观演化规律，因此塑造组织文化是一个主客观因素共同作用，科学性与艺术性兼顾的微妙过程，需要管理者具备成熟的组织管理经验和见微知著的敏感性。

一般而言，组织文化的塑造需要经过以下几个阶段。

（一）组织价值观的识别与提炼

组织价值观是组织文化精神层面的要素，因此对组织价值观的识别与提炼是塑造组织文化的第一步。组织价值观在很大程度上源于组织创立者的个人价值观，每个人对自身价值观的认识也是一个由模糊到清晰的过程，在创立者创立组织、经营组织的过程中，其对自身的价值观也逐渐认识清楚，并且自然而然地灌输到组织的经营管理过程中，具体体现在员工甄选标准的设定、组织规章制度的建立、组织经营管理哲学的明确、绩效考核标准的设计等多个方面。当然，在创业者发挥个人因素的过程中，必然会遇到其个人价值观与组织内部部分员工不一致，或者个人价值观与外环境不相协调的情况，这就促使创业者自己作出相应调整，可见，组织价值观虽然源于个人价值观，但并不完全重合，它还会基于内外部因素的影响而发生调整。因此，组织价值观是一个逐渐识别、逐渐提炼的过程，不是一蹴而就的主观设计，这个识别与提炼的过程就是组织内部全体成员彼此各不相同的个人价值观相互碰撞的过程。虽然创业者的个人价值观的影响权重较大，但仍然需要与其他人的想法进行磨合，进而逐渐成为大家的共识。

（二）强化员工认同

组织价值观的识别与提炼只是第一步，如何使提炼出来的组织文化得到全体员工的认同还需要进一步努力。每个员工都有其个人的价值观，其个人价值观也是在长期的生活和工作实践中形成的，因而也具有很强的稳定性和系统性，并不容易改变。但员工一旦加入一个组织就需要以组织利益为中心，没有组织的利益就没有个人的利益，因此员工个人也能主动意识到作出调整的必要性。如果组织还能够运用适当的方式积极倡导和灌输组织文化,那么两个方面共同作用就能够强化员工对共同组织文化的认同。在此期间,组织所能做的工作有很多。

1. 有形宣传

组织可以印制员工手册,在其中表述本组织的价值观,阐述这一价值观提出的背景、原因、过程以及得到的良性结果,使员工将组织价值观视为一个真实的、充满具体内容的表述,而不是一个形式上的口号。以此为基础,进一步表述组织文化的制度层和物质层内容,说明设计各种规章制度的用意,让员工了解整个组织文化提出的过程,拉近员工与既有规章制度的距离。当员工认识到各种制度的目的和价值所在后,就会自动自发地遵守并提出改进意见。除了员工手册,组织还可以利用组织内部的信息网络、组织刊物等途径广泛宣传组织文化,增加对员工的影响力。

2. 树立典型标杆

组织可以在年度总结活动中评选出年度最佳员工,对践行组织文化并取得显著工作成绩的个人进行物质或精神奖励,通过树立典型标杆来体现出组织对文化的重视。标杆和榜样本身也会影响每个员工,使他们对成为未来的标杆产生愿望,从而推动员工自动自发地践行组织文化,按照组织的价值导向与规章制度来积极工作。

3. 严格绩效考核

上面两种方式是以积极倡导为主,并没有给员工施加任何压力。其实,为了使员工更快地融入组织、接受组织文化,还可以通过设计严格的绩效考核制度来保障员工遵循组织文化。在设计绩效考核标准时就将组织文化的核心要素融入其中,比如当组织文化强调员工的进取性时,绩效考核就可以拉开个人绩效考核的等级,对不同绩效表现的员工发放不同的薪酬待遇,通过这种方式促使员工对组织文化的遵循。

(三) 巩固实践

组织文化在全体成员中得到强化后,还需要在工作实践中持续巩固,避免人们对组织文化的淡忘与忽视。前面指出,每个人的个人价值观都与组织文化存在不同程度的差异,为了时刻保持两者的融合就需要在工作实践中不断巩固,否则组织文化就会沦为空谈。这种巩固实践首先需要组织领导者率先垂范,需要领导者在组织内外的各种活动中都秉持组织文化的价值导向与规章制度,当各级员工看到领导者的持之以恒后,就会意识到组织文化并不是一纸空文,并不是写在墙上、印在纸上的几句话而已,而是刻在领导者心里的真实想法。这种率先垂范的做法会对员工产生极大的影响力,发生在身边的真实事情具有最强的培训教育意义,员工会因此而受到感召,进而自觉践行组织文化。除了领导者以上率下的行为外,组织也可以在工作之余组织全体员工参加各种户外拓展、集体参观学习、互动交流等活动,在这些与工作并不直接相关的轻松的集体活动中融入组织文化的要素,更有助于员工真切地感受组织文化的魅力,在寓教于乐中潜移默化地主动接受组织文化。

第二节 组织变革的基本规律

一、组织变革的内涵

(一) 组织变革的概念

组织变革的核心词在于"变革"二字,"变革"与"变化"的区别就在于前者意味着在局部或整体存在某种质变而非量变,甚至是一种革命性的变化。因此,组织变革是指组织适应内外部环境的变化及其影响,对组织目标、商业模式、组织战略、组织结构、生产技术等要素进行的适时调整。

(二) 组织变革的意义

1. 提高与内外部环境的协同性

每一个组织如同每一个人一样,都是在一定的环境中生存与发展的。组织的内环境包括组织领导者的管理风格、组织现有的各类资源、组织成员的技术与能力、组织现有的商业模式、组织生产的技术等。这些内部要素并不是一成不变的,当内环境发生变化时,就要求组织适时调整自身的各种要素来与之协同。组织的外环境包括宏观经济环境、行业竞争环境、市场环境等。这些外部环境变量不以组织的意志为转移,而是受到大量组织不可控因素的影响,它们也迫使组织积极变革来应对变化,例如,当行业竞争环境中的消费者需求发生变化时,组织既有的产品或服务就可能难以满足新的需求,组织就需要通过变革来重新适应外部消费者的需求;再或者是消费者的需求并没有变化,但在电子商务浪潮下,竞争对手新推出的网上业务使得消费者的购物方式发生了变化,这对于仍然只在"线下"发展的组织就构成了威胁,于是要求组织积极变革来与外部环境保持协同。可见,组织变革可以提高组织与内外部环境的协同性,协同性的提高有利于组织从外界获取新的信息、新的技术、新的人员,也有利于组织更好地利用组织内部现有的人力、财力、物力资源,从而完善自身的产、供、销等环节,最终还是有助于组织获得并长期保持竞争优势,进而持续提高组织业绩。

2. 促使组织跨越式发展

虽然组织变革是组织在内外部环境的影响下发生的,甚至是在外部竞争压力的影响下被动发生的,但这在客观上既是风险也是机会,即使被动式的组织变革在客观上也给了组织跨越式发展的机会,当然能否抓住这个机会实现跨越式发展还取决于组织管理变革的能力。每个组织都有其优势与劣势,在内外部环境因素促使组织发生变革之前,组织的劣势虽然也暴露出来了,但在侥幸心理与既得利益的影响下,并不被视为必须改进的内容。但是,当环境因素迫使组织发生变革时,组织就需要认真审视自身的优势与劣势,寻找组织变革的突破点,而这时组织劣势的负面影响就显得更加突出,对组织劣势进行修正与变革的呼声也会更高,因此组织变革给组织领导者提供了一个大力补短板的战略机遇。生存与发展的压力也使得组织成员都能够摒弃前嫌、求同存异,而对组织劣势的变革会带给组织新的重大机会,生产技术的升级改造会推动组织制定更高的组织目标和更远大的战略选择,通过补充新的高素质员工会给组织带来新的思路、新的技术、新的创意。因此,在组织变革过程中,对组织劣势的弥补与修正有助于促使组织实现跨越式发展。当然,在这一过程中,可能每个组织成员都需要艰难地改变原有的工作习惯、工作方式和工作流程,需要付出更多努力来适应新的环境,但这正是实现跨越式发展的必经阶段。

二、组织变革的动因

前文指出,组织变革的动因在于各种内外部环境因素。

(一) 外部环境因素

组织的创建与发展过程就是一个外部资源转化为内部资源的过程,而随着组织的持续运营,组织内的内部资源也可以转化到外部环境中,成为外部资源,因此外部环境始终是组织赖以生存和发展的基础,相应的,外部环境中的变化也极易引发组织变革。具体的外部环境因素包括以下几个方面。

1. **技术因素**

技术因素的变化已经对我们的生产生活产生了很多影响,例如,美国苹果公司推出新款智能手机和平板电脑就引发了整个行业的变革,手机和电脑行业内的所有企业组织都需要积极应对这一环境因素的冲击,它们都需要重新挖掘消费者的需求、重新确定未来的研发方向、招聘新的员工、设计新的商业模式,因此技术的更新换代极易引发组织的变革。再如,在"互联网+"背景下,支付宝、微信支付的出现使得消费者的支付方式发生了前所未有的变革,以前人们通过刷银行卡来付账,而现在则通过支付宝,这就对所有的传统银行组织构成了极大的威胁,就迫使银行组织需要进行变革。不仅如此,在人们支付方式发生变化的同时,由于越来越多的消费者习惯了用支付宝付账,这就使得支付宝拥有了庞大的用户人群,这也使得支付宝可以与餐饮商家、影院、零售商家进行合作,从而获得更低的购买价格,这又进一步促使消费者更愿意选择与支付宝有合作的餐饮商家、影院、零售商家来消费,可见,支付方式的变化使得人们的购物渠道和购物选择也发生了变化,这对所有终端零售企业都是一个巨大的变化,都将引发组织变革。因此,技术因素是一个非常特殊的基础要素,每个组织都是基于一定的技术来完成生产经营的,当技术因素发生变化时,对整个行业都将产生系统性影响,行业内的所有组织都不能独善其身,都需要应对这种变化,通过积极的变革来与新技术保持协同。

2. **消费者因素**

无论是生产一种产品或是提供一种服务,所有组织的产出都需要消费者来买单,组织的运营流程都以消费者的购买行为作为结束(对于产品还需要售后服务),因此消费者是组织成败的审判者。然而,我们都知道,除了少数忠实顾客以外,大多数消费者都是善变的,正因为如此,市场营销学才会专门研究消费者行为和消费者心理。当苹果公司推出第一代智能手机iPhone时,消费者被完全"打败"了,消费者对手机的需求不再仅仅局限于通话,顾客的需求偏好会迅速感染和蔓延,这使得苹果公司在当时成为了组织变革的推动者,而其他同行则成为了组织变革的被动应对者,但时至今日,以华为为代表的国产智能手机又逐渐得到了更多消费者的青睐。可见,消费者的行为和心理是处于动态变化中的,成功的组织都应该积极研究消费者的心理、挖掘消费者的新需求,从而成为组织变革的主动发起者,而大多数表现一般的组织则需要积极应对消费者需求的变化,努力由一个被动应对者转变为主动发起者。

3. 宏观环境因素

宏观环境因素涉及宏观政策因素、经济因素、法律因素、政治因素等,其实技术因素也属于宏观环境因素中的一个。在这里,宏观政策因素是指政府为了对宏观经济进行适度调控而制定的各类政策,这些政策的影响力是巨大的,相关组织需要重视宏观政策,顺应大势来制定自身的目标与战略。例如,我国在转方式、调结构背景下制定的一系列财税政策对相关企业的切身利益都有巨大影响,需要相关企业积极进行组织变革,通过升级改造老旧的生产技术,创新产品设计与服务来更好地适应未来的市场环境,因此宏观政策因素将对组织变革产生影响。宏观经济因素也是组织变革的一个重要影响因素,良性的宏观经济意味着个人和企业都有着旺盛的需求,个人的需求将转化为企业的需求,而企业的需求将转化为经营规模的扩大和经营业绩的提高,进而提升个人的薪酬待遇,而这又进一步增加个人消费需求,由此形成一个良性的正反馈,因此宏观经济因素对所有组织的潜在变革都是一个影响因素。法律因素是一个强力的刚性因素,会对法律涉及的所有组织产生同样的影响力,法律规定了组织设立的形式、程序,对于企业组织而言,《合同法》《公司法》明确了企业经营应该秉持的基本原则、合同设立的要件、违法的代价等各个方面的内容,因此法律因素为企业组织的行为画上了红线。尤其对于拟跨国经营的企业组织而言,东道国的法律很可能在组织设立、财税制度、员工招聘与解聘等方面存在不同规定,这意味着在母国运营良好的组织系统有可能在东道国是不适应的,需要针对东道国的法律环境进行相应变革。政治因素也是一个重要的宏观环境因素,对于跨国经营企业而言,东道国与母国的国际关系和贸易联系直接影响着东道国对外来投资的开放程度和欢迎程度,当国家间关系发生变化时,跨国经营企业也可能面临巨大风险。因此,企业需要时刻关注国际政治环境和社情舆情,对企业在东道国的经营范围、合资合作方式、进入与退出成本进行动态调整,通过组织变革来灵活应对潜在的风险。

4. 行业竞争因素

企业组织所在行业的竞争环境也会促使组织变革的发生。当行业内有新的竞争对手加入时,往往会增加整个行业的总供给,在需求稳定的情况下就有可能使得产品或服务的价格下降,进而可能促使现有企业通过降低成本或差异化等战略变革的方式来应对。行业内的现有竞争对手也可能通过技术升级、产品研发、商业模式创新、创新营销手段等多种策略来争夺市场,这也是引发组织变革的常见情况。此外,对于行业内现有的产品或服务而言,如果还存在有较强竞争力的替代品,如随着高铁规模和技术的不断发展,高铁服务就对航空服务构成了替代,人们的中远距离出行需求就会发生变化,这也会促使航空企业通过组织变革来进一步降低成本、提高品质、创造差异化,以应对潜在挑战。行业内的供应商也可能引发企业组织的变革,当供应商提高原材料的价格时,就会对购买这些原材料的企业产生影响,这时企业或者努力降低自身的运营成本以抵消原材料成本的提高,或者通过增加产品售价来转移成本,或者更换供应商,或者通过并购供应商来降低采购成本,这些可能的行为都意味着组织变革的发生。因此,行业竞争环境对企业的影响比宏观环境更加直接和快速,也是组织变革常见的动因来源。

(二) 内部环境因素

组织的内部环境也会促使组织变革的发生,具体因素有以下几点。

1. 组织最高管理者的变更

组织的最高管理者决定着组织经营的方向和重点,但同行业竞争对手间的客观差异意味着不同管理者的决策存在很大差异,最高管理者的变更往往意味着管理模式、管理假设、管理思路的变更,这些都极易引发组织变革的发生。当民主型的管理者代替了集权型的管理者时,管理决策时会更多地听取下级的意见,决策制定的程序会被延长,组织文化中的员工导向也会强化,这些都属于组织变革的内容。由于最高管理者拥有管理决策的最高职权,因此管理者的变更会从根本上启动组织变革,这种变革一般都是从组织的人事变革开始的,最高管理者需要搭建新的管理团队来推动变革,通过人事变革来带动整个组织结构的变革,最终落实到组织业务的变革。

2. 战略选择的变更

战略选择是基于组织内外部环境制定的,因此战略选择的变更本身也是组织变革的一部分。始发于战略选择的变革常常会进一步引发组织其他层面和其他环节的变革。例如,当组织决定通过相关多元化战略来获得竞争优势时,企业可能就需要对组织结构进行变革,需要成立新的事业部制组织结构来更好地管理多个相关业务,也可能需要通过人事变革来招聘新的目标员工,同时制订新的培训制度来提升员工的新技能,并且制定新的绩效考核制度和薪酬制度,而且企业的采购业务和研发业务也需要相应变革,来满足相关多元化战略的需要。因此,战略选择的变更会引发组织内部各个部门的变革,也只有各个子部门的成功变革才能保证战略选择的成功。

3. 组织规模的变化

组织规模也是引发组织变革的一个重要动因。首先,当组织规模不大且产品较为单一时,职能型的组织结构就能够满足需求,然而当组织规模基于多元化经营而扩大时,组织结构就可能需要变革为事业部制结构。另外,由于各级管理者的个体能力是有限的,随着组织规模的不断扩大,他们都需要向下级更多地授权,以保证管理决策能够跟上市场发展变化的速度。

三、组织变革过程的不同观点

对组织变革过程的认识存在两种不同观点:一种是"风平浪静"观,另一种是"急流险滩"观[①]。前者认为组织就如同是行驶在风平浪静的大海上的一艘大船,船长和船员对前进的方向和未来将面对的环境都有充分的了解,潜在的风险和不确定性是较小的。后者则截然相反,认为组织就如同是行驶在急流险滩中的一艘小船,船长和船员对前进的方向和未来将面对的环境都缺乏了解,潜在的风险和不确定性是较大的。

---

① 罗宾斯,玛丽.管理学:第7版[M].北京:中国人民大学出版社,2004:355.

不同的观点也反映出不同的管理哲学和管理经验。"风平浪静"观一方面强调了外部环境的稳定性,另一方面也强调了组织管理者和组织成员对组织的良好控制。其实,就外部环境而言,随着各国经济对创新和差异化的追求,稳定的经营环境已经成为特殊状态,而不稳定的环境则成为了常态,那么面对这一常态,组织要保持良好的适应与控制的难度越来越大。"急流险滩"观则更符合当下和未来的环境特征,它既强调了外部环境的不可预测性,也强调了组织对环境能否适应也存在不确定性。正是因为"急流险滩"般的状况,就要求组织积极主动地实施变革,不论组织是一艘大船还是小船,都应该对外部环境保持敏感性,同时对自身的组织目标、战略、商业模式、技术类型、人员配备进行动态变革,进而保证在风浪中能够安全而相对平稳地航行。

第三节 组织变革的程序

组织变革的程序在理论上存在不同的模型表述,也反映出对组织变革过程的不同理解和认识。本节重点介绍两种主要的理论模型。

一、卢因的组织变革模型

库尔特·卢因(Kurt Lewin)提出成功的组织变革需要经过三个步骤,分别是"解冻"现状、"移动"到新状态、"重新冻结"新变革,进而使变革能够持久发挥作用[①]。

(一)"解冻"现状

组织变革本质上就是要改变现状,而改变现状之所以困难就在于它打破了每个人的既有工作习惯和工作状态,甚至打破了原有的生活状态。因此,组织变革的第一步"解冻"现状就是要让每个组织成员都看清楚现状的客观表现,每个人都是以现状为基础在工作,但现状并不完美,甚至不够优秀(否则就不需要变革了),变革之所以会启动就是为了改变不够优秀的现状,因此"解冻"现状就是要唤醒大家的头脑,让人们重新客观而清晰地思考现状中的不足与劣势,进而暂时放下对"现状"的依赖与喜爱。通过对现状的"解冻",组织中现有的人财物又回归到了"无结构"的状态,组织的权力结构、组织结构、人员结构、产品结构等被重新归零,从而为第二步"移动"到新状态打下基础。因此,"解冻"现状是一个归零的过程,通过放弃熟悉的力量,重新打造新的更卓越的力量,所以组织变革需要组织管理者拥有充分的自信与勇气,但自信与勇气并不是虚无缥缈的主观意志,而是建立在调查、分析基础上的客观智慧,即想清楚了熟悉的力量未来将产生哪些致命缺陷,同时想清楚了未来将如何重新盘活现有资源,并且在未来应该打造怎样的卓越力量。

(二)"移动"到新状态

"移动"到新状态就是在归零的基础上,盘活现有资源的过程,即重新构建组织的权力结构、组织结构、人员结构和产品结构等。经过再一次的重构来重新组织"人财物",重新

---

① 罗宾斯,贾奇.组织行为学[M].李原,孙健敏,译.北京:中国人民大学出版社,2008:557.

构建"产供销"的体系。这一步的难度在于新的状态需要得到大多数组织成员的接受,新的状态是以未来的竞争需求为导向而设定的,但这只是一个战略目标层面的构想,具体实现还需要每个岗位上的员工共同努力、贡献智慧,因此新的状态在设定时要预判到员工的接受度,甚至可以通过提高待遇等方式降低员工从老状态到新状态的转换成本。

(三)"重新冻结"新变革

这一步是通过塑造新的组织文化,通过制定新的规章制度、业务流程、绩效考核标准等内部管理规范,来使新状态能够长期稳定地存在和运行,进而使全体成员形成新的工作习惯和工作状态,并且快速适应新的状态,这个过程就如同一个再次冻结的过程一般。

卢因的组织变革模型通过"解冻"与"冻结"这样的生动表述向我们描绘了一个真实的组织变革过程。虽然该过程只分为三个阶段,但每个阶段都对应着组织变革的一个重点和难点,每个阶段的开始和完成也都是一个"里程碑事件",因此这个三阶段模型简约但并不简单,形象但并不失真,从而被广为接受。

二、科特的八步骤模型

约翰·科特在卢因的变革模型基础上,提出了一个更加详细的八步骤模型,如表11-1所示。

表 11-1 科特的八步骤模型[①]

1. 通过创造组织需要迫切变革的理由,建立紧迫感
2. 形成具有领导变革所需足够权力的联盟
3. 建立新的愿景来指导变革,并制定实现该愿景的战略
4. 在整个组织中进行愿景沟通
5. 通过扫除变革障碍、鼓励冒险、鼓励创造性地解决问题,向员工授权,让他们为愿景采取行动
6. 有计划地创造和奖励近期成果,这些成果会推动组织向新的愿景迈进
7. 巩固成果,重新评估变革,在新的计划中作必要的调整
8. 通过证明新行为与组织成功之间的联系,强化变革

科特的八步骤模型提供了一个更加易于理解的表述,通过对每一个步骤的具体说明使人们可以从中看到组织变革的要点和难点,并且提供了一个具体而清晰的行为指南。

第四节 组织变革的管理

当按照以上模型实施组织变革程序时,工作绝不会是一帆风顺的,这就需要管理者对组织变革进行管理。具体而言,需要管理者了解组织变革的阻力,分析变革阻力产生的原因,并相应地运用多种多样的手段来克服这些阻力,甚至将阻力转化为动力。只有将管理

---

① 罗宾斯,贾奇.组织行为学[M].李原,孙健敏,译.北京:中国人民大学出版社,2008:559.

的科学性与艺术性相结合，才能很好地对组织变革进行管理，也才能实现组织变革的价值。

一、组织变革的阻力

组织变革本身是适应内外部环境的变化而发生的，其出发点是组织的长远利益。但是，对于任何一个组织而言，组织整体的长远利益不可能永远与每个员工的个人利益相一致，也就是说随着组织的不断发展，必然有一部分员工将被逐渐淘汰或者边缘化，尤其是那些不能与组织整体的发展保持同步发展的员工，因此，当组织拟实施变革时，必然会有部分员工出于对自身个人利益的考虑，不予配合，甚至成为组织变革的阻力。这种阻力的出现在某种程度上也存在必然性，组织内的资源都是从组织外吸纳进来的，尤其是各个不同层次、不同技能的员工，当招聘失败时，组织就可能招到并不符合相应岗位要求的员工。随着组织的发展变化，这些员工与组织间的距离会逐渐拉大，当拉大到一定程度时，组织的进一步变革与发展就有可能直接影响这些员工的利益，这时阻力就可能出现。在后续排除阻力的过程中，可能有部分员工积极调整心态、提高技能，从而跟上了组织变革的步伐，最终留在组织内，但也可能有部分员工难以适应变革后的组织，最终离开组织，再次成为组织外的资源，同时组织也可能从组织外再次补充新的员工进入组织内。因此，出现阻力并不奇怪，出现阻力、分析阻力、排除阻力的过程就是一个组织与外部环境再次发生交换的过程，是一次组织再适应和员工再适应的过程。

二、变革阻力产生的原因

变革阻力产生的原因是多种多样的，既有组织内的原因，也有组织外的原因，还有一些则是归因于整个社会环境的系统原因。

（一）组织内的原因

1. 对组织及个人短期利益的影响

前文说到，组织变革是为了组织的长远利益，因此，有些组织变革可能会对组织的短期利益有负面影响。例如，为了应对环境变化可能需要重新制定发展战略，相应地需要调整市场营销方案、生产运营计划等，当新的战略尚未明确，或者员工对实施新的战略还不习惯、还不熟悉时，在这个过渡期内就可能造成短期的效益下降，进而对组织短期利益产生负面影响，相应地对个人的短期利益也必然存在影响。当然，这个因素并不是源于员工个人，而是组织整体短期利益下滑导致的。

2. 对个人既得利益的威胁

这个原因与上一个原因刚好相反，阻力并不源于组织整体利益的下降，而是源于某些员工个人的有意阻挠。也就是说，组织变革使得组织整体利益增加了，但部分员工个人的利益却可能会降低，员工提前预判到了组织变革对个人既得利益的威胁，从而在组织变革之前和变革过程中有意阻挠变革，以损害组织未来的整体利益为代价来争取个人的眼前利益不受损失。在组织变革之前，部分员工通过个人努力已经在组织内获得了一定的职位、待遇和影响力，组织变革意味着对原有组织状态的"解冻"，即将原有的组织结构、职位结构、薪资制度等重新归零,这会让部分适应能力较弱的员工主观理解为"之前的努力都白费了",同时也是出于对自己的不自信,不相信自己还能够在未来新的组织结构、职位结构、薪资制度下仍然获得同等的利益,从而产生抗拒变革的心态和行为。

3. 源于不确定性的恐惧

虽然在个人和组织的发展变化中,每个人靠理性都认为波动与风险总是存在的,但人们却总是在感性上希望能够将波动和风险消除,希望能够在平稳的环境中生活与工作,这种理性与感性的矛盾在组织变革时表现得尤为突出。在组织变革发动的前期,每个员工靠理性都认为组织变革从长远上对组织和自己都有好处,但从变革开始到变革结束存在一个漫长的过渡期,这个过渡期中存在很多模糊性,权力格局和领导体制尚未成熟,开展工作的方式方法尚未定型,沟通协调的机制尚未形成,这就使每个人都需要承受高度的不确定性,需要在模糊中前行一段时间,对于那些心理承受能力强、心态乐观积极、勇于面对风险和挑战、模糊承受力更强的员工而言,他们能够与不确定性共生存,甚至对这种工作状态更加适应,但对其他员工则可能意味着恐惧和折磨。因此,对不确定性的恐惧源于每个员工自身的特质,与组织变革本身关系并不大,或者说组织变革只是外部诱因,而外因还需通过内因起作用,因此根源还在于员工自身的特质。

4. 组织变革管理者的原因

组织变革需要管理者坦诚、全面地阐述变革的客观原因、变革的具体内容以及变革后的愿景。当员工主观觉得变革管理者没有"坦诚"说明这些内容时,员工就会对管理者产生不信任,进而对变革的真实原因产生怀疑,甚至认为变革并不是为了组织的整体利益,而是对部分员工进行惩罚甚至解雇找的借口,这时变革的阻力就不再是出于工作本身,而是出于人际矛盾,由此产生的阻力也是最大的。这里的核心是,是否坦诚的判断并不取决于变革管理者的实际想法,而是取决于员工的主观认知,当员工是这么认为时,这种阻力就会存在。此外,当管理者没有对变革的具体内容以及变革后的愿景进行详细说明时,也就是说当管理者对变革管理的准备工作并不充分时,员工对组织变革的信心会受很大影响,会认为组织变革的前景并不明朗,道路并不好走,进而产生畏难情绪,并在无形中转化为对组织变革的不积极,甚至消极怠工乃至辞职。因此,变革管理者的责任非常巨大,他们自身需要做好充分的变革准备工作,在心态上以坦诚的姿态面对员工,在内容上详细说明变革过程与未来愿景,降低员工的模糊心态。

(二)组织外的原因

任何组织都不是独立存在于社会上的,对于一个企业组织的部门而言,部门层面的变革会受到企业整体政策和规定的制约;对于一个集团公司而言,集团内不同地域的每一个子公司或分公司的变革,也会受到集团整体政策和规定的制约;对于整个集团层面的变革,在变革的内容和程度上也需要考虑上下游的供应商、客户、合作伙伴、战略联盟成员等多个利益相关者的协同情况。因此,组织外的不同组织也会对本组织的变革形成阻力。例如,对于企业组织而言,外部供应商是一个重要的合作伙伴,供应商所供应原材料的质量、规格、价格、供应链体系等对企业利益有直接影响,当企业谋求变革时,可能在原材料采购环节也需要进行变革,但这种变革可能会对原有供应商提出新的要求和期望,当供应商的讨价还价能力较强时,这些要求和期望就可能难以达到,或者需要与供应商通过谈判来寻找妥协点,这就对原定的变革形成了阻力。外部客户也是一个重要的力量,虽然变革是为了更好地满足客户的需求,但客户的需求也是发展变化的,客户的需求应该成为变革策划阶段的重要约束变量,在变革什么、怎么变革、变革成什么样等关键问题上都要预判客户的接受度,从而让未来的组织变革成果能够引领客户需求、创造客户需求,而不是让客户需求成为组织变革的阻力。

(三) 系统原因

影响组织变革的因素除了上面提出的组织内原因和组织外原因,还存在更广泛意义上的社会系统原因。当整个社会各行各业都更鼓励创新、变革,存在求新求变的大环境时,单个组织的变革也会变得相对容易;反之,如果社会氛围相对保守,变革创新并不常见,或者不多的变革创新实例以失败告终,那么就会对新的组织变革产生阻力。这种系统原因体现在组织内的各个层次:首先,每个员工既生活在组织内,更是生活在整个社会上,会受社会大环境的影响,因此保守的社会环境会对每个员工产生潜移默化的影响,从而在员工个体层面出现阻力;其次,同行业内的其他竞争对手如果很少进行组织变革,则既给了本组织变革的先发机遇,但同时也形成了某种阻力,因为行业变革的减少意味着供应商和顾客习惯了接受现有的产品和服务,企业变革所带来的新产品、新服务、新模式是否能得到社会不同利益主体的认可和接受就存在较高的不确定性,从而形成了行业层面的阻力。此外,组织变革还可能伴随着资本结构、股权结构的变化,还可能存在风险投资的加入,这些也需要整个社会的金融制度和资本市场体制能够给予支撑和引导,然而这些因素并不以企业的意志为转移,它们也是整个社会系统中的子系统,当金融制度的变革慢于企业变革时,在客观上就会成为潜在的阻力。

以上提出了三个不同范畴和层面的阻力来源,虽然做了这样的分类,但它们彼此之间又是相互关联、相互影响的,组织内人的因素影响着对组织外因素和系统因素的主观认知和判断,而组织外的因素和系统因素又对组织内的每个人产生着系统影响,因此,任何一种阻力的形成都是多种因素共同作用的结果,也正因如此,变革阻力往往较难彻底消除,具有一定程度的反复性和顽固性,管理者应努力通过管控使其保持在一个可控的范围内,使之不致严重影响组织变革的整体进程。

三、变革阻力的管控方法

虽然变革阻力的产生原因多种多样,并且是多种因素影响的结果,难以彻底消除,但管理者可以采取一些方法进行合理管控,以降低其破坏性,使之相对稳定和可控。具体途径有以下几种。

(一) 系统分析本组织变革阻力产生的具体原因

既然要管控,就要先搞清楚要管控的对象是什么情况,而变革阻力产生的原因就是一切工作的开头。虽然上面提出了三类变革阻力来源,但不同的组织需要结合本组织的实际来明确具体来源。对于组织内部因素而言,需要与各个层面的员工进行调查了解,捕捉员工潜在的阻力是源于对变革管理者的不信任，还是对既得利益损失的担忧，抑或是对未来高度不确定的恐惧，只有经过具体研判才能进一步考虑对策。同样，也需要研判组织外的原因和系统原因，推断外部因素对组织即将开展的变革将存在哪些阻力，最大的阻力来源是什么？最大阻力对变革的影响是质变还是量变？只有明确了原因，从源头下手才谈得上对症之策。

（二）变革管理者发挥个人领导力

在变革发生之前，管理者与被管理者只是在组织内职权、分工、责任和利益上存在区别，而且这些区别是系统稳定的，已为全体成员所接受。但是，变革的发动却容易拉大管理者与被管理者的距离，尤其是心理距离的扩大，由于一切都是未知，变革管理者就承担着缩小与员工心理距离的重大责任，而且这个责任只能交给变革的最高管理者来承担，而不能由其他管理者或员工来承担，因此变革管理者能否发挥个人领导力就成为关键。说到领导力，其来源也是多种多样的，或者是源于领导者的个人才干，或是其成功的资历履历，抑或是个人的人格魅力。因此，变革管理者首先需要审视自身的领导特质，分析自己最大的领导力来源是什么，并且思考如何进一步放大这种领导特质，从而尽自己最大能力来管控变革过程。

（三）变革动因与方案的全员参与

如果变革的阻力来源于对未来不确定性的恐惧，那么通过让大家共同讨论识别变革的原因，共同参与分析制定变革方案，就可以降低这种恐惧感。因为通过参与这个过程，每个人都明白了为什么要变革、变革的目的是什么以及组织将向何处去，从而增强了员工对变革的接受度，使人们从"接受变革"转化为"我要变革"，使每个人都意识到组织变革的过程虽然让每个人都更辛苦，但未来每个人都将因此而受益。

（四）充分沟通

沟通是任何管理工作的基础，对于难度较大的变革管理而言更是如此。变革管理者需要发动组织各个层面来自主沟通，或者通过正式的研讨会方式，或者通过集体户外活动的方式，在正式与非正式的多种环境下促进大家对变革事项的交流互荐，从而逐渐凝聚共识，减少分歧。

本 章 小 结

组织文化是一个组织在长期的经营管理实践中积累形成的具有自身特殊性的文化表现，蕴含着为所有组织成员所遵循和接受的价值观念、心理程序、思维逻辑和行为规范等。组织文化具有稳定性、自成系统性、自我弹性、价值导向性和差异性等特征。组织文化的结构由三个层次构成，分别是物质层、制度层和精神层。组织文化的功能表现为助推功能、凝聚功能、外部性功能、约束功能、负面功能等。组织文化的塑造一般需要经历组织价值观的识别与提炼、强化员工认同、巩固实践这几个步骤。

组织变革是指组织适应内外部环境的变化及其影响，对组织目标、商业模式、组织战略、组织结构和生产技术等要素进行的适时调整。组织变革的动因在于各种内外部环境因素。对组织变革过程的认识存在两种不同观点：一种是"风平浪静"观；另一种是"急流险滩"观。

实施组织变革往往会遇到阻力，变革阻力产生的原因是多种多样的，既有组织内的原因，也有组织外的原因，还有一些则是归因于整个社会环境的系统原因。这就需要对变革阻力进行管控，包括系统分析本组织变革阻力产生的具体原因、变革管理者发挥个人领导力、变革动因与方案的全员参与以及充分沟通。

进一步阅读的材料

[1] 罗宾斯,库尔特.管理学:第 11 版[M].北京:中国人民大学出版社,2012.

[2] 周三多,陈传明,贾良定.管理学——原理与方法:第 6 版[M].上海:复旦大学出版社,2014.

[3] 孔茨,韦里克.管理学——国际化与领导力的视角:精要版:第 9 版[M].马春光,译.北京:中国人民大学出版社,2014.

思考题

1. 你所工作或学习的组织的文化是怎样的？
2. 如何重新塑造一个组织的文化？
3. 你所工作或学习的组织发生过组织变革吗？变革的原因和过程是怎样的？
4. 如果你是你所在组织的变革管理者，将如何管控整个变革过程？

第三篇案例 X公司的组织结构①

  X公司的财务总监A先生为各事业部财务总监在组织结构中的地位忧心忡忡。在1985年以及之前的数年中,事业部的财务总监一直向本事业部的总经理报告。尽管A知道这是其他许多按事业部组织的公司的通行做法,但他对这种惯例并非完全满意。Y公司的财务总监给了他一份关于组织机构职责的介绍,这激发了他实行变革的兴趣。

  X公司设有7个经营事业部,最小的一个年销售收入为5 000万美元,最大的一个则在5亿美元以上。各经营事业部均负责不同产品线的生产和营销。有些零部件要在事业部之间转让,但是事业部间交易的数量并不大。

  公司已经经营了50多年,并且一直都盈利,尽管仍然盈利,但是增长率显著下降。董事会对这种形势十分担忧,因而于1980年聘用了B先生,他后来升任总裁,B担任的第一个职务就是财务总监,他于1983年升任执行副总裁,于1984年升任总裁。A于1981年加入公司,担任助理财务总监,当时他年仅33岁。1983年他升任财务总监。

  1980年,公司的管理控制机构主要负责:①财务会计;②内部审计;③资本预算分析。公司设立预算控制制度,但是依照这项制度编制的报告要由各经营事业部直接提交最高级管理层,无须公司管理控制机构进行分析。作为财务总监,B认为公司管理控制机构应在预算编制和业绩分析过程中发挥更积极的作用,这一点至关重要。他身体力行,在预算审查和事业部业绩报告的分析研究中发挥了积极作用,并聘请了几位年轻的分析师协助他。A在晋升财务总监之后,继续遵循这一发展方向。到1985年,公司管理控制机构开始配备了足够的人员,从而能够认真研究各经营事业部提交的信息,并且也的确做到了这一点。

  各事业部的财务总监直接向事业部总经理报告,但是在任命新的事业部财务总监之前总会征求公司财务总监的意见。在涉及事业部财务总监的加薪问题时,也会征求他的意见。公司财务总监制定会计制度,各事业部必须严格遵守;公司财务总监还制定报告程序,事业部在预算编制和业绩报告时也必须严格遵循。但是,人们都十分清楚,各经营事业部提交的预算和业绩报告是事业部总经理的职责,事业部财务总监只是协助编制。例如,在预算批准之前,事业部总经理要亲自与高级管理层讨论预算,尽管事业部财务总监通常也与会,并提供技术方面的信息,但是他的职责严格局限在辅助人员的职责范围之内。

  大多数事业部财务总监都已在X公司工作了10年之久,他们通常都是从基层做起,经历了财务机构的各种职位,要么在总部,要么在经营事业部,要么兼而有之。但是,有两名事业部财务总监才30岁出头,在先是被任命为事业部助理财务总监,继而又升任事业

---

① (美)安东尼,戈文达拉扬.管理控制系统[M].刘霄仑,朱晓辉,译.北京:人民邮电出版社,2015:108-110.

部财务总监之前,仅拥有在总部财务机构几年的工作经验。

A 预见到,随着公司引进越来越多的管理控制技术,这种组织关系就会面临越来越多的困难。原因之一是,他认为他与事业部财务总监之间的关系不太密切,他无法按他所希望的速度尽快发展和利用新技术。更重要的是,他认为他无法获得足够信息,了解事业部的实际情况。事业部财务总监首先必须忠诚于本事业部的总经理。人们不可能期望他会向 A 提供坦诚的、毫无偏见的报告。例如,A 确信事业部费用预算中暗藏着一些水分,而事业部财务总监非常清楚藏在哪里。简而言之,他认为,如果财务总监为他工作,而不是为事业部总经理工作,直接向他报告事业部的活动,他就会更多地了解事业部的实际运营情况。

因此,A 在参观了 Y 公司,向 Y 公司的财务总监了解了情况之后,就对 Y 公司的财务总监机构特别感兴趣。在参观 Y 公司之前,A 从未与其他人讨论过机构问题。此后不久,他交给他的助理财务总监 C 先生一份备忘录,介绍他的 Y 公司之行,并征求 C 先生的意见。C 已经在 X 公司工作了 25 年,在 1982 年调任总部之前,曾任事业部的财务总监。A 尊重 C 先生对公司的了解,以及他对财务总监机构问题的看法。C 习惯开诚布公地与 A 谈话。C 先生的评论大意如下:

"我认为 Y 公司的模式不适用于我们公司。事实上,根据岗位职责和组织结构图所标明的方式,我甚至不敢肯定它能在 Y 公司成功。在调任总部之前,我曾做过 5 年的事业部财务总监。在我接任那份工作时,公司财务总监和部门总经理都告诉我,我的职能是尽一切可能协助总经理。我也的确这么做了。我们收集了大量有助于编制事业部预算的信息,但是最终的产物要反映我们总经理的意志,他才是向高级管理层兜售的人。我一直随同他参加预算会议,他也经常让我解释一些数字。在月度报告写完后,我通常会审查一遍,寻找危险信号,然后提醒总经理。他可能赞成我的意见,也可能会发现其他需要研究的事情。但无论是哪种情况,通常他才是对经营机构施加影响的人,而不是我。我们的确有一些问题。最糟糕的是,每年都要发生几次,若公司财务总监办公室有人打来电话,问诸如'如果我们把广告预算削减 N 美元,你认为你们事业部还能正常运营吗?'或者,'你真的认为这台设备的成本节约符合现实吗?'之类的问题,通常,我都是完全赞成他们认为有争议的数据,并尽全力为之辩护。但是,偶尔,我也可能私下里不赞成'官方'数字,但是我会尽量不说出来。这类问题实际上应该问总经理,而不是我。我意识到,总部的人们可能认为问题没那么重要,不值得打扰总经理。在许多情况下,他们是正确的。这种组织结构没问题。

事业部财务总监应该是一个'毫无偏见的信息来源',如果你这么措辞,听起来也没错,但是,如果换一种说法,他就是总部的间谍,这听起来就不那么舒服了。如果我们能指望事业部财务总监报告事业部运营的实情,确实我们的工作就会更好干。但是,如果这就是他们的职责所在,那么我们就不能期望事业部总经理继续把财务总监视作可信赖的助手了。要么总经理找其他人私下里接管这项工作,要么根本没人做。我认为我们最好保持不变。当然,预算可能会含有一些水分,而且经营报告中并非总会突出所有恶劣情况,从而给我们的工作带来了更多的困难。但是,我宁可采取这项计划,而不是替代方案。如果我们采用 Y 公司的模式,我敢肯定事业部财务总监将不再是管理团队的成员,管理团队会尽可能地孤立他,事业部的管理控制职能将会遭殃。"

案例分析问题:

1. 你认为在 X 公司,事业部财务总监应该向谁汇报工作?依据是什么?基于组织设计的什么原则?

2. 公司财务总监与事业部财务总监之间应该是什么关系?X 公司做得如何?

3. 对于 X 公司而言,如何使公司财务总监与事业部财务总监之间的关系更加密切?请列举一些具体的举措。

4. 站在整个公司的宏观视角,你认为应该对公司财务总监与事业部财务总监的职责定位进行变革吗?

建议课堂使用计划:

本案例可用于"组织职能"范畴的案例讨论课。如下是按照时间进度提供的课堂计划建议,可供参考。整个案例课的课堂时间控制在 80~100 分钟。

1. 课前计划:提出案例分析问题,请学生在课前完成阅读和自主思考;
2. 课中计划:老师发表课堂前言,用于明确主题(5 分钟);
3. 分组讨论(30 分钟),告知发言要求;
4. 小组发言(每组 5 分钟左右,控制在 40 分钟);
5. 引导全班进一步讨论,老师进行归纳总结(15~25 分钟)。
6. 课后计划:要求学生对本次课程进行总结,以强化对相关理论和知识的理解。

第四篇 领　　导

第十二章　领导理论与领导方式
第十三章　激励
第十四章　沟通与冲突管理

第十一章 领导理论与领导方式

学习目标

(1) 掌握领导和领导者的基本概念。
(2) 理解领导的权力与权威的形成及其相互关系。
(3) 掌握领导理论的发展脉络,运用相关的领导理论分析现实问题。
(4) 了解人性假设理论以及领导力与领导艺术的基本内容。

身边的管理:

有人说,大学与高中最大的区别是自由度提高了。来自五湖四海的同学们个个才华横溢、个性鲜明。小伍刚竞选当了班长,又和舍友小石一起在"百团大战"的社团招新中加入了"未央社"。今天第一次参加社团活动,他发现社团的工作氛围轻松和谐,社长还经常和大家开玩笑。回到宿舍,小石意犹未尽,继续和他开玩笑,其他同学也纷纷参与进来。这让小伍心里很矛盾,他担心舍友的玩笑这样开下去会影响自己的威信,使班长的工作难以开展;但如果生气他又怕同学们说自己开不起玩笑,有架子,这将影响他和同学之间的关系,也不利于作为班长开展工作。到底该怎么办呢?小伍一筹莫展。

领导是管理的重要职能之一,是实现组织目标必不可少的手段。有关领导有效性的研究向来是管理学理论研究的核心问题。本章主要介绍领导的基本概念、领导者的"权"与"威"、各种领导理论、人性假设理论以及领导力与领导艺术等内容。

第一节 领导与领导权力

有效的管理离不开成功的领导,而领导的有效性取决于领导者、被领导者和环境因素。领导者也是管理者,但比管理者更有能力通过自己对被领导者产生影响,指挥和引领人们实现组织目标。

一、领导的概念和作用

(一) 领导的概念

关于领导概念的界定,许多管理学家从不同的角度给出了自己的定义。切斯特·巴纳德(Chester I. Barnard)认为,领导是上级影响下级的行为,以及劝导他们遵循某个特定行动方针的能力。哈罗德·孔茨(Harold Koontz)认为领导是影响力,是影响人们心甘情愿和满腔热情地为实现群体目标而努力的艺术或过程。这些关于领导的表述不尽相同,但都在强调领导是一种影响力,是领导者影响下级的能力或过程[①]。

领导是指领导者通过对被领导者施加影响,带领和指导被领导者实现组织目标的活动过程。

由此可见,领导行为具有一定的目的性,是为了实现组织目标,充分发挥调动被领导者积极性的一系列活动过程,其效果由领导者、被领导者和环境三个因素决定。

$$领导 = f(领导者,被领导者,环境)$$

领导者是担负领导职责的人,其背景、知识、经验、能力、个性、价值观等都是影响领导效果的相关因素;被领导者的特点,包括出身背景、专业知识、经验、技能、责任心和个性等,也是影响领导效果的相关因素;决定领导效果的环境因素包括群体组织的规模与类型、工作任务的性质和目标、形势的压力和时间的紧迫性、上级领导的期望与行为、上下级之间的关系、组织的文化与政策等。

(二) 领导的作用

1. 指导/指挥

领导者能够指导组织各项活动的开展。包括指导下属制定明确的目标、计划及明确职责、规章、政策;开展调查研究,了解组织和环境正在发生和可能或将要发生的变化,并引导组织成员认识和适应这种变化,指明活动的目标和达成目标的途径。

2. 协调

领导者能够根据工作内容和方式协调组织成员的关系,使之相互配合,更加有效地开展工作。

3. 激励

领导者能够了解下属的需求和愿望,并给予合理的满足,调动下属的积极性和创造性,以高超的领导艺术诱发组织成员的事业心、忠诚感和献身精神,鼓励下属积极开展工作,为组织目标的实现自觉地作出贡献。

二、领导的权力

领导的实质在于影响力,即影响人们心甘情愿地为实现组织目标而努力工作。这种影响力有两个基本来源:一是领导者的地位权力,即伴随一个工作岗位的正常权力,常被称为权力影响力;二是下属服从的意愿,常被称为非权力影响力,即权威。权力和权威是领导者实施领导的基础,领导者正是以自己所拥有的这种权力和权威来影响和指挥别人,体现其在组织成员中的影响力的。

---

① 孔茨,韦克里.管理学:第10版[M].北京:经济科学出版社,1998:320.

(一)权力影响力

权力影响力包括法定的权力、强制的权力、奖励的权力。其中,法定的权力来自上级的任命,是管理者的地位或在权力阶层中的角色所赋予的;强制的权力是和惩罚权相联系的迫使他人服从的力量;奖励的权力是在下属完成一定的任务时所给予的相应的奖励,以鼓励下属人员的积极性。这种权力影响力是由正式组织授予管理者,并受组织规章的保护。这种权力与特定的个人没有必然的联系,它只同职务相联系,是管理者实施领导行为的基本条件。

影响权力影响力的主要因素有以下几种。

1. 传统观念

即认为领导者不同于普通人,他们或有权,或有才干,要强于普通人,因此,便产生了对领导者的服从感,增强了领导者言行的影响力。

2. 职位因素

领导者凭借组织所授予的指挥他人开展具体活动的权力可以左右被领导者的行为、处境,甚至前途、命运,从而使被领导者产生敬畏感。领导者的职位越高,这种影响力越大。

3. 资历

一般人们对资历较深的领导者比较尊敬,因而其言行容易在人们的心目中占据一定的位置。

权力是通过正式渠道发挥作用的。当领导者担任管理职务时,由传统心理、职位、资历构成的权力的影响力会随之而来;当领导者失去管理职位时,这种影响力将大大削弱甚至消失。这种权力之所以被人们接受,是因为他们了解这种权力是实现组织共同目标所必需的。

(二)非权力影响力

非权力影响力包括专长的影响力和品质的影响力。其中,专长的影响力是指领导者具有某种专门的知识和特殊的技能或学识渊博而获得同事及下属的尊重和佩服,从而在各项工作中显示出的在学术或专长上的一言九鼎的影响力,但其影响基础是狭窄的,仅限于专长范围内;品质的影响力是指由于领导者优良的领导作风、思想水平、品德修养,而在组织成员中树立的德高望重的影响力,这种影响力是建立在下属对领导者承认的基础上的,通常属于那些具有超凡魅力或名声卓著的领导者。

构成非权力影响力的主要因素包括以下几种。

1. 品格

品格主要包括领导者的道德、品行、人格等。优良的品格是一个人的本质表现,好的品格能使人产生敬爱感。

2. 才能

一个有才干的领导者,会给事业带来成功,从而使人们对他产生敬佩感,吸引人们自觉地接受其影响。

3. 知识

一个人的才干是和知识联系在一起的,知识本身就是一种力量,知识丰富的领导者容易取得人们的信任,并由此产生信赖感和依赖感。

4. 感情

人与人之间建立了良好的感情关系,便能产生亲切感,彼此之间的吸引力和影响力也便随之而来,所以,平时待人和蔼、关心下属、与群众关系融洽的领导者的影响力较大。

由品格、才干、知识、感情因素构成的非权力影响力,是领导者自身的素质与行为造成的,在领导者从事管理工作时,它能增强领导者的影响力;领导者不担任管理职务时,这些因素仍会对人们产生较大影响。由于这种影响力来源于下属服从的意愿,有时比权力显得更有力量。

第二节　领导理论与领导方式

在领导理论的发展过程中,先后形成了领导特质理论、领导行为理论、领导权变理论。

一、领导特质理论

最早对领导活动及其行为进行系统研究的是领导特质理论。这一理论关注的是领导者的特性或品质,其基本假设有两个:一是领导者的个人品质上必有过人之处;二是领导者具有强烈的影响和领导别人的愿望,乐于承担责任。该理论认为领导行为的有效性取决于领导者的特质。早期的领导特质理论认为个人的天赋是决定领导效能的关键因素;并对领导者的容貌、身高、性格、行为习惯等特质进行归纳,加以考察。后期学者们的研究把人的后天学习因素考虑了进去,集中到领导者应具有的个性特征方面来。

(一) 传统的领导特质理论

传统的领导特质理论认为,领导者的特质是天生的。美国俄亥俄州立大学的斯托格蒂尔(R. M. Stogdill)教授通过调查总结出领导者的六类特质(如表 12-1 所示)。他认为,领导者与非领导者在特质方面的差异,并非在所有场合都固定不变。

表 12-1　斯托格蒂尔的领导特质理论

类　别	特　质
(1) 五种身体特性	精力、外貌、身高、年龄、体重
(2) 两种社会背景特性	社会经济地位、学历
(3) 四种智力特性	果断性、说话流利、知识广博、判断分析能力
(4) 十六种个性特征	适应性、进取心、热心、自信、独立性、外向、机警、支配、有主见、急性、慢性、见解独到、情绪稳定、作风民主、不随波逐流、智慧
(5) 六种与工作有关的特性	责任感、事业心、毅力、首创性、坚持、对人关心
(6) 九种社交特性	能力、合作、声誉、人际关系、老练程度、正直、诚实、权力的需要、与人共事的技巧

美国管理学家吉赛利(Edwin E. Ghiselli)通过对 300 名经理人员的研究,在 1971 年

出版的《管理才能探索》一书中提出了八种个性特征和五种激励特征,具体分析了每一特征对领导者的领导行为的影响,并指出了这些特征的相对重要程度(如表12-2所示)。

表12-2 领导者的八种个性特征和五种激励特征

	特 质	重 要 性
八种个性特征	才智:语言与文字方面的才能	64
	首创精神:开拓创新的愿望和能力	34
	监察能力:指导和监督别人的能力	100
	自信心:自我评价高、自我感觉好	62
	决断力:决策判断能力较强,处事果断	61
	适应性:善于同下属沟通信息、交流感情	47
	性别:男性与女性有一定的区别	0
	成熟程度:经验、工作阅历较为丰富	5
五种激励特征	对工作稳定的需求	54
	对金钱奖励的需求	20
	对指挥别人的权力的需求	10
	对自我实现的需求	63
	对事业成就的需求	76

吉赛利的研究结果表明:首先,一个有效的领导者需要具备才智和对自我实现的需求,以及对事业成就的需求等,这些特征对一个人能否取得事业的成功关系较大,而对物质和金钱的追求、工作经验等则关系不大;其次,一个有效的领导者的监察能力和判断力也是十分重要的,是驾驭事业航程顺利前进所必不可少的;最后,男性和女性的区别与事业成功与否关系不大。

早期的领导特质理论研究大多采用归纳研究法,但1940年以来,这类利用领导者个人性格或个性特征来解释或预测领导效能的理论逐渐被人们放弃。随着研究的深入和实践的反馈,传统的领导特质理论受到质疑。

(二)现代领导特质理论

现代领导特质理论认为,领导者的特性和品质并非全是与生俱来的,它们可以在领导实践中形成,也可以通过训练或培养的方式予以造就。

美国普林斯顿大学的威廉·杰克·包莫尔(Willian Jack Baumol)教授针对美国企业界的实际情况,提出了作为一个企业领导者应该具有的十项品质:①合作精神,即愿与他人一起工作,能赢得人们的合作,对人不是压服,而是感动和说服;②决策能力,即依赖事实而非想象进行决策,具有高瞻远瞩的能力;③组织能力,即能发掘部属的才能,善于组织人力、物力和财力;④精于授权,即能大权独揽,小权分散;⑤善于应变,即机动灵活,善于进取,而不抱残守缺、墨守成规;⑥敢于求新,即对新事物、新环境和新观念有敏锐的感受能力;⑦勇于负责,即对上级、下级的产品用户及整个社会抱有高度的责任心;⑧敢担风险,即敢于承担企业发展不景气的风险,有创造新局面的雄心和信心;⑨尊重他人,即重视和采纳别人的意见,不盛气凌人;⑩品德高尚,即品德上为社会人士和企业员工所敬仰。

日本企业界认为,有效的领导者应具备十项品德和十项才能(如表 12-3 所示)。

表 12-3 有效的领导者应具备的十项品德和十项才能

十项品德	十项才能
使命感	判断能力
责任感	创造能力
依赖性	思维能力
积极性	规划能力
进取心	洞察能力
公平	劝说能力
热情	理解能力
勇气	解决问题能力
忠诚老实	培养下级能力
忍耐性	调动积极性能力

无论是传统的领导特质理论还是现代的领导特质理论,都强调了领导者应具有较多的适应领导工作的人格特质。随着研究的不断深入,不仅被当作领导者特质的条目越来越多,而且出现了新的特质理论,并发展为后来的领导风格理论。

二、领导行为理论

20 世纪 40 年代,许多管理心理学家在调查研究中发现,领导者在领导过程中的领导行为与他们的领导效率之间有密切的关系,于是便出现了领导行为研究的萌芽,其研究的目的是寻求最有效率的领导行为模式。

(一)勒温的领导作风理论

美国心理学家勒温(Kurt Lewin)是最早研究领导作风问题的心理学家,他以权力定位为基本变量,通过各种试验,把领导者在领导过程中表现出来的工作作风分为专制型领导作风、民主型领导作风和放任自流型领导作风三种基本类型。

1. 专制型领导作风

专制型领导作风是指把权力定位于领导者个人,以力服人,靠权力和强制性命令让人服从的领导作风。其特点主要表现为:独断专行,从不考虑别人的意见,所有的决策由领导者自己作出;领导者亲自设计工作计划,指定工作内容,进行人事安排,从不把任何消息告诉下属,下属没有参与决策的机会,只能察言观色,奉命行事;主要靠行政命令、纪律约束、训斥和惩罚来进行管理,只有偶尔的奖励;领导者很少参加团体活动,与下属保持一定的心理距离,没有感情交流。

在专制型作风领导的团体中,各成员之间攻击性言论显著;成员对领导服从但表现自我或引人注目的行为较多;成员多以"我"为中心;当受到挫折时,常彼此推卸责任或进行人身攻击;当领导不在场时,工作热情大为下降,也无人出来组织工作。这种领导作风虽然通过严格管理达到了工作目标,但群体成员没有责任感,情绪消极,士气低落,争吵较多。

2. 民主型领导作风

民主型领导作风是指把权力定位于群体,以理服人、以身作则的领导作风。其主要特点表现为:所有的政策是在领导者的鼓励和协助下由群体讨论决定的;分配工作时尽量照顾到个人的能力、兴趣,对下属的工作并不做特别具体的安排,下属有较大的工作自由,有较多的选择性和灵活性;主要以非正式的权力和权威,而不是靠职位权力和命令使人服从,谈话时多使用商量、建议和请求的口气;领导者积极参与团体活动,与下属无任何心理上的距离。

在民主型作风领导的团体中,成员之间彼此友好;很少使用"我"字,而具有我们的感觉;遇到挫折时,人们团结一致以图解决问题;领导不在时,就像领导在场一样工作;成员对团体活动有较高的满足感。这种领导作风不但完成了工作目标,而且群体成员之间关系融洽,工作积极主动,有创造性,这是工作效率最高的领导作风。

3. 放任自流型领导作风

放任自流型领导作风是指把权力定位于组织中的每个成员,工作事先无布置,事后无检查,一切悉听自便,毫无规章制度的领导作风。这种领导作风效率最低,只能达到社交目标,而不能完成工作目标。

对比以上三种领导作风的工作氛围,专制型领导作风只重视任务,不关心下属,领导者与被领导者之间存在较大的心理距离;民主型领导作风注重团体成员的需要,力求营造民主平等的气氛,领导者与被领导者之间的心理距离较小;放任自流型领导作风团队绩效低,人际关系冷漠。

在工作绩效方面,民主型和专制型领导作风依不同情景各有优劣;在工作满意度方面,民主型领导作风一般高于专制型领导作风;无论在绩效还是工作满意度方面,放任自流型领导作风都是最差的。

(二) 领导行为四分图理论

最早的领导行为二维度研究是 20 世纪 40 年代末在俄亥俄州立大学进行的。斯托格弟(Ralph Stogdill)、弗莱西曼(Edwin Fleshman)、亨普希尔(John Hemphill)三位教授及其同事希望确定领导行为的独立维度。他们运用因素分析的方法,从 1 000 多种领导行为因素中抽出了两个基本因素,发现了领导行为的两个相互独立的维度——关心组织和关心人,并采用了量表作为测量工具来评定这两个维度的领导行为(如图 12-1 所示)。

图 12-1 领导行为四分图

高关心人、低组织的领导行为模式重视相互信任、尊重的气氛；低关心人、高组织的领导行为模式最关心工作任务；最理想的是高关心人、高组织的双高模式。

第二次世界大战以后，以弗莱西曼为首的美国俄亥俄州立大学的一批研究人员，对领导的效能进行了大量研究。他们使用多种问卷，做了大量测量后，发现总是有两种领导行为突显出来，这两种领导行为被称为"创立结构"和"关怀体谅"。创立结构是指那些把重点直接放在完成组织绩效上的领导行为。关怀体谅是指信任下级，友爱温暖，关怀下级个人福利与需要。依据这两个维度可以将领导行为分为四种——"低结构－低体谅""低结构－高体谅""高结构－低体谅""高结构－高体谅"。员工导向的领导者与双高型的领导模式是一致的，而生产导向的领导者则与双低型的领导模式相类似。

（三）管理方格理论

在双因素领导行为模式的基础上，美国管理学家布莱克（Robert Blake）和莫顿（Jane S. Mouton）认为，以生产为中心的管理风格和以人为中心的管理风格都是极端情景，在1964年出版的《管理方格》一书中，他们发展了领导风格的二维观点，在"关心人"和"关心生产"的基础上提出了管理方格论。

如图12-2所示，纵坐标表示对人的关心程度（Concern for People），横坐标表示对生产的关心程度（Concern for Production）。两者按程度大小各分为九等份，每个方格就表示"关心人"和"关心生产"这两个基本因素以不同程度相结合的一种领导方式，共有代表81种不同领导方式的81个管理方格，其中有5种典型领导方式最具代表性。

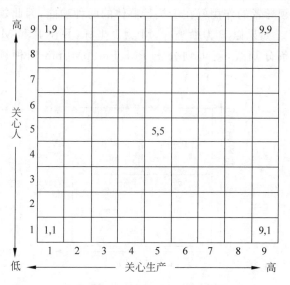

图12-2　管理方格图

贫乏型（1,1）——对生产和人都极不关心。这种方式的领导者只做维持自己职务的最低限度的工作，也就是只要不出差错，多一事不如少一事，因而被称为"贫乏型的管理"。

任务型（9,1）——只注重生产，不关心人。即不关心下级的需求，并尽可能使之不干扰生产的进行。这种方式的领导者拥有很大的权力，强调有效地控制被领导者，努力完成各项工作任务,因而被称为"独裁的、重任务型的管理"。

俱乐部型(1,9)——只关心人,不关心生产。即关心下级的需求是否得到了满足,重视搞好关系,强调同事和下级与自己的感情,忽略工作的效果,因而被称为"俱乐部型的管理"。

中庸型(5,5)——对生产和人都有一定程度的关心,但都不太突出。这种领导方式的领导者既对生产任务的质量和数量有一定要求,又通过引导和激励使下级完成任务,但领导往往缺乏进取心,乐于维持现状,因而被称为"中庸型管理"。

理想型(9,9)——对生产和人都极为关心。这种领导方式的领导者能使组织的目标与下级个人的需求最有效地结合起来,既高度重视组织的各项生产任务,又能通过沟通和激励使群体合作,组织成员共同参与管理,使工作成为组织成员的自愿行动,从而获得高的工作效率。这是最理想的管理方式。

从关心生产任务和关心人的需要两个角度来考虑领导者的行为方式的研究引起了人们的兴趣,许多国家的研究人员对此进行了有益的探索和研究。

(四) PM 理论

著名心理学家、日本大阪大学教授三隅二不二曾对领导行为学派的各家理论进行过长期研究,在吸取前人研究成果的基础上,提出了著名的 PM 理论。这一理论在形式上与俄亥俄州立大学的二维模型相似。他认为,群体具有两种功能:一种功能是实现群体的特定目标,即绩效(Performance,用 P 表示);另一种功能是改善群体自身的正常运转,即维持(Maintain,用 M 表示)。他把群体作为一个整体,从两个维度来分析领导行为。

PM 理论认为,领导者的作用就在于执行群体的两种功能,因此领导者的行为也就包括 P、M 这两个因素。如果以 P 为横坐标,M 为纵坐标,并在 P 和 M 坐标上测量数据的平均值位置各画一条分割线,就可划分出 PM、Pm、pM、pm 四种领导类型(如图 12-3 所示)。

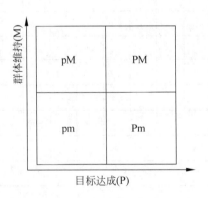

图 12-3 三隅二不二的 PM 理论

三隅二不二教授运用多种方法对各种行业各个层次的领导者进行了多年研究,并以企业的生产指标和员工的士气进行了检验,获得了关于 PM 四种类型领导效果的基本一致性结果(如表 12-4 所示):PM 型(高绩效、高维持)最好,Pm 型(高绩效、低维持)和 pM 型(低绩效、高维持)居中,pm 型(低绩效、低维持)最差。

表 12-4 PM 四种领导类型的效果

领导类型	生 产 量	对组织的信赖度	内 聚 力
PM	最高	最好	最好
Pm	中	较好	一般
pM	中	一般	较好
pm	最低	最差	最差

（五）领导系统理论

从 20 世纪 40 年代中后期开始,美国现代行为学家、管理学家利克特(Rensis Likert)就以企业、医院以及政府各种组织机构为研究对象,进行了一系列的领导理论研究。他把领导者分为"以工作为中心"(Job-centered)和"以员工为中心"(Employee-centered)两种基本类型:前者的特点是任务分配结构化,严密监督,工作激励,依照详尽的规定办事;后者的特点是重视员工行为反应及问题,利用群体实现目标,给组织成员较大的自由选择的范围。

利克特假设了四种管理方法,以此作为研究对象并阐明其领导原则。

1. 剥削式的集权领导

领导者发布指示,决策中没有下属参与;主要用恐吓和处罚实施管理,但也偶尔用奖赏去激励人们;惯于自上而下地传达信息,把决策权局限于最高层。

2. 仁慈式的集权领导

允许一定程度上自下而上地传递信息,决策时会征求一些下属的意见,允许把某些决策权授予下属,但加以严格的政策控制,兼用奖赏和恐吓的方法激励和约束下属。

3. 协商式的民主领导

上下级之间的信息交流更加充分,决策中会征求并接受下属的建议,上级负责主要决策和一般性决策,下级有权力作具体的决定。更多地用奖赏、偶尔用处罚的方法激励和约束下级。

4. 参与式的民主领导

上下级之间以及同级人员之间的信息交流畅通,领导者鼓励各级组织自主决策或参与决策,或由领导者向下级提出目标并对他们能够达到目标表示出信心,由下级和上级共同制订目标方案,并对实施结果进行评价。用奖赏的方法激励下级。

利克特认为,有效的领导者是注重面向下属的,他们依靠信息沟通使各个部门像一个整体一样行事。他们与群体的所有成员相互之间形成一种相互支持的关系,并在这种关系中彼此感到在需求价值、愿望、目标与期望方面有真正的共同利益。因此,集体参与是最有效的领导方法。

三、领导权变理论

领导特质理论着重从领导者的品行、素养、修养出发探讨领导的有效性,领导行为理论着重分析领导者的领导行为和领导风格对其组织成员的影响,从而找出较为有效的领导行为和风格,而领导权变理论(Contingency Theory)则是针对前两种理论研究的不足,在研究领导与绩效的关系时把情境因素考虑在内,着重研究影响领导行为和领导有效性的环境因素,从而探索提高领导有效性的方法。研究结果表明,在不同的情境中,不同的领导行为具有不同的效果。"权变"具有"随具体情境而变"或"依具体情况而定"的意思,所以领导权变理论又称领导情境理论,这一理论的出现标志着现代西方领导学研究进入了一个新的发展阶段。

(一)菲德勒模型——情境理论(Situational Theory)

从 1951 年开始,美国伊利诺伊大学的心理学家费德勒(Fred Fiedler)首先从组织绩效和领导态度之间的关系着手进行研究,他将领导者的特质研究与领导行为的研究有机地结合起来,并将它们与情境分类相联系来研究领导的效果。1962 年,他提出了"有效领导的权变模式"(Contingency Model of Leadership Effectiveness),即菲德勒模型(如图 12-4 所示),认为任何领导方式都可能有效,其有效性完全取决于特定的领导风格与环境之间的匹配。

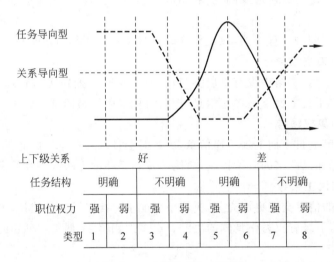

图 12-4 费德勒的权变模型

费德勒在研究领导时将领导风格分为关系导向型和任务导向型,并把影响领导者领导风格的环境因素归纳为职位权力、任务结构和上下级关系三类。

1. 职位权力

职位权力(Position Power)是指与领导者的职位相关的正式职权,即领导者现居职位能对下属所拥有的实有权力,包括领导者的地位、权威与责罚、升职与降职、任免、加薪、指派等能力。权力是否正确、是否充分,在上级和整个组织中所得到的支持是否有力,直接影响领导的有效性。职位权力越高,领导者对下属的雇用、工作分配、报酬、提升等的直接决定性权力越大,其对下属的影响力也就越大。领导者拥有这种明确的职位权力时,组织成员将会更顺从其领导,有利于提高工作效率。

2. 任务结构

任务结构(Task Structure)是指下属所从事的工作或任务的明确程度,包括目标对成员来说是否清晰、成果的可测度、解决问题方法的正确性、完成任务的途径或手段的多少等。如果工作任务是例行的,组织成员对工作任务的职责明确,则工作质量比较容易控制,任务结构明确;相反,如果任务复杂,没有先例,工作规定不清晰,组织成员不知道如何去做,领导就处于被动地位,这种情况属于任务结构不明确。

3. 上下级关系

上下级关系(Leader-member Relation)是领导者得到被领导者拥护和支持的程度,即下属对领导者的情感,包括尊重、友谊、信任、合作、接纳、支持、拥护、忠诚程度,以及领导者对下属的关心、爱护程度。领导者受下级的喜爱、尊重和信任程度越高,领导者的权力和影响力就越大;反之,其影响力就越小。

菲德勒认为,领导者与成员之间的上下级关系是最重要的因素。他设计了一种"最不喜欢的同事问卷(Least-Preferred-Co-worker Questionnaire,LPC)"(如表12-5所示),让被测试者先回忆一个自己曾遇到的最难相处的同事,并根据16组对应形容词对该同事进行评价。通过分析被测试者的答案,可以看出被测试者所属的领导风格。那些对最难相处的同事评价较低的管理者属于任务导向型领导风格,评价较高的管理者属于关系导向型领导风格。

表 12-5 菲德勒的 LPC 问卷

快乐	8	7	6	5	4	3	2	1	不快乐
友善	8	7	6	5	4	3	2	1	不友善
拒绝	1	2	3	4	5	6	7	8	接纳
有益	8	7	6	5	4	3	2	1	无益
不热情	1	2	3	4	5	6	7	8	热情
紧张	1	2	3	4	5	6	7	8	轻松
疏远	1	2	3	4	5	6	7	8	亲密
冷漠	1	2	3	4	5	6	7	8	热心
合作	8	7	6	5	4	3	2	1	不合作
助人	8	7	6	5	4	3	2	1	敌意
无聊	1	2	3	4	5	6	7	8	有趣
好争	1	2	3	4	5	6	7	8	融合
自信	8	7	6	5	4	3	2	1	犹豫
高效	8	7	6	5	4	3	2	1	低效
郁闷	1	2	3	4	5	6	7	8	开朗
开放	8	7	6	5	4	3	2	1	防备

LPC≤63时,为任务导向型或工作导向型,这种领导方式以完成任务为主要需求,而

以维护良好的人际关系的需求为辅；LPC≥72 时，为关系导向型或员工导向型，这种领导方式以维持良好的人际关系为主要需求，而以完成任务的需要为辅；63＜LPC＜72 时，为社会独立型领导风格。

通过调查研究得出结论：任务导向型的领导在上下级关系比较好、任务结构比较高和职位权力比较强的情境下，或上下级关系差、任务结构低和职位权力弱的情境下，工作绩效比较高；关系导向型的领导在中等条件下能够取得比较好的工作绩效。

费德勒模型的最大优点在于吸收了过去有关领导行为的研究成果，分清了不同领导方式能够发挥领导效能的情境。

（二）领导方式连续统一性理论

该理论也被称为领导连续流理论，由罗伯特·坦南鲍姆（Robert Tannenbaum）和沃伦·施密特（Warren H. Schmidt）提出。他们认为，在独裁和民主两个极端之间存在一系列连续分布的领导行为模式，构成一个连接带。有效的领导模式是在特定的时间、地点和条件下选择适当的领导行为。

如图 12-5 所示，这一理论以领导者运用职权的程度和下属享有自主权的程度作为权变变量，描述了从以上级领导者为中心到以下属为中心的一系列连续分布的领导行为模式。最左端是以高度专权来严密控制的、领导者为中心的领导模式，随着连续带从左向右移动，下属的参与机会和自由度持续增加，而领导者的职权持续下降。最右端是以高度放权、间接控制、下属为中心的领导模式。该理论认为，不存在任何一种普遍适用的"最好的"领导方式，不同的领导方式有不同的激励效果，领导方式的效果随着组织环境、工作任务、员工素质、上下级关系、组织结构的变化而有所改变。领导者应综合考虑这些权变因素，在各种领导方式中选出最恰当的一种。

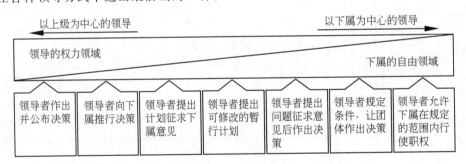

图 12-5　领导连续流

（三）途径—目标理论

途径—目标理论（Path-goal Theory）模型是加拿大多伦多大学教授豪斯（R. J. Howse）以期望理论和领导行为四分图理论为依据发展起来的一种领导权变模型。该理论的基本前提是：有效的领导行为在一定情境下能够帮助下属达成与工作有关的目标。领导者的工作是为下属提供必要的指导和支持，以确保其各自的目标与群体或组织的总体目标相一致。

途径—目标理论（如图 12-6 所示）认为，领导是一种激励下属的过程，领导的效率是以领导者能激励下属达到组织目标并在其工作中使下属得到满足的能力来衡量的。当领导者根据组织成员的需要，设置某些报酬以激励组织成员时，组织成员就对获得这些报酬寄予期望，并作出努力。然而，这种期望的实现必须有赖于做出工作成绩，因此只有当员工确切地知道如何达到组织目标时，才能起激励作用。进一步讲，领导方式只有适用于不同的员工和环境时，才是有效的。

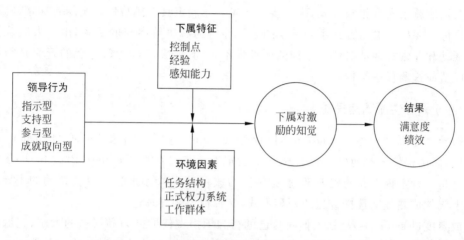

图 12-6　途径—目标理论

这一理论的核心是要求领导者用抓组织、关心生产的方法帮助员工扫清达到目标的道路，用体贴精神关心人，满足人的需要；帮助员工实现自己预定的目标。因此，豪斯认为，"高工作"和"高关心"的组合不一定是最有效的领导方式，还需要考虑环境因素。1974 年，他与米切尔发表的论文中提出了指示型、支持型、参与型和成就指向型等四种领导行为方式。这四种领导方式必须根据下属的不同情况分别选择，选择时主要考虑下属的人格特性和环境因素两个方面，其中人格特性包括能力、需求等，环境因素包括任务的性质、组织的权力系统和工作群体等。

1. 指示型领导方式

指示型领导方式（Directive Leader）指领导者作出决策，安排好工作日程，对下属明确任务的具体要求，指导和帮助下属按照工作程序完成任务，实现目标。

2. 支持型领导方式

支持型领导方式（Supportive Leader）是指领导者与下属友善相处，关系融洽，平易近人，公平待人，关心下属的福利。

3. 参与型领导方式

参与型领导方式（Participative Leader）是指领导者经常与下属沟通信息，与下属商量工作，征询下属的建议，虚心听取下属的意见，允许下属参与决策、参与管理。

4. 成就指向型领导方式

成就指向型领导方式（Achievement-oriented Leader）是指领导者提出有挑战性的目标，要求下属有高水平的表现，鼓励下属并对下属的能力表示出充分的信心，激励下属想方设法去实现目标,迎接挑战。

途径—目标理论认为,这四种领导方式可由同一领导者在不同的情况下使用。例如,当领导者面临一个比较新的工作环境时,可以采用指示型的领导方式,指导下属建立明确的任务结构并明确每个人的工作任务;之后可以采取支持型领导方式,这有利于与下属形成一种协调和谐的工作气氛。当领导者对组织的情境进一步熟悉后,可以采用参与型领导方式,积极主动地与下属沟通信息,商量工作,让下属参与决策和管理;在此基础上,就可以采用成就指向型领导方式,领导者与下属一起制定具有挑战性的组织目标,激励下属实现目标。领导—参与方式主要是说明了领导行为和决策参与的关系,由于人们认识到常规活动和非常规活动对任务结构的要求各不相同,研究者认为领导者的行为必须加以调整以适应这些任务结构。

(四)领导生命周期理论

领导生命周期理论(Situational Leadership Theory)是由卡曼(A. K. Korman)首先提出的,后由保罗·赫西(Paul Hersey)和肯尼斯·布兰查德(Kenneth Blanchard)予以发展。这是一种重视下属的权变理论,把注意力放在对下属的研究上,认为成功的领导者要根据下属的成熟程度选择合适的领导方式,又称情境领导理论。

成熟度(Readiness)是指人们对自己的行为承担责任的能力和愿望的大小,它取决于任务成熟度和心理成熟度。其中,任务成熟度即胜任度,指一个人的知识和技能。如果下属具有无须领导者的指导就能完成其工作的知识、能力和经验,那么他的工作(任务)成熟度就高,反之则低。心理成熟度即认同度,是指一个人做某事的愿望或动机。如果下属无须领导者的直接控制和监管,具有自我激励和完成高质量工作的渴望,能自觉地去做,而无须外部的激励,则认为他具有较高的心理成熟度。

相关研究者把下属的成熟度分为四级,即不成熟、初步成熟、比较成熟和成熟,分别用 M_1、M_2、M_3 和 M_4 表示(如表12-6所示)。

表12-6 下属的成熟度

成熟阶段		特 征
M_1	不成熟	下属缺乏接受和承担任务的能力和愿望,他们既不能胜任又缺乏自信
M_2	初步成熟	下属愿意承担任务但缺乏足够的能力,他们有积极性但没有完成任务所需的技能
M_3	比较成熟	下属具有完成领导者所交给的任务的能力,但没有足够的动机
M_4	成熟	下属能够而且愿意去做领导要他们做的事

领导生命周期理论认为,随着下属从不成熟走向成熟,领导者不仅要减少对活动的控制,而且要减少对下属的帮助。当下属成熟程度不高时,领导者要给予明确的指导和严格的控制;当下属成熟程度较高时,领导者只需给予明确的目标和工作要求,由下属自我控制和完成。因此,他们提出了四种领导方式(如图12-7所示)。

1. 命令式

命令式又称指示式(Telling),表现为高任务、低关系型领导方式,领导者对下属进行

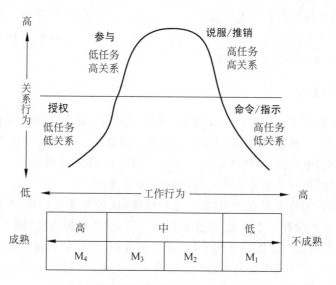

图 12-7 领导生命周期理论

分工,并具体指点下属应当做什么、如何做,以及何时何地去做不同的任务。它强调指导性行为,通常采用单向沟通方式直接指挥。

2. 说服式

说服式(Selling)表现为高任务、高关系型领导方式,领导者既给下属一定的指导,又提供支持性行为,注意保护和鼓励下属的积极性。除向下属布置任务外,领导者还与下属共同商讨工作的进行,比较重视双向沟通。

3. 参与式

参与式(Participating)表现为低任务、高关系领导方式,领导者极少发号施令,而是与下属共同参与决策,领导者的主要作用就是给予下属支持,促进工作的进行和协调沟通。

4. 授权式

授权式(Delegating)表现为低任务、低关系领导方式,领导者几乎不提供指导或支持,通过授权鼓励下属自主地独立开展工作,完成任务。

当下属成熟度为 M_1 时,领导者要给予明确而细致的指导和严格的控制,采取命令式的领导方式。当下属成熟度为 M_2 时,领导者既要保护下属的积极性,交给其一定的任务,又要及时加以具体的指导以帮助其较好地完成任务。当下属处于 M_3 时,领导者主要应解决其动机问题,可通过及时的肯定和表扬以及一定的帮助鼓励来树立下属的信心,因此以采用低任务、高关系的参与式为佳。当下属处于 M_4 时,由于下属既有能力又有积极性,因此领导者可采用授权式,只给下属明确目标和工作要求,具体要求由下属自我控制。

第三节 人性假设理论

每一种关于领导方式及其效果的研究,都是以人性假设为基础的。对组织中人的不同假设,将直接影响领导者的管理行为。许多行为学家都曾对"人性"有所论述,流行最为广泛的就是美国的行为科学家麦格雷戈(D. M. McGregor)的 X 理论－Y 理论。美国的心理学家和行为科学家谢恩(Edgar H. Schein)归纳分类了人性的四种假设,即经济人、社会人、自我实现人和复杂人的假设。

一、"经济人"假设

经济人(Rational-Economic Man)又称"理性经济人",认为人的一切行为都是为了最大限度地满足自己的利益,工作动机是为了获取经济报酬。这一假设源于享乐主义,最初由休谟在《人性论》中提出,后被经济学接受,并被作为基本的人性假设。麦格雷戈在其所著的《企业的人性面》一书中将这种人性假设称为 X 理论。

"经济人"假设的基本观点是:多数人十分懒惰,认为劳动是痛苦的,他们总是想方设法逃避工作;多数人没有雄心壮志,易受人影响,不愿承担任何责任,而心甘情愿接受别人的领导;多数人的目标与组织目标相矛盾,必须用强制、惩罚的方法才能迫使他们为组织目标工作。只有当惩罚或饥饿的痛苦大于工作的痛苦时,人们才选择工作;多数人工作都是为了满足基本的生理和安全需要,只有金钱才能鼓励他们工作。

基于"经济人"假设,管理者采取以下管理方式:管理工作的重点在于提高劳动生产率,完成任务;管理特征是订立各种严格的工作规范,加强各种法规和管制,用铁的纪律来约束员工,对违规者严惩不贷,上下级之间是命令与服从关系,避免感情和道德问题的纠缠。为了提高员工士气,可以用金钱刺激,同时对消极怠工者进行严厉惩罚。

总之,对于经济人最有效的管理措施就是所谓"胡萝卜加大棒","泰勒制"就是这类管理方式的典型代表。

二、"社会人"假设

社会人(Social Man)是指尽管人的一些行为是为了最大限度地实现自己的利益,但是与获得经济上的满足相比,人们更重视社会性的需要。与经济人相比,尽管人依然是为自己的,但是人们的需求内容发生了质的变化。

社会人假设的基本观点是:人是一种社会动物,工作的动机是社会需要,通过与同事的交往才能满足这种需要;感情对人的影响大于奖惩手段对人的影响;管理者应当尽量满足员工的社会的和心理的需要,从而提高员工的士气,提高生产效率。

基于"社会人"假设,管理者采取以下管理方式:管理者不能把目光仅仅局限在完成任务上,而应当注意对人的关心和尊重,应当建立良好的人际关系;采用集体奖励而不是个人奖励;管理者的作用不是监督、指挥,而应成为联系上下级感情的纽带。

三、"自我实现的人"假设

自我实现的人(Self-Actualization Man)是指人的根本需要是为发挥自己的潜能,是对人类生命的终极意义的发现与体验,而不是个人具体的实际利益。麦格雷戈在《企业的人性面》一书中将这种人性假设称为 Y 理论。

"自我实现的人"假设的基本观点是:人们并不天生厌恶工作,劳动可能也是一种满足;外部监督、控制、惩罚并不是使人们达到组织目标的唯一手段,人们可能更愿意通过自我管理和自我控制来实现组织目标；个人自我实现的要求与组织期望的行为之间没有冲突。有自我实现需求的人会将实现组织目标作为自己最大的满足；人们不仅能够接受任务，更会主动承担责任；在解决组织难题时，多数人具有较高的聪明才智和创造性。

基于"自我实现的人"假设，管理者采取以下管理方式：改变管理重点，管理者的管理重点是构建良好的工作环境，使每一个人都能够充分发挥自己的潜能；改变激励方式，由外部激励变为内部激励，让工作、责任成为员工的激励；在管理过程中，要授予下级更多的权利，让其参与管理和决策过程，实行自主管理和自我控制。

四、"复杂人"假设

复杂人(Complex Man)是指人性具有复杂性的特点。每个人可能是经济人、社会人和自我实现的人的综合体。经济人、社会人和自我实现的人只是三种极端的情景。由于三种成分的配比不仅因人而异，而且会因时因地而异，因此，就整个社会而言，最终表现出来的人性是纷繁复杂的（如图 12-8 所示）。

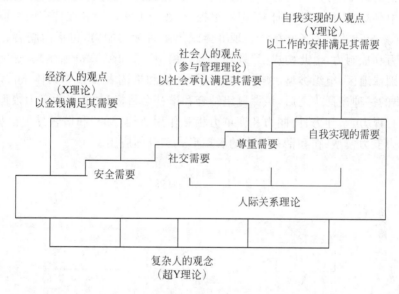

图 12-8 复杂人假设

复杂人假设又称"超 Y 理论"，基本观点包括：

(1) 人的工作动机复杂且变动性大，人们有多种需要，因而对组织也有各不相同的期望和要求，但是每个人都追求胜任感。

(2) 不同的人对管理方式的要求不同。

(3) 人在不同的组织或不同的部门中可能有不同的动机模式，人在组织中表现出来的动机模式是其原有动机与组织经验交互作用的结果，组织目标、工作性质、员工的素质对组织结构和领导方式有很大影响。

(4) 一个人是否感到心满意足取决于他本人的动机构造和他同组织之间的相互关系，组织目标实现后，个人的胜任感也会得到满足，并激发员工为实现更高的目标而努力。

(5) 人可以依自己的动机、能力和工作性质对不同的管理方式作出不同的反应。

基于复杂人假设，管理者应当具体问题具体分析，运用"权变理论"实施管理，X 理论和 Y 理论各有其适用条件，都不是普遍有效的。

第四节　领导力与领导艺术

一、领导力

领导力（Leadership）是一种特殊的影响力，是领导者凭借其个人魅力和领导技巧对特定个人或组织产生的人格凝聚力和感召力。它能促使人们为了组织的使命而努力，确保组织目标的实现。

学者们对领导力问题的研究持续多年，提出了多种观点和认识。例如，童中贤认为领导力主要由领导注意力、激励力、决断力、驾驭力和摩擦力构成[①]。李拓认为，领导力是一种双向的、正向的影响力，并随着社会的进步与发展而具有新的内涵[②]。通过总结前人的研究成果，中科院"科技领导力研究"课题组提出，领导力是领导者在特定的情境中吸引和影响被领导者与利益相关者并持续实现群体或组织目标的能力，包括前瞻力、感召力、影响力、决断力和控制力，由此构成了"领导力五力模型"[③]（如图12-9 所示）。这一模型超越了时代、国别或地区、组织类型、领导目标、领导情境和追随者类型等具体条件，是对领导力一般规律的一种概括。之后，该课题组结合和谐社会目标和"领导力五力模型"，提出了由公信力、智谋力、亲和力、协同力和变革力相互作用所构成的"和谐领导力模型"[④]，该模型是"领导力五力模型"在和谐社会中的表现形式和具体应用。

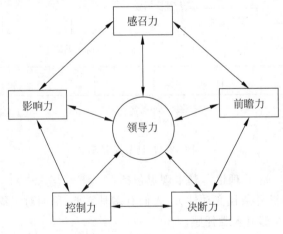

图 12-9　领导力五力模型

---

① 童中贤.领导力:领导活动中最重要的功能性范畴[J].理论与改革，2002(4):96.
② 李拓.领导力内涵浅析[J].领导科学，2007(17):43.
③ 中国科学院"科技领导力研究"课题组,苗建明,霍国庆.领导力五力模型研究[J].领导科学，2006(9):20-23.
④ 中国科学院领导力课题组,苗建明,霍国庆,夏树军.和谐领导力模式研究——兼论领导力五力模型的应用[J].领导科学，2008(5):12-15.

（一）感召力

如图 12-9 所示，感召力处于领导能力的顶层。最本色的领导能力是指吸引被领导者的能力，主要来自：坚定的信念和崇高的理想；高尚的人格和高度的自信；代表一个群体、组织、民族、国家或全人类的伦理价值观和臻于完善的修养；超越常人的大智慧和丰富曲折的阅历；不满足于现状，乐于挑战，对所从事的事业充满激情。

（二）前瞻力与影响力

前瞻力与影响力处于领导能力的中间层面，是感召力的延伸和发展。具备较强的前瞻力才能看清组织的发展方向和路径，带领组织实现其使命和目标。

前瞻力是着眼未来、预测未来和把握未来的战略制订能力，相关的因素有：领导者和领导团队的领导理念；组织利益相关者的期望；组织的核心能力；组织所在行业的发展规律；组织所处的宏观环境的发展趋势。

影响力是领导者积极主动地影响被领导者和情境的能力，主要体现为：领导者对被领导者需求和动机的洞察与把握；领导者与被领导者之间建立的各种正式与非正式的关系；领导者平衡各种利益相关者特别是被领导者利益的行为与结果；领导者与被领导者进行沟通的方式、行为与效果；领导者拥有的各种能够有效影响被领导者的权力。

（三）决断力与控制力

决断力与控制力是处于实施层面的领导能力，是前瞻力和影响力的延伸和发展。领导者在实现组织目标的过程中可能随时要面对各种危机和挑战，因此必须具备果断决策、控制局面的能力。

决断力是针对战略实施中的各种问题和突发事件而进行快速和有效决策的能力，是以信息、咨询、监督为基础对备选方案正确抉择并把决策具体化的能力，主要体现为：掌握和善于利用各种决策理论、决策方法和决策工具；快速和准确评价决策收益的能力；预见、评估、防范和化解风险的意识与能力；具有实现目标所需要的必不可少的资源；把握和利用最佳决策及其实施时机的能力。

控制力是领导者控制目标实现过程的能力，即有效控制组织的发展方向、战略实施过程和成效的能力，其实现方式为：确立组织的价值观并使组织的所有成员接受这些价值观；制定规章制度等规范并通过法定力量保证组织成员遵守这些规范；任命和合理使用能够贯彻领导意图的干部来实现组织的分层控制；建立强大的信息力量以便了解和驾驭局势；控制和有效解决各种现实的和潜在的冲突以控制战略实施过程。

二、领导艺术

毛泽东曾指出："领导人依照每一具体地区的历史条件和环境条件，统筹全局，正确地决定每一时期的工作重心和工作秩序，并把这种决定坚持贯彻下去，务必得到一定的结果，这是一种领导艺术。"[①]

[①] 毛泽东.毛泽东选集：第 3 卷[M].北京：人民出版社，1991：903.

领导艺术是领导者的一种特殊才能,是指领导者为了达到某一领导目标,在领导科学的指导下,在一定知识、经验和辩证思维的基础上,富有创造性地运用领导原则和方法的才能以及灵活恰当的领导技巧。可见,领导艺术是由领导者的阅历、学识、智能、意志、气质熔铸而成的一种出色的才能,是领导者领导科学素质和领导能力的高度体现[①]。

(一)用人的艺术

人才是最为宝贵的财富,领导者要善于运用选人用人的艺术,这是组织能否实现其目标、完成其使命的关键。

1. 知人善任

用人首先要知人,善于认识人的品德和才能,这是选人之道。魏征在《贞观政要》中提出知人的"六观"——"贵则观其所举,富则观其所养,居则观其所好,习则观其所言,穷则观其所不受,贱则观其所不为",至今仍不乏启示意义。在地位、处境的变化中,观察他人的举止、言谈、兴趣、修养和追求,探察人的本质。

2. 用长容短,人尽其才

用人之长,容人之短与疑人要用、用人要疑是用人的三个层次[②]。其关键在于要看到员工的长处,并将其放在合适的岗位上,但不能放任自流。例如,在企业里,实业部门要选用一些实实在在、脚踏实地的人;公关部门要选用应对敏捷的"智多星";合资项目要选用有凝聚力、善于协调各方利益的人;监督者要选用有气节、追求完美的人;财务部门要选用刻板、精明的执行者;研发部门要选用头脑灵活、善于创新的人。

3. 爱才惜才,善于激励

影响员工工作行为表现的因素多种多样,不同员工的需求也各不相同。因此,激励的手段和方法也应灵活多样。领导者要针对不同的需求,采用不同的激励方式。

(二)沟通的艺术

在行使指挥和协调的职能时,领导者要把相关信息传递给员工,并了解员工的反应。这样的双向信息传递渠道可以是电话或面谈,也可以是文件或报告的来回传递,还可以是收发邮件或召开会议。在沟通过程中,领导者应注意运用一些技巧。

1. 倾听

倾听是集中注意力于所听见的声音及其非语言信息的有意识的行动,包括用耳朵听、眼睛看、嘴巴问、脑子想和心灵感受五个方面,是听者通过听觉、视觉等媒介接收、辨析、理解说者的看法、思想、意图、情感和价值观的过程,是主观的,并会对所听见的信息、说者本人或组织及其他方面进行评价、产生看法,作出必要的反馈,从而使沟通内容及其活动产生意义[③]。倾听必须专心,以积极的态度全身心投入。同时,倾听要客观、完整,不能过早地进行价值评判,必须完整接收说者所传递的信息,进而理解其真正的意图。

---

① 张传烈.领导艺术:特点及表现形式[J].政治学研究,2001(1):74-80.
② 张国刚,施柳霞.领导艺术之知人用人[J].企业家信息,2014(11):55-57.
③ 钱振波.上司与下属沟通秘籍[M].北京:清华大学出版社,2012:193.

2. 面谈

面谈是口头沟通中最常用的一种技巧，在领导者的工作中占据重要地位。能否正确、合理、充分地运用这一工作形式，对于领导者提高领导效能是至关重要的。面谈要有明确的目的，即为什么要谈、想达到什么结果等，因而领导者首先必须有正确的态度，然后要针对面谈对象细心琢磨讲话技巧，如什么时间、在什么地方、怎样开始交谈等，这些谈话技巧需要领导者在长期的工作中反复实践，不断提高。

3. 网络沟通

网络沟通是以互联网为工具，以文字、声音、图像及其他多媒体为媒介的沟通方式。目前，电子邮件已经成为公司员工利用率最高的沟通形式与工具，在使用过程中要注意以下几个问题：第一，确定是否选择电子邮件沟通，因为并不是所有的内容都适合使用电子邮件传递；第二，确定电子邮件的写作对象，如收件人是主要阅读邮件的人，抄送的邮件仅是一种告知无须回复；第三，回复要迅速，当然之前要审慎阅读邮件内容。此外，还要注意是否要求回执、是否可以群发等问题。

随着社会生活节奏的加快和智能手机的广泛使用，QQ、微信已成为人们沟通与交流的新方式。这些即时通信工具集图文消息实时发送和接收功能于一身，其优点是信息发布速度快，但与电子邮件相比，难以形成有效的可追溯、可存档的连续信息，使沟通更松散和随机。

（三）运用时间的艺术

领导者必须做自己时间的主人，时间管理是其必修的一门课程。因为时间是不可再生的资源，时间管理（Time Management）是一种个人作业计划，其目的在于有效地利用时间。因此，管理者首先必须明确在一定时期内所要达到的目标、所需进行的活动及每一项活动的重要性和紧迫性，然后据此安排活动日程，并以此为标准进行工作。工作结束之后，要回顾、总结，以不断提高工作效率。学会时间管理，有利于有效管理时间资源，提高工作效率。

1. 区分被动时间与自由时间

被动时间（Response Time）又称响应时间，是管理者自己不可控的时间，即用于响应其他人提出的各种请求和要求，或处理各种意外事件的时间。

自由时间又称可支配时间（Discretionary Time），是指管理者可以自行控制的时间，时间管理的重点就是如何用好这一部分时间。

要想有效地运用时间，首先必须认清哪些时间属于可支配时间，合理安排活动。

2. 掌握时间"四象限"法则

美国著名的管理学大师史蒂芬·柯维（Stephen Richards Covey）按照紧急与重要两个维度划分了四个象限，将事情分成重要紧急、重要不紧急、不重要紧急和不重要不紧急四类（如图12-10所示）。

重要但不紧急的事情，如平时要做的工作规划、预算，与客户沟通，同事之间的交流等，包括远景规划、产品创新、人才培养、组织协调等，这类事务看起来一点都不急迫，可以从容地去做，但却是要下苦功夫、消耗时间去做的事。

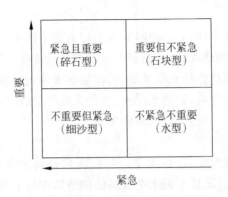

图 12-10　时间四象限

紧急且重要的事情,如厂房着火,或客户打来的投诉电话,与客户洽谈业务,未按时交货,设备出故障,产品质量出现问题等,这类燃眉之急的事必须尽快花时间处理,直到解决为止。

不重要但紧急的事情,如批阅日常文件、工作例会、接打电话等,这类事务也需要尽快处理,但不宜花过多的时间。

不紧急不重要的事情,如可去可不去的应酬、冗长而无主题的会议等。对于这类事务,如果不去理会什么事都不会发生,就应该立即停止做这些事。

3. 合理分配时间

根据"二八原则",大多数人有 80% 的事情是在其 20% 的时间里完成的。所以,领导者要想有效利用时间,必须确保最关键的事情具有最高的优先级,首先分清事情的轻重缓急;然后根据自己的生物周期制订每天的工作计划,把最重要的事情安排在自己效率最高的时间段,在这段时间里,尽量将自己与外界隔离,减少一切干扰,如限制别人进入自己的工作场所、不接电话、不接待下属等,避免把整块时间拆散,集中精力思考重要问题;对于那些日常事务或不重要的事情则安排在生物钟处于低潮的时段,在这段时间里,集中处理打电话、处理信函等一般性的事务。

4. 掌握帕金森定律

帕金森定律(Parkinson's Law)表明:只要还有时间,工作就会不断地扩展,直到用完所有的时间。根据这一定律,不能给一项工作安排过多的时间,否则就会使工作缓慢进行,直到用完安排的所有时间。

5. 提高会议效率

在领导者的时间表中,会议占据较大的时间份额,因此,如何提高会议效率是时间管理的一个重要内容。为了有效利用时间,应在会前事先规定好会议的内容和相应的时间安排,并在会议中严格执行。

本 章 小 结

领导是指领导者通过对员工施加影响,带领和指导员工实现组织目标的活动过程,具有指挥、协调和激励作用。领导力来源于权力影响力和非权力影响力。构成权力影响力的主要因素有传统的观念、职位因素和领导者的资历,构成非权力影响力的主要因素有品格、才能、知识和感情。

最早对领导活动及其行为进行系统研究的是领导特质理论,包括斯托格蒂尔、吉赛利的传统领导特质理论、包莫尔的现代领导特质理论;领导行为理论研究的目的是寻求最有效率的领导行为模式,主要有勒温的领导作风理论、俄亥俄州立大学的领导行为四分图理论、布莱克和莫顿的管理方格理论、三隅二不二的 PM 理论、利克特的领导系统理论;领导权变理论认为在不同的情境中不同的领导行为有不同的效果,主要有菲德勒的领导情境理论、罗伯特·坦南鲍姆和沃伦·施密特的领导方式连续统一性理论、豪斯的途径—目标理论、卡曼的领导生命周期理论。

每一种关于领导方式及其效果的研究,都是以人性假设为基础的,如"经济人"假设、"社会人"假设、"自我实现的人"假设和"复杂人"假设。领导力是领导者在特定的情境中吸引和影响被领导者与利益相关者并持续实现群体或组织目标的能力,包括前瞻力、感召力、影响力、决断力和控制力。领导艺术是由领导者的阅历、学识、智能、意志和气质熔铸而成的一种出色的才能,如用人的艺术、沟通的艺术、运用时间的艺术。

进一步阅读的材料

[1] 孔茨,韦克里. 管理学:第 10 版[M]. 北京:经济科学出版社,1998.

[2] 格里芬. 管理学[M]. 刘伟,译. 北京:中国市场出版社,2008.

[3] 周三多,陈传明,贾良定. 管理学:原理与方法[M]. 上海:复旦大学出版社,2014.

[4] 高向丽,李文同. 管理学:原理、技能及应用[M]. 上海:上海财经大学出版社,2014.

[5] 李金静,周仁,郑璐. 管理学[M]. 上海:上海交通大学出版社,2014.

[6] 符运能. 管理学理论与应用[M]. 北京:中国纺织出版社,2015.

[7] 王西娅. 管理学原理与应用[M]. 西安:西安电子科技大学出版社,2015.

[8] 钱振波. 上司与下属沟通秘籍[M]. 北京:清华大学出版社,2012.

思考题

1. 简述领导的概念和作用。
2. 结合实际说明你对领导权力的理解。
3. 你认为一个杰出的领导者应该具备哪些特质?
4. 阐释领导行为理论的主要内容及其现实意义。
5. 举例说明领导权变理论在管理实践中的作用。
6. 中国商界目前有哪些优秀的领导者?选择你最喜欢的一位,并说明理由。
7. 举例说明你对领导艺术的理解。

第十三章

激　励

学习目标

(1) 描述激励的基本原理。
(2) 理解需求的五个层次，以及激励因素和保健因素。
(3) 掌握公平理论的基本内容及其现实意义。
(4) 图释期望理论模型，熟悉该理论对激励员工的实践意义。
(5) 图释综合激励过程模型，领会该模型与其他激励理论的联系。
(6) 掌握并能灵活运用常用的激励方法。

身边的管理：

2017年伊始，由于个别员工在社交媒体晒出个位数奖金并瞬间刷爆了朋友圈，将平安银行推上风口浪尖。这对本来计划本科毕业后就进入银行工作的贾志杰而言真是当头一棒，"新常态"下银行业面临很多挑战。虽然进入21世纪以来我国商业银行的业绩令人瞩目，但是由于还没有真正经历一次深刻的经济周期波动、体会长期经济下滑的冲击，银行业的可持续盈利能力还难以让人信服。此外，在全球化的竞争环境下，我国商业银行只靠存贷款息差收入即可'蒸蒸日上'的模式一去不返。

平安银行近日回应称，根据平安银行的薪酬制度，年终奖会在平常的工资中预先发放一部分，到了年底人力资源部门会根据员工个人所在机构的效益与个人考核表现为每一个考核级别确定一个系数，员工个人目标奖金乘以系数便得出全年奖金，再扣减预发部分最终得到年终奖金。整体原则是向优秀员工、高绩效员工倾斜，向业务条线倾斜拉开差距。

平安银行进一步指出，奖金与绩效排名呈挂钩关系，对于绩效排名靠后垫底的个人而言，奖金会降低，甚至会没有年终奖，这部分人员比例约占5%，而对于大部分绩效居中的员工，奖金与上一年基本持平，个人绩效优秀的条线及员工，奖金所得还会有所增长。故从整体来看，并不像网传中的那么悲观片面。

对于996等加班方式，平安银行方面表示，这只是个别部门在个别时间段的特殊做法。对于要求员工"卖保险"，平安银行方面解释称，平安银行作为承载其集团综合金融的重要平台，一直致力于充分利用有效资源进行交叉渗透。作为银行零售条线的一线从业人员，兼具银行、保险、证券从业资格证书，能够销售多种金融产品,是晋升为综合金融理财规划师所必需的技能。

在平安,"三大机制"尽人皆知——"竞争、激励、淘汰",这概括了平安绩效管理的核心机制。中国平安提出了"确保每一位为平安效力的人才都有发挥的平台、有成就感、有合适的收入、工作虽然有压力但很开心"的用人机制,以竞争甄选人才,以激励鼓动人才,以淘汰优化人才。平安致力于通过绩效管理机制,将企业战略进行逐步演绎细化,做到目标分解到人,并建立定期问责反馈与检视的机制,同时不断强化结果应用的严格管理,从而使绩效管理有效支撑着公司运营,保证了目标的有效实现。

平安银行每年都会进行年中和年末考核,结果与员工薪酬直接相关,有30%或20%的绩效优秀人员得到大幅加薪,另外10%人员处于需改善、接受再培训的状态,连续两年需改善的员工则可能被淘汰。淘汰是竞争的结果,但在平安,对人员的"清除出局"并不是唯一的淘汰方式,在淘汰机制具有普遍意义的无情性的背后,平安却独有一个充满人情味的"退出机制",帮助员工找到更适合自己的职业或岗位。

克拉克奖得主——美国经济学家蒂芬·列维特提醒我们说:"绝对、永远不要以为人们仅仅因为某件事是对的就会去做。"因此,要想让组织计划不仅停留在纸面上,那么员工激励就是管理者的一门必修课。激励是激发和鼓励人们朝着组织所期望目标采取行动的过程,它是整个管理活动中至关重要的一项内容。管理的核心在于人,组织的生命力和创造力来自每个组织成员的热忱,如何激励员工的积极性和创造性,是组织管理者或领导必须解决的问题。只有真正调动组织成员的积极性,管理目标才能实现,而人的积极性的发挥离不开有效激励的刺激。本章将介绍激励原理、内容型激励理论、过程型激励理论以及具体的激励方法。

第一节 激 励 原 理

一、激励

激励是激发人的动机,诱导人的行为,使其发挥内在潜力,为实现所追求的目标而努力的过程。管理学中的激励主要是组织管理中的激励(Motivation),即协调组织成员个人动机与组织目标之间的关系,激发、鼓励、保持与强化有利于实现组织目标的个人动机,调动和发挥组织成员的工作积极性。准确理解激励的概念需要把握以下要点。

1. 激励必须有激励对象,而且激励对象有尚未得到满足的需求

需求是激励的基础,清晰地识别员工的需求是管理者开展激励工作的前提。激励问题实质上就是在正确认识员工需求的前提下,寻找能够满足员工需求的各种因素,并通过满足员工尚未得到满足的需求来激励。

2. 激励对象有多方面的需求，必须采取多种激励措施来满足

激励员工工作积极性的途径主要有三条：一是通过对员工需求的满足、引导来激励员工的积极性；二是通过设置富有吸引力而且实现的可能性较大的工作目标，来激励员工的工作积极性；三是通过一定的管理方式，不断强化员工的行为，从而激励员工的工作积极性。

3. 激励是一种内在动力，激励效果的强弱是一种变量

激励不是外在的推动作用，而是引导人们朝向目标活动的内在动力，而且激励效果的强弱是一种变量，不是固定不变的，只能从由这种积极性所推动和表现出来的行为及工作表现来判断。激励作为一种内在的心理活动过程或状态，虽不具有直接可以观察的外部形态，但可以通过行为的表现及效果对激励的程度加以推断和测定。因为人们的行为表现和行为效果在很大程度上取决于他们所受到的激励程度和水平的影响，激励水平越高，人们的行为表现越积极，行为效果也就越大。

4. 激励的最终目的是调动组织成员的工作积极性

激励不仅仅是要通过一定的行为规范使组织成员对所从事的工作高度负责，提高其行为效率，确保工作目标的实现。同时，还要求通过适当的激励措施，使员工具有工作的主动性和创造性，自觉探索新的途径以求更好地实现组织目标。

5. 调动个体积极性的方法是激发个体的动机

个体的动机是个体行为的原始动力。在个体没有行为动机时，管理者应想办法激发其动机。动机产生后，管理者要想办法使动机保持下去。

6. 激励要使员工产生的动机有利于组织目标实现

激励要使员工产生有利于组织目标的动机，并保持和不断强化这种动机，使这种动机变为主导、优势动机，转化为指向组织目标的工作行为。员工的动机结构取决于其需求结构，在员工的众多需求中，只有具有明确目标的需求才有可能转化为行为动机。因此，让员工把自己的需求与组织目标联系起来，就可能产生有利于组织目标的动机，而这正是激励的关键所在。

7. 激励是一个持续反复的过程

人的很多行为都是在某种动机的推动下完成的。对组织成员行为的激励，实质上是通过采用能满足组织成员需求的诱因条件，引起行为动机，从而推动组织成员采取相应的行为，以实现目标，然后再根据组织成员新的需求设置诱因，如此循环往复。

二、激励的特性

激励的激发、引导和保持都是建立在组织成员心理活动之上的，组织成员的心理活动有其自身的特点，因而激励也表现出鲜明特性。

1. 相容性

激励以组织成员的心理作为出发点，旨在满足组织成员的各种需求，即通过设计适当的奖酬形式和工作环境，来满足其需求。

2. 奖惩性

在组织管理过程中，既需要通过适当的奖酬形式对个体表现出来的符合组织期望的

行为进行奖励,又要通过明确的行为规范和惩罚性措施,对不符合组织期望的行为进行惩罚。

3. 过程性

激励贯穿组织成员工作的全过程,包括对组织成员个人需求的了解、个性的把握、行为过程的控制和行为结果的评价。

4. 可变性

同一种激励产生的行为表现在某一组织成员身上不是固定不变的,因为其行为会受到多种主观因素的影响。同样,同一种激励方法导致的行为表现在不同的人身上也会有所不同。

5. 时效性

每一种激励手段的作用都有一定的时间限度,超过时限就会失效。因此,激励不能一劳永逸,需要持续进行。

三、激励的作用

激励也是领导的主要职能之一。管理者需要调动组织成员的积极性,激发和鼓励下属朝着组织所期望的目标而努力。激励是领导者管理工作的重要内容,它对激发员工的创造性、提高工作效率、实现组织目标,具有十分重要的作用。

(一)激发和调动组织成员的积极性

积极性是组织成员在工作时的一种自觉的心理和行为状态。这种状态可以促使组织成员的智力和体力能量充分地释放出来,并导致一系列积极行为,如提高劳动效率、超额完成任务、良好的服务态度等。激励可以使组织成员充分发挥其技术和才能,提高工作效率。当人处在积极性高涨的能动状态时,由于个人的思想被深厚的情感渗透,工作的积极性高、动机强烈,行为有效性就增强,工作效率就高。美国哈佛大学心理学家威廉·詹姆士对员工的研究中发现,没有受到明显激励的员工仅能发挥其能力的20%~30%,而受到激励的员工,由于思想和情绪处于高度激发状态,其能力可发挥至80%~90%。换言之,同样一个人在受到充分激励后所发挥的作用相当于激励前的3~4倍。

(二)促进组织成员个人目标与组织目标的有机统一

组织成员在某一特定地点、特定岗位上所具有的特定动机,会影响他们的生产效率,而个人目标及个人利益是组织成员行为的基本动力,它们与组织目标有时是一致的,有时并不一致,甚至相互矛盾。当二者发生偏离时,组织成员会为实现个人目标而牺牲组织的利益。因此,激励需要将组织和个人的目标与利益有机结合,诱导员工把个人目标统一于组织的整体目标,激发和推动员工为完成工作任务而努力,促使个人目标与组织目标的共同实现。

(三)增强组织的凝聚力和部门间的协调性

为了保证组织有效、协调地运转,除建立良好的组织结构和严格的管理制度外,还要运用适当的激励方法,采取有针对性的激励方法满足组织成员的物质需求和精神需求。当组织成员处在积极状态时,由于对工作的强烈的感情往往表现为心胸开阔、豁达大度,可以避免不必要的冲突与纠纷,同时也能以适当的方式表达自己的思想与情感,容易达到互相尊重,促进彼此了解,起到协调人际关系的作用。因此,激励能增强组织的凝聚力和向心力,促进各部门、各单位之间的密切协作。

(四)促进组织目标的实现

《管子·立政》中有这样一句话:"凡将举事,令必先出。日事将为,其赏罚之数,必先明之。"组织目标的实现,离不开对组织成员工作动机的激发和激励。激励制度科学、激励措施得当,不仅可以提高组织竞争力,吸引更多的优秀人才加盟组织,为组织目标的实现贡献自己的聪明才智,而且能塑造良性的竞争环境,开发组织成员的潜在能力,促进在职员工充分发挥其才能和智慧。当组织员工处于积极状态时,激励还可以使个体的思维活跃并富有创造性,从而进一步激发组织成员的创造性和进取精神,这些都有利于组织目标的实现。

四、激励过程

在组织内的人、财、物、时间和信息等资源中,人无疑是最重要的因素。管理的核心问题是要调动组织成员的积极性。管理心理学的研究表明,个体行为积极性是与需求相联系的,是由人的动机推动的。因此,只有充分认识并掌握个体需求及动机产生和变化的规律,才能有效地调动人的积极性,使之朝着实现组织目标的方向努力。激励是一个复杂的过程,其基本组成要素是外部刺激、需求、动机和行为。

(一)外部刺激

外部刺激是激励的条件,涉及组织员工所处的外部环境中各种影响需求的条件和因素。外部刺激主要指管理者为实现组织目标而对被管理者所采取的种种管理措施所形成的管理环境。

(二)需求

需求是人的行为积极性的内部原动力,是一种从根本上影响人的行为积极性的心理因素。在生理和心理学意义上,需求(Need)是指个体在生存和发展所必须具备的内在要素或外在条件得不到满足时,大脑神经中枢所感知的生理失衡或心理紧张状态。需求是人脑对生理和社会要求的反应,如对空气、食物、阳光等自然条件的依赖,对交往、工作、学习、创造等社会条件的要求。简单地说,需求就是人们对某种目标的渴求或欲望,是个体行为产生的第一步,它通过转化为动机来引起个体行为。离开需求,人的动机就无法产生,人的行为就不能发动。人的需求是多种多样的,人的大多数需要尤其是工作背景下的需求,都是后天的次生性需求,是外界环境诱发的。根据起源,需求可以分为生理性需求和社会性需求;根据对象,需求可以分为物质需求和精神需求。

需求的满足不仅是个体行为产生的原动力,而且是个体行为的根本目的。管理者应该依据组织成员需求特点的变化规律,了解组织成员需求的结构与层次,采取激励措施予以满足,以调动其工作积极性,使个体产生符合组织目标的个体行为,从而提高工作效率。

(三) 动机

动机是个体行为的直接动因。个体的动机在很大程度上决定个体行为的性质,动机总能表现出个体内在的心理面貌。心理学上把引起个人行为、维持该行为并将此行为导向满足某种需求的欲望、愿望、信念等心理因素称为动机(Motive)。行为科学认为,动机是驱使人产生某种行为的内在力量。人的一切有意识的行为都是由其内部动机引发、推动和维持的。

动机过程就是需求获得满足的过程。由于人类需求的多样性和个体心理发展的不同水平,人们的动机也是不同的。生活中常常由于个体满足需求的强烈程度不同,而构成人们不同的动机强度。动机强度不同,所导致的行为结果也不同。此外,人的各种动机的强度会随时间、地点等条件的变化而变化。人的需求只是人的主观感受,一旦产生,就会引起心理紧张。为了消除这种紧张,人们总是尽可能寻求各种方法和目标。一旦环境中出现了合适的目标,个体就会产生趋向这一目标的动机。动机是在需求的基础上产生的,但并不是只要有需求就能引起动机。需求转化成动机是有一定条件的,一是需求必须达到一定程度,二是要有一定的外界诱因。因此,管理者需要了解组织成员的需求与动机,还要有目的地设置诱因,想办法诱发或控制动机的形成。

(四) 行为

人类有目的的行为都是出于对某种需求的追求,未得到满足的需求是产生激励的起点。激励是组织中人的行为的动力,而行为是人实现个体目标和组织目标相一致的过程。所谓行为(Behavior),是指人所表现出的指向某一目标的一系列动作的总称,是人与环境之间交互作用的过程。行为是有机体在环境影响下所引起的内在生理和心理变化的外在反应。人的一切行为都是受一定动机支配的。外在条件一定时,某一行为的动机强度与内在的需求程度和个性有关,而内在条件一定时,该行为的动机强度随外部环境条件而变化。因此,行为是内外条件相互影响的结果,而非机械性的反应,它因时、因地、因个体所处的环境和内在的身心状况而表现出不同的反应。

需求、动机与行为之间存在直接的因果式关系。需求是动机产生的基础,动机是行为的驱动力,动机的目标又是满足需求。从个体的基本行为模型(如图13-1所示)来看,激励实质上就是动机的激发过程。激励过程就是一个由需求开始,到需求得到满足为止的连锁反应。当人产生需求而未得到满足时,会产生一种紧张不安的心理状态,在遇到能够满足需求的目标时,这种紧张不安的心理就转化为动机,并在动机的驱动下向目标努力;目标达到后,需求得到满足,紧张不安的心理状态就会消除;随后,又会产生新的需求,引起新的动机和行为。

一个人同时可以有多种需求和动机,但在这些需求和动机中只有主导需求才会引发动机,而只有优势动机才会最终导致行为的发生。因此,管理者应该认真研究组织成员在特定环境下的需求结构、动机结构以及各种动机间的矛盾,在管理过程中根据组织成员的

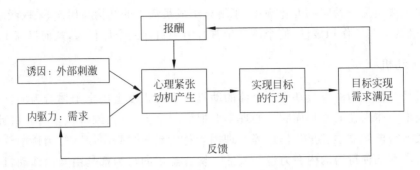

图 13-1　个体的基本行为模型

需求设置某些目标,然后因势利导,进行激励,通过目标导向使员工产生有利于组织目标的优势动机并按组织所需要的方式行动,以诱发组织所期望的行为。

此外,激励产生的根本原因也可以分为内因和外因,内因取决于个体,外因则取决于个体所处的环境。激励的有效性在于对内因和外因的深刻理解,并使其达成一致。为了引导组织成员的行为达到激励的目的,领导者既可以在了解组织成员需求的基础上,创造条件促进这些需求的满足,也可以采取措施,改变个人行为的环境,借助各种激励方式,减少阻力,增强驱动力,提高员工的工作效果,从而促进组织目标的实现。

第二节　激 励 理 论

行为是由动机决定的,动机来自需求。激励实质上就是以未满足的需求为基础,利用各种目标诱因激发动机,驱使和诱导行为,促进目标的实现,提高需求满足程度的连续的心理和行为过程。管理学中的激励理论主要基于心理学、行为科学、社会学等领域对人的需求、动机及行为比较丰富的研究成果,迄今为止形成了相对完整的理论体系。从理论研究的侧重点看,激励理论可以划分为内容型激励理论和过程型激励理论两大类。

一、内容型激励理论

内容型激励理论形成于 20 世纪 50 年代。人的行为都具有一定的目的性,旨在寻求某些特定需求的满足。内容型激励理论主要是对人的需求内容、类型和性质进行研究,探讨决定激励效果的各种基本要素,帮助管理者考虑给具有特定需求的员工提供什么方面的激励,才能使其产生所期望的行为。内容型激励理论主要有马斯洛的需求层次理论、赫茨伯格的双因素理论和麦克利兰的成就需求理论。

(一) 需求层次理论

人的需求是多种多样的,不同的组织成员的需求模式或结构也不尽相同。美国心理学家亚伯拉罕·马斯洛(Abraham H. Maslow)在 1943 年出版的《人类动机理论》中提出了需求层次理论(Needs Hierarchy Theory),该理论试图回答决定人的行为的尚未得到满足的需求包括哪些内容等问题。马斯洛认为人有五类最基本的需求,它们分别是生理需求、安全需求、社交需求、尊重需求和自我实现的需求。

生理需求(Physiological Needs)是人类为了维持其生命的基本需求,是需求层次的基础。这类需求包括衣、食、住、行等方面的需求。

安全需求(Safety Needs)是人类为了保护自身免受身体和情感伤害的需求。安全需求包括人身安全、就业保障、工作和生活环境安全、经济上的保障等。当一个人的生理需求得到一定满足之后,就会产生安全需求,他不仅考虑到眼前而且考虑到今后,考虑到使自己的身体免受危险以及已获得的生理需求的满足不再丧失和被剥夺。

社交需求(Society Needs)包含两方面的内容:一方面是归属及被接纳的需求,即人们都希望被他人所接受,希望自己成为某个群体或团队中的成员;另一方面是爱的需求,包括友谊、爱情等,人们既希望自己得到别人的关心和体贴,也希望别人接受自己所给予的关心和体贴。当生理及安全需求得到相对的满足后,社交需求便成为一项重要的激励因素。

尊重需求(Esteem Needs)包括自尊、自主和成就感等方面的需求。每个人都希望别人对自己的工作、人品、能力和才能给予承认和较高的评价,希望为他人所尊重,希望自己在同事中享有一定的声誉和威望,对他人发挥一定的影响力。如果这种需求得不到满足,就会产生自卑感,从而失去自信心。

自我实现需求(Self-actualization Needs)是最高层次的需求,即要实现个人的理想和抱负,最大限度地发挥个人潜力并获得成就的需求。

马斯洛认为,对一般人而言,上述五种需求是由低级到高级逐步发展的(如图13-2所示),其中生理需求和安全需求属于低级需求,社交需求、尊重需求和自我实现需求属于高级需求。人的需求按重要性和层次可以排成一定的次序,从基本到复杂,从低级到高级。当人的某一层次需求得到相对满足后,较高层次的需求才会成为主导需求,成为驱动人的行为的主要动力;人的行为产生的原因是需求,只有尚未满足的需求才能影响人们的行为,而已经满足的需求则不再起激励作用。对于大多数人来说,并不是在任何条件下都需要同时满足这五种需求且保持相同的强度,人的行为是由主导需求决定的。一般而言,人的各种需求的产生往往取决于自身的职业、年龄、性格、受教育程度、经历、社会背景等。

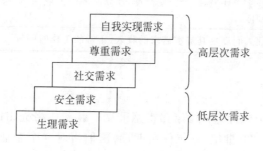

图13-2 马斯洛的需求层次

马斯洛的需求层次理论简洁易懂,得到了普遍的重视,但也有学者提出了批评意见,认为这一理论缺乏实证的基础,没有支持其理论假设的验证性资料。需求层次理论虽然有局限性,但它从人的需求出发研究人的行为,揭示需求和行为关系的规律,对管理者根据组织成员需求采取激励措施提供了一些启示。

首先，组织成员的需求是复杂多变的，不同的成员具有不同的需求，同一成员在不同的时期也有不同的需求。每个个体都有一个需求层次的划分，但这些层次是不同的，表明个体在不同的时期，赋予相同事物的价值是不同的。管理者需要弄清楚员工的需求，采取有针对性的激励措施满足其需求。

其次，一个人在某一特定时期总有某一层次的需求占据主导地位，其他需求则处于从属地位。因此，管理者在执行领导职能时，应当准确判断员工的主导需求是什么，并主要针对主导需求采取激励措施。

再次，当组织成员的自我实现需求获得满足时，才能产生最强、最持久的激励效果。在其他需求得到一定程度的满足后，大多数组织成员都关注他们个人自我价值的实现和个人潜力的充分释放。组织成员个体天生会被自身潜力的释放所鼓励。因此，组织和社会应当构建有利于组织成员持续开发潜力的环境，管理者要为下属提供富有挑战性的工作，给予相应的工作自主权和决策权。

最后，组织成员的需求受价值观和准则的影响。马斯洛将人的需求划分为五个层次，并发现这些需求在一定程度上被个体所在团队、组织和社会的价值观和准则所刺激。因此，管理者可以通过塑造团队或组织价值观和准则来调整组织成员的工作动力和努力程度。例如，管理者可以通过建立绩效导向的团队激励准则，增强团队成员的自我实现需求。

马斯洛的需求层次理论在管理实践中的应用如表 13-1 所示。

表 13-1　基于马斯洛需求层次理论的激励手段

需求层次	激励手段
自我实现需求	为组织成员提供富有挑战性的工作，给予其相应的工作自主权和决策权，在工作中允许组织成员进行自我管理、自我控制等
尊重需求	给人以职位，授予其荣誉，让其在公众面前受到表扬
社交需求	上级对下级给予关怀、体贴，提倡同事之间的友善、宽容等
安全需求	改善工作环境，完善公司制度，建立必要的失业保险、医疗保险及相应的福利保障制度
生理需求	保证人们满足其基本需求的收入、正常的工作时间等

（二）双因素理论

双因素理论是由美国行为科学家弗雷德里克·赫茨伯格提出的，重点研究组织中个人与工作的关系问题。20 世纪 50 年代后期，赫茨伯格对 9 个企业中的 203 名工程师和会计师进行了访谈调查，要求受访者详细描述哪些因素使他们在工作中感到特别满意以及受到高度激励，又有哪些因素使他们感到不满和消沉。

在表 13-2 中，左半部分表示在 1 844 件使受访者感到非常不满意的事件中，导致他们产生工作不满意（消极的工作态度）的因素（按出现的频次由高到低排列）；右半部分表示在 1 753 件让受访者感到非常满意的事件中，导致他们产生积极的工作态度的因素（按出现的频次由高到低排列）。所有导致工作不满意感的因素中，69% 是保健因素，31% 是激励因素;所有导致工作满意感的因素中,81%是激励因素,19%是保健因素。调查结果表明,人们在工作中的满意是激励人工作行为的重要力量,而导致满意和不满意的因素是性质完全不同的两类因素。因此,赫茨伯格提出了双因素理论(Two Factor Theory)。

表 13-2　保健因素与激励因素

所有导致工作不满意的因素中的保健因素(占 69%)	所有导致工作满意感的因素中的激励因素(占 81%)
政策与行政因素	成就
监督	获得认可
与主管的关系	工作挑战性
工作条件	责任
薪酬	晋升机会
同事间的人际关系	成长
个人生活	
与下属的关系	
地位	
安全保障	

资料来源:HERZBERG F. One More Time, How Do You Motivate Employees? [J]. Harvard Business Review, 1987(9).

赫茨伯格修正了传统的"满意—不满意"相对立的观点,指出满意的对立面是没有满意,不满意的对立面是没有不满意,从而形成一个新的连续统一体(如图 13-3 所示)。

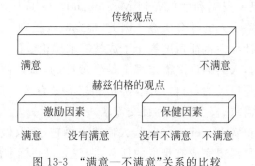

图 13-3　"满意—不满意"关系的比较

从不满意到没有不满意的这类因素称为保健因素(Hygiene),指那些容易使人产生不满情绪的因素。这些因素通常与工作环境或条件等外在因素相联系,如公司政策、行政管理、监督、工作条件、人际关系、薪金、安全等。如果这些因素比较糟糕,则容易引发员工产生不满情绪;这些因素的改善只能消除员工的不满、怠工和对抗,但不能使员工变得满意。

从没有满意到满意的这类因素称为激励因素(Motivator),指那些能够让员工产生满意情绪的因素。这些因素通常与工作内容本身相联系,如个人的成就感和工作胜任感、工作成绩得到认可和赞誉、工作的挑战和兴趣、个人晋升的机会、职业发展的机会等。这些因素的满足能够激励员工的工作热情,从而提高工作效率,但如果不满足,也不会使员工感到不满意。

赫茨伯格的双因素理论和马斯洛的需求层次理论是兼容的,保健因素和激励因素分别对应马斯洛的前三个层次的需求和后两个层次的需求。双因素理论实际上可以看成在一般性研究需求层次的基础上,进一步实证分析了哪些需求才能真正成为引导人们提高工作效率的"动机"。

双因素理论研究员工的满意度与劳动生产效率之间的关系,对管理者消除组织成员的不满情绪,激发其工作积极性具有一定的启示。

第一,调动和触发组织成员的工作积极性,必须具备必要的保健因素,保健因素是构成激励的基本前提。保健因素与工作的外部条件或环境有关,是保证工作完成质量的基本条件。虽然保健因素不能激发组织成员的积极性,但管理者不但不能忽视它,还要尽量通过为组织成员改善工作环境,按时发放工资和奖金等予以满足,以免导致不满情绪的产生和蔓延。

第二,激励的核心问题在于如何最大限度发挥激励因素的作用。并不是所有的需求都能激发人的积极性,只有那些激励因素的满足,才能激发人们的积极性。因此,管理者要充分利用激励因素,如注重工作内容的设计、任务的分配等,去激发组织成员的工作热情。2008年全球金融危机后,我国一些金融企业在业绩大幅下滑的情况下,仅仅对表现优秀的员工进行了职位和职级提升,而没有相应地增加薪酬,但对这些优秀员工也起到了较好的激励效果。

(三) 成就需求理论

美国心理学家大卫·麦克利兰(David McClelland)认为,马斯洛过分强调个人的自我意识和内在价值,忽略了人的社会属性。因此,他在吸收批判马斯洛需求层次理论的基础上,进一步从管理的社会性特征角度提出了成就需求理论。

成就需求理论认为,人类的许多需求都不是生理性的,而是社会性的,而且人的社会性需求不是先天的,而是后天的,得自环境、经历和培养教育等。该理论将人的社会性需求归纳为三种,即成就需求、权力需求和社交需求。

成就需求(Need for Achievement)是指人们追求卓越,争取做到极致,不断获得成功的需求。具体来说,就是渴望完成有难度的任务,期望获得高标准的成功以及掌握复杂的工作技能。因此,成就需求可以通过工作本身获得满足。麦克利兰在研究中发现,高成就需求者具有如下特点:寻求那种能够发挥其独立处理问题能力的工作环境;希望得到有关工作绩效的及时明确的反馈信息,从而了解自己是否进步;喜欢制定具有适度挑战性的目标。在现实中,有强烈成就需求的是那些倾向于成为企业家的人。

权力需求(Need for Power)是指影响或控制他人、对他人负责以及拥有高于他人的职权、自己不受别人控制的需求。具有较高权力欲的人对施加影响和控制他人表现出极大的关切。这类人一般寻求领导者的地位,要求取得、行使并保持权力,或影响他人;好争辩、直率、健谈;头脑冷静并善于提出要求;乐于与他人竞争,使其服从自己的支配。因此,权力需求强烈的人经常有机会晋升到组织的高级管理层。

社交需求(Need for Affiliation)是指希望与他人建立亲近和睦关系的需求。有高度社交需求的人寻求建立并保持与他人的友谊和亲密的感情关系,希望获得他人对自己的好感,乐于参加各种社交活动,乐于帮助和安慰危难中的伙伴。这类人在组织中容易与他人形成良好的人际关系。因此,社交需求强烈的人是较为成功的资源整合者。

麦克利兰非常关注三种需求对管理者的实践意义。

第一,这三种需求对于培养一个成功的管理者来说缺一不可。其中成就需求对一个管理者而言非常重要,通过训练培养较强的成就感,能够使管理者倾向于承担个人责任,希望获得工作反馈和喜欢适度冒险或挑战性的工作环境;同时,一个优秀的管理者还需要高权力需求和一定的社交需求。

第二,人的某些需求可以通过后天的学习而产生,管理者应根据组织发展的需要,主动对组织成员进行培训,帮助他们形成一些有利于促进努力工作的新需求。

第三,后天产生的三种需求,可以通过不同的途径来获得满足,管理者应了解和掌握组织成员的需求类型,采取有针对性的激励措施达到激励的目的。例如,具有强烈社交需求的人倾向于与他人建立良好的关系,适合与别人合作;对有高成就需求的人,则应给予极大自由发挥其创造性和提供获取成就的机会;对有高权力需求的人,将其培养成领导者不失为一种好的激励方式。

二、过程型激励理论

过程型激励理论研究人们从动机产生到采取行为满足需求的内在心理和行为过程,关注的是管理者提供的激励因素是否能够以及如何发挥激励作用。过程型激励理论主要有公平理论、期望理论、强化理论和综合激励模型等。

(一) 公平理论

公平理论是美国心理学家亚当斯(J. S. Adams)在1965年出版的《社会交换中的不公平》一书中提出的一种激励理论。这种理论从社会比较的角度研究激励的心理过程,侧重关注工作报酬分配的合理性、公平性及其对员工工作积极性的影响。

公平理论(Equity Theory)认为,生活在社会中的人们经常拿自己的付出和所得与别人的付出和所得进行比较,并根据比较的结果决定今后的行动。付出和所得都不仅是物质待遇方面的,也涉及精神方面的。其中,付出主要包括受教育程度、工作经验、努力水平和能力、投入工作的时间与精力等;所得主要包括工资奖金、表彰、信任与赏识、晋升职务等。人们进行比较的目的在于借此寻找和确定自己是否受到了公平的待遇,比较的结果会影响员工的工作积极性。如果比较的结果是自己受到了公平待遇,则心情舒畅,工作积极努力,生产效率提高;如果感到自己受到了不公平待遇,则会心理抑郁、紧张,缺乏工作热情,生产效率下降。

公平理论认为,人们的工作动机不仅受其所得的绝对报酬的影响,而且受到相对报酬的影响,人们不仅关心自己所得的绝对值,而且关心自己所得的相对值。因此,公平理论又被称为社会比较理论。当然,公平是一种心理现象,是通过比较来判断的,而且人们借以作比较的标准是由个人选定的,因此,公平与否的感觉也是一种主观评价和主观判断。

基于此，亚当斯提出了公平关系的基本模式：

$$\frac{O_p}{I_p} = \frac{O_c}{I_c} \tag{13-1a}$$

$$\frac{O_p}{I_p} < \frac{O_c}{I_c} \tag{13-1b}$$

$$\frac{O_p}{I_p} > \frac{O_c}{I_c} \tag{13-1c}$$

式(13-1)中，设当事人 p 和被比较的对象 c；O_p 是当事人自己对所获报酬的感觉，I_p 是当事人自己对个人所作投入的感觉；O_c 是当事人对被比较对象所获报酬的感觉，I_c 是当事人对被比较对象所作投入的感觉。

式(13-1a)表明，当当事人的所得和他的付出的比值与作为比较对象的比值相等时，当事人会产生公平感；式(13-1b)和式(13-1c)则表明二者比值不相等，此时当事人会产生不公平感。

当然，现实中的不公平感大多数属于式(13-1b)所表示的情形，即认为自己与其他人付出的一样多，收入却比别人少，或者自己比别人付出的多，却与别人拿同样的报酬。产生这种不公平感的主要根源是，人们易于从主观上过高地估计自己的付出和别人的所得，过低地估计自己的所得和别人的付出。这种情况下，当事人可能要求增加自己的收入或减小自己的投入；当事人也可能要求组织减少比较对象的收入，或者让其今后增大投入程度以便使右方减小，趋于相等；当事人还可能会寻找其他人作为比较对象，以便达到心理的平衡。

公平理论给管理者带来了一些重要的启示。

(1)管理者对组织成员的激励要尽可能做到公正、公平，注意实际工作绩效与报酬之间的合理性，并关注成员对激励制度及其实施结果的心理反应，以消除因激励不公给组织带来的消极影响。日本企业长期以来采取的"年功序列工资制"，将年龄、资历、工作成绩等因素作为工资分配的主要依据，目的是使员工的工资收入能够随着时间而保持不断增长的势头，进而提高员工的公平感。

(2)组织成员间因工作业绩差异而导致的薪酬差距，是普遍的、合理的，这种差距的存在本身就是公平的表现。管理者应引导组织成员对这种差距形成正确认识，树立薪酬激励的正确公平观。当然，管理者也可以采取一些措施规避这种差距的消极影响。当今，薪酬和奖金已经成为组织成员的个人秘密，一些跨国公司和金融企业采取秘密方式给组织成员发年薪和年终奖，使组织成员无法了解其他人的收入状况，以免进行横向比较产生不公平感，进而影响工作的积极性。

(3)公平与否的感觉只是组织成员个人的主观判断，难免与客观事实不符。一般来说，人们往往可能对自己的付出和别人的所得估计过高，使实际上的公平在人们的主观感觉上变得不公平。鉴于此，当组织成员因判断不准而产生不公平的错觉时，管理人员应及时做好必要的说明和引导工作。

(二)期望理论

美国心理学家维克托·弗鲁姆(Victor H. Vroom)在1964年出版的《工作与激励》

一书中提出了期望理论(Expectancy Theory of Motivation)。该理论认为,人的行为过程实际上是一个决策过程,人们在从事一种工作或做出某种行为之前,总是要对这项工作的意义、行为产生的结果以及行为结果会给个人带来何种利益等问题进行评估,只有当人们在预期自己的行为会给个人带来既定的成果且该成果具有吸引力时,才会被激励去做某些事情。

弗鲁姆的期望理论模型可以用下式表示:

$$激励力(M) = 效价(V) \times 期望值(E) = VE = V(E_1 E_2) \tag{13-2}$$

在式(13-2)中,激励力(M)是指一个人所受激励的程度。促使人们去完成某项工作的激励力的大小同时取决于效价(V)和期望值(E)两个因素。只有在效价和期望值都比较高的情况下,组织成员所受的激励程度才会高。也就是说,只有当事人认为自己的努力可以取得较好的绩效,好的绩效又会带来某种特定的奖励,且这种奖励对自己具有很大吸引力时,激励作用才最大。

效价(V)是一个心理学概念,指个人对自己所从事的工作将要达到目标的效用价值的估价,即对组织所提供的诱因或报酬的全部预期价值的主观估计,衡量其价值大小的依据是这些诱因或报酬能够在多大程度上满足个人需求。同一目标对每一个人可能有三种效价:正、负和零。效价越高,激励作用越明显。例如,如果一位员工得到上级的暗示或通过自己的估计预期,认为自己在工作中取得突出成绩,就会立即得到提升。这里的"提升"是预期结果。同样是这种结果,对不同的人所产生的吸引力可能是完全不相同的。对一个很想得到提拔的员工来说,吸引力无疑是巨大的;对一个将提拔看成无所谓的人来说,吸引力可能为零;对一个不愿意被提拔或不愿承担责任的人来说,吸引力则可能是负数。

期望值(E)是指一个人对完成某项工作并实现某一特定结果的可能性大小的估计。期望值可以分解为两级(如图13-4所示):第一级期望值(E_1)指个人对付出努力后能达到组织所期望的工作绩效水平(组织目标)的主观概率;第二级期望值(E_2)指个人达到组织所期望的工作绩效水平后能得到其所需要的结果(个人目标)的主观概率。此时,上面那位得到上级暗示或通过自己估计认为自己取得突出成绩就会立即得到提升的员工,除上述考虑外,还可能会考虑以下问题:自己尽最大努力能否取得突出的成绩?自己取得了突出成绩后是否真的会得到提升?会不会出现意外情况?对这些问题的不同回答决定了主观估计值的差异。

如图13-4所示,弗鲁姆的期望理论模型表明,管理者要想更好地调动组织成员的积极性,需要处理好三个方面的关系。

(1)努力—绩效关系。通常来说,人们总是希望通过自己的努力达到预期的目标。当人们在主观上认为达到目标的期望值很高时,他们就会对目标的实现充满信心,从而积极努力地投入工作。如果目标定得过高,可望而不可即,则人们就会对实现目标失去信心;当然,如果目标定得过低,唾手可得,人们也会对实现目标失去兴趣。这两种情况都难以激发人们的工作活力和潜力。因此,组织目标的制定要适度。

(2)绩效—奖励关系。绩效是取得组织提供的报酬的依据。人们总是希望在达到组织要求的预期绩效后得到相应的报酬即物质方面和精神方面的奖励,包括奖金、晋升、表彰、学习机会、增加责任等。因此,管理者在处理绩效与奖励的关系时,一方面,要严格遵

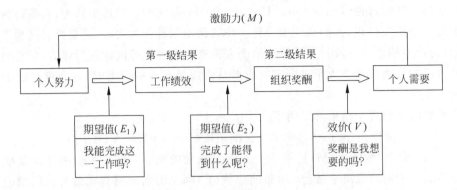

图 13-4　弗鲁姆的期望理论模型

守事先的承诺，及时奖励表现优异的组织成员；另一方面，要发挥奖励的刺激作用，必须保证所给予的奖励与取得的绩效紧密挂钩。

(3) 奖励—个人需求关系。人们之所以致力于实现组织目标，是希望通过自己的努力得到组织奖励，以满足个人需求。所以，只有那些能够满足人的需求的奖励才具有激发人们持续努力的刺激作用。因此，奖励必须与个人的需求紧密挂钩，应当根据人们的不同需求设置多种形式的奖励，采取不同的激励机制，提高激励效果。

期望理论试图从个人对组织所提供的诱因或报酬奖励的价值判断以及对取得该报酬的可能性的预期来解释人的行为，具有重要的管理实践意义。

首先，人的行为在很大程度上受到心理因素的影响，管理者要明确员工个体的需求，认真研究不同的报酬对不同人的吸引力，并尽可能加大各种报酬对员工的吸引力，提高目标效价。

其次，管理者分配工作任务和设定目标时，要考虑员工的实际能力，使之形成通过个人努力能够达到预定结果的高期望值，增强组织成员对实现既定目标的信心。

最后，管理者要使员工个人的努力程度、工作绩效与他们所获得的报酬紧密结合，并不断增强报酬的合理性和针对性。

（三）强化理论

强化理论是由美国心理学家斯金纳(B. F. Skinner)提出的，主要研究人的行为和外部因素之间的关系。强化理论(Reinforcement Theory)是以学习原则为基础，理解和修正人的行为的一种学说。所谓强化(Reinforcement)，从其最基本的形式来讲，是指对一种行为的肯定或否定的后果(奖励或惩罚)，它至少会在一定程度上决定这种行为在未来是否会重复发生。

强化理论只关注个体采取某种行为后会带来什么样的结果，强调行为是结果(所受刺激)的函数，认为人的行为是对其所获刺激的一种反应。如果刺激对他有利，他的行为就可能重复出现；如果刺激对他不利，则他的行为就可能减弱，甚至消失。根据这一原则，管理者可以通过不同的强化途径，对组织成员的行为进行引导和激励。

1. 正强化

正强化(Positive Reinforcement)是指对那些符合组织目标的行为给予奖励或肯定，

以便使这些行为得到加强和延续,从而有利于组织目标的实现。刺激物既有物质方面的奖励,如提高工资、发放奖金等,也有精神方面的奖励,如表彰、晋升、改善工作条件、委以重任、给予进修培训机会等。

2. 惩罚

惩罚是指对那些不符合组织目标的行为进行惩罚,迫使这些行为减少发生或者不再发生,以保证组织目标的实现不受干扰。惩罚的手段包括经济方面的,如降薪、扣罚奖金或处以罚款,以及非经济方面的,如批评、处分或降级等。

3. 负强化

负强化(Negative Reinforcement)是指人们为了避免出现不希望的结果,而使其行为得到强化。与正强化和惩罚都是在行为发生之后再进行处理不同,负强化强调的是一种事前的规避。俗语"杀鸡儆猴"形象说明了惩罚和负强化的联系与区别。它对于什么样的行为不符合组织目标的要求,以及如果员工发生不符合要求的行为将予以何种惩罚给予具体规定,员工为了避免不愉快的结果,就会约束自身行为。例如,下属努力按时完成任务,就可以避免上级的批评,因此员工就会一直努力按时完成任务。

4. 自然消退

自然消退又称忽视,是指对某种行为不采取任何措施,既不惩罚也不奖励。这是一种消除不合理行为的策略,对不符合组织期望的行为进行"冷处理",达到"无为而治"的效果。如果一种行为得不到强化,那么这种行为的重复率就会下降。例如,如果一个员工老是抱怨领导分配给他的工作难做,却没有人理睬他,也不给他调换工作,也许过一段时间他就不会再抱怨了。

正强化是用于加强组织所期望的个人行为;惩罚、负强化和自然消退的目的是减少和消除组织或团队不期望发生的行为。这四种强化途径相互联系、相互补充,构成了组织的强化体系,成为制约或影响组织成员行为的特殊环境因素。

为提高激励效果,管理者实施强化时应该注意以下几个方面的问题:

第一,正强化是一种较为有效的行为激励方式,能够收到立竿见影的效果,是组织的主要强化手段。当然,也不能过多使用正强化,否则会导致正强化刺激作用的减弱,也可能会使组织员工感到组织的强化是理所当然,甚至会产生越来越高的期望。

第二,管理者必须针对行为结果给当事人以及时、明确的信息反馈。一方面,强化必须是及时的,奖励或惩罚必须紧随行为之后才最具效果;另一方面,反馈给当事人的结果一定要明确,不能模糊不清,否则容易给当事人造成某种错误的认识,产生不良后果。

第三,管理者影响和改变员工的行为应将重点放在积极的强化而不是简单的惩罚上,需要灵活运用多种强化方式。惩罚虽然在表面上产生较快的效果,但其作用通常是暂时的,而且会对员工的心理造成不良影响。负强化和自然消退对员工行为的影响也不应该被轻视。因此,管理者应该根据具体的管理情境配合使用四种强化方式。

(四) 综合激励过程模型

美国行为学家波特(L. W. Porter)和劳勒(E. E. Lawler)1968年在总结需求理论、期望理论和公平理论等激励理论的基础上,构造了一个更加全面的综合激励过程模型(如

图13-5所示),揭示满足感和工作绩效之间的关系。

综合激励过程模型表明,工作绩效主要由个人努力程度决定,但同时还受到四个因素的影响:①个人的能力与素质;②外在的工作条件与环境;③个人对组织期望目标的感知与理解;④对报酬公平性的感知。

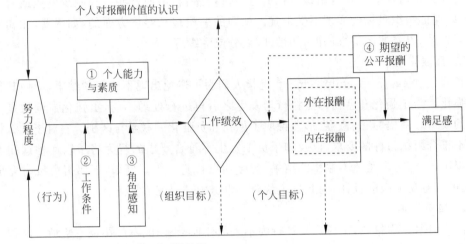

图13-5 综合激励过程模型

个人努力程度、工作绩效和满足感的关系及中间作用机制如图13-5所示,激励不是一种简单的因果关系,而是一个涉及内外部多种因素互动的复杂过程。

(1)努力程度是指个人所受到的激励强度和由此产生的对工作付出的程度或消耗的能量。组织成员的努力程度即激励所发挥的力量,取决于效价(个人对报酬价值的主观评价)和期望值(对努力、绩效和报酬关系间的认识,即通过努力达到绩效和该绩效导致个人所需特定结果的可能性),它相当于期望理论中的激励力。个人努力程度一方面取决于个人对报酬价值的主观评价,另一方面还决定于个人对可能获得报酬的期望概率。

(2)工作绩效指工作表现和取得的实际成果。它不仅取决于个人的努力程度,还取决于其他因素和条件等,具体包括个人的工作能力与素质、工作条件与环境、对所承担角色和工作的感知理解等。每个人在这些方面存在差异,因而即使付出了同等的努力,不同人的工作绩效也不一定会相同。工作绩效的取得与否又会影响组织成员未来对该类工作期望值的评估,如果通过个人努力,取得了预期工作绩效,通过信息反馈,就会提高其对此项目标的期望概率,进而增加该任务目标对个人的激励强度。

(3)报酬由工作绩效所决定,包括内在报酬和外在报酬。内在报酬(Intrinsic Reward)指的是个体从工作本身所获得的积极情绪,即尊重、自我价值实现、成就感等需要的满足;外在报酬(Extrinsic Reward)指个体从组织或其他人那里获得的报酬,即薪酬、奖金、工作条件以及职业保障等方面的满足。

(4)满足感是个人的一种内在的认知状态,表明个人在实现预期的目标和报酬所得后的满意感觉。内在报酬与外在报酬以及个人对报酬的公平感,共同影响个人的满足感。

当个人从实现目标和报酬中获得满足时,就会提高自身对此项目标所得报酬的评价,从而提高此项目标对个人的激励力。个人是否满足及满足程度将会反馈到其完成下一个任务的努力过程中。满足感会导致进一步的努力,而不满足则会导致努力程度的降低甚至离职。

综合激励过程模型对管理者激励组织成员、提高激励效果具有重要的指导意义。

第一,管理者在设定工作目标时,要准确估计不同组织成员的满足水平,使工作成果所获得的报酬与其满足水平相适应,使组织目标和成员个人目标相联系,加强满足感与工作成果的联系,激发组织成员对工作成果的期望,达到激励的预期目标。

第二,要提高激励的预期效果,管理者必须综合考虑员工需求的内容、奖励内容、奖励制度、工作任务分配、目标设置、公平考核等一系列因素,还要注意员工个人的主观价值判断在激励中的反馈。

第三节 激励方法

在学习了有关激励的各种理论后,人们可能会问:这些理论对管理者有什么意义?应该如何去激励组织成员呢?遗憾的是,并没有一个简单的、放之四海而皆准的行为指南,这正体现了管理的艺术性。激励理论各有其不同的侧重点,从不同的角度揭示了人的心理、行为与激励之间的关系,为管理实践提供了有价值的启示。虽然激励理论很多,但是组织情形和管理问题千差万别,管理者无法采用统一的标准和方法来激励组织成员。因此,要想取得预期的激励效果,管理者必须根据组织差异和员工差异,采取多样化的、有针对性的激励方法,满足不同成员的不同需要。在管理实践中,加薪、奖金、带薪休假、授权、晋升和参与决策等往往是管理者能够支配而且广泛使用的激励方法。为了获得激励的良好效果,管理者可以根据组织情境,灵活采取下列激励方法。

一、物质激励与精神激励相结合

组织成员存在物质需求和精神需求,激励也应该满足成员的这两类需求,具体的激励方法应该将物质激励和精神激励相结合。

(一)物质激励

物质激励是组织掌握和分配的物质性资源,如工资、奖金、补贴、分红、股份、股票期权、实物或其他福利待遇等。这种激励方法在组织成员生活达到富裕水平之前的作用是非常明显的。如果将物质激励和员工工作绩效紧密结合起来,它的激励作用将会持续相当长的一段时间。在这里,重点说明一下股票期权,这是现阶段对员工进行激励的众多方法之一,属于长期激励的范畴。股票期权是指买方在交付了期权费后即取得在合约规定的到期日或到期日以前按协议价买入或卖出一定数量相关股票的权利。股票期权是上市公司给予企业高级管理人员和技术骨干在一定期限内以一种事先约定的价格购买公司普通股的权利。这种制度是一种不同于职工股的崭新激励机制,它能有效地把企业高级人才与其自身利益很好地结合起来。2016年7月13日,中国证监会颁布了《上市公司股权激励管理办法》,使我国上市公司的股权激励有章可循,有力地推动了我国股票期权制度的发展。

作为激励手段,物质激励也有其局限性:①容易出现激励的依赖性。一旦物质激励措施被取消,员工的工作积极性立即会受到影响。同时,进行物质激励,组织需要支付较高的激励成本。②长期采用以金钱为代表的物质激励手段,激励的边际效用会呈递减趋势,激励效果会越来越差。

(二) 精神激励

与物质激励方法相对应,精神激励也是组织常用的激励方法。精神激励是以满足个人精神需求为诱因对组织成员进行的激励,如对员工的认可、表扬、尊重和荣誉等,都可以对员工产生精神上的激励作用。杰克·韦尔奇认为,企业家要做的一件重要事情,就是确保让所有的员工都自我感觉很好,每天都让他们觉得非常自信,让他们愿意做更多的事情,承担更多的风险,做更多的尝试。相对于物质激励,精神激励对组织成员的影响更持久、更深远:一是精神激励可以满足员工高层次的需求,如尊重需求和自我实现需求;二是精神激励带来的满足感、成就感和荣誉感,能让员工产生深刻的组织认同感和归属感;三是有效的精神激励能够形成良好的组织风气和组织氛围,进而潜移默化地积极影响组织成员的行为。

精神激励具有多种形式。①情感激励。情感内在于人们的心中,是人类特有的心理机能。当客观事物符合人们的需要时,人们就会产生满意、愉快等情感;反之则产生愤怒、郁闷等情感。管理者如果能够把握员工的这种心理需求,通过情感关怀给员工以尊重、体贴、关心和帮助,则有利于激发员工的热情,调动员工的工作积极性。②榜样激励。榜样的力量是无穷的。优秀员工的宣传以及给予典型人物以尊重和优厚的待遇,都会产生良好的反响,诱导组织成员向榜样学习,像典型人物那样努力工作。③荣誉激励。荣誉代表组织和社会对人们的突出业绩所给予的承认和赞赏,获得奖章、称号、嘉奖等荣誉,能够满足人们的尊重需求,而这种需求的满足又能对组织成员产生正强化效应,使组织所期望的行为得到强化和持续。④目标激励。目标具有导向作用,同样也有激励作用。目标是一种刺激,是一种满足人的需求的外在物,是希望通过努力而达成的成就和结果。设置适当的目标,能够激发人的动机。具体说来,可以产生激励效果的目标有三类:工作目标、个人成长目标和个人生活目标。管理者可通过对这三类目标的选择与设置来调动员工的积极性。

二、短期激励和长期激励相结合

根据激励效果持续的时间来划分,可以将激励措施分为短期激励和长期激励。短期激励是根据组织成员短期业绩给予的工资、奖金、补贴和各项福利等,能发挥直接的激励作用,但其缺点是可能诱导员工更加注重自身的短期利益而忽视组织的长期利益和长远发展。年终奖就是一种典型的短期激励,是指每年度末企业给予员工不封顶的奖励,是对一年来的工作业绩的肯定。年终奖的发放额度和形式一般由企业根据自身经营情况决定。某机构发布的《2016年年终奖发放计划调研报告》显示,我国金融行业2016年年终奖平均水平为36 782元,依然在各行业中拔得头筹①,但银行员工年终奖有所缩水,不少银行面临战略大调整,而且具体来看不同岗位、不同银行的年终奖水平差异也非常大。除了银行,券商等靠天吃饭的行业的年终奖也在下滑。

随着时代的发展,以短期激励为主的激励方式已经不能满足组织发展和员工个人发展需要。为了克服管理者和员工的"短视行为",促使其考虑组织的长远发展,长期激励已经成为众多组织偏好的激励方法。常用的长期激励方法是股权激励和职位晋升。

（1）股权激励。股权激励是企业为了激励和留住核心人才对员工进行长期激励的一种方法,其基本特征是"收益共享、风险共担"。股权激励是指有条件地给予激励对象部分股东权益,使其与企业结成利益共同体,从而实现企业的长期目标。股权激励有多种方式,除上述的股票期权外,还有业绩股票、虚拟股票、限制性股票、股票增值权、延期支付、管理层收购和员工持股计划等,这些都是与证券市场相关的股权激励模式,激励对象所获收益受公司股票价格的影响。据统计,2010—2014年我国的2 918家A股上市公司中,有1 961家上市公司宣告并实施了股权激励计划,有900多家上市公司未实施股权激励制度,即实施股权激励制度的上市公司所占比例为67.20%,表明A股市场有一半多的上市公司实施了股权激励计划。

（2）职位晋升。相对于其他的激励方法,职位晋升与工作本身相关,可以鼓励组织成员的长期行为,对其他成员也有长期的激励作用和示范效应。在职位晋升前,组织的人力资源部门都要对拟提拔者进行长期的绩效评价,其行为须符合组织的长远利益。华为作为全球第二大通信设备供应商和全球领先的信息与通信解决方案供应商,在其行业领域的影响非同小可,其成功在很大程度上得益于管理制度上的积极创新,例如,华为实行的轮值CEO制度就是职位晋升制度的创新。在大多数公司都只有一个CEO的情况下,华为大胆进行管理制度的创新,选择让一个小团队来领导公司,实行轮值CEO制度,这是华为不断努力改善管理的结果。轮值CEO制度实行以来,作为董事长的任正非花了很多精力来培养轮值CEO。

三、内在激励和外在激励相结合②

内在激励是与工作本身有关的激励,包括工作本身的内在价值和完成工作能给组织成员带来的满足感。管理者可用于提高工作本身价值的方法有很多,如:采取工作丰富化和工作多样化等措施,让员工经常体验一些新的工作,感受到工作的乐趣和挑战性,减少工作的乏味感和职业怠倦感;鼓励员工参与决策计划的制订,让他们了解所从事的工作在整个组织中的位置和作用,提高他们对自身工作的认同感。此外,还有通过授权让下属临时承担一些责任重大的工作、实施弹性工作制等。在员工认识到自身工作的价值后,更为关键的问题是设法保证员工凭借自身努力达到预期工作目标,因此要对员工进行培训,增加其人力资本价值,提高他们完成任务的能力,帮助他们克服工作中出现的各种困难和问题。同时,管理者要根据员工的工作成绩及时对其进行强化,促使他们明确自己正在朝着

---

① http://news.163.com/17/0126/01/CBLTJKG8000187VE.html.
② 张玉利. 管理学[M].天津:南开大学出版社,2004:284.

目标不断迈进,从而增加完成任务的自信心和工作动力。目前,我国绝大部分商业银行都实施了管理培训生计划,这是一种"以培养公司未来领导者"为主要目标的特殊项目,该项目最具吸引力的莫过于轮岗制,无论从工作的趣味性,还是从职业发展角度来讲,对参与者都是一个难得的机会。轮岗制度如今已成为企业培养人才的一种有效方式,很多成功的公司如IBM、西门子、爱立信和华为等都已经在公司内部或跨国分公司之间建立了岗位轮换制度。轮岗不仅增加了工作的丰富化,而且有利于员工结合自身兴趣进行职业生涯规划的确立与调整。从长远看,内在激励是未来激励发展的重要方向。

外在激励取决于员工对各种外在报酬的追求。要提高外在激励的效果,管理者必须掌握组织成员所追求的外在报酬的种类和重视程度,以便采取有针对性的激励措施。外在报酬主要依据员工的资格和资历、工作职位、能力和工作绩效来确定,基本可以分为固定部分和动态部分,两者共同构成了激励员工的因素。另外,管理者要注意奖罚分明,及时兑现,这样才能获得员工的认可。根据2015年1月1日起实施的《中央管理企业主要负责人薪酬制度改革方案》规定,中央管理企业负责人的薪酬由基本年薪、绩效年薪和任期激励收入三部分构成。其中,任期激励收入根据任期经营业绩考核结果,在不超过企业负责人任期内年薪总水平的30%以内确定。企业负责人年度综合考核评价为不胜任的,不得领取绩效年薪。任期综合考核评价为不胜任的,不得领取任期激励收入。"任期激励收入"的增加有利于激励经营者企业创新,注重企业短期利益与长期利益的协调统一,也从根本上改变了中央管理企业高管"坐享高薪"的弊病。

管理者在激励实践中,应注意将内在激励和外在激励相结合,并以内在激励为主。

四、个体激励和团队激励相结合

激励理论是建立在个体行为分析的基础之上的,管理者进行激励更多的是从组织成员的个体需求出发,了解其不断变化的需求层次和需求内容,有针对性地采取激励手段。薪酬体系是吸引人才的重要因素,美国企业谷歌实施了一套特有的奖励机制。每个季度末,公司会将每一个项目向所有员工公示,并贴上每个人的名字和照片,以尊重肯定员工的工作价值,激发员工的积极性。此外,公司还为员工提供多样、丰厚的福利,包括:向员工供应免费美食,24小时开放的健身房,享受医疗服务以及瑜伽课,安排演讲、咨询营养师,提供干衣机、按摩服务、游泳池和温泉水疗,为员工提供班车等。

随着网络技术和信息技术的发展,要求组织突破传统的部门壁垒和权力等级体系,越来越多的组织的工作通过工作团队、项目组的形式开展。团队是指一种为了实现某一目标而由相互协作的个体所组成的正式群体。因此,管理者需要相应制定面向团队的激励措施。一般在实践中对团队的激励方式有几种:一是在正常的经营管理活动中,对可比的不同团队进行评比,奖励工作绩效高的团队,促进不同团队之间的良性竞争,减少团队内成员间的恶性竞争;二是在组织中树立和宣传优秀团队,以优秀团队为榜样来激励其他团队;三是赋予优秀团队更多的自主权,激发团队成员的团结合作和创造精神。

本 章 小 结

激励是协调组织成员个人动机与组织目标之间的关系,激发、鼓励、保持与强化有利于实现组织目标的个人动机,调动和发挥组织成员的工作积极性。激励的基本组成要素是外部刺激、需求、动机和行为。从个体的基本行为模型看,激励实质上就是动机的激发过程。激励过程就是一个由需求开始,到需求得到满足为止的连锁反应。

激励理论可划分为内容型激励理论和过程型激励理论。内容型激励理论主要是对人的需求内容、类型和性质进行研究,探讨决定激励效果的各种基本要素,主要有马斯洛的需求层次理论、赫茨伯格的双因素理论和麦克利兰的成就需求理论。过程型激励理论研究人们从动机产生到采取行为满足需求的内在心理和行为过程,关注的是管理者提供的激励因素是否能够以及如何发挥激励作用。过程型激励理论主要有公平理论、期望理论、强化理论和综合激励过程模型。

管理者在激励员工时,应注重员工的个体差异,灵活运用多样化的激励方法,有效激励员工。管理者在激励实践中要坚持物质激励与精神激励相结合、短期激励和长期激励相结合、内在激励和外在激励相结合、个体激励和团队激励相结合。

进一步阅读的材料

[1] 崔西.激励[M].林治勋,译.北京:机械工业出版社,2014.

[2] 上海宋海佳律师事务所.重新定义股权激励:非上市公司如何"股励"员工[M].北京:中信出版社,2016.

思考题

1. 双因素理论和需求层次理论的区别和内在联系是什么?
2. 成就需求理论对组织培养高成就型管理者具有哪些启示?
3. 简述强化的四种方法,并解释负强化和惩罚的区别。
4. 综合激励过程模型与其他激励理论的联系是什么?
5. 如果你是一家非上市公司的董事长,请问你将如何采取长期激励方法激励公司的高级管理者?请设计出具体的长期激励方案。
6. 管理者在团队激励中应该考虑哪些因素?

第十四章

沟通与冲突管理

学习目标

(1) 描述沟通、冲突和谈判的含义。
(2) 熟悉沟通过程及沟通的类别。
(3) 掌握有效沟通的方法。
(4) 解释冲突产生的原因和冲突过程。
(5) 灵活运用冲突处理的方式。
(6) 掌握有效谈判的策略。

身边的管理：

望着三环上缓慢行驶的车流，坐在出租车上的王晓非常焦急，拥堵的交通状况可能会导致王晓失去这次宝贵的面试机会。今天上午9点30分，将开始进行中信证券股份有限公司（简称"中信证券"）投资银行管理委员会的项目助理岗的最终面试，接到的通知是9点20分前到达中信证券大厦等待面试，王晓刚好被安排在第二个面试。现在已经是9点，无论如何也无法在9点20分前到达中信证券大厦，迟到已成定局。王晓非常后悔，早知道这样还不如坐地铁，虽然早高峰北京地铁非常拥挤会影响面试状态，但至少不会迟到。王晓想了想，决不能放弃这次面试机会，决定给中信证券人力资源部负责这次实习生招聘的李经理打个电话，说明实际情况。王晓拿出了手机，拨通了李经理的手机号，"李经理，您好，我是王晓，……"。

王晓是工商管理本科三年级的学生，对金融业非常感兴趣，未来希望从事的职业是证券公司的投资银行业务。根据个人大学期间的发展规划，今年暑假期间希望能在北京的证券公司找到一个投资银行业务相关的实习机会，因此从5月初，就关注各大证券公司网站的校园实习生招聘计划，挑选适合自己的实习岗位，进行简历投递，积极准备面试。非常幸运的是，王晓获得了中信证券投资银行管理委员会的项目助理岗的终面机会。想想真不容易，历时1个多月，离获得项目助理岗实习机会只有一步之遥，其间经历了简历投递、简历筛选、专业知识笔试、无领导小组面试等多个招聘环节，每个环节都充满了激烈的竞争，最后只有8位大学生获得了终面机会，而项目助理岗只招收4个实习生。

中信证券，于1995年10月25日在北京成立。2002年12月13日，经中国证券监督管理委员会核准，中信证券向社会公开发行4亿股普通A股股票，2003年

1月6日在上海证券交易所挂牌上市交易,股票简称"中信证券",股票代码为"600030",2011年10月6日在香港联合交易所上市交易,股票代码为"6030"。中信证券主营业务范围为:证券经纪;证券投资咨询;与证券交易、证券投资活动有关的财务顾问;证券承销与保荐;证券自营;证券资产管理;融资融券;证券投资基金代销;为期货公司提供中间介绍业务;代销金融产品;股票期权做市。截至2015年12月31日,公司总资产6 161亿元,净资产1 391亿元,净资本894亿元,是国内规模最大的证券公司。2015年,公司实现营业收入560亿元,实现净利润198亿元,净资产收益率为16.63%,收入和净利润均创公司历史新高,继续位居国内证券公司首位,公司各项业务继续保持市场前列。能够在中信证券实习,熟悉投资银行业务相关的工作,是王晓梦寐以求的。

哈佛大学商学院的罗伯特·埃克尔斯教授认为,管理的实质就是通过有效运用语言让人把事情做好。简而言之,管理的过程就是沟通的过程。沟通是管理者应具备的一项基本技能,它是思想和行动的纽带,是解决组织冲突的重要方法。前面几章所述的清晰的组织目标、科学的领导方式和有效的激励方法仅仅是为有效履行管理的各项职能提供了基本条件,而全面发挥这些职能的作用,则需要在此基础上统一组织内部各成员对于组织目标的理解与认识,并使他们在思想和行动上尽可能达成共识。这就需要管理者针对分歧进行有效的沟通,化解组织中的各类冲突。沟通和冲突管理的工作涉及组织的各个层面,牵扯到组织、部门、群体或个人的利益,在许多情形下直接体现为人际关系处理,并直接影响部门或组织目标的实现,因而管理者需要掌握沟通技巧和具备冲突管理能力。在特定的经营环境里,组织管理者实施沟通和冲突管理的目的在于,通过沟通机制和冲突管理机制的正常运行,有效地化解组织运行中的各类冲突,促进组织目标的实现。本章主要介绍沟通原理、组织沟通的管理以及组织冲突与谈判等内容。

第一节 沟通原理

一、沟通与沟通过程

(一)沟通

沟通(Communication)是组织或个人相互交换信息的过程。在沟通的过程中,组织或个人将信息、想法或观念,通过一定的符号形式进行交换。准确理解管理学意义上的沟通,需要明确以下几点:①沟通是人与人之间的活动;②沟通的实质是信息、观念或想法的共同分享过程,旨在对某些问题努力达成一致性的理解;③沟通需要通过一定的符号形式来实现,组织或个人可以通过文字、数字、声音等符号形式,表达所要传递的信息;④沟通是一个复杂的过程。这不仅是因为沟通过程涉及诸多要素,而且是因为沟通涉及人,不同的学历背景、工作经历等导致个人对信息理解的差异。

沟通是组织管理工作的重要组成部分,也是管理者需要掌握的一项基本技能。概括来说,组织中的沟通具有以下作用。

(1) 有效沟通能整合组织的各类资源,增加组织的凝聚力和竞争力,提高组织绩效。管理者的目标在于提高组织绩效,促进组织目标的实现。该目标是通过管理者执行计划、组织、领导和控制职能实现的,而沟通贯穿管理的全过程。

(2) 领导者通过有效沟通,能够全面、及时、准确地了解组织信息,便于激发下属员工的工作热情,从而有效地实现领导职能。

(3) 组织通过沟通能够与外部环境建立联系,为自身的生存和发展获得更多的资源和空间。任何组织的发展都离不开外部环境的支持,组织需要从外部环境获得资金、信息等资源,这都离不开有效的沟通活动。

(二) 沟通的过程

一个完整的沟通过程可以分为发送者对信息编码和接收者对信息解码两大主要活动内容,并且沟通需要在信息发送者和接收者之间经过多次循环的反馈过程(如图 14-1 所示)。在沟通过程中,信息发送者与信息接收者处于沟通过程的两端,既可以是简单的一一对应关系,也可以是复杂的多重对应关系,且双方在信息传递中的角色可以互相转换。发送者为信息发出方,接收者为信息接受方,双方进行沟通的渠道称为媒介,编码和解码分别是沟通双方进行信息加工的形式。因此,沟通过程的基本构成要素包括信息发送者、信息、媒介、信息接收者、噪声、信息反馈等。这些要素相互关联、相互作用,构成信息沟通的整个过程,任何一方出现问题,都会影响沟通效果,甚至导致沟通失败。

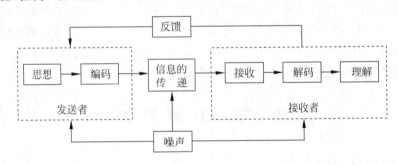

图 14-1 沟通过程

1. 信息发送者

信息发送者是沟通的信源。为便于与信息接收者取得联系,信息发送者要对自己想表达的意义进行编码,将其转化成适合情境的形式和可理解的语言。编码可以采用文字、面部表情、手势、艺术表现等多种形式,恰当地选择词语或其他符号进行编码,是提高沟通效率、完成沟通目的的重要保障。编码过程在很大程度上受到信息的内容、发送者与接收者的熟悉程度以及其他情境因素的影响。因此,不仅要使编码符号适合信息接收人的能力和习惯,而且要使所用的编码方式能够适合准备传递信息的自身特点。

2. 信息

信息是经过编码的思想或想法。经过编码形成的信息主要受到四个条件的影响:技能、态度、知识和社会文化环境。信息的形式是多样的,通常以书面文件、视频录像、声音及非语言等形式出现。

3. 媒介

媒介是承载和传递信息的渠道。编码形成的信息必须通过一定的渠道才能传递给接收者。信息传递渠道由信息的发送者进行选择,通常采取口信、信件、备忘录、电话、电报、电视、电子邮件、微信等媒介。每种媒介都有其适用的条件与环境,选择合适的媒介是有效沟通的重要条件。媒介的选择要根据沟通的需要特别是所传递信息的特点而定,除了考虑沟通双方的便利外,还要考虑所选渠道的成本、传递效率、信息的失真程度和信息安全等多种因素。

4. 信息接收者

信息接收者是信息传递所指向的个体。一旦信息接收者收到信息发送者发送的信息,就标志着信息发送过程已经完成。信息接收者要对信息进行解码,即把信息发送者通过媒介传递的信息转换成接收者可以理解的形式。与信息编码者一样,信息接收者在解码过程中,也会受到自身技能、态度、知识和社会文化环境等条件的限制。因此,信息接收者需要具备一定的逻辑推理能力,在书信阅读和语言理解方面有所特长,能够准确理解信息发送者的真实意图。当然,噪声、压力及认知差异等因素都可能导致信息接收者不能准确理解所接收的信息。

5. 噪声

噪声是对信息沟通产生影响或干扰,甚至导致信息失真或影响注意力的因素。它们可能导致信息无法正常传递,也可能阻碍完整、准确地理解信息。噪声的产生有时是主观原因,如信息发送者的表达含糊不清、信息接收者的知觉错误等,有时也来自客观因素,如电子信号不清、媒介的不稳定、第三方的干扰等。

6. 信息反馈

信息反馈是信息接收者对信息发送者传递的信息作出的反应,这是沟通过程不可缺少的环节。在反馈过程中,原信息发送者也要进行解码,即对信息接收者的反馈信息进行转换,据此确认自己发出的信息是否已经被接收并得到准确理解。如果信息发送者确认信息接收者已经接收并准确理解了信息,并根据信息发送者的意图采取了相应的行动,则标志着已经实现了有效的沟通。

二、沟通的基本类型

通常,现实组织里许多信息的传递需要经历多个信息发送者和信息接收环节,才能到达信息的最终接收者。如果在组织内部不能建立顺畅的信息传递渠道和有序的信息沟通网络,将直接影响信息传递的及时性和准确性。根据信息传递的渠道不同,可将沟通分为正式沟通和非正式沟通两大类。

(一)正式沟通

正式沟通是根据组织设计中事先规定好的结构系统和信息传递路径、方向和媒介等进行信息沟通,是组织对其内部及向外发送信息的正式途径。正式沟通具有正规、严肃、权威性等特征,参与沟通人员需要严格遵守信息传递的管理制度,具有较强的责任心和义务感,能够保证信息的准确性和保密性,如组织内部的文件传递、召开会议、上下级之间的定期情报交换等。从沟通的方向上看,正式沟通一般与组织的层级关系和组织结构有关,包括:①纵向沟通。纵向沟通是正式沟通的主要形式。上级主管可以利用正式沟通方式向下级布置工作任务,下达指令;下级也可以利用这一渠道向上级汇报工作进度和基层情况。②横向沟通。它是发生在不同业务部门同一组织层次之间的信息传递,是组织内部平行部门或人员之间的信息交流。③斜向沟通。它是信息处在不同组织层次的没有直接隶属关系的人员或部门之间的沟通。

组织沟通中信息的纵向和横向流动的集合而成的各种形态,称为沟通网络。从沟通网络看,正式沟通形态可分为五类:①链式沟通;②Y式沟通;③轮式沟通;④环式沟通;⑤全通道式沟通。其中链式、Y式和轮式属于集中式沟通网络;环式和全通道式属于分散式网络。以五位成员之间的沟通为例,上述五种沟通网络形态可以表示为如图14-2所示的各种形式。

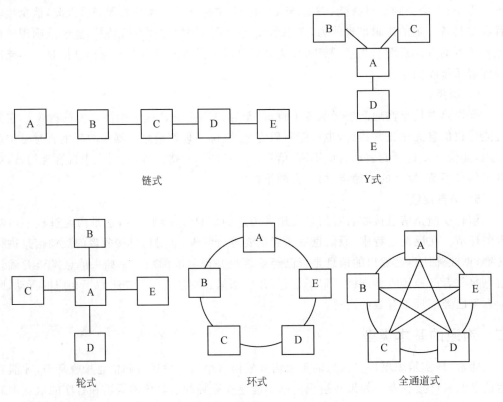

图 14-2　正式沟通的基本类型

1. 链式沟通

这是一种信息在组织成员间只进行单线、顺序传递形如链条状的沟通网络形态。在这种沟通网络中,居于两端的成员只能与其内侧的一个成员联系,居于中间的成员则可以分别与两侧的成员联系。组织中的链式沟通相当于一个纵向沟通网络,表明组织中的主管人员与下属之间存在若干个管理者。信息层层传递和过滤,容易失真,最终一个环节所收到的信息往往与初始环节发送的信息差距较大。但是,如果链式网络不以纵向形式而是以横向形式呈现,则体现为横向沟通网络,它提供了更平等的信息流动。

2. Y式沟通

Y式沟通网络中有一个成员位于沟通的中心位置,作为沟通的媒介,成为网络中因拥有信息而具有权威感和满足感的人。直线职能制的组织结构就是一种Y式网络,主管领导从职能部门收集相关的信息和建议,形成组织决议后再向下级人员下达命令。如果主管人员的工作任务非常繁忙,需要有人协助进行信息收集和提供决策依据,同时还要在最大程度上进行有效控制,则采取Y式沟通网络是比较合适的。

3. 轮式沟通

轮式沟通网络中的信息是经由中心人物向周围多线传递的,属于控制型或集中化的沟通网络形态。组织中的领导人物是各处信息的汇集点和传递点,其他成员并没有相互的沟通交流,所有的信息通过他们的共同领导进行交流。这种沟通方式信息传递准确度高,解决问题效率高,主管领导控制力强,比较适合组织接受紧急任务,既需要严密控制,又强调快速反应的情形。

4. 环式沟通

环式沟通可以看成是把链式形态的两端沟通环节相连贯而形成的一种封闭形态,它表示组织所有成员不分彼此依次联络和传递信息。该网络中的每个成员都可以同时和两侧的人沟通信息,成员地位平等,不存在信息沟通中的领导或中心人物。采取环式沟通网络的组织,集中化程度比较低,组织成员一般具有较高的满意度。因此,这种沟通方式能创造一种激发成员士气的氛围来实现组织目标。

5. 全通道式沟通

这是一种分权式、开放式的沟通网络形态。所有成员之间都可以不受任何限制地进行信息沟通和交流,信息在所有成员中自由流动,每个人都能够平等参加。采取这种沟通网络的组织成员通常会比较熟悉,成员地位差异比较小,成员间可以直接、坦诚地表达各自的意见和想法,合作气氛较好,有利于集思广益,提高沟通的准确性,也能提升成员士气,促进组织成员的合作。这种沟通网络形态的缺点是沟通的效率可能会因为成员众多而比较低下,对特定问题达成一致意见的时间较长。

上述五种沟通网络形态各有优缺点。组织领导者在管理实践中要注意利用不同沟通类型的长处,避免其短处,有效地开展管理沟通工作,充分展示领导魅力,带领组织成员实现组织目标。

(二) 非正式沟通

非正式沟通是正式组织途径以外的沟通方式,主要以小道消息的方式跨越传统组织结构中的部门、单位或层级之间的社会关系进行信息的传递。非正式沟通不必受到组织规定的程序或制度的限制,而且沟通的对象、时间及沟通的内容都不用事先准备和计划。因此,非正式沟通的灵活性强、随意性强、沟通效率高,信息扭曲和失真的可能性也非常大。因此,非正式沟通渠道是正式沟通的重要补充,一定程度上可以弥补正式沟通的不足,当正式沟通渠道不畅时,它能够极大地提高信息传递的质量和频率。

非正式沟通的优点是沟通形式不受拘泥,速度快,效率高,容易及时了解到正式沟通难以提供的"内幕消息",但其缺陷也非常明显,如难以管控、传递信息不严谨等问题,容易在组织中形成小团体、小圈子等非正式组织,会影响组织的凝聚力和人心稳定。随着组织和信息技术的发展,沟通媒介日新月异,非正式沟通的现象越演越烈,已经根深蒂固。因此,对非正式沟通宜疏不宜堵,应加以引导发挥其积极作用,促进组织的有效沟通。

第二节 沟通管理

一、沟通的障碍

虽然信息沟通是组织的一项重要工作内容,每时每刻都在发生,但并不是所有的信息沟通都是成功的、有效的。如图 14-1 所示,在沟通过程中,由于各种因素的干扰,经常会发生信息失真和被曲解的现象,导致信息传递不能正常发挥作用。因此,在组织沟通过程中,存在沟通实效的问题。有效沟通是指组织能够克服各种因素的干扰,保持信息交流的可靠性和准确性。

就沟通过程而言,有效沟通的障碍主要表现在以下几个方面。

(一)信息发送方面的障碍

信息发送方面的障碍是指由于对信息理解不准、表达不清、编码失误而造成的沟通障碍。有效的沟通首先要求信息发送者能将想法或意见以合适的语言进行编码,使之转化成可传递的信息。该编码过程的质量直接影响信息沟通的总体效果。具体而言,有四个因素[①]会制约信息发送者生成高质量的编码信息。

(1)技能。有效沟通的一个前提条件是,编码者必须具备良好的口头或书面表达能力及逻辑推理能力。缺乏这方面的技能,势必会影响信息编码的质量。

(2)知识。信息发送者在特定问题上所掌握的知识范围影响所传递信息的质量。

(3)态度。信息发送者的态度会影响其编码行为。管理者在很多问题上都持有自己某种预先定型的想法,这些想法会影响和左右个体对所沟通信息的编码。

(4)社会文化系统。社会文化系统会通过信息发送者的地位与威信、信仰与价值观的作用影响信息沟通行为。例如,"报喜不报忧",信息发送者可能会对欲传递的信息进行有意识的过滤、选择,从而造成沟通信息的失真。

(二)信息传递过程的障碍

信息的传递必须依赖一定的媒介。因此,有效沟通的障碍也可能由于媒介选择与信号选择不当而产生。例如,媒介不稳定、传递信息的渠道过于狭窄、传递信息的机构或技术人员的效率低下以及传递信息的设备过于陈旧等,都会直接影响信息传递效果。

---

① 张玉利. 管理学:第 2 版[M]. 天津:南开大学出版社,2004:330.

1. 媒介产生的障碍

不同的信息传递媒介各有其适用条件,而且各有利弊。随着信息技术和网络技术的发展,出现了诸如电话、传真、电子邮件、视频会议、短信、微博和微信等多种形式的新媒介。媒介本身可能会产生信息传递的障碍,如电话信号时断时续、网络不稳定、网络宽带过窄造成视频会议不畅、正式邮件被当作垃圾邮件屏蔽等问题。因此,对媒介的选择不仅需要考虑信息传递内容、传递效率、正式性,还要权衡媒介本身的利弊。

2. 媒介使用者产生的障碍

媒介的使用不当也可能产生信息传递过程的障碍,影响信息传递的效果。特别是新媒体的使用都需要一个学习过程,媒体使用者的不熟练或注意力不集中,都会产生信息传递的障碍。例如,组织邮件群发功能的误用造成信息传递范围的扩大,影响组织稳定等;微信头像的混淆造成信息的误发而难以撤回;发邮件忘记粘贴重要附件等。

(三) 信息接收方面的障碍

信息传递到接收方,并不等于接收者就会接受和准确理解该信息。接收者需要将收到的信息通过解码过程译成自己可以理解的语言形式。解码过程和编码过程一样,也会受到信息接收者自身的技能、知识、态度和文化背景的影响。从技能方面来看,信息接收者应该具有相应的逻辑推理能力,同时在需要反馈时能够清晰准确地将想法或意见表达出来反馈给信息发送者。在知识方面,如果信息接收者不具有信息发送者编码时所设定的知识水平,也会妨碍沟通的默契。在态度上,先入为主、胸怀成见、缺乏信任、紧张、嫉妒或恐惧等情绪,都会妨碍信息的正常接收。另外,社会文化系统也会影响处于其中的个体对沟通信息的理解。例如,某跨国公司不同国籍的员工在讨论部门决策问题时,中方员工通常是最重要的观点在最后表达,但美籍员工通常是最重要的观点最先表达,这会影响双方沟通的效果。

信息接收存在一个较为普遍的现象,就是选择性接收的问题。选择性接收是指信息接收者拒绝或片面地接收与他们的心理预期不一致的信息。研究表明,人们往往爱听自己感情上能够接纳的信息,或自己想听的信息,甚至只愿意接收中听的信息,拒绝不中听的信息。另外,不同的情绪感受会使个体对同一信息的解释截然不同。信息接收者如果处于极端的情绪状态,将无法进行正常的思维活动,也会妨碍有效沟通。

(四) 反馈过程出现的障碍

信息反馈是沟通过程的重要环节。在正常运转的组织信息管理系统中,发送者将信息经过媒介传递给信息接收者,只是完成了一项单向的信息传递任务;接收者对收到的信息进行解码和理解,将收到信息后的态度、意见或建议等信息反馈给信息发送者,才算完成了一次完整的信息循环过程。信息循环系统的运行质量不仅受制于传递环节,而且受制于反馈环节。任何在反馈过程中出现的障碍,都会影响组织信息传递工作的正常开展。反馈渠道本身设置问题、反馈渠道不畅、传递技术的编译码问题等都是信息反馈过程中可能出现的障碍。清除这些障碍,对于实现组织的有效沟通意义重大。

二、沟通策略

沟通所存在的障碍有的不可避免,但并非没有改进的空间。组织的领导者应该分析沟通障碍形成的原因,采取适当的措施清除沟通障碍,不断改进沟通技巧,进而提高沟通效率,实现预期的沟通目标。可采取的沟通策略包括如下几种。

(一)根据沟通任务的性质选择合适的沟通类型[①]

首先,领导者应该分析所需沟通任务的性质。有的沟通可能涉及组织大量人力、物力和财力资源的整合,事关组织的全局利益、整体利益和长远利益,要求责权明晰,宜选择正式沟通而不是非正式沟通,选择书面沟通而非口头沟通。

其次,领导者要根据沟通任务的复杂程度,灵活选择沟通渠道。沟通任务从简单到复杂可以区分为:①传达命令;②给予或收集信息;③就某事项达成一致意见。当组织成员间意见分歧较大时,第三种沟通任务会特别复杂,但这也最能体现领导者的沟通艺术。较好的选择是,领导者首先分析不同意见的性质,通过非正式沟通先行协调,然后再把非正式沟通商量的结果经由正式途径进行肯定。如果领导者一开始就选择正式途径公开讨论,可能会导致具有不同意见的组织成员针锋相对、互不让步,决策的事项难以达成一致的意见,甚至产生恶性冲突。此时,即使运用行政权力勉强形成了决议,也可能造成组织成员关系紧张,决议的执行效果将大打折扣。

(二)力求表达清楚

表达不清晰、晦涩难懂是信息沟通经常出现的问题,这会形成沟通的障碍。运用听众可能熟悉并接受的语言有助于他们的理解和接受。如果下属愿意花时间倾听领导传递给他们的信息,但不清楚领导的意图,则只会增加他们的挫败感。因此,需要运用听众能够理解和接受的表述表明自己的观点[②]。管理者应注意措辞,明确传递信息内容,同时应针对不同的听众选择合理的表达方式,而又不失信息的本意。

(三)培养倾听技巧

倾听是沟通中最重要也是最容易忽视的环节之一。管理者能够从繁忙的工作中抽出时间,倾听上级或下属对自身管理工作的意见或建议,不仅需要极大的耐心和意志力,而且需要对组织工作的高度责任心。倾听是建立和保持人际关系的重要技能,可以提升解决问题的能力,增加听众对演讲者思想和观点的接受度,增加他人的自尊感,克服自我意识和以自我为中心,可以帮助避免沟通双方的正面情感碰撞。沟通双方不仅要听对方正在表达的明确含义,还要注意言语中所隐含的信息、想表达而没有表达的观点等重要内容。管理者要实现有效沟通,需要培养倾听的技巧,养成良好的倾听习惯。良好的沟通技巧包括:选择比较安静的地方沟通,对讲话内容表现出兴趣;注意一些非语言暗示,倾听弦

---

① 张玉利.管理学:第2版[M].天津:南开大学出版社,2004:332.
② 奥罗克.管理沟通——以案例分析为视角:第4版[M].康青,译.北京:中国人民大学出版社,2015:24.

外之音;在该沉默时保持沉默,不要轻易打断别人的讲话或进行争辩,全身心地关注;留下一定的时间进行讨论,不要受其他情绪影响而轻易得出结论;在没有听清讲话内容时,应该以委婉的方式提出问题;共同承担沟通的责任。

(四)鼓励非正式沟通

非正式沟通对组织而言是一把"双刃剑"。非正式沟通是建立人际关系的感情凝结剂,为提高组织的沟通效率,适应外部环境变化提出的快速反应与变革要求,组织应该重视非正式沟通,创造条件,引导和鼓励非正式沟通发挥积极作用。非正式沟通是消除误会、协调利益冲突的重要手段,领导者要营造平等沟通的氛围,召开每个组织成都可以自由参加、自由交流的非正式会议,鼓励员工对讨论的问题开诚布公地提出自己的观点和意见。此外,领导者也要为组织的非正式沟通提供支持和便利,组织内部开放式办公室以及茶歇间的设置,都应立足提供组织成员之间面对面的交流机会,组织也可以利用年会、茶话会等非正式会议形式,促进组织成员的沟通交流,增进员工间的感情和组织凝聚力。

(五)给予和接收信息的反馈

很多沟通问题是因为误解和信息不准确所引起的,准确地给予和接收信息的反馈,能极大地减少沟通中的障碍和误会。获得有效的反馈并非轻而易举,它涉及精心设计、深思熟虑的沟通策略及良好的沟通技能。奥罗克提出了建设性反馈的指导方针[①]:

(1)承认反馈的必要性。领导者必须认识到给予和接收反馈的价值,无论是正面还是负面的。组织高层领导通常会遇到一个陷阱:职位越高,就越不容易了解到真实的问题。反馈是领导者了解组织需要改进的方面的唯一途径。

(2)给予正面的和负面的反馈。正面反馈和负面反馈一样重要,别等到员工遇到问题时才给予反馈,正面肯定也是一种反馈。

(3)了解背景,提供界定。反馈的重要特点是问题背后涵盖的背景,掌握相关事件发生的背景至关重要。同时,领导者不能自以为是地认为反馈对象会理解措辞或表述,应该确定所使用的言语为对方所接受。

(4)不要假设。假设注定会让领导者陷入麻烦,人际沟通中自以为他人与自己拥有相同的想法或感觉都是比较危险的。

(5)关注行为而非其人。当下属接到反馈时,特别是反馈来自上级领导时,他们往往会表现出防御性和恐惧性。因此,领导者需要"对事不对人",关注问题的本身,就事论事。

(6)明智地选择反馈时机。领导者不能仅仅从自己的需求出发来给予反馈,建设性反馈只有在仔细倾听和关心他人的情形下才能产生,因此需要明智地选择反馈时机。

---

① 奥罗克.管理沟通——以案例分析为视角:第4版[M].康青,译.北京:中国人民大学出版社,2015:174-177.

第三节 冲突管理

一、组织中的冲突

(一) 冲突的定义

冲突(Conflict)是指由于某种抵触情绪或对立状况而引起的对差异的心理感知。差异是否真实客观地存在并不重要,只要组织成员感知到差异的存在,则冲突状态就可能产生和维持。该定义包含了两种极端情形:一种是微妙、间接、高度控制的抵触状况;另一种则是明显、直接、公开立场的抵触活动。

21世纪的工作场所充满了紧张和冲突。在人与人之间、群体与群体之间以及群体内部,冲突时有发生。不是所有的组织中的冲突都是有害的,但组织中人与人之间的冲突如果不妥善处理,就会迅速导致生产效率低下、人心涣散,从而对组织造成破坏。在大部分情况下,由于压力带来的冲突对组织及其员工而言会导致不安。饱受长时间工作、大量邮件、不现实的工作期限以及苛刻主管等折磨的员工们体会最深。南加利福尼亚大学管理学教授克里斯汀·波拉特的研究发现,工作场所的冲突会消耗组织的时间、精力和人才[1]。被调查的3 000名员工中,90%声称他们经历过工作中的不文明行为。在这些人中,又有50%的人声称他们因担心有事情发生而浪费了工作时间,50%的人考虑过换工作以避免事端,25%的人丧失了工作积极性。因此,冲突处理能力是管理者需要掌握的重要技能之一。正确地处理冲突,是组织管理者走向成功的重要前提。

(二) 组织冲突的几种观点

关于组织冲突,主要有以下三种观点。

1. 冲突的传统观

这种观点假设所有的冲突都是不利的,组织中的冲突被认为是消极的,冲突本身表明组织内部的机能失调,它对于组织而言有害无益,由冲突所引起的内部斗争或外部纷争会干扰组织正常运行,导致组织整体功能受损和组织效率下降。冲突被认为是不善沟通、管理层与员工之间缺乏透明度和信任,以及领导者未能对员工的需求作出反应的结果。因此,组织应该尽可能避免冲突,组织管理者有责任在组织中清除冲突或抑制冲突。

2. 冲突的人际关系观

流行于20世纪40—70年代的这种观点认为冲突是所有群体和组织中自然产生的现象。冲突是任何组织都不可避免的,它不可能被完全消除;冲突并不一定会对组织构成危害,有时甚至可能是有益的。因此,管理者需要正视冲突的客观存在,接纳冲突并使冲突的存在合理化,因为它是任何组织的天然组成部分。该观点强调冲突的客观性和必然性,在冲突理论中占据主导地位。

---

[1] 奥罗克.管理沟通——以案例分析为视角:第4版[M].康青,译.北京:中国人民大学出版社,2015:227.

3. 冲突的相互作用观

这种观点最初出现在20世纪八九十年代，实际上是鼓励冲突，认为和谐的、和平的、平静的且合作的群体会变得僵化、冷漠，以及对组织的变革和创新都无动于衷。因此，有些冲突对于组织或群体的有效运行是必要的，冲突可以转化为组织发展的动力，是组织保持活力的有效手段。因此，管理者应当维持一种冲突的最低水平，以使组织保持创新的激发状态，善于自我批评和不断创新，使组织单位保持旺盛的生命力。这种观点强调冲突有利于组织运行效率的提高，所以鼓励冲突，与接纳冲突的人际关系观点不同。

当然，相互作用冲突观并不是主张所有的冲突都是有益的。一些冲突支持组织的目标，它们属于建设性的，可将其称为良性冲突（Functional Conflicts）；而一些冲突则阻碍组织目标的实现，它们是破坏性的，可将其称为恶性冲突（Dysfunctional Conflicts）①。因此，只要适当控制，冲突对组织是有利的。冲突和组织绩效之间的关系如图14-3所示。

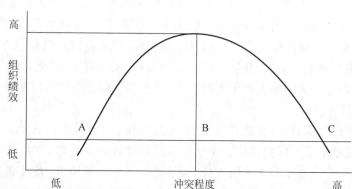

情境	冲突程度	冲突类型	组织内部特征	组织及绩效
A	低或无	恶性	无动于衷、停滞不前、对变化反应迟钝、缺乏创新	低
B	适中	良性	有活力的、自我批判的、创新的	高
C	高	恶性	不稳定的、混乱无序的、缺乏合作的	低

图14-3 冲突与组织绩效之间的关系②

（三）冲突产生的原因

在管理过程中，如果组织实施了有效的内部沟通，那么就会降低信息传递的费用，进而降低管理成本；组织内部的管理成本下降之后，组织与组织之间的交易成本也会随之下降。因此，为了降低组织内部的管理成本和组织之间的交易成本，必须进行充分而有效的信息沟通。但是，由于组织与组织之间的差异以及组织内部员工之间的差异，充分而有效的沟通较难实现，因而沟通并不一定能够达到预期的效果。因此，研究组织与组织之间的

---

① 罗宾斯，库尔特.管理学：第13版[M].刘刚，程熙镕，梁晗，等，译.北京：中国人民大学出版社，2017：355.
② 罗宾斯，库尔特.管理学：第13版[M].刘刚，程熙镕，梁晗，等，译.北京：中国人民大学出版社，2017：355.

冲突以及组织内部人员之间的冲突,深入分析其产生的客观原因与主观原因,对于改进组织的管理工作显得极为重要。

冲突产生的原因可以概括为以下三个方面。

1. 沟通差异

不同社会制度、意识形态、文化背景下形成的组织,或在这种背景下成长起来的组织成员,往往有着各自通用的沟通方式。在特定历史时期形成的沟通方式,在另一个时期使用,就会显得非常过时和难以接受。组织之间或组织成员之间,只有充分了解彼此的沟通方式,才能减少冲突,达成共识。社会制度、语言文字、历史传统等长期积淀形成的环境氛围,制约着组织的有效沟通范围和沟通渠道,并可能造成人们之间意见的不一致。

2. 结构差异

组织管理中经常发生的冲突,绝大多数是由组织结构的差异引起的。社会化大生产和专业化分工的发展,使现代组织结构在纵向和横向上不断延伸。组织规模越大、经营范围越广,纵向和横向的专业化分工就越细,因而物质利益方面的关联程度逐步增强。但是,由于组织结构和结构规模扩展后并没有减少信息数量,反而增加了信息传递的路线长度和渠道数量,增强了成员彼此之间的信息依存程度,因此经常出现信息不对称的情况。这种信息不对称和利益不一致,易使人们在计划目标、实施方法、绩效评估、资源分配、劳动报酬、奖惩措施等许多问题上产生不同看法,这种差异是由组织结构本身造成的。

3. 个体差异

组织中员工的家庭背景、受教育程度、人生阅历和个性修养都具有差异。不同的生活经历和工作环境塑造了不同的性格。个性特点直接体现在人生观、价值观和工作作风等方面。社会地位、收入水平和个人偏好等,往往容易形成沟通障碍,并可能导致冲突的发生。处于不同生活状况的组织成员对于组织的要求不同,对于如何完成组织工作的理解也不尽相同。因此,在成员个体差异极大的组织中沟通工作就变得尤其重要,这不仅需要对每个成员的具体情况进行认真分析,兼顾个体利益的诉求,还需要从整体利益出发,激发全体成员的工作激情,将成员之间的冲突维持在一定水平。

(四) 冲突对组织的积极影响

冲突在组织中不可避免,有调查表明,管理者大约耗费 25% 的时间在解决冲突上[1]。冲突的相互作用观认为,冲突不仅可以成为群体中的一种积极力量,而且有些冲突对群体和组织有效开展工作是必要的。因此,正确认识冲突的性质和影响,有助于管理者采取针对性的措施解决冲突。冲突对组织的积极影响体现在以下几个方面。

1. 增强组织的创造力

当员工处于激励竞争环境时,可能会更加具有创新精神;在群体间的冲突中,观点的激烈交锋能促进对某一问题的认识,思想碰撞能激发新的思想。通过鼓励员工从错误中分享和学习经验,组织可以收获自由创造性思维以及空前的学习氛围所带来的益处。

---

[1] 罗宾斯,库尔特.管理学:第13版[M].刘刚,程熙镕,梁晗,等,译.北京:中国人民大学出版社,2017:354.

2. 有助于员工个人的发展[①]

当员工希望在冲突中取胜时,可能会因此受到激励,并取得令自己都颇感意外的绩效。当个人偏见和误会不再是障碍,并且员工能从容不迫地处理偏见和误会时,员工能不断学习到新的东西并得到他人的支持,团队成员之间会更加团结。

3. 获得更多有价值的诊断信息

冲突可以给领导者提供有价值的信息,有助于领导者发现组织潜在的或实际存在的问题,并且运用恰当的手段管理或解决不利于组织健康发展的分歧。群体或部门间的冲突能暴露组织中不合理的现象和制度,促进组织不断变革与创新;冲突也可以促使组织不合理的目标和计划得到修正,促进组织的发展。

4. 增强群体凝聚力

群体内的冲突和群体间的冲突对群体的影响路径是有差别的。群体内的矛盾公开化未必是坏事,群体成员可以开诚布公地表达自己的想法,消除内部分歧和隐患,增进群体成员的相互了解,改善群体内的人际关系,从而增强群体凝聚力。群体间的冲突使群体充分发挥自身的能力与其他群体竞争,能更加有成效地完成工作,提高工作效率。

二、冲突过程

(一)冲突的五个阶段

任何组织中的冲突从发生到结束通常要经历五个阶段:潜在对立或不和谐、认知与情感投入、行为意向、行为、结果,具体的过程如图14-4所示。

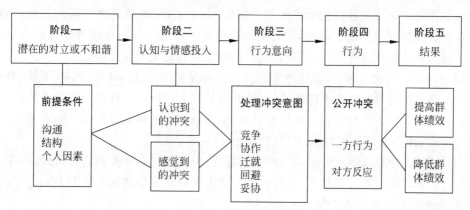

图14-4 冲突过程

1. 潜在的对立或失调

冲突过程的第一步,存在可能产生冲突的条件。这些条件并不一定会导致冲突,但它们是冲突产生的必要条件。这些条件可以概括为三类:沟通、结构和个人因素。

(1)沟通。由于选择性知觉及缺乏有关他人的必要信息等,会导致语义理解方面的

---

① 奥罗克.管理沟通——以案例分析为视角:第4版[M].康青,译.北京:中国人民大学出版社,2015:230.

困难。同时,当沟通过少和过多时,会增加冲突的潜在可能性。当沟通达到一定程度时,效果最佳,如果继续增加,则会沟通过度。另外,沟通通道、信息过滤、沟通偏差等都会增加冲突产生的潜在可能性。当然,良好的沟通会使冲突发生的可能性降到最低。

(2)结构。它对冲突产生的影响表现为组织结构沿着水平和垂直方向的分化程度越大,群体规模越大,工作分工越专业化,管理制度和范围越模糊,组织内不同群体之间目标的负相关性越大,领导风格越专制,就越容易产生冲突。

(3)个人因素。包括个人的价值系统和个性特征,涉及人格、情绪和价值观等的不同表现。

2. 认知与情感投入

在第二阶段,潜在的对立和失调会显现出来。冲突的产生必须有知觉的存在,然而,认识到冲突的存在并不意味着它人格化了。举例而言,"若 A 可能认识到 B 和 A 之间出现了意见不一致,但这并不一定会让 A 感到紧张或焦虑,也不一定会影响 A 和 B 的感情"。

如果"阶段一"中的潜在对立和不和谐因素都引起了某方的强烈关注,那么潜在的对立就会在本阶段显现出来。当潜在的对立双方都意识到了客观存在的冲突并强化个人立场时,潜在对立转化为现实,双方在分析、判断中体验到焦虑、紧张、受挫或敌对。这时,任何一方的对立情绪持续强化,都会把冲突推进到第三阶段。

3. 行为意向

第三阶段介于个体的认知、情感以及它的外显行为之间,是指以某种特定方式从事活动的决策。在此阶段,冲突主体在知觉冲突的基础上,依据自己对冲突的认识、定义和判别,酝酿和确定自己在处理冲突中的行为策略,以及各种可能的处理冲突方式。冲突主体的行为意向与实际发生冲突行为并不是一回事,由于主观、客观多种因素的影响,两者之间不存在必然的因果关系。但是,冲突主体恰当或不恰当的行为意向选择往往会导致其做出正确或不正确的冲突行为,从而造成不同性质和作用的冲突结果。

就潜在对立的双方而言,处理冲突的行为意向有五种:竞争、迁就、回避、妥协、合作。

(1)竞争。面对冲突绝不让步,以牺牲对方利益为代价寻求自我利益的满足。

(2)迁就。为顾全总体利益和抚慰对方,愿意将对方的利益放在自己的利益之上,达到减少冲突、维持和谐关系的目的。

(3)回避。冲突双方已经意识到冲突的存在,但希望逃避或抑制它,进行冷处理。

(4)妥协。冲突双方都做出一定的让步,放弃某些东西而共同分享利益,其明显特点是双方都倾向于放弃一些东西。

(5)合作。合作是指冲突双方均希望满足自身利益,并寻求相互受益的结果。在合作过程中,冲突双方积极沟通并坦诚澄清差异,认真考虑并找到有利于双方的解决问题的办法。

根据合作程度和自我肯定程度两个维度确定的处理冲突的主要行为意向如图 14-5 所示。

4. 行为

大多数人考虑冲突情境时,倾向于强调阶段四,在这一阶段冲突是显而易见的。行为阶段包括冲突双方进行的声明、活动和态度。冲突行为通常是冲突各方实施行为意向的

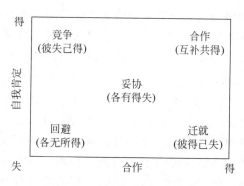

图 14-5　冲突处理的行为意向

公开尝试,但它与行为意向不同,这些行为带有刺激性。由于判断失误或在实施过程中缺乏经验,有时外在行为会偏离原本的行为意向。

阶段四可以看作是一个相互作用的动态过程,按照由轻到重的程度排列,可以分为:轻度的意见分歧或误解——公开的质问或怀疑——武断的语言攻击——威胁和最后的通牒——挑衅性的身体攻击——摧毁对方的公开努力。一般来说,接近最高程度的冲突通常是恶性的,而良性冲突一般处于这个冲突连续体的较低水平上。

5. 结果

在第五阶段,冲突主体之间的行为——反应互动导致了冲突的最后结果,进而又会间接或直接地影响冲突主体,并反馈形成新冲突的前提条件,造成新一轮冲突。最后结果表现为性质不同的两种冲突结局:一是建设性的良性冲突,促进了群体或组织绩效的提高;二是破坏性的恶性冲突,降低或破坏了群体或组织绩效的提高。从冲突双方的关系看,冲突的后果可以归结为胜—胜、负—负和胜—负三种形式。也就是说,冲突主体在冲突结果中会有不同的损益,冲突主体在一场冲突结束后,由于面临的结局不同,会出现不同的反应或后续行为,所以冲突的结果不一定意味着冲突的终结。

(二)冲突的分析模式

分析冲突形成的过程是处理冲突的基础,而冲突分析模式是分析冲突的重要工具。

1. 冲突类型的分析模式

美国行为学家庞迪(Pondy)在对冲突的原因和表现进行分析后,提出了冲突分析模式(如表 14-1 所示)。

表 14-1　庞迪的冲突分析模式

类　型	表　征	示　例
讨价还价模式	争夺稀缺资源	组织内劳资双方的集体薪酬谈判(集体或有组织的讨价还价)
官僚模式	上级对下级行使职权(纵向冲突)	经理要求秘书为办公室人员煮咖啡
系统模式	各单位或部门间谋取合作与协同(横向冲突)	营销部门作出了生产部门无法达到的产品质量承诺

(1) 讨价还价模式。该模式是指冲突主体在争夺稀缺资源时,彼此间所发生的"讨价还价类型"的冲突。若处理不当或任其发展,冲突各方可能形成不同的利益集团。

(2) 官僚模式。该模式主要指在正式组织中,按照指挥链和职权关系,上级在运用职位权力命令和控制下级的活动和行为时所发生的垂直方向的冲突。该冲突模式对于组织的统一、和谐与士气、组织的正常运转和功能机制的正常发挥,都会产生直接或间接的影响,是任何组织在组织建设与组织关系中必须重视的冲突模式。

(3) 系统模式。该模式主要指在正式组织内部行使不同职能的主体之间发生的冲突。其特征是组织内行使不同职能的主体在完成一些需要高度配合、协作的任务时,发生分歧、不一致或对抗,酿成组织内部系统性冲突,从而影响或危及组织目标的有效完成。这种冲突模式需要在组织系统的框架内予以解决。

2. 冲突的系统分析模式

杜布林运用系统的观点来观察和分析冲突,构建了由输入、干涉变量和输出三类要素组成的冲突的系统分析模式(如图14-6所示)。冲突启动于输入部分——冲突根源的种类、结构和强度等状况;再经过干涉变量——处理冲突手段的加工作用;最后产生输出——冲突的结果;冲突结果又反作用到冲突的根源——冲突的输入,从而影响新一轮的冲突。

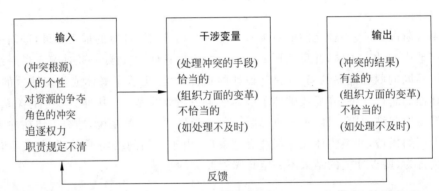

图14-6 冲突的系统分析模式

三、冲突管理

运用适当的方式和技能解决管理过程中出现的冲突,就是组织的冲突管理。冲突管理的目的在于,使组织内部或组织之间的冲突保持在基本适度和可以控制的范围之内,促使组织形成批评与自我批评、不断创新、努力进取的氛围。

一般情形下,组织的冲突管理应该包括两方面的内容。第一,管理者要对冲突带来的负面效应给予高度重视。无论是恶性冲突还是良性冲突,负面作用都是客观存在的。特别是恶性冲突,一旦发展到不可控制的地步,可能破坏整个组织的运行系统,因此必须及早采取应对措施。第二,管理者要对冲突带来的正面效应加以积极利用。管理者不仅应当激发冲突,而且要善于利用和扩大冲突对组织的正面效应。建设性的良性冲突对于实现组织目标有益,它能够暴露组织管理工作的隐患和潜在问题,使员工的不满情绪及时得到释放,从而有利于组织的长期稳定发展。

组织管理者可以按照以下方式管理冲突。

(一)确定处理冲突的基本风格

在冲突处理中,每个管理者的基本风格是确定的。虽然有时管理者会改变风格去适应情境,但基本风格决定了管理者可能采取的措施,以及经常使用的冲突处理方法。因此,不同风格的管理者在面临同样的冲突时,可能会采取完全不同的冲突管理方法,最终结果很可能大相径庭。在冲突管理中,使管理者处理冲突的基本风格与所处情境保持协调一致,是提高冲突管理效果的重要途径。管理者处理冲突的基本风格通常是由其自身性格和成长环境所造就的,具有相对的稳定性和持久性,因而明确了管理者处理冲突的基本风格,在某种程度上也就可能预见到某一具体冲突的管理结果。

(二)谨慎选择需要处理的冲突

由于管理者的时间和精力是有限的,处理冲突的基本风格又是明确的,因而在管理过程中,对于冲突管理要有所侧重、有所选择。管理者不应对所有冲突都高度重视,这样会降低冲突管理的总体绩效。对于组织的管理者而言,有些冲突可能过于简单,无须亲自处理,而另一些冲突又可能过于复杂,超过自己的能力范围。因此,选择适合管理者能力的冲突进行管理,就会增强管理者的信心和责任。优秀的管理者并不能解决所有的冲突,而是能够解决那些适合他们解决的冲突。

(三)认真评估冲突双方的具体情况

当组织的管理者选择了某一冲突情境进行处理时,投入一定的时间和精力了解冲突双方的具体情况就显得非常重要。在了解过程中,管理者需要掌握以下情况:什么人卷入了冲突?冲突双方各自的利益是什么?他们的价值观、人格特点和情感如何?他们拥有哪些经济资源和社会资源?等等。在充分掌握这些实际情况之后,管理者通过移情分析,就可以找出冲突产生的原因,从而大幅提高成功处理冲突的可能性。

(四)深入了解冲突产生的根源

冲突产生有其自身的根源,深入了解根源对于解决冲突、化解矛盾有重要作用。冲突根源发现得越及时、越准确,越有利于提高冲突管理的总体绩效。在冲突根源的寻找中,要善于透过现象看本质,通过剖开表层潜入深层,了解和掌握冲突双方的动机和行为倾向。不仅要了解公开化的、表层的冲突原因,还要深入了解深层的、没有公开的原因。组织冲突可能是多种因素相互作用的综合结果。因此,需要分析各种导致冲突的因素的力量和强度,以及影响这些因素的制约因子的力量和强度,同时还要排除一些外在干扰因素的影响。

(五)选择妥善的冲突处理办法

一般来说,管理者处理冲突的策略有五种:回避、迁就、竞争、妥协和合作。不同风格的管理者需要针对具体的冲突,选择合适的冲突处理策略。

1. 回避

回避策略是指管理者不满足冲突双方利益的冲突管理策略。管理者有时会采取回避措施,即从冲突中退出或者抑制冲突。对于一些微不足道的冲突,或者双方情绪极为激动并需要时间恢复平静的冲突,或者解决后可能招致不良后果的冲突,选择这一策略最为适当。但是,当冲突双方相互依赖性很强时,回避会影响工作,降低绩效,并且会忽略重要想法、意见和机会,招致对手的受挫、非议和影响冲突的解决,因此拟长期使用回避策略的时候,务必三思而后行。

2. 迁就

迁就是指把他人需要置于自己需要之上,从而达到维持和谐关系的目的。迁就策略又称克制策略或迎合策略,是指一种高度合作且武断程度较低,当事者主要考虑对方的利益、要求,或屈从对方的意愿,压制或牺牲自己的利益及意愿的冲突管理策略。管理者可以采取迁就措施应对一些不太重要、无关大局的冲突。使用场合为:各自利益极端相互依赖;双方力量过于悬殊;一方缺乏使用其他策略处理冲突的能力;一方对冲突结果的期望值低或低度投资,采取消极或犹豫不决的态度。迁就策略通常可以减少树敌,树立良好形象。应对一些非原则性的冲突或利益纷争较小的问题时,这一策略比较合适。

3. 竞争

竞争策略又称强制策略,是一种"我输你赢",武断而不合作的冲突管理策略。在组织冲突管理中,它主要是指管理者运用职权解决争端。当管理者需要对重大事件作出迅速处理,并且处理方式可以忽略其他人的态度时,这种方式通常会带来很好的效果。但是,这种策略会忽略其他人的态度和意见,难以使对方心悦诚服。

4. 妥协

妥协实质上是一种交易,有人称之为谈判策略。妥协策略指的是一种合作性和武断性均处于中间状态,适度地满足自身利益和对方利益,通过一系列的谈判、让步,避免陷入僵局,"讨价还价"地部分满足双方要求和利益的冲突管理策略。妥协要求冲突双方都作出一定的有价值的让步。例如,在劳资双方协商新的劳工合同时,常常采用这种方法。如果解决冲突的时间较为紧迫,需要采取灵活变通的方法时,妥协往往是最佳策略。使用这种策略时,要着重防止满足短期利益在前,牺牲长期利益在后的妥协方案的消极影响。

5. 合作

合作策略指的是在高度合作精神和武断的情况下,尽可能地满足冲突主体各方利益的冲突管理策略。在这种处理办法中,冲突各方之间公开对话,积极沟通并理解双方差异,认真考虑有利于双方的各种解决办法。管理者采取合作策略解决冲突,需要有以下情境:冲突是双方不可避免的共同问题;冲突双方相信彼此平等,应有平等待遇;双方充分沟通,信任对方,了解冲突情景;每一方都积极理解对方的需求,积极寻找"双赢"方案。当客观上不存在时间压力,冲突各方都希望实现"共赢",而且问题十分重要不可能妥协、迁就时,合作是冲突处理的最佳策略。

四、谈判

管理者要花费大量的时间解决组织内部或组织间的冲突,而谈判则是常用的方式。

谈判（Negotiation）是多方或双方就某一产生争端的问题达成共同协议的决策过程。例如，公司人力资源部通过和分公司谈判就分公司裁员事项达成一致意见；公司也会通过与供应商间的谈判商定原材料的价格和交货时间。谈判是管理者工作的重要组成部分，他们与供应商和客户进行价格谈判，与同事进行资源分配和相互合作的谈判，与上级进行稀缺资源供给的谈判，以及与下属进行任务指派的谈判。

（一）谈判策略

谈判有两种基本策略：分配谈判和综合谈判。二者的区别如表14-2所示。

表14-2　分配谈判与综合谈判

谈判特点	分配谈判	综合谈判
可能的资源	被分配的资源数量固定	被分配的资源数量不定
主要动机	我赢，你输	共赢
主要兴趣	相互对立	相互融合或相互一致
关注的焦点	短期利益	长远利益

1．分配谈判

分配谈判过程最明显的特点是，在零和条件（有赢有输）下运作。谈判一方所获得的任何收益恰恰是谈判对方所付出的代价；反之亦然。因此，分配谈判的实质是，对于一份固定利益谁应分得多少进行协商。在分配谈判中最常见的例子是劳资双方对薪酬的谈判。由于谈判双方的利益此消彼长，因而谈判双方都表现出攻击性，并把对方视为必须击败的敌手。

图14-7描述了分配谈判的讨价还价区域模型。甲、乙作为谈判双方，均有各自希望实现的目标点，也有自己的抵触点。抵触点表明最低可接受的水平，低于该点，谈判一方会中止谈判。双方抵触点之间的区域是潜在的协议区域。如果甲、乙双方的愿望有一定的重叠，就可能存在潜在的协议区域，在该区域范围之内，双方的愿望均能实现。

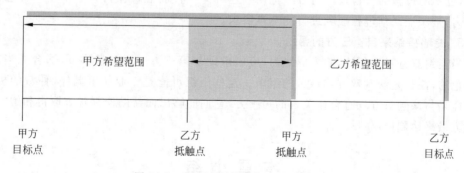

图14-7　分配谈判的讨价还价区域模型

2．综合谈判

在综合谈判中，谈判双方的利益并不完全是此消彼长，客观上存在利益共同增长的条件。因此，与分配谈判相比，综合谈判显得更为有效，而且不容易引发争端，有助于双方建立长期的合作关系。但是,现实中的谈判很少是综合谈判。综合谈判虽然推动了谈判方的合作和互利,却极有可能损害谈判方之外的其他群体。此外,综合谈判需要具备一定的前提条件,包括公开信息、坦诚相待、尊重对方需要、信任对方和灵活的谈判愿望等。

(二) 有效谈判的策略

1. 做好谈判的充分准备

一般来说,谈判者如果做好了充分准备,并设定了希望实现的目标,他们往往能够获得更好的谈判结果。因此,谈判者应该认真研究和制订他们的最初报价、目标、抵触点和让步空间。当然,谈判者也需要制订在谈判破裂时的替代策略。

2. 认真收集和研究谈判对手的情况

在谈判过程中,要尽可能多地收集对手的信息,例如,谈判对手的战略目标是什么?在行业中处于怎样的地位?经营优势与劣势是什么?在谈判中最感兴趣的问题是什么?通常采取什么样的经营战略?通常面对的顾客群体有哪些?等等。收集和研究这些信息有助于了解对手的目标和可能采取的谈判策略,预测对手在谈判中可能作出的反应,并按照对手的目标和兴趣寻找有效的谈判策略。

3. 谈判中采取主动的态度

尊重谈判对手,抱着诚意进入谈判角色,在谈判中坚持不卑不亢的态度,提出合情合理的谈判条件;使条款的提法易于为对方接受,并确保原则和立场不受损害;在条件允许的前提下,作出有战术价值的让步,尽可能寻找双方均可接受的方案。这些方法都有助于从根本上打破陷入困境的谈判格局,并帮助谈判者取得积极的、建设性的谈判效果。一般情况下,最好的策略是适度的强硬加上足够的让步,从而向对方传递解决争端的诚意和动机。

4. 谈判要专注于问题的解决

在谈判过程中,要客观地分析谈判的内容,认真辨别信息、数据的真伪,分析冲突事件的产生根源,以及可能给双方带来的利益或损失。在谈判中应始终保持清醒的头脑,要坚持对事不对人的原则,尽可能避免感情冲动和不理智行为。即使不同意谈判对手提出的条件,也不用过激的言行攻击对方。把谈判理解为一种商业合作行为而不是一种感情交流行为,是保证谈判过程顺利进行的基本要求。

5. 能够接纳来自第三方的帮助

当谈判双方互不相让,陷入僵局时,应当求助于第三方。通常情形下,适合充当第三方角色的,往往是谈判双方均认可的组织。这些组织可能是专业从事调停、仲裁的机构,也可能是与谈判双方均有合作关系的另一方,它们能够出面帮助谈判各方取得和解,并促使双方最终达到协议。

本 章 小 结

沟通和冲突管理是管理者的重要工作。沟通是组织或个人相互交换信息的过程,沟通过程的基本构成要素包括信息发送者、信息、媒介、信息接收者、噪声、信息反馈等。一个完整的沟通过程可以分为发送者对信息编码和接收者对信息解码两大主要活动内容,并且沟通需要在信息发送者和接收者之间经过多次循环的反馈过程。根据信息传递的渠道,沟通可以分为正式沟通和非正式沟通两大类,其中正式沟通分为链式沟通、Y式沟通、轮式沟通、环式沟通和全通道式沟通五类。从沟通过程看,有效沟通的障碍主要体现在信息发送方面的障碍、信息传递过程的障碍、信息接收方面的障碍和反馈过程出现的障碍。组织的领导者应该分析沟通障碍形成的原因,选择合适的沟通策略:根据沟通任务的性质选择合适的沟通类型,力求表达清楚,培养倾听技巧,鼓励非正式沟通,给予和接收信息的反馈。

冲突处理能力是管理者需要掌握的重要技能之一。冲突是指由于某种抵触情绪或对立状况而引起的对差异的心理感知。关于冲突的认识有三种不同的观点:传统观、人际关系观和相互作用观。冲突产生的原因主要有沟通差异、结构差异和个体差异;冲突过程包括潜在的对立或不和谐、认知与感情投入、行为意向、行为和结果五个阶段。冲突管理是管理者对于恶性冲突,运用适当的方式和技能予以解决:确定处理冲突的基本风格,谨慎选择需要处理的冲突,认真评估冲突双方的具体情况,深入了解冲突产生的根源,选择妥善的冲突处理方法。

谈判是管理者解决组织内部或组织间冲突的常用方式。谈判是多方或双方就某一产生争端的问题达成共同协议的决策过程。谈判分为分配谈判和综合谈判两种类型。管理者应策略性选择谈判策略:做好谈判的充分准备;认真收集和研究谈判对手的情况;谈判中采取主动的态度;谈判要专注于问题的解决;能够接纳来自第三方的帮助。

进一步阅读的材料

[1] 奥罗克. 管理沟通——以案例分析为视角:第4版[M]. 康青,译. 北京:中国人民大学出版社,2015.

[2] 钱振波. 上司与下属沟通秘籍:职场下行沟通[M]. 北京:清华大学出版社,2012.

[3] 盖尔宗. 领导艺术:化冲突为机会[M]. 范志宏,译. 北京:商务印书馆,2007.

[4] 汤普森. 商务谈判:第5版[M]. 赵欣,译. 北京:中国人民大学出版社,2013.

[5] 罗宾斯,库尔特. 管理学:第13版[M]. 刘刚,程熙镕,梁晗,等,译. 北京:中国人民大学出版社,2017.

思考题

1. 沟通是一个怎样的过程?包括哪些要素?
2. 沟通的障碍有哪些?它们分别是如何影响有效沟通的?
3. 假设你是公司的领导,你将如何与下属沟通,让下属说出真心话?
4. 冲突管理的方法有哪些?
5. 如何开展有效的谈判?
6. 假设你是一名创业者,如何与投资人进行谈判?
7. 如果你是基层员工,在电梯里碰见公司的董事长,应该如何打招呼?

第四篇案例 董明珠格力股东大会发飙，原来竟为股权激励？

1. 一次充满烟火味的股东大会

2016年10月28日，珠海格力电器股份有限公司（以下简称"格力电器"）召开临时股东大会。股东大会采取现场投票与网络投票相结合的方式，表决与收购珠海银隆新能源公司（以下简称"珠海银隆"）相关的26项议案。26项议案主要集中在以发行股份的方式收购珠海银隆和相关的配套募资方案。似乎是察觉到了当天会场的异动，也有人说是因为入场的时候没有听到掌声，一向脾气火爆的格力电器董事长兼总裁董明珠在股东大会上再次发飙，甚至炮轰了部分股东，说你们看看上市公司有几个这样给你们分红的。董明珠女士再次以她强硬的言辞出击，虽然收购议案以66.96%的赞成比获得通过，但是与配套募资相关的15项议案遭到否决。收购珠海银隆的这个决议以刚刚66.96%的及格线侥幸通过，而被否决的是涉及增发募资和员工持股的提案。

根据收购议案，格力电器拟以15.57元/股的价格发行股份，作价130亿元，收购银通投资集团等21名交易对方持有的珠海银隆100%股权；同时拟以15.57元/股的价格，向8名特定对象非公开发行股份配套募资不超过97亿元，全部用于珠海银隆项目建设，其中公司控股股东格力集团拟认购41.88亿元，员工持股计划拟认购不超过23.8亿元。格力2016年年初宣布筹划重大资产收购停牌，拟通过发行股份的方式收购珠海银隆。9月22日，收购方案获得格力电器董事会审议通过。10月24日，格力称已收到广东省国资委和珠海市国资委的批复，同意格力定增A股数量不超过14.57亿股，用于收购资产和募集配套资金合计不超过226.94亿元。

2. 家用电器的"三足鼎立"与珠海银隆

格力电器作为中国当今电器品牌的三巨头之一，市值1 300多亿元，其他两家分别是美的和海尔。受到家用电器这个大行业的下滑影响，近两年，这三家巨头纷纷吹响了转型并购战的号角。据2016年6月7日消息，海尔收购美国通用电气公司的交易完成，最终收购价55.8亿美元。这并不是海尔公司的海外第一次收购。2011年，海尔以100亿日元左右的价格，收购日本三洋在日本和东南亚地区的洗衣机、冰箱等电器业务；2012年，海尔又以7亿美元的价格，拿下新西兰家电企业斐雪派克。海尔收购通用家电，既是海尔国际化进程的里程碑事件，也是中国家电进军国际发展史上的重大事件。美的集团2016年6月对外宣布与意大利著名中央空调企业Clivet正式签署协议，美的收购Clivet 80%的股权。这是美的2016年以来，继发起对日本东芝白电业务和德国库卡收购之后，发起的第三次国际收购。

2015年，格力电器营业收入和净利润指标双双下滑。尽管董明珠将下滑的主要原因归结于企业的主动调整，但是，如果还纯粹依靠空调主业一条腿走路，显然已经不够。格力的多元化被董明珠定位为"相关多元化"，即在"技术相关多元化"（如空调技术、模具技术、装备制造技术、新能源技术)的基础上,形成的"业态相关多元化"(如智能家居、工业制品、智能装备)。曾经位居老大的格力电器的转型多元化之路显然走得并不顺利,转型做了手机,放话说要销售1亿台,如今的结果并不乐观。现在出价130亿元收购珠海银隆,很明显是格力从家电行业跨界进入新能源汽车领域的第一步,号称是帮助格力开拓了下一个千亿级的市场,但是事实究竟如何呢?

这次格力的收购提案,最为广大股东诟病的,就是珠海银隆的130亿元估值。在珠海银隆上一次的增发中,它的估值仅仅是五六十亿元。收购提案中对于珠海银隆的估值采用的是"收益法",报告中列出了计算公式,但是没有原始数字和中间计算过程,直接写出一个最终计算结果130亿元。为什么珠海银隆连往年的数据都拿不出手呢?原来,珠海银隆历史太短,前几年基本不盈利,2014年还巨亏2.6亿元。为什么2015年它突然开始赚钱4亿元了呢?原来是拿到国家补贴了。2014年年底,珠海银隆几乎资不抵债,目前账上的38亿元净资产中,一大部分是在格力停牌前后才突击增资而来的。珠海银隆在2010年收购美国奥钛之后,在美国居然还有过财务造假而被退市的"光荣历史",而且这130亿元的作价,还不是用真金白银去买的,而是以15元的价格向珠海银隆增发股票,而格力停牌前的股价已经22元了。

3. 董女士的如意算盘与中小股东的强烈反对

既然剥开珠海银隆的外壳,发现这项收购不仅不划算,简直是被忽悠了,那么,提出这项收购最大的战略目的,只能是防范野蛮人无疑了。2015—2016年的宝能万科大战,还恍如昨日发生的事一样历历在目。在2015年的第四季度,宝能系的前海人寿同样悄悄位列在格力电器的前十大股东名单中。对于同样股权结构极其分散的格力来说,宝万之争和宝能的出击无疑是敲响了野蛮人入侵的警钟。

同样是千亿市值的上市公司,同样的股权分散,董明珠女士岂能容他人觊觎。在本次定增的提案中,明明账上躺了千亿现金,格力仍将以增发股票的形式收购银隆。同时向8名特定对象非公开发行股份配套募资不超过97亿元,其中公司控股股东格力集团拟认购41亿元,员工持股计划拟认购不超过23亿元,是第二大认购主力。如果这次定增收购成功,董明珠的持股比例将从目前的0.74%上升到1.3%,从第十股东升为第四,成为格力最大的自然人股东,而董明珠个人的话语权和影响力将随之达到巅峰。

中小股东投反对票在意料之中,因为一个月前小股东就在酝酿股东大会时联手否决格力相关议案。小股东投反对票,是因为他们认为董明珠主导的收购增发方案伤害了他们的利益,同时希望借此表达对董明珠主导下的格力发展战略的不满。对于本次部分方案被否,多位股民表示,由于格力采取发行股份而非现金购买资产的交易方式,导致其所持股份被摊薄。根据现有方案,格力电器以15.57元/股的价格,向珠海银隆股东发行8.35亿股份收购珠海银隆,这意味着稀释了格力当前60亿总股本的13.9%;格力电器向格力集团、员工持股计划等方面定增6.4亿股,稀释了总股本的10.6%。在此情况下,中小股东所持股份相应被摊薄。

格力要转型进军新能源汽车,董小姐要防野蛮人增加自己的控制权,恰好碰上了个2015年拿到补助报表一下子好看了的珠海银隆,于是就有了这么一个提案。但是这一次,中小股东们不再甘心在台下做旁观者,而是果断积极地参与了股东大会的投票,毅然决然地否决了天价收购方案。11月16日,格力电器突然公告宣布,公司于2016年11月16日收到珠海银隆发出的书面告知函,被告知调整后的交易方案未能获得珠海银隆股东会的审议通过,珠海银隆基于表决结果决定终止本次交易。

董明珠女士从最初的以员工身份仅持有格力500股(当初1996年格力上市之时),到如今增持至4 429.35万股。2006年格力电器实施股权分置改革,控股股东格力集团作出承诺:股改从格力集团所持股份中划出2 639万股的股份,作为格力电器管理层股权激励计划的股票来源,包括朱江洪、董明珠等格力电器高管及中层管理人员成为股权激励对象。通过股权激励,董明珠于2006年、2007年和2009年分别获得150万股、250万股和226万股股权激励,认购价格分别为5.07元、3.87元和4.49元,共耗资2 743.64万元。显而易见,股权激励对优化一个公司的股权结构、增强企业对公司的控制权发挥着极大的作用。

4. 个人资产入股银隆,董明珠造车梦想不灭

几经波折,格力电器董事长董明珠以个人入股的方式宣布进军新能源汽车领域。2016年12月15日,在中国制造高峰论坛上,中集集团下属企业、大连万达集团、北京燕赵汇金国际投资公司、江苏京东邦能投资管理有限公司和董明珠个人5家企业和个人与珠海银隆新能源有限公司签署增资协议,共计增资30亿元,获得珠海银隆22.388%的股权。

据悉,中集集团下属企业此次增资金额为2亿元,占比约为1.5%,双方约定将展开多方面业务合作。中集集团副总裁李胤辉表示,中集集团在重型卡车、冷藏车、空港设备等多方面对新能源有着巨大的需求,中集集团看好珠海银隆在钛酸锂电池和新能源汽车、储能方面的研发及生产能力,双方未来合作空间巨大。对于投资珠海银隆的原因,万达集团董事长王健林则表示,一是因为万达与格力是紧密型的合作伙伴,二是基于对董明珠的信任,"投资银隆是万达近30年来第一单投资制造业。从项目的投资前景来看,我自己判断它是有前途的"。

此次入股珠海银隆,董明珠以个人身份进行投资引起了外界关注。董明珠表示,决定投资珠海银隆不是因为盈利、谋利,是希望支持这个产业快速地发展,"相信如果全中国都用了新能源的银隆电池,雾霾天气会少掉一半"。

5. 拒绝质疑与员工眼里的"神"

尽管董明珠自称绝不会犯错,但权力高度集中、最容易犯错的恰恰是她自己。外界担心没有了朱江洪的缓冲,董明珠的强硬性格难免会与珠海国资委产生矛盾,何况股东大会刚刚否决了国资委指派的官员。强悍的董明珠,也注意到了这其中隐含的敏感。她说:"不要把我锁定在代表国有资产的对立面,实际我也是国资委派来的。"随即又强悍起来,说:"我的风格还是照旧,国资委考虑的不是我态度好不好,是不是经常来请他们吃饭,而是看我经营得好不好。"

董明珠擅长市场与营销,也有人质疑她上任后,格力会放弃对技术创新和工业精神的追求,但事实上并非如此。正如格力主管技术的高管所说的那样:"朱总的要求已经很高了,现在董总的要求近乎苛刻。"

很多时候,对格力几万名员工而言,董明珠是神一样的人物:他们人手一本董明珠的自传,看得热泪盈眶,唱着歌颂董明珠的歌曲,并以能和董明珠在电梯里讲上几句话为荣。大家都敬畏她,她知道。"但我们还是那么崇拜她。"一位员工说,"她在电梯里和我说一句话,我要兴奋一个月!"在格力,董明珠的无私和公正赢得了持久的权威和拥戴。在她的下属当中,她拥有一种无与伦比的力量,这是群众对于领袖天然的膜拜。他们敬畏她,他们追随她。

她就像乔布斯一样拥有现实扭曲力场,更重要的是,董明珠没有道德瑕疵,活得像格力的制度一样天衣无缝。她把自己毫无保留地给了格力,并理所当然地认为,别的员工也应如此。

(案例来源:根据网络公开资料整理而成。本案例仅供课堂讨论之用,并无暗示或说明某种管理行为是否有效。)

案例分析问题:
1. 董明珠是什么类型的领导?请说明判断的具体依据。
2. 上市公司股权激励应该如何实施?在实施过程中应该注意哪些问题?
3. 结合股东大会投票结果说明企业应该如何与中小股东进行有效沟通。
4. 多元化战略对格力电器是否有利?有效实施多元化战略,企业应该注意哪些问题?请举出国内成功实施多元化战略的企业,并说明具体情况。
5. 分析格力电器收购珠海银隆的动机。

建议课堂使用计划:
本案例可用于专门的案例讨论课。以下是按照时间进度提供的课堂计划建议,供参考。

整个案例课的课堂时间控制在80~90分钟。
1. 课前计划:提出启发性的思考题,请学生在课前一周时间内阅读和初步思考。
2. 课中计划:简要的课堂前言,明确主题(2~5分钟);分组讨论(25~30分钟),告知发言要求;小组发言(每组5分钟,控制在30分钟);引导全班进行进一步讨论(15分钟);教师进行归纳总结(5分钟)。
3. 课后计划:如果有必要,请学生采用报告形式给出更加具体的解决方案,包括具体的职责分工,为后续章节内容做好铺垫。

第五篇 控 制

第十五章 控制与控制过程
第十六章 控制方法

第十五章 控制与控制过程

学习目标

(1) 理解控制的内涵及重要性。
(2) 了解控制的原则和分类。
(3) 掌握控制的过程。
(4) 了解控制的角色。

> **身边的管理：**
>
> 范海伦(Van Halen)乐队的摇滚明星大卫·李·罗斯(David Lee Roth)会在他巡回演唱的合同中专门设置一项条款(第126条)，内容大致是：当他在后台休息时，签约方要为他提供一杯"M&Ms"牌牛奶巧克力，而不能是棕色的牛奶巧克力。对于这样的合同条款，许多工作人员都认为这是"大腕儿"摇滚明星典型的挑剔行为。然而，这实际上是罗斯的精心设计，这项条款可以用来判断签约方在演唱会场的布置方面是否做到了精益求精。罗斯的逻辑是：自己的演出需要极为复杂的技术支持，如果签约方连提供"M&Ms"牌牛奶巧克力这种小事都做不好的话，他就有必要对整个演出流程进行仔细检查，以确保演出期间不会出现任何技术差错。罗斯的做法很好地说明了控制要做的事。
>
> 资料来源：ROBBINS S P, COULTER M. Management [M]. 11th ed. Eaglewood Cliffs, NJ: Pearson Education, 2012: 486-487.

管理者既需要为企业制定目标，更需要借助控制手段保证目标的实现。为了实现预定的目标，管理者需要制订计划来领导员工开展一系列的经营活动，但是由于种种原因计划所要求的经营活动并不能都如愿以偿地顺利推进。因此，管理者往往需要借助控制手段来保证计划的执行，进而实现预定的目标。本章主要阐述控制的内涵及其重要性，介绍控制的原则和不同分类，剖析控制的过程，阐述控制的角色。

第一节 控制及其分类

一、控制的含义

要弄清控制的本质，需要从两个角度出发，一个是从组织的角度，另一个是从技术的角度。从组织的角度来看,控制发生在企业当中,其目的在于指出工作中的缺点和错误,以便加以纠正并避免重犯。从技术的角度来看,控制发生在控制系统当中,其目的在于"改善"系统的状态。虽然这两个角度的受控客体都既有"人"又有"物",而且内涵也彼此交叉,无法进行严格区分,但从两个角度对控制进行界定,有助于人们加深对控制的认识,特别是有助于加深对管理控制与运营控制的认识。相比较而言,对组织角度控制的界定更有助于人们理解管理控制,而对技术角度控制的界定更有助于人们认识运营控制。

(一)组织的角度

控制是指各级管理者和员工为了实现与企业战略有关的目标,根据计划事先确定的控制标准,对活动的实际绩效进行衡量和评价,找出实际绩效与控制标准的偏差,并及时纠正偏差或者调整控制标准的一系列活动。基于此,管理的控制职能既可以被理解为一系列检查和纠正偏差的活动,又可以被理解为一系列检查和调整控制标准的活动。

从组织的角度来看,控制是企业管理不可或缺的重要职能。根据法约尔的描述,"在一个企业里,控制就是要证实一下是否各项工作都与已定计划相符合,是否与下达的指示及已定原则相符合"①。控制的目的在于指出工作中的缺点和错误,以便加以纠正并避免重犯。与计划、组织、领导等职能一样,控制最根本的驱动源是企业战略,企业进行控制就是为了实现与企业战略有关的目标。此外,控制职能还要受到外部环境的影响。

控制与企业战略和外部环境息息相关,控制将企业战略、计划、外部环境紧密地结合在一起,除了以企业战略作为最根本的驱动之外,还要受到外部环境的影响。图15-1描述了控制与企业战略、外部环境之间的关系(虚线框内为控制的作用领域)。企业战略和外部环境除了可以直接影响控制标准的确定,还可以通过计划间接影响控制标准的确定。在控制的作用领域内,通过对实际绩效与控制标准的比较,可以找出偏差。如果偏差未超阈值,则可以维持现状继续行动;如果偏差超出阈值,要么通过改变活动的实际绩效纠正偏差,要么通过调整控制标准校正偏差。

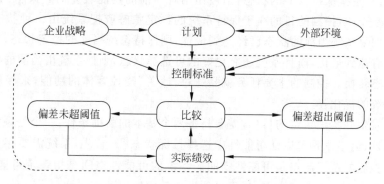

图 15-1　控制与企业战略、外部环境之间的关系

---

①　法约尔. 工业管理与一般管理[M]. 周安华,林宗锦,展学仲,等,译.北京:中国社会科学出版社,1982:119.

(二) 技术的角度

控制是指施控主体(作用者)对受控客体(被作用者)的一种能动性作用,这种作用能够使受控客体按照施控主体的预定目标动作,并最终实现这一预定目标。作为一种作用,控制至少需要有施控主体、受控客体和传递载体三个要素,传递载体能够将作用由施控主体传递到受控客体。控制要发生并实现预定的目标,就需要有相应的条件。即使系统有向目标状态转化的可能,但如果缺乏必要的条件,那么也就无法把可能变为现实。

控制的发生离不开控制系统。系统是由一些相互制约、相互作用的要素构成的,并具有一定结构和功能的整体。控制系统是指由施控主体、受控客体和传递载体构成的系统。因此,控制系统可以被理解为"主体—客体"系统。由施控主体、受控客体和传递载体构成的这一整体,对于某种环境而言,具有特定的功能。图 15-2 描述了控制系统及其构成(带箭头的实线代表传递载体),不仅施控主体可以作用于受控客体,而且受控客体还可以反作用于施控主体,前种作用是控制作用,后种作用如果存在则是反馈作用。

图 15-2 控制系统及其构成①

从技术的角度来看,控制是任务导向型的,强调参照事先确定的准则执行各项任务。列尔涅尔(Alexander Yakovlevich Lerner)将控制描述为为了"改善"被作用者的功能,需要获得并使用信息传递载体,并以这种信息传递载体为基础而选出的、施加于被作用者的作用②。与事先确定的准则相比较,这里的"改善"具有两层含义:当被作用者当前的功能较好时,"改善"是指保持当前的状态;当被作用者当前的功能较差时,"改善"是指调整当前的状态。基于此,控制的目的在于保持系统的稳定状态或把系统由一种状态向另一种状态转换。如果系统当前的状态已经达到最优,则保持系统当前的稳定状态;如果系统当前的状态没有达到最优,而且系统还有更好的可选择状态,则把系统由当前的状态向更好的可选择状态转换。控制的主要任务就是通过"改善"受控客体的功能,来保持系统的稳定或实现系统的优化。

控制要发生并实现预定的目标,需要具备两个基本的前提条件:一个是系统存在多种发展的可能性;另一个是可以从可能性中选择目标状态③。首先,系统需要存在多种发展的可能性。控制的逻辑起点是可能性空间。系统的可能性空间是指系统可能性的集合。可能性空间具有十分重要的意义,如果可能性空间中发展的可能性只有一种,那么控制将失去意义,也就无所谓控制了。其次,可以从可能性中选择目标状态。控制的发生除了与可能性空间有关之外,还与选择有关。控制是施控主体对受控客体的一种能动性作用,其

---

① 田雨. 控制论、信息论、系统科学与哲学:第 2 版[M]. 北京:中国人民大学出版社,1988:47.
② 列尔涅尔. 控制论基础[M]. 刘定一,译. 北京:科学出版社,1980:85.
③ 杜栋. 管理控制论[M]. 徐州:中国矿业大学出版社,2000:23-25.

目的在于"改善"受控客体的功能,而这种作用是在给定的可能性空间中对可行性作出的一种选择。因此,如果不能对可能性空间中的可能性进行选择,那么同样也就没有控制了。

(三) 两个角度的比较①

1. 相似之处

首先,两个角度的控制都强调反馈的作用。在组织视角下,控制作为计划→组织→领导→控制整个作用链条的最后一个环节,发挥着至关重要的反馈作用。控制通过监测企业的各项工作是否按预定计划进行,来检验计划的正确性与合理性,并通过指导行动来调整纠正偏差。在技术视角下,施控主体借助控制作用来影响受控客体,受控客体借助反馈作用来影响施控主体,控制的目的在于保持系统的稳定状态或把系统由一种状态向另一种状态转换。

其次,两个角度都包含三个基本环节。不论是组织视角下的控制,还是技术视角下的控制,都同样包含三个基本环节:确定控制标准、实际绩效与控制标准的比较和纠正偏差。为了实施控制,不论是在组织角度下,还是在技术角度下,都需要事先确定控制标准,然后将实际绩效与控制标准进行比较,并评估偏差采取措施。如果偏差未超出阈值,则维持现状继续行动;如果偏差超出阈值,则需要采取必要的纠正措施,以便使偏差保持在阈值允许的范围内。

2. 差异性

首先,目标的来源有所不同。在组织视角下,与企业战略有关的目标引导着企业的计划、组织、领导和控制活动。为了实现目标,企业需要依据目标进行计划,然后按照计划开展各项经营活动,控制就是要使企业的各项经营活动按照计划有序推进,同时有所创新。在技术视角下,施控主体决定目标的设定,控制的目的是使系统产生的偏差不超出允许的范围,从而保证系统活动维持在某个平衡点上,或者把系统由一种状态向另一种状态转换。

其次,运行机制有所不同。在组织视角下,控制更凸显"人"的能动作用,要实施控制,除了需要管理人员制订计划,还需要支撑人员处理和反馈实际活动的信息,更需要企业全体人员围绕目标来纠正偏差。在技术视角下,控制更凸显"物"的作用,控制系统中反馈的信息相对"简单",依据信息作出的偏差纠正也可以更加自动化,甚至不需要有人的参与。

二、控制的重要性

(一) 控制活动的必要性②

1. 外部环境的变化

企业处在一个动态变化的环境当中,供需关系时时刻刻都有发生变化的可能。如果市场的供需状况发生了变化,那么企业的生产和销售都需要作出相应的调整。此外,在外

---

① 赵丽芬. 管理理论与实务:第 2 版[M]. 北京:清华大学出版社,2010:261-262.
② 周三多,陈传明,鲁明泓. 管理学——原理与方法:第 5 版[M]. 上海:复旦大学出版社,2011:487-488.

部环境动态变化的条件下,企业不可能每年都以同样的费用取得同样质量和数量的资源,更不可能以同样的价格向同样的客户销售同样种类和数量的产品。因此,所有企业的管理者必须按照预定的控制标准,对企业各项生产、经营活动进行控制,并及时作出调整,以保证目标的实现。

2. 管理权力的分散

随着企业规模的不断扩大,企业管理者的工作会不断增加。但是,每一位管理者的时间和精力都有限,任何一个管理者都不可能掌管企业的所有事项。为了应对这一矛盾,企业内部会逐渐出现分权。管理权力从企业最高管理者开始,被制度化或非制度化地分散到各个管理部门和不同层级,同时各个管理部门和不同层级的管理者对所管辖的管理事项负责。在分权的情况下,如果没有控制,各个管理者将无法确定下属的工作是否与计划相符,更无法发现错误和偏差并进行及时纠正。为了确保各个下属所负责的事项符合计划和目标的要求,企业的管理者必须按照预定的控制标准进行控制。

3. 实际活动的偏离

为了实现预定的目标,企业管理者需要制订详细的经营计划,调整和优化组织结构,领导和激励员工并指导员工开展经营活动。即便如此,也并不能保证每项工作都能够按照计划进行。不管计划制订得多么周密,组织结构设置得多么合理,领导和激励工作做得多么到位,在实际的经营活动中总是会出现各种各样的情况,导致经营活动的实际绩效与所设定的控制标准出现不一致,比如,在不同时空开展工作的企业成员在认识上的差异,可能会导致对计划要求的理解出现偏差。再比如,企业成员工作能力的差异,可能会导致实际的工作绩效在质和量上与计划发生偏离。但是,借助控制,管理者可以采取纠正偏差和调整标准的活动,从而保证每项工作都朝着目标实现的方向进行。

(二) 控制的意义[①]

1. 确保员工正确工作

在缺乏控制活动的企业,员工可能会迷失前进的方向,他们所做的工作也可能会陷入盲目和错误。管理者通过有效的控制活动可以获取员工的绩效信息,并及时向员工作出反馈,从而消除可能产生错误的隐患,以保障授权给员工的事项朝着实现目标的方向进行。通过开展控制活动,管理者可以帮助员工取得快速的进步。例如,在员工开展实际经营活动的过程中,如果管理者及时地给员工"行动正确"或者"行动错误"的信息反馈,久而久之,员工就会形成良好的习惯和行为方式,明白下一步应该如何去做。

2. 保证生产与产出的效果

在生产经营活动中,有效的控制可以保证企业的物料资源不被随意地浪费,生产资金能够按照预定的要求使用。有效的控制还可以保证各个部门和相关人员各尽其责、各取所需,从而促使工作效率不断提升。例如,时间控制和质量控制能够很好地保证产品符合顾客的要求,流程控制能够保证生产作业工作高效有序地进行。与此同时,控制还

---

① 罗宾斯,库尔特. 管理学:第11版[M]. 李原,孙健敏,黄小勇,译. 北京:中国人民大学出版社,2014:481-482.

可以在保证企业的产品和服务能够按时交付的条件下,使企业的资源能够被更好地利用,人员能够被更科学地安排,产品和服务能够被更优质地提供,有关的生产成本被不断地降低。

3. 应对突发及重大事件

在当今的经营环境中,突发及重大事件会给企业的生存带来重大的威胁。当诸如自然灾害、财务丑闻、工作场所暴力、供应链中断、违反安全条例等威胁企业生存及其资产安全的事件出现时,管理者可以借助全面的控制措施和应急计划,来降低这类事件对企业造成的不良影响和破坏。例如,航空公司一般都会借助事前的预警机制、事中的行动准则和事后的修正方案,来应对突发事件,并降低突发事件的不良影响。

三、控制的原则

在实施控制的过程中,需要坚持效率性、经济性、客观性和灵活性等原则[①]。

1. 效率性

追求控制效率是控制活动的核心,其目的是保证控制活动能够取得良好的效果。高效率的控制系统,能够迅速、准确和及时地采取纠偏措施。控制不及时很可能会使事态进一步恶化,进而带来预想不到的后果。有的控制活动虽然能短期见效,但只能缓解一时,不能从根本上解决问题;有的控制活动虽然有助于从根本上解决问题,却需要经过较长的时期。因此,为了使控制有更高的效率和更好的效果,往往需要对多种方案、多种手段和多种途径进行比较,并在权衡利弊之后有选择地加以使用。

2. 经济性

控制的经济性有两层含义。一是要实行有选择的控制。企业的管理者要精心地选择受控客体,受控客体太多会消耗企业过多的成本,而且容易降低控制的效果。但是,受控客体也不能太少,如果受控客体太少,企业的经营活动就得不到很好的监控,就很容易出现错误。二是要努力降低控制的各种耗费,以最少的成本发现和纠正偏差。控制是一项需要投入大量人力、物力和财力的活动,是否进行控制、控制到什么程度,都涉及控制的成本核算。因此,必须考虑控制的经济性,对控制所需要的费用与控制所产生的效果进行经济上的比较,只有当有利可图时才实施控制。

3. 客观性

客观性要求管理者对企业经营活动状况及其变化进行客观的认识和评价,即有效的控制必须是客观的、符合企业实际的。客观控制包括两个方面:一是控制过程中采用的检查、技术与手段,必须能正确客观地反映企业的经营状况;二是判断和评价实际绩效的标准必须客观恰当。

4. 灵活性

有效的控制要求管理者不仅能够按照计划,严格地对企业日常的经营活动进行有效的监测,而且能够在应对突发的、无力抗拒的变化时,充分发挥主观能动性,采取灵活的措施作出有针对性的反应。灵活性要求计划和控制标准必须是有弹性的、可调整的。

---

① 赵丽芬. 管理理论与实务:第 2 版[M]. 北京:清华大学出版社,2010:267-270.

四、控制的分类

实施有效的控制需要管理者了解控制的主要类型，并根据企业的实际情况进行适当的选择。按照不同的分类标准，控制可以有很多种分类方式。例如，按照控制的手段不同，控制可以分为直接控制和间接控制；按照控制的范围不同，控制可以分为全面控制和局部控制；按照控制的主体不同，控制可以分为内部控制和外部控制；按照控制活动的性质不同，控制可以分为预防性控制和更正性控制。虽然按照不同的分类标准可以将控制分成不同的类型，但是这些分类方式之间并不是彼此孤立的，也就是说某项控制活动可能同时隶属不同分类标准下的不同控制类型。通常，控制的分类有以下几种方式。

（一）正式控制和非正式控制

按照施控主体对受控客体的控制形式进行分类，可以将控制分为正式控制和非正式控制[1]。

1. 正式控制

正式控制，又称制度化控制，是指企业利用书面的、正式的、明确的规则和条款来阐明责任和义务，并以此规范员工的行为。正式控制一般通过制订合同和颁布规章制度来实施，合同和规章制度会明确未来可能出现的变化，以及处理这些变化的原则和方法。因此，正式控制的限制常常是严格的、明确的。一般而言，规划、预算和审计部门倾向于采用正式控制的方式。

2. 非正式控制

非正式控制，又称非制度化控制，是企业的一种"自我加强型"控制。非正式控制强调企业文化、价值观和行动准则等隐性契约的作用，注重企业员工通过有意识的自我规范为实现企业的目标而努力。例如，非正式组织有自己的一套行为规则，尽管这些规则没有明文规定，但非正式组织的成员都予以认可，并遵循这些规则，实现自我规范，为非正式组织的目标而努力。

专栏：

新联合汽车制造公司的科层控制创新

新联合汽车制造公司（New United Motor Manufacturing INC，NUMMI）是美国通用汽车公司与日本丰田汽车公司的合资企业，1984年正式成立。近10年来，NUMMI成功地运用了科层制创新，创造了世界一流的生产率，极大地提升了工人的热情和成就感，并由合资前"最糟糕的工厂"变成最佳的工厂。

---

[1] POPPO L, ZENGER T. Do Formal Contracts and Relational Governance Function an Substitutes or Complements[J]. Strategic Management Journal, 2002, 23:707-725; HEIDE J B. Interorganizational Governance in Marketing Channels[J]. Journal of Marketing, 1994, 58:71-85.

(一) NUMMI 生产系统的典型特征

1. 收放自如的科层控制

NUMMI 的基本组织单元是生产小组,全厂有近 350 个小组。每个小组由 5~7 名工人及一名组长组成。这样的小型组织便于将各种权力下放到小组,并使工人明白,他们与管理者的目标是完全一致的,从而有利于消除科层制带来的基层员工的消极和不满情绪。

2. 创新标准化的制度控制

NUMMI 高度重视标准化。标准化工作减少了作业操作的波动性,减少波动性事实上可以为整体带来一系列的改进。

(二) NUMMI 生产系统成功的原因

NUMMI 生产系统如何在一个控制科层化的环境下,仍然能够使员工激发出较大的热情和成就感?成功的关键在于尊重和信任。NUMMI 保证生产率、提升质量和改善现状的能力,源于工人的内在动力,而内在动力又源于控制过程中平等相待的观念和现实。在科层制下,管理者必须尊重和信任工人,管理者要想使工人信任他们,就必须平分决策权,而不是独断专行,例如,在管理者独自作出决策后,说句"请相信我"。此外,NUMMI 还具备健全而又平等的控制机制,无论是作业小组问题,还是高层政策问题,管理者和工人的心声都能够得到表达,并达到和谐。

资料来源:程新生. 企业内部控制[M]. 北京:高等教育出版社,2008:136-138.

(二) 前馈控制、同期控制和反馈控制

按照控制点位置的不同,控制可以划分为前馈控制、同期控制和反馈控制。图 15-3 描述了三类控制之间的关系。

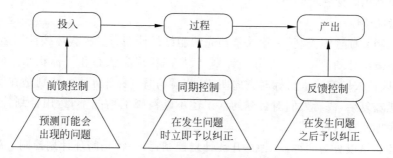

图 15-3 前馈控制、同期控制和反馈控制[1]

1. 前馈控制

前馈控制又称预先控制、事前控制,是指通过情况的观察、规律的掌握、信息的分析、趋势的预测,预计未来可能发生的问题,并在问题发生之前采取措施加以预防。前馈控制通过预测对受控客体的投入或过程进行控制,以保证获得所期望的产出,并较好地解决由

---

[1] 罗宾斯,库尔特. 管理学:第 11 版[M]. 李原,孙健敏,黄小勇,译. 北京:中国人民大学出版社,2014:488.

于时滞所带来的问题。前馈控制的关键是在问题发生之前采取行动。通过这种控制方式,管理者可以防止问题的发生,而不是等到破坏(如质量低劣的产品、客户流失、收入下降等)出现以后再去纠正。由此可见,前馈控制需要及时准确的信息,但是这些信息往往并不容易获得,所以管理者不得不进行细致的、反复的预测。

2. 同期控制

同期控制又称事中控制、即时控制、现场控制、实时控制或过程控制,是指在某项活动或工作过程中进行控制,管理者在现场对正在进行的活动给予指导与监督,以保证活动按规定的政策、程序和方法进行。在实施同期控制时,管理者越是较早地发现业务活动与计划的不一致,就越可以快速地采取纠正措施,就越能够在重大问题发生之前及时纠偏,从而将问题解决在萌芽状态,或者避免问题的不利影响在企业内扩散。

3. 反馈控制

反馈控制又称事后控制,是指在一个时期的生产经营活动结束之后,对本期的资源利用状况及其经营成果进行总结和反馈,主要包括财务分析、成本分析、质量分析和员工成绩评定等内容。反馈控制有两个好处:一是为管理者提供关于"计划执行效果如何"的重要信息,例如,如果反馈的信息显示实际绩效与评价标准之间的偏差很小,那么说明企业的计划大体上是在有效执行;二是反馈控制能够增强激励,通过将反馈的信息提供给员工,可以使员工了解自己的工作绩效,从而激励员工不断改进。当然,反馈控制也有不足之处,反馈控制并不能解决所有问题,实施反馈控制普遍面临纠正偏差的时滞。

(三)计划控制和目标控制

根据输入内容的不同,控制可以分为计划控制和目标控制两种类型[①]。计划控制的输入是预先编制好的计划,目标控制的输入是所要达到的目标。计划控制和目标控制是管理活动中常用的两种控制方式。

1. 计划控制

计划控制又称程序控制,其输入是预先编制好的计划。受控客体按计划运行,以保证系统状态不偏离计划轨道。一个好的计划,就如同在现实状态和目标状态之间搭建了一座桥梁,可以使人们在追求目标时方向明确、步骤有序、工作协调。特别是在实现目标的过程相对比较复杂,或者人们对目标的认识还不够清晰的情况下,运用计划控制,可以引导人们有序地实现目标。

计划控制可以分为两种:一种是开环计划控制;另一种是闭环计划控制。施控主体的输入转化为计划指令后作用于受控客体,受控客体的输出结果不再反馈至输入端并形成再控制的控制方式,称为开环计划控制。开环计划控制在施控主体和受控客体之间没有反馈作用,不形成闭合回路。闭环计划控制又称反馈计划控制,它与开环计划控制的根本区别在于增加了反馈作用,反馈作用把受控客体的状态或阶段性结果反馈给施控主体,进而影响施控主体计划指令的调整。图15-4就是闭环计划控制的过程。

值得注意的是,计划控制的有效性,取决于计划的可行性。再好的计划也不可能准确

---

① 杜栋. 管理控制论[M]. 徐州:中国矿业大学出版社,2000:109-113.

预料执行中所有可能发生的情况。此外,当形势发生了变化,进而需要修订目标、改变计划时,计划控制又无法避免系统运行的滞后性,即会表现出对形势变化响应的不及时。因此,计划控制一般适用于外部环境干扰作用较小或者内部比较稳定的系统。

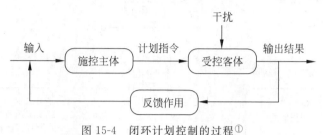

图 15-4　闭环计划控制的过程①

2. 目标控制

目标控制又称跟踪控制,施控主体的输入是受控客体所要达到的目标。目标控制运用受控客体运行时的目标状态与输入目标之间的偏差,来指导或纠正受控客体下一步的行为。目标控制的过程如图 15-5 所示。

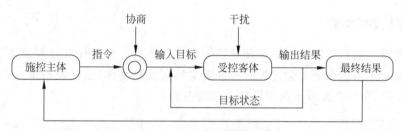

图 15-5　目标控制的过程②

在目标控制过程中,施控主体向受控客体发出指令(计划),经过双方协商后,将施控主体的指令转化为受控客体的目标,并将目标输入受控客体。随后,受控客体根据输入的目标,自行决定实现目标的行动方案,并在排除环境干扰的情况下按照行动方案运行。由于干扰的作用,运行过程中的输出结果经常会偏离输入目标,因此需要控制系统及时地将运行的目标状态进行反馈。反馈完成后,受控客体对目标状态与输入目标进行比较,根据偏差的情况自行调整行动方案,并以此来纠正未来的行为。最后,受控客体的行动方案运行完毕后,将最终结果反馈到施控主体。

第二节　控 制 过 程

控制过程主要分为以下步骤:衡量实际绩效、实际绩效与控制标准比较、纠正偏差。但在控制过程之前,需要先确定控制标准。控制过程的实施步骤如图 15-6 所示。

---

①　杜栋. 管理控制论[M]. 徐州:中国矿业大学出版社,2000:110.
②　杜栋. 管理控制论[M]. 徐州:中国矿业大学出版社,2000:111.

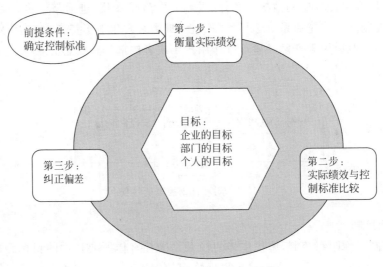

图 15-6　控制过程的实施步骤①

一、确定控制标准②

控制标准是进行控制的准绳和衡量实际绩效的依据。控制标准是控制活动的基础，也是衡量实际绩效的参照。确定控制标准需要确定受控客体，选择控制重点并确定制订标准的方法。图 15-7 显示了确定控制标准的主要内容。

图 15-7　确定控制标准的主要内容

（一）确定受控客体

确定控制标准的首要工作是确定受控客体。根据受控客体与企业目标之间的关系，可以将受控客体划分为经营成果以及影响经营成果的各种因素。首先，控制活动的初衷是有效地保证目标的实现，而经营成果是目标的直接体现，因此经营成果是首要的受控客体。一般而言，可以从盈利性、市场占有率等多个角度对经营成果进行分析，在经营成果的分析角度确定之后，还要对其做明确的、尽可能定量化的描述，以便进行研究和判断。其次，经营成果的实现需要一定的条件，包括企业内部资源的投入、组织活动的协调以及外部环境的配合，这些内外部的影响因素也属于受控客体。

---

① 罗宾斯，库尔特．管理学：第 11 版[M]．李原，孙健敏，黄小勇，译．北京：中国人民大学出版社，2014：482．
② 周三多，陈传明，鲁明泓．管理学——原理与方法：第 5 版[M]．上海：复旦大学出版社，2011：501-505．

1. 内部资源

内部资源是最直接的受控客体。一方面经营成果来自对资源的加工转换，如果没有或缺乏资源的投入，企业经营将无从谈起；另一方面，企业的经营成果在一定程度上表现为投入产出比，投入资源的数量和质量会直接影响企业的经营成果。

2. 组织活动

除了内部资源之外，企业经营成果还受到组织活动的影响。输入生产经营系统中的各种资源不会自动地变成产品，产品的生产需要全体员工在不同时间和空间，运用一定的技术和设备对各种资源进行整合。资源的整合需要开展多种组织活动，而组织活动的状况会直接影响经营成果的产出，因此组织活动也是重要的受控客体。

3. 外部环境

由于企业目标和实际需求都要受到外部环境的影响，因此计划需要经常根据企业外部环境的变化作出相应的调整。如果所期望的外部环境状况没有出现，或者外部环境发生了某些无法预料或无法抗拒的变化，那么原来的计划就很可能无法继续。此时，针对不同的外部环境制订不同的控制方案就至关重要，因此外部环境也属于受控客体。

（二）选择控制重点

在少数相对简单的经营活动中，管理者可以通过亲自观察员工的工作来进行控制，但在大多数经营活动中，由于经营活动的复杂性和管理者精力的有限性，管理者不可能对所有的活动都事必躬亲地观察。因此，选择控制重点非常重要。一般而言，选择控制重点可以运用关键点法和标杆法。

1. 关键点法[①]

控制的关键点是指经营活动中的限制性因素或关键环节。关键点法就是找出普遍认可的关键点，并根据企业的实际情况有选择地进行控制。一般认为，对企业经营活动起到限制性作用的因素有以下几个。

（1）盈利能力。盈利几乎是所有企业从事经营的直接动因，也是衡量企业经营成果的综合指标。一般可以用利润率来表示盈利，利润率反映了企业在某时期内的投入应该获得的利润情况。利润率的实现情况与计划的偏离，能够反映生产成本的变动或资源利用效率的变化，进而为企业改进指明方向。

（2）市场地位。市场地位是指企业产品在市场上的影响力。一般而言，可以用市场占有率来描述市场地位。市场占有率是反映企业竞争能力的一个重要指标。市场占有率下降，说明由于价格、质量或服务等方面的原因，企业的竞争力降低了。此时，企业需要找出其中的原因并采取相应的措施。

（3）生产率。生产率可以用来衡量企业的资源利用效果。通常用单位资源所能生产的产品数量来表示生产率。在众多生产率指标中，最重要的是劳动生产率，这是因为企业其他资源是否得到了充分利用，在很大程度上取决于劳动生产率是否有所提高。

（4）员工素质。企业的长期发展在很大程度上依赖员工素质的提高。因此，有必要

---

① 周三多，陈传明，鲁明泓. 管理学——原理与方法：第5版[M]. 上海：复旦大学出版社，2011：487-488.

明确企业目前的活动以及未来的发展对员工技术和文化素质的要求,然后将员工目前的实际素质情况与要求相比较,并以此为依据来制定提高员工素质的措施。

(5) 发展潜力。为了取得良好的经营成果,企业既需要考虑当前的状况,又需要考虑未来的发展潜力。因此,统筹长期与短期的关系,有必要采取措施确保当前利益不影响未来经营的稳定性和发展潜力。

除了以上五个因素之外,技术水平、员工态度、社会形象等也是起到限制性作用的因素。技术水平越高,企业开发新产品和改良现有产品的能力就越强,要想有效地维持企业的领先地位,就必须定期评估企业的技术水平。员工态度对企业经营成果有着非常重要的影响,员工态度涉及员工对企业的忠诚度(如离职率、缺勤率等),良好的员工态度有利于企业更好更快地实现预定目标。社会形象同样会影响企业的经营成果。

2. 标杆法[①]

标杆法是指通过与竞争对手或其他企业的对比,寻找、选择和确定企业控制重点的方法。企业将自身的生产经营活动与竞争对手或其他企业进行比较分析,找出自身存在的不足之处,然后将标杆企业的水平作为自身的控制标准。有三种标杆法可以用来找出控制重点:战略对标、经营对标和管理对标。战略对标是通过与竞争对手的战略比较,找出控制重点;经营对标致力于比较相关成本和各种产品差异,并以此找出控制重点;管理对标是从支持性职能方面(如营销计划、信息系统、物流、人力资源管理等),找出控制重点。

标杆法也有一些不足之处,主要表现在可能会引起企业与标杆企业的全面趋同,从而丧失本企业的独特优势和特色。因此,企业一定要基于自身的发展战略和发展目标进行对标,并在此基础上学习标杆企业,勇于创新方法,力争在发展战略的指引下超越标杆企业。

(三) 确定制订标准的方法[②]

受控客体不同,制订控制标准的方法也会不同。企业制订标准的方法一般有以下三种。

1. 统计方法

统计方法是根据以前的历史记录,运用统计学的方法制订控制标准。例如,确定销售收入标准,就是通过收集前几个月甚至前几年的销售收入的历史资料,来制订本月的收入标准。收集相关数据,是为了能够客观有效地度量每一个受控客体。收集数据的工作可以由人来做,也可以由机器来做。数据可以由施加控制的人或者是群体来收集,也可以由被控制的人或者是群体来收集。当然,机器收集数据可能会出现失真的情况。

2. 工程方法

工程方法是以实测数据和技术参数为基础,对工作情况进行客观的定量分析。例如,确定某一生产单位的产出,就需要根据主设备的生产能力参数进行分析和计算。

[①] 孔茨,韦里克. 管理学——国际化与领导力的视角:第9版[M]. 北京:中国人民大学出版社,2014:348-349.
[②] 赵丽芬. 管理理论与实务:第2版[M]. 北京:清华大学出版社,2010:270-271.

3. 经验估计法

虽然运用统计方法和工程方法有很多优点,但是并不是所有的经营成果都能用统计数据来表示,也不是所有的经营活动都保存着统计数据。对于新的项目与经营活动,或者对于统计资料比较缺乏的经营活动,可以根据管理者的经验、判断和评估来建立控制标准。因此,经验估计法通常是前两种方法的补充。

二、衡量实际绩效

衡量实际绩效是指为了与预先确定的控制标准进行对比,对经营活动的实际绩效进行的测量与评估。管理者为了测量经营活动的实际绩效,需要完成以下几个方面的工作[①]。

首先,收集关于实际绩效的信息。例如,测量企业员工的生产效率,就需要收集与员工生产效率有关的信息,包括员工的时间投入及工作产出。其次,选择恰当的方法来衡量实际绩效。不同的绩效需要运用不同的衡量方法。例如,在衡量员工满意度时,由于员工满意度很难用具体的客观数据来直接衡量,所以运用主观的衡量方法就显得十分必要。最后,对衡量的实际绩效进行检查矫正。

一般而言,衡量实际绩效的信息来源有个人观察、统计报告、口头汇报和书面报告。不同的信息来源具有不同的优缺点,管理者需要根据衡量对象的特点选择特定的信息来源或者综合几种信息来源。表15-1列出了四种信息来源的优缺点[②]。

表 15-1 信息来源的优缺点

信息来源	优 点	缺 点
个人观察	• 获得第一手资料 • 信息没有过滤 • 对工作活动的关注度高	• 容易受个人偏见的影响 • 耗时 • 可能有莽撞之嫌
统计报告	• 易于直观化 • 有效地显示数据之间的关系	• 提供的信息有限 • 忽略主观因素
口头汇报	• 容易获得相关信息 • 可以提供言语的和非言语的反馈	• 信息被过滤 • 信息不能存档
书面报告	• 全面 • 正式 • 容易存档和查找	• 需要更多的时间来准备

衡量实际绩效的方法主要有定性衡量和定量衡量。定性衡量具有一定的主观色彩,定量衡量是将衡量的结果用数据表示出来,因此更具有客观性。虽然绝大多数的经营活动都可以用数量化的形式表示出来,但是当某些经营活动的结果难以用数字来表示时,管理者就不得不采用具有主观色彩的定性衡量方法。虽然定性衡量的方法存在一定的局限性,但是它至少能够为管理者提供一个与控制标准进行比较的绩效衡量结果。

---

① 罗宾斯,库尔特. 管理学:第11版[M]. 李原,孙健敏,黄小勇,译. 北京:中国人民大学出版社,2014:482-483.

② 罗宾斯,库尔特. 管理学:第11版[M]. 李原,孙健敏,黄小勇,译. 北京:中国人民大学出版社,2014:483.

对衡量的实际绩效进行检查矫正十分重要。实际绩效衡量的检查矫正，直接关系到实际绩效与控制标准的比较，以及后期纠正偏差的控制措施，因此要重视检查矫正工作。在对所衡量的实际绩效进行检查矫正时，要进行系统的检查，并通过调查、汇报、统计、分析等，比较全面、确切地了解实际工作的进展情况。特别是，实际绩效不应该被简单地理解为某项工作或某个项目的最终结果，有时它可能是中间过程或状态。

三、实际绩效与控制标准比较

实际绩效与控制标准的比较是将实际绩效与预先确定的控制标准进行对比，来判断实际绩效是否达到了预期的目标和要求。与控制标准相比较，经营活动的实际绩效发生某种偏差在所难免，因此，确定可接受的偏差范围至关重要。偏差范围有时也被称为阈值范围。只要这种偏差处在可接受的范围以内，实际绩效就是合理的，但是如果偏差超出了该范围，管理者就需要重视产生的偏差，并及时采取应对措施。在比较实际绩效与控制标准时需要注意以下两点[①]。

1. 对控制标准本身进行检验

对控制标准本身进行检验，就是依据受控客体的本质特征，检验控制标准的客观性和有效性。由于企业的很多经营活动难以用精确的量化方法进行衡量，以至于难以建立这些经营活动的控制标准，所以企业难免会选择一些易于操作，但并不能准确反映受控客体本质特征的控制标准。根据这些控制标准进行比较，得到的结果很可能是误导。对控制标准本身进行检验，就是要辨别、调整甚至剔除这些不能为有效控制提供帮助的信息，以及容易产生误导作用的控制标准。

2. 建立信息反馈系统

由于企业内部分权制度的存在，管理者并不一定能及时准确地掌握经营活动的实际绩效与控制标准之间的偏差。为了使反映经营活动实际绩效的信息及时地传递到管理者那里，以便使之能与控制标准相比较，并帮助管理者及时发现问题，企业需要建立有效的信息反馈系统。此外，信息反馈系统还应该能够及时地将偏差信息传递给除管理者之外的有关部门和个人，使他们能够清楚当前的工作状况，以便采取控制措施，更有效地完成工作。

专栏：

克里斯·坦纳的月销售业绩报告

克里斯·坦纳(Chris Tanner)是绿色地球园艺产品公司(一家在太平洋西北岸地区销售特色植物和种子的批发商)的一名销售经理。克里斯需要在每个月的第一个星期准备一份上月销售业绩报告，销售业绩按产品系列来划分。表15-2展示了6月份的销售目标(标准)和实际销售额。在考察了这些数字之后，克里斯是否应该选择某些产品加以关

[①] 罗宾斯，库尔特. 管理学：第11版[M]. 李原，孙健敏，黄小勇，译. 北京：中国人民大学出版社，2014：483-484.

注？销售业绩稍微高于当初制订的销售目标,是否意味着并不存在显著的偏差？实际上,这取决于克里斯对"显著"的界定,也就是说,是否处于可接受的偏差范围之外取决于如何对其进行界定。虽然总体绩效相当不错,但有些产品系列需要受到更密切的关注。例如,如果纯种种子、开花球茎和一年开花植物的销售业绩继续超过销售目标,那么克里斯可能需要从苗圃订购更多产品以满足顾客需求。因为蔬菜苗的销售业绩要比销售目标低15%,所以克里斯可能需要对蔬菜苗施以特别关注。如表中数据所示,无论实际绩效与控制标准相比是过高还是过低,所产生的这些偏差都需要引起管理者的关注。

表15-2 绿色地球园艺产品公司6月份销售业绩

产品	控制标准	实际销售额	超出(不足)
蔬菜苗	1 075	913	-162
多年生开花植物	630	634	4
一年生开花植物	800	912	112
草本植物	160	140	-20
开花球茎	170	286	116
开花灌木	225	220	-5
纯种种子	540	672	132
合计	3 600	3 777	177

资料来源:罗宾斯,库尔特. 管理学:第11版[M]. 李原,孙健敏,黄小勇,译. 北京:中国人民大学出版社,2014:483-484.

四、纠正偏差[①]

当发现实际绩效与控制标准之间出现了一定的偏差时,一般有三种处理办法:什么也不做、纠正实际绩效、修订控制标准。在进行纠偏的实施过程中,管理者首先需要分析偏差产生的原因,然后确定纠偏的措施或方案,最后选择恰当的纠偏措施。

1. 分析偏差原因

纠正偏差的前提是确定偏差的类型和大小,并找出产生偏差的原因。并非所有的偏差都会影响企业的最终成果。分析偏差产生的原因需要完成两个方面的工作。首先是判断偏差是否值得分析,判断偏差的严重程度是否大到对组织活动构成威胁;其次是探寻偏差产生的主要原因,首先要评估反映偏差的信息,并分析有关影响因素,然后透过表面现象找出造成偏差的深层原因,最后在众多的深层原因中找出最主要原因,进而为纠偏措施的制定指明方向。

2. 确定纠偏措施

确定纠偏措施就是对偏差的类型、大小进行全方位的分析,并以此来确定纠正偏差的

---

① 周三多,陈传明,鲁明泓. 管理学——原理与方法:第5版[M]. 上海:复旦大学出版社,2011:508-510.

措施或方案。

偏差有正负之分,正偏差说明实际经营活动的执行效果比控制标准要求的要高。如果这种偏差是通过工作的努力得来的,就属于正常现象;如果这种偏差是由于控制标准制定得太低造成的,就需要重新修改控制标准,使控制更加科学有效。但是,如果这种偏差过大,往往需要对控制标准的准确性和合理性进行评估,以便及时修订控制标准。

负偏差说明实际经营活动的执行效果比控制标准要低,这种情况也需要采取措施加以纠正。纠正负偏差首先需要找出偏差产生的原因,有时是计划错了,有时是计划和组织不适应,有时是人员不称职或培训不到位,有时还可能是技术条件的影响。只有在找出问题产生的根本原因后,才能有针对性地制订纠偏措施。

3. 选择纠偏措施

在找出了产生偏差的主要原因并确定了纠偏措施或方案之后,就可以在改进经营活动与调整控制标准等纠偏措施或方案之间进行选择。纠正偏差的措施或方案通常有:重新制定或修改控制标准,重新委派任务或明确职责,加强领导并增加投入,培训有关人员,修改有关奖惩制度和激励措施等。

由于控制标准是企业预先确定的,在调整或重新制订控制标准时,管理者应该慎重对待,充分考虑对原先计划实施的影响。需要注意的是,虽然发现偏差之后,就应考虑是否采取措施来纠正实际绩效与控制标准之间的差异,但这并不是说任何偏差都需要采取纠偏措施,也不是任何人都能采取纠偏措施。只有在偏差超出阈值时,才需要采取行动,同时也只有被授权的人员才能采取行动。因为产生偏差的原因是复杂的,所以纠正偏差的行动可能是各种各样的。但是,不管怎样,最终的着眼点都应该是防止今后再次发生偏差。

第三节 控制的角色

一、控制角色的定位[①]

作为一项独立的、不可或缺的职能,控制是管理活动的重要组成部分,是计划→组织→领导→控制这一管理流程中的最后一个环节。控制的重要性在于如果没有有效的控制活动,企业的管理活动就会杂乱无章,就会脱离正确的轨道,从而无法实现企业的预订目标。有了控制活动,企业就可以确保各项工作按计划进行,同时还可以检验控制标准的正确性与合理性,为下一步的调整行动或修正计划提供依据,进而确保企业目标的有效实现。

控制作为管理的基本职能之一,与计划、组织、领导等其他职能有着密不可分的联系。虽然在计划→组织→领导→控制这一管理流程中,控制职能具有一定的独立性,但并不能因此而过分地强调它的独立作用。因为控制要发挥作用,就必须将它置于整个管理流程中,并需要与其他管理职能密切配合。控制与计划、组织、领导等职能之间存在重要的关

---

① 赵丽芬. 管理理论与实务:第 2 版[M]. 北京:清华大学出版社,2010:262-265.

系。为了保证计划的有效实施,企业管理者需要借助组织和领导的职能,保证员工沿着战略指引的方向"前行"。同时,企业管理者还要借助控制的职能,对实际活动的绩效情况进行反馈,以便下一步作出调整或采取措施。具体如图 15-8 所示。

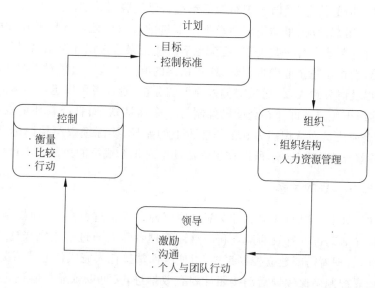

图 15-8　控制与计划、组织、领导之间的关系①

（一）控制与计划的关系

计划起着指导性作用。管理者在计划的指导下,领导各方面的工作以便实现企业预定的目标。值得注意的是,由于管理者在制订企业计划时具有较强的主观性,因此计划出现不合理甚至错误都在所难免。所以,虽然控制应该服从计划,并将计划所确定的控制标准作为依据,但是如果是计划或控制标准本身不合理,那么采取的纠偏措施就应该是调整计划或控制标准。

计划和控制都是为了实现企业目标而产生的职能,二者相互依存。计划预先指出了所期望的行为和结果,而控制则是按照计划纠正经营活动。一方面计划所需要的信息绝大多数都是通过控制取得的。管理者只有获取了关于每个部门、每条生产线以及整个企业过去和现在状况的信息,才能制订有效的计划,而这些信息中的绝大多数都是通过控制取得的。另一方面控制所依据的控制标准来源于计划。倘若没有计划来给出控制标准,管理者就不可能进行有效的控制。

（二）控制与组织的关系

随着生产力的不断发展、生产关系的日趋复杂,现代企业的规模和内部结构日益庞大和复杂,每一个企业要实现自己的目标都必须开展大量的组织活动,而每一项组织活动都

---

① 罗宾斯,库尔特.管理学:第 11 版[M].李原,孙健敏,黄小勇,译.北京:中国人民大学出版社,2014.

需要很多的协调工作。为了使各个部门的活动能够紧紧地围绕企业目标，并保证每一项具体活动的顺利进行，企业必须对各个部门及其各项经营活动进行大量的控制。控制的任务就是使个别分散的组织活动整合统一起来，完成企业短期的或长期的目标。管理者可以根据控制反馈的信息，及时发现组织活动是否已经脱离计划。

控制是改进组织活动、推动组织活动不断前进的有效保证。管理者在开展组织活动的过程中，不可避免地会有一些失误，甚至犯下一些错误。认识并纠正错误是组织活动顺利开展的前提，而控制是企业发现错误、纠正错误的有效手段。通过对组织活动情况的反馈，管理者可以及时发现失误，通过对偏差原因的分析，管理者可以迅速弄清问题，从而采取恰当的措施纠正偏差。即使在企业已经制订了全面计划，而且经营环境也相对稳定的情况下，由于企业成员在认识能力和工作能力上的差异，实际绩效与控制标准在数量、质量和时间上的差异都在所难免，所以在组织活动中对每个成员的控制必不可少。

（三）控制与领导的关系

领导是在计划和组织的基础上对支配物质资源的人员进行指挥，而控制是在此基础上对具体的领导活动进行有效的检查和调整。管理者需要通过他人完成任务，并承担最终责任。为此，管理者需要建立控制系统，以便全面掌握他人完成任务的情况和进度。管理者既可以依靠控制确保领导活动按照计划有效推进，又可以依靠控制确定领导活动是否符合预定要求，是否需要作出相应的调整和改变。离开了控制，领导就有可能流于形式，收不到实效。

二、控制发挥的条件[①]

（一）科学合理并切实可行的计划

计划是对企业未来一定时期内行动步骤的具体描述。计划是控制的依据，计划的正确性是控制活动取得成效的基本前提，没有计划的控制毫无实际意义。如果计划造成了"先天不足"，那么控制将无法充分发挥纠偏的作用。反之，控制是计划得以落实的保证，没有控制，计划就难以有效地实施。此外，控制作为计划实施的保证，贯穿计划执行的每个阶段、每个部门。值得注意的是，任何计划都是在特定时间和特定环境下制订的，即使企业的实际经营活动能够完全按计划实行，仍然需要控制来进行纠偏。再科学合理的计划也是主观的产物，再稳定的环境也不可能是一成不变的。

（二）专门的组织机构和人员

企业中如果没有专门的控制机构，而由各部门自行监督、自行管理、自行控制，那么由于各个部门的本位主义或出于对自己切身利益的考虑，就可能会出现弄虚作假等情况。也可能由于忙于贯彻指令，无暇顾及调查研究、分析评价，出现没有"做正确的事"的情况。因此，控制机构与相应的规章制度越健全，控制工作就越能取得预期的效果。

[①] 赵丽芬. 管理理论与实务：第2版[M]. 北京：清华大学出版社，2010：272-273.

控制活动是由人来执行和操纵的,控制活动的主体是各级管理者,管理者能够根据环境和条件的变化有意识地调节自己的控制活动。作为控制主体的管理者,其控制水平是控制活动发挥作用的决定性因素。此外,管理者所处的层级不同,其控制的任务也不相同。一般而言,中、低层管理者执行的主要是例行的、程序性的控制,而高层管理者执行的主要是例外的、非程序性的控制。控制是每一个管理者都必须执行的一项职责,从高层管理者到基层管理者都无一例外。控制活动的作用原理和规律不会因管理层次的不同而发生变化,不同之处仅仅表现在控制的内容、范围和重要性等方面。

(三)畅通的信息反馈渠道

在控制过程中,必须识别受控客体的特性,并识别所要获得信息的种类。正式的控制过程往往需要对以下问题进行思考:首先,受控客体的特性是什么?其次,取得每个特性信息的成本是多少?最后,每个特定行动是否都影响目标的实现?在识别出受控客体的特性之后,管理者就需要把那些能够测量的特性挑选出来加以控制,特别是那些少量但非常关键的控制重点。

控制活动中的一个重要环节,就是将计划执行情况的信息及时地反馈给管理者,以便管理者能够对实际绩效与控制标准进行比较和分析。此时,信息反馈的速度与准确性就至关重要,它不仅直接影响控制指令的正确性,而且决定着纠正偏差措施的及时性和准确性。因此,必须设计好信息反馈的渠道。设计的关键工作包括确定与控制活动有关的人员及其在信息传递过程中的任务与职责,以及规定信息传递的程序、收集方法和时间要求等。当然,除了设计合理的信息反馈渠道外,还要设法保证信息反馈渠道的畅通无阻。

本 章 小 结

控制是一项重要的管理职能,是计划→组织→领导→控制这一管理过程的最后一个环节,其根本目的是保证企业的经营活动向着有利于目标实现的方向进行。有效的控制是效率的、经济的、客观的和灵活的。根据不同的标准可以将控制分成不同的类别。控制过程包括衡量实际绩效、实际绩效与控制标准比较、纠正偏差三个阶段。

进一步阅读的材料

[1] 列尔涅尔. 控制论基础[M]. 刘定一,译. 北京:科学出版社,1980.

[2] 程新生. 内部控制理论与实务[M]. 北京:清华大学出版社,2008.

[3] 杜栋. 管理控制论[M]. 徐州:中国矿业大学出版社,2000.

[4] 孔茨,韦里克. 管理学——国际化与领导力的视角:第9版[M]. 北京:中国人民大学出版社,2014.

[5] 法约尔. 工业管理与一般管理[M]. 周安华,林宗锦,展学仲,等,译. 北京:中国社会科学出版社,1982.

[6] 罗宾斯,库尔特. 管理学:第11版[M]. 李原,孙健敏,黄小勇,译. 北京:中国人民大学出版社,2014.

[7] 周三多,陈传明,鲁明泓.管理学——原理与方法:第5版[M].上海:复旦大学出版社,2011.

思考题

1. 什么是控制?
2. 控制为什么重要?
3. 控制有哪些类型?
4. 制订控制标准应该注意哪些问题?
5. 衡量实际绩效时需要完成哪些工作?
6. 描述控制的过程。
7. 控制角色的定位是什么?

第十六章

控制方法

学习目标

(1) 理解管理控制及管理控制过程。
(2) 掌握预算的过程、分类和内容。
(3) 理解平衡计分卡的思想、指标体系和逻辑。
(4) 掌握生产作业控制的基本理论与方法。
(5) 掌握库存控制的基本理论与方法。
(6) 掌握质量控制的基本理论与方法。

> **身边的管理:**
>
> 沃尔玛是世界上最大的零售商,上一年的销售收入超过了2 880亿美元,其成功的秘诀在于实施低成本销售品牌产品的战略。公司的管理控制系统专注于商店的高效管理,从而打造了公司范围的成本优势。公司利用电子手段实时收集、分析和传输5 300多个商店的销售收入、成本、利润和损失等数据,迅速揭示一个区域、一个地区、一个商店、一个部门或者一个商品的销售情况。这些信息可以使公司降低缺货的可能性,避免滞销商品降价,从而最大化地提高存货周转率。在5 300多家商店中,"出类拔萃"商店的数据会被用来改善"问题"商店的经营。而且,公司还制定了一项政策,若一个商店的行窃行为较之行业标准下降了,则由此形成的节约,商店的员工可以分享50%,这有效地降低了行窃行为造成的损失。
>
> 资料来源:安东尼,戈文达拉扬.管理控制系统:第12版[M].刘霄仑,朱晓辉,译.北京:人民邮电出版社,2010:9.

战略事关企业全局,也事关所有成员。那么,事关企业全局的战略如何才能与企业成员紧密地联系起来?具有不同目标的企业成员如何为实现企业目标而保持一致行动?管理控制和运营控制就是衔接企业战略与员工,使企业目标和成员目标保持一致的重要工具。

管理控制是指管理者通过影响企业的其他成员来实施企业战略的活动。管理控制介于战略制定和运营控制之间,进行管理控制的主要方法包括预算和平衡计分卡;运营控制是指对具体工作任务的控制,侧重任务的执行。运营控制的主要方法包括生产作业控制、库存控制和质量控制等。本章着重介绍管理控制和运营控制的常用方法。

第一节 管理控制方法

一、管理控制概述

(一) 管理控制[①]

管理控制是指管理者通过影响企业的其他成员来实施企业战略的活动。管理控制涉及各种各样的活动,包括计划企业应该做什么、协调企业各个部门的活动、交流和评估信息、决定采取行动以及影响人们行为等。企业的高层管理者为了实现企业的目标,组织企业的其他成员开展经营活动,但是企业的其他成员也都有各自的目标,而且在大多数情况下这些成员的目标与企业的目标还不一致。因此,管理控制的中心问题就是引导企业成员,在寻求各自目标的同时,帮助企业实现目标。管理控制致力于保证"目标的一致性",即企业成员自身的目标尽可能地与企业的目标相一致。

理解管理控制,需要区分它与另外两种与之密切相关的活动,即战略制定和运营控制。战略制定关注企业目标的确定;运营控制关注规定任务的有效完成。战略制定、管理控制和运营控制之间的关系如图 16-1 所示。战略制定是确定战略、目标和政策的活动;管理控制是实施战略的活动;运营控制是根据管理控制确定的规则执行和控制各项任务的活动。

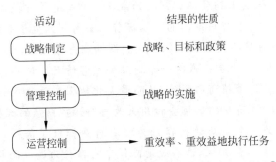

图 16-1 战略制定、管理控制和运营控制之间的关系[②]

战略制定本质上是非系统性的,管理控制和运营控制却是系统性的。在战略制定、管理控制和运营控制三者中,战略制定最不具有系统性,运营控制最具有系统性,管理控制则介于两者之间。管理控制侧重战略执行,而运营控制侧重任务执行。另外,战略制定侧重长期活动,运营控制侧重短期活动,管理控制同样是介于两者之间。战略制定需要基于对未来情况的评估,运营控制需要基于现在的准确数据,管理控制仍然是介于两者之间。

值得注意的是,管理控制未必要求所有行为都符合预定的计划,因为这些计划的制定

[①] 安东尼,戈文达拉扬.管理控制系统:第12版[M].刘霄仑,朱晓辉,译.北京:人民邮电出版社,2010:7-14.
[②] 安东尼,戈文达拉扬.管理控制系统:第12版[M].刘霄仑,朱晓辉,译.北京:人民邮电出版社,2010:8.

是基于当时的情况,如果实际执行时情况发生了变化,之前制订的计划就可能已经不再适宜。因此,如果管理者发现了更好的方法(比之前制订的计划更有可能实现企业的目标),那么就应该在管理控制实施过程中作出适宜的调整。换言之,就是"符合预算未必好,偏离预算未必差"。

(二)管理控制系统①

管理控制系统是由一系列相互制约、相互作用的程序要素构成的控制系统。企业的控制活动是通过企业的管理控制系统完成的。管理者凭借管理控制系统可以影响企业成员,以便共同实现企业目标。任何企业,如果没有一个有效的管理控制系统,其战略将无法被有效执行。管理控制系统的程序要素主要包括施控主体、受控客体、控制手段和状态信息。这些程序要素形成密切相关的控制程序,保证管理者和企业成员共同实现企业目标。管理控制系统的输入是企业目标,企业目标是进行管理控制的目的取向,也是进行管理控制的依据。管理控制系统的结构如图 16-2 所示。

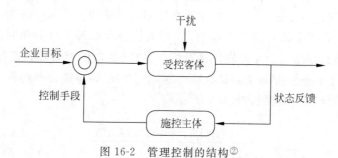

图 16-2　管理控制的结构②

例如,在制造企业中普遍存在这样一个管理控制系统,该系统由决策领导及计划编制者组成的施控主体,以及分厂或车间生产者组成的受控客体构成。计划编制者将决策领导确定的经营目标分解成指标,并将分解后的指标下达到各个生产单位,目标分解和指标下达就是施控主体作用于受控客体的控制手段。各个分厂或车间是否保质、保量、按期完成了生产任务,生产的产品在市场上的销售情况如何,顾客有何反映,情况有何变化,这些信息都需要反馈到计划部门,同计划的指标进行对比,找出偏差并加以调整或纠正,这一过程就是受控客体反作用于施控主体的反馈。另外,管理控制系统存在于环境之中,因此它还与环境相互作用、相互制约。

需要指出的是,管理控制系统既包括正式的管理控制系统,又包括非正式的管理控制系统。正式的管理控制系统是通过企业正式的结构或层次进行的,非正式的管理控制系统是通过正式的结构或层次以外的途径进行的。非正式的管理控制系统常常伴随着正式的管理控制系统出现,而且非正式的管理控制系统通常是对正式的管理控制系统的补充。由于非正式的管理控制系统中人与人之间的关系起着非常关键的作用,因此相对于正式

---

① 杜栋.管理控制论[M].徐州:中国矿业大学出版社,2000:97-101;陈良华.管理控制系统[M].北京:科学出版社,2014:16-17.

② 杜栋.管理控制论[M].徐州:中国矿业大学出版社,2000:100.

的管理控制系统而言,非正式的管理控制系统更具有灵活性。现在人们越来越认识到,除了正式的管理控制系统之外,非正式的管理控制系统也正在发挥重要作用。

(三) 管理控制过程[①]

管理控制过程是各级管理者为了确保所管理的人员实施其目标战略而采取一系列行为活动的过程。在实践中,管理控制过程不仅涉及管理者与下属之间的交互影响,还涉及管理者彼此之间的影响。一般而言,管理控制过程主要包括以下环节:战略计划、预算编制、执行、绩效评价。各个环节按顺序依次发生,前一环节的完成引起后一环节的发生。最后,绩效评价向前反馈,重新回到战略计划环节,进行新一轮的循环。

1. 战略计划

明确未来的发展方向,对一个企业的良好运作,以及在持续经营中获取竞争优势至关重要。因此,企业的管理者有必要审慎思考企业未来的发展方向,并由此制订企业的发展计划。但是,仅仅有管理者的思考和计划还远远不够,企业要想在发展方向的指引下前行,还需要对计划进行正式的表述,形成战略计划。罗伯特·安东尼认为:"战略计划是指决定组织在未来几年要从事的计划项目,以及大致分配给每个计划项目的资源数量。"[②]一个正式的战略计划可以为企业提供预算编制的框架,以便于管理控制循环的进行。需要注意的是,除了企业总部需要制订战略计划,很多时候各事业部和经营单位也需要制订战略计划。战略计划的步骤如图 16-3 所示。

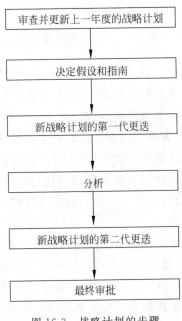

图 16-3 战略计划的步骤

[①] 安东尼,戈文达拉扬. 管理控制系统:第 12 版[M]. 刘霄仑,朱晓辉,译. 北京:人民邮电出版社,2010:18-19.
[②] 安东尼,戈文达拉扬. 管理控制系统:第 12 版[M]. 刘霄仑,朱晓辉,译. 北京:人民邮电出版社,2010:155.

专栏：

艾默生电气公司的战略计划

艾默生电气公司是美国一家主要的电气制造商。通过对历史资料的分析，艾默生电气公司的高级管理层认为艾默生电气需要实现增长并获得稳健的财务绩效。基于此，高级管理层为各事业部制订了销售增长和总资本收益率的目标。

该公司的财务年度始于 10 月 1 日，在 11 月到下一年度 9 月的每个财务年度，CEO、高级管理层和各事业部的管理层，都要召开一次对抗性的事业部计划会议，审查各事业部战略计划的执行情况。事业部计划会议要求各事业部总裁提前上交给高级管理层四张表格，CEO 和高级管理层可以通过这四张表格来检查各事业部的经营状况。这四张表格包括：价值评价表、销售收入差距表、销售收入差距折线图、损益对比表等。除了审查四张表格以外，高级管理层还要在事业部计划会议上听取各事业部管理层对客户、市场、新产品计划、竞争分析的看法，以及对成本节约、质量、生产能力等方面的总结汇报。事业部管理层能否说服 CEO 和高层管理者采取行动，直接影响他们原定战略计划的变动。

在财务年度末，事业部管理层与高级管理层召开会议，说明来年的详细预测，并对本年度的实际绩效与预测进行财务总结。随后，高级管理层在公司总部汇总各事业部提供的财务数据，并予以审查。在下一个财务年度开始之前，召开公司年度计划会议，由高级管理层和各事业部的高层领导出席。在年度计划会议上，公司的高级管理层提交公司和事业部下一年的预测，以及未来五年的战略计划。经各高层管理者和事业部高层领导者的商讨，确认下一年度的战略计划。

资料来源：安东尼，戈文达拉扬. 管理控制系统：第 12 版[M]. 刘霄仑，朱晓辉，译. 北京：人民邮电出版社，2010：181-191.

2. 预算编制[①]

战略计划制订完成后，企业的各部门需要按照战略计划编制预算。战略计划是未来几年发展计划的正式表述，具有关注长远的特性。预算一般以年或季度为单位，具有关注当前的特性。预算是企业战略计划落实的有效保障，也是企业短期计划实现的有效手段。另外，预算还是企业进行实际绩效评价的标准。编制预算的主要目的包括：

- 修订战略计划；
- 协调企业内部各部门之间的活动；
- 明确各位管理者的任务要求、支出限额和绩效标准等，保障战略计划的执行；
- 评价管理者实际绩效。

预算的具体内容将在本章预算部分详细介绍。

[①] 安东尼，戈文达拉扬. 管理控制系统：第 12 版[M]. 刘霄仑，朱晓辉，译. 北京：人民邮电出版社，2010：176-180.

3. 执行

在一个完整的管理控制系统中，当完成战略计划和编制预算之后，就需要管理者执行自身所负责的计划，记录计划的执行情况，及时将其汇总并以报告的形式反馈给高层管理者。其中，计划执行情况的记录应该既包括财务信息，又包括非财务信息。通过执行并反馈执行情况报告，管理者可以清楚地了解计划的执行情况，各部门也可以彼此协调，进而提高企业的工作效率，促进战略计划的实现。

4. 绩效评价

战略计划使企业成员对企业目标有了明确的认识，预算给出了战略计划落实的具体指标，执行除了落实战略计划之外，还记录了具体指标的完成情况。在此基础上，绩效评价的工作就是将实际绩效与先前制定的控制标准进行比较，并以此提升企业的业绩。绩效评价包括财务绩效评价和非财务绩效评价两个方面。财务绩效评价以预算为标准，考察预算的执行情况；非财务绩效评价往往与企业战略相结合，通过选取关键指标来衡量企业战略的实施情况。绩效评价的结果最终要反馈给公司的管理者，管理者根据反馈的信息调整执行行为或修订战略计划，从而进入新一轮的管理控制循环。

二、预算[①]

预算是以财务数据为主要形式，把企业任务具体化，并将资源分配给特定活动的数字化计划。预算是一种重要的管理控制手段，是在企业战略的指导下，有效实现企业短期计划和控制的重要工具。如前所述，预算是管理控制循环中非常重要的一环，一个完整的预算与战略计划和绩效评价密不可分。同时，预算扮演的角色还可以相对独立。很多情况下，可以将预算作为一种独立的控制工具来使用。当前，虽然关于预算有很多种表述，而且这些表述也有所差别，但是不论哪种表述，有关预算核心要素的表述都趋于一致。在管理控制过程部分，已经阐述了战略计划、预算、执行及绩效评价之间的关系，此处重点关注预算的过程、分类和内容。

（一）预算的过程

预算的过程与战略计划的过程始终紧密联系。从企业级战略计划到经营单位经营预算经过了两个层次的传递，然后经营单位经营预算将实际绩效的信息反馈至企业级预算。经过实际绩效评价，并将实际绩效评价的信息反馈至企业级战略计划后，预算进入新的循环。此处预算的过程，主要是基于预算在整个管理控制过程中的角色和地位，从战略落实的角度剖析预算的过程。在战略落实视角下预算的过程如图 16-4 所示。

在图 16-4 中，预算的过程始于企业级战略计划。在这一阶段，以 CEO 为核心的高层管理者制订企业的战略计划，主要工作包括制定企业重大政策，明确各经营单位的分工、使命和目标，制定公司重大财务政策等。这一阶段的工作旨在确定战略性目标。

[①] 希穆，斯格尔. 预算管理手册:第 2 版[M]. 胡学好，译. 北京:经济科学出版社，2005:23;周三多，陈传明，鲁明泓. 管理学——原理与方法:第 5 版[M]. 上海:复旦大学出版社，2011:509.

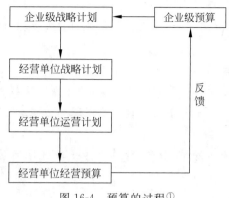

图 16-4 预算的过程①

经营单位战略计划与经营单位运营计划密不可分,它们是企业进行预算编制最直接的参照。其中,经营单位战略计划是在企业级战略计划的基础上,通过环境分析和经营预测所制订的经营目标、经营政策和经营行动的纲领性文件。经营单位运营计划根据经营单位战略计划的要求,确定具体的行动计划和时间表,并进行详细说明。经营单位运营计划既是预算编制最直接的参照,也是实现经营单位战略计划的重要保障。

在完成经营单位运营计划之后,各经营单位开始编制经营单位经营预算。在编制经营单位经营预算之后,需要重点考虑的是经营单位经营预算的反馈。反馈的信息除了经营单位经营预算的实际执行情况之外,更重要的是所产生的差异信息,即实际绩效与预算标准之间的差异。通过对这些信息的反馈,高级管理者不仅可以了解实际的收益、现金流等财务状况,而且可以了解企业级预算的进展情况,进而能够与预定的企业级预算进行比较。

最后一个环节是企业级预算反馈给企业级战略计划。通过整个循环的执行和绩效信息的反馈,企业高层管理者重新评估战略计划的可行性和恰当性,并根据反馈的绩效信息判断对战略计划进行修订的必要性,从而完成一个完整的计划——预算——计划的循环。

专栏:

预算的编制步骤

为发挥预算应有的作用,预算的编制应该遵循以下六个步骤。

1. 确立企业的发展目标

企业的发展目标应该既包括企业的总目标,又包括其下级单位的分目标。一般而言,确立企业的发展目标需要关注以下三个方面的内容:

- 确定目标的内容和顺序;
- 选择适当的实现时间;
- 目标应具有可操作性。

---

① 拉利.预算管理手册:第5版[M].王斌,等,译.北京:人民邮电出版社,2007:20-22.

2. 拟订前提条件

为了保证计划工作的协调一致，企业在制订计划前需要拟订统一的前提条件，并确保下级管理人员充分了解。

3. 确定可选择的方案

确定了前提条件后，应制订一系列备选方案，为方案决策提供比较基础。需要注意的是备选方案的数量不宜过多，而且不要忽视不太显眼的方案。

4. 评价和选择方案

根据企业的目标，运用运筹学、数学、计算机等手段选择满意的方案。满意的方案可以不唯一。

5. 拟订派生计划

为了保证所选取方案的有效实施，需要围绕执行方案可能会产生的问题制订派生计划。

6. 编制预算

根据所选的方案，把计划目标数字化，将计划目标分解成具体的预算目标，完成预算的编制。

资料来源：林秀香. 预算管理[M]. 大连：东北财经大学出版社，2013：25-26.

（二）预算的分类

根据不同的分类标准可以将预算分成多种类型。例如，按照业务量基础的不同，可以将预算分为静态预算与弹性预算；按照预算单位层次的不同，可以将预算分为总预算与分预算；按照编制出发点的不同，可以将预算分为增量预算与零基预算；按照预算内容的不同，可以将预算分为收入预算、支出预算、利润预算、现金预算、资金支出和预算资产负债预算等多种形式。不同分类标准下的预算并不是相互独立的，它们之间可能有交叉。在这里，选择具有代表性的静态预算与弹性预算、增量预算与零基预算进行介绍。

1. 静态预算与弹性预算[①]

（1）静态预算

静态预算又称固定预算，其业务量基础一般按照预算期内可能实现的水平来确定。静态预算是一种比较传统的预算方法，适用于某些业务量比较固定的部门。静态预算编制简单，使用方便。在外部环境比较稳定时，静态预算具有明显的优势。静态预算的缺点在于缺乏必要的灵活性。当实际业务水平与预算业务水平之间产生较大差异时，静态预算的缺点就会异常突出。此时，通常需要利用弹性预算来进行弥补。

（2）弹性预算

弹性预算又称动态预算，编制弹性预算需要考虑业务量变动的可能性，将总成本按照成本性态分成固定成本和可变成本两种类型。由于弹性预算考虑了业务量的变动情况，

---

① 周三多，陈传明，鲁明泓. 管理学——原理与方法：第5版[M]. 上海：复旦大学出版社，2011：510-511；林秀香. 预算管理[M]. 大连：东北财经大学出版社，2013：19-21.

因此可以被灵活地用于分析成本与利润之间的关系。弹性预算与实际业务量水平密切相关,一般适用于成本、利润等与实际业务变动息息相关的部门。虽然弹性预算具有灵活性,但编制弹性预算需要耗费较高的成本。在实践中,弹性预算通常与静态预算联合起来使用。

2. 增量预算与零基预算[1]

（1）增量预算

增量预算又称基线预算,预算的编制以基期预算水平为基准,然后再结合实际的绩效情况加以调整。这种预算形式较为便捷,而且节省编制成本,但其合理性存在问题。一方面,以基期预算水平为基准,无形中暗含了基期预算水平的合理性,忽视了非基期预算费用的必要性和支出的合理性;另一方面,出于维持原有预算水平的考虑,企业可能会开展一些不必要的活动,从而造成企业资源的浪费。

（2）零基预算

零基预算不考虑基期预算水平,完全在实际业务水平和预测的基础上进行编制。在每一个新的期间,零基预算都要重新判定各方面的费用和业务水平,而不考虑以往发生的费用和业务水平,所有的预算支出都以零为基点。因此,零基预算不受基期预算水平及合理性的影响,进而更符合企业的实际情况。但是,由于所有的费用和业务水平都需要重新评估和分配,因此零基预算的编制成本较高、耗时较长,而且对编制成员的要求也比较高。在实践中,企业并不是每年都编制零基预算,而是结合企业的经营状况,不定期地编制零基预算。

（三）预算的内容[2]

不同的企业,由于企业性质和经营管理内容的差异,具体的预算内容也会存在差异。一般而言,基础的预算内容主要包括:收入预算、支出预算、利润预算、现金预算、资金支出预算、资产负债预算。

1. 收入预算

收入预算是在企业对未来经营状况进行预测的基础上编制的预算。企业通过分析自身的经营状况、竞争对手的实力及导致市场供求和价格变化的各种因素,对未来经营收入作出预测,然后在此基础上编制收入预算。企业一般通过销售产品或服务来获得收入,因此收入预算的主体是销售收入预算。企业在编制销售收入预算时,既需要考虑销售产品的市场需求、竞争对手和企业自身发展等横向因素,又需要考虑过去的销售数据、现有的销售情况及未来的销售预期等纵向因素。只有对两方面因素综合考虑并作出科学的预测,才能编制出科学的收入预算。

---

[1] 周三多,陈传明,鲁明泓. 管理学——原理与方法:第5版[M]. 上海:复旦大学出版社,2011:510-512;林秀香. 预算管理[M]. 大连:东北财经大学出版社,2013:21-22;拉尔. 预算管理手册:第5版[M]. 王斌,等,译. 北京:人民邮电出版社,2007:523-525;希穆,斯格尔. 预算管理手册:第2版[M]. 胡学好,译. 北京:经济科学出版社,2005:322.

[2] 周三多,陈传明,鲁明泓. 管理学——原理与方法:第5版[M]. 上海:复旦大学出版社,2011:510-512;赵丽芬. 管理理论与实务:第2版[M]. 北京:清华大学出版社,2010:277-278.

2. 支出预算

支出预算，又称费用预算，是基于收入预测估计出达到目标收入所需的成本，并在此基础上编制的预算。一般而言，支出预算包括直接材料预算、直接人工预算和附加费用预算三个部分。其中，直接材料预算是基于销售产品的数量和种类，对实现销售收入所需的直接材料成本的估算；直接人工预算是对销售产品和服务所需的人工、工时等直接成本的估算；附加费用预算是企业销售产品和服务的过程中，除了上述两项成本以外，对其他所有的成本估算的总和，包括研发活动费用估算、行政管理费用估算、销售宣传费用估算、生产设备维修费用估算等。需要指出的是，在同样产出的情况下，企业成本的缩减往往意味着企业效率的提高，因此企业可以通过合理控制支出预算来提高效率。

3. 利润预算

利润预算以目标利润为主线，通过分析量本利之间的相互关系，结合收入预算和支出预算进行编制。利润预算将收入预算和支出预算合为一体，是衡量企业绩效最常用的经济指标。利润预算适用于大型的组织机构，特别是一些业务范围广泛的企业集团和跨国公司。在跨国公司的经营活动中，会有很多业务发生在公司内部的各个经营单位之间，为了体现出这些不同经营单位的工作业绩，往往需要将这些经营单位看成是利润中心，并分别编制利润预算。值得注意的是，由于利润常常与税收挂钩，所以一些企业会利用利润预算的编制越过贸易国的贸易壁垒。

4. 现金预算

现金预算是通过对现金收入和现金支出的预测，来评估企业的现金流水平，从而实现合理现金控制的预算。企业生产和销售过程中的现金流动对于企业的持续经营具有重要意义。现金预算一般由财务部门编制，而且仅包括实际现金流动的项目。例如，企业的应收账款在购方付款前不能列入现金收入；同样，企业的应付账款在向销方支付前不能列入现金支出。因此，现金预算不在于反映资产负债状况，而在于反映现金流动状况。此外，现金流量过多或过少对于企业的持续经营都是不利的。现金流量过少表明企业自身的现金周转能力较弱，此时企业应适当增加现金流量来提升抵抗现金周转风险的能力；现金流量过多表明企业的现金资源利用不够充分，应及时作出现金流量的调整。

5. 资金支出预算

资金支出预算，又称投资预算，编制资金支出预算具有扩产增收的目的，涉及经营过程中的多个阶段。资金支出预算常常被认为具有投资的性质，所以也被称为投资预算。资金支出项目一般包括用于更新改造或扩充生产设施的支出，用于增加品种、完善产品性能或改进工艺的支出，用于提高员工和管理队伍素质的支出，用于广告宣传、寻找客户的支出等。资金支出要么是为了提升企业的生产能力，要么是为了提高生产和管理人员的专业技能。总之，资金支出是为了提供更优质、利润更高的产品或服务。

6. 资产负债预算

资产负债预算是对会计年度末期的财务状况进行的估算，是在上述五个预算内容基础上的进一步估计。通过对上述几种预算的分析和逻辑推理，企业可以预估出期末的资产和负债情况。利用资产负债预算可以发现资产负债中存在的问题，从而及时采取修正措施。例如，如果通过资产负债预算发现企业的负债大于企业的资产，则说明企业的负债比率较高、财务风险较大,企业应该针对该问题作出进一步的调整。

三、平衡计分卡

利用预算可以将战略计划落实到具体的财务指标,然后通过对这些财务指标的衡量和比较,便可从财务的角度评估战略计划的落实情况,这是预算的优势所在。然而,这同时也是预算本身的问题所在。利用预算可以从财务角度审视企业的经营状况,评估战略计划的落实情况,但是战略计划不可能仅仅反映在财务指标方面,非财务指标也应该是战略计划的重要方面。平衡计分卡通过同时考虑财务指标和非财务指标弥补了预算的这一缺陷。

(一) 平衡计分卡的思想①

1. 平衡计分卡的提出

长期以来,预算在管理控制中占据着主要的地位。然而,随着时代的发展,原有的企业假设已经改变,再单纯地依靠财务指标已经难以满足企业管理控制的需要,更无法满足企业获取持续竞争优势的需要。此外,愿景和企业战略的落地,越来越需要综合考虑未来经营绩效的驱动因素。因此,越来越有必要开发一套全方位、综合性的管理控制工具来弥补预算的缺陷。1992 年哈佛大学教授卡普兰(Robert S. Kaplan)和诺朗顿研究院的执行院长诺顿(David P. Norton)提出了平衡计分卡体系,并由此构建了一套新的管理控制和绩效评价的工具。

平衡计分卡的基本思想是从财务、客户、内部运营过程、学习与成长四个维度,将企业的战略转化为具体的指标。然后,通过分解这四个维度的指标,全方位地落实战略计划,衡量企业各个层面的经营绩效。平衡计分卡的核心思想在于将企业的战略全方位地具体化和数量化,并依靠对具体指标的测量,将企业的战略与绩效评价系统有机地结合。卡普兰和诺顿认为,企业不仅要关注财务指标,而且要重视非财务指标;企业不仅要关心短期目标,而且要关心长期目标。因此,他们将企业的战略置于平衡计分卡的核心,然后将其从财务、客户、内部运营过程、学习与成长四个方面有序展开,并进一步将其细分为具有因果关系的一系列子目标,从而形成紧密联系的管理控制和绩效评价系统。平衡计分卡的核心过程如图 16-5 所示。

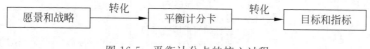

图 16-5 平衡计分卡的核心过程

2. 平衡计分卡的"平衡"

对于平衡计分卡的四个方面指标来说,财务指标是企业首要追求的方面,其他三个方面的指标都属于财务指标的动因。但是,所有这些指标都以企业战略作为目标导向。平

---

① 卡普兰,诺顿. 平衡计分卡——化战略为行动[M]. 广州:广东经济出版社,2013:1-5;卡普兰,诺顿. 平衡计分卡——战略实践[M]. 北京:中国人民大学出版社,2008:4-7.

衡计分卡最突出的特点,就是将企业的愿景和战略与企业的绩效评价系统关联起来,并将愿景和战略转变为具体的目标和指标,从而实现战略和绩效评价的有机结合。平衡计分卡综合考虑了财务指标和非财务指标,但是它并不是把二者进行简单的相加,而是在企业愿景和战略的驱动下,通过一个自上而下的流程将财务指标与非财务指标有机结合,力求实现全局平衡。具体而言,平衡计分卡的使用需要实现以下三个方面的平衡。

- 内部指标和外部指标的平衡。平衡计分卡既包括考虑股东利益和客户需求的外部指标,又包括关乎企业发展的关键业务流程、学习与成长等内部指标,平衡计分卡需要实现内部指标和外部指标的平衡。
- 财务指标和预测指标的平衡。平衡计分卡既包括反映过去经营状况的财务指标,又包括驱动未来业绩提升的预测指标,平衡计分卡需要实现财务指标和预测指标的平衡。
- 客观指标和主观指标的平衡。平衡计分卡既需要将企业的愿景和战略通过客观指标进行量化衡量,又需要将愿景和战略转化为带有判断性的主观指标,平衡计分卡需要实现客观指标和主观指标的平衡。

(二) 平衡计分卡的指标体系[①]

平衡计分卡的引入对于弥补预算的缺陷、培育企业的长期竞争优势具有重要意义。应用平衡计分卡进行管理控制时,应该始终明确其指标的依据是愿景和战略。根据愿景和战略在不同方面的需要,平衡计分卡的指标可以分为财务、客户、内部运营过程、学习与成长四个方面。平衡计分卡的指标体系如图 16-6 所示。

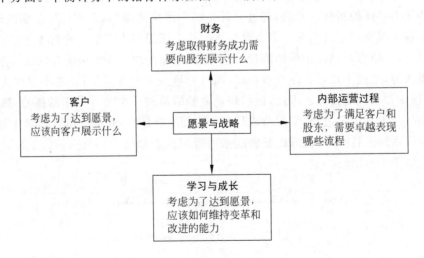

图 16-6　平衡计分卡的指标体系[②]

---

① 卡普兰,诺顿. 平衡计分卡——化战略为行动[M]. 广州:广东经济出版社,2013:19-22.
② 卡普兰,诺顿. 平衡计分卡在战略管理系统中的应用[J]. 哈佛商业评论,1996,1.

1. 财务方面的指标[①]

财务方面的指标是企业首要追求的方面,其他三个方面的指标都属于财务方面指标的动因。被选中的财务指标都是平衡计分卡因果关系链中的关键点。虽然财务方面的指标至为关键,但是只有与其他方面的指标搭配使用,财务方面的指标才能有效推进企业战略的落实。企业在应用平衡计分卡时,可以将财务方面的指标分解为收入增长、生产率提高、成本下降、资产利用和风险管理等多个主题。

2. 客户方面的指标[②]

客户方面的指标的确定需要考虑目标客户和目标市场,企业需要根据目标市场中目标客户的价值主张确定客户方面的指标。提升客户的价值可以从三个方面入手:一是产品特征,包括产品的功能、质量和价格;二是客户关系,包括购物体验和个人关系的质量;三是形象和声誉。只有明确了目标客户并清楚其价值主张,才能确定行之有效的客户方面的指标。一般而言,客户方面的指标包括市场份额、客户满意度和客户回头率等。

3. 内部运营过程方面的指标[③]

设定内部运营过程方面的指标一般发生在财务方面和客户方面的指标确定之后,这样有利于在设定内部运营过程方面的指标时,能够将重心聚焦客户和股东。此外,在设定内部运营过程方面的指标之前,还需要制定内部业务流程价值链。内部业务流程价值链包括创新流程、经营流程和售后服务流程三个阶段。内部运营过程方面的指标主要有成品率、次品率、返工率、新产品占比和开发新产品的周期等。

4. 学习和成长方面的指标[④]

财务、客户和内部运营过程的指标指出了企业取得突破性业绩的"发力点",这些"发力点"是将企业愿景和战略转化为平衡计分卡指标的关键方面。不同于上述三个方面的指标,学习和成长方面的指标更多地是为上述三个方面提供支撑基础和必要准备。没有学习和成长方面的指标的驱动,企业的财务、客户和内部运营过程方面的指标将难以实现。一般来说,学习与成长方面的具体指标包括战略工作胜任率、战略信息可用性等。

(三)平衡计分卡的逻辑[⑤]

应用平衡计分卡时需要谨记,它本质上是一个基于战略的管理控制系统。利用平衡计分卡可以避免战略计划和战略实施的脱节,从而使企业的战略能够转化为企业成员的日常行动,促进企业战略的落地。利用平衡计分卡,从企业战略到具体指标的转化过程如图 16-7 所示。

[①] 卡普兰,诺顿.平衡计分卡——化战略为行动[M].广州:广东经济出版社,2013:49.
[②] 卡普兰,诺顿.平衡计分卡——化战略为行动[M].广州:广东经济出版社,2013:67.
[③] 卡普兰,诺顿.平衡计分卡——化战略为行动[M].广州:广东经济出版社,2013:75-77.
[④] 卡普兰,诺顿.平衡计分卡——化战略为行动[M].广州:广东经济出版社,2013:99-176.
[⑤] 卡普兰,诺顿.平衡计分卡——化战略为行动[M].广州:广东经济出版社,2013:7-13.

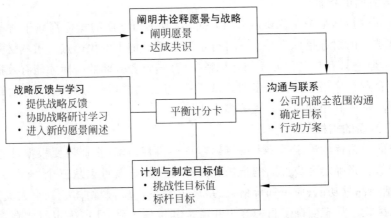

图 16-7 平衡计分卡管理流程循环图①

1. 阐明并诠释愿景与战略

平衡计分卡的逻辑起点是高层管理者制定的企业战略,企业战略是平衡计分卡指标转化的原点。战略经过转化,最终要落实到企业的每一个员工。因此,高层管理者在阐明并诠释企业的愿景和战略时,必须达成共识,并加以清晰表述。只有这样,高层管理者才能制定清晰的战略。此外,在平衡计分卡实际应用的过程中,还需要注意战略的分解与平衡。例如,在确定财务指标时,是更关注盈利能力,还是更关注现金流量;在确定客户指标时,目标市场和目标客户的定位是否统一;在确定内部运营过程指标时,是在原流程上完善关键流程,还是开发全新的内部流程;在确定学习与成长指标时,投入多少资金用于员工知识更新和信息技术更新,是既必要又高效的。

2. 沟通与联系

在完成战略制定和分解之后,高层管理者需要与经营单位进行沟通与联系。沟通与联系具有两方面的作用。第一,沟通与联系是战略计划层层传达的过程。通过沟通与联系,高层管理者可以将战略向经营单位层层传达。同时,各经营单位在收到高层管理者的传达后,可以根据自身的实际经营情况,将战略转化为运营层次的指标,并基于此制订经营单位自身的战略和行动方案。第二,沟通与联系是达成战略共识的过程。通过沟通与联系,高层管理者与经营单位之间更容易加深对战略的认识,从而达成战略共识,这有利于突破性战略方案的制订与实施。总之,通过沟通与联系,尽可能地使企业的每个员工都能清楚地知晓企业的战略,从而为企业战略的实施作出实质性的贡献。

3. 计划与制订目标值

依据企业战略制定计划并确定目标值,是沟通和联系之后的重要活动。一般而言,高层管理者除了制订企业的战略计划之外,还要设定 3~5 年的目标值。为了实施战略计划,实现设定的目标值,高层管理者还需要设定财务、客户、内部运营过程、学习与成长方面的目标值。目标值的确定是协调各经营单位战略行动的重要依据。经营单位追求目标的过程,也是实现自身革新和突破性成长的过程。因此,设定的目标值应具有一定的挑战

---

① 卡普兰,诺顿.平衡计分卡在战略管理系统中的应用[J].哈佛商业评论,1996,1.

性,要在满足客户需求的基础上,力求使企业在经营业绩方面有所突破。

4. 战略反馈与学习

企业层面的计划与目标值确定后,各个经营单位设定自身的计划与目标值,并据此开展生产和销售活动。在执行计划的过程中,各个经营单位持续不断地检测财务、客户、内部运营过程、学习与成长四个维度的指标,并将实际情况的信息反馈给经营单位的管理者和高层管理者。高层管理者根据反馈的信息进行战略分析和判断,确定经营的症结所在,即究竟是经营本身存在问题,还是战略制定存在问题,从而作出是调整经营行为还是修订战略计划的决策。在完成调整或修订行为之后,平衡计分卡进入一个新的循环。

第二节 运营控制方法

如前所述,运营控制是对具体工作任务的控制,它侧重任务的执行。运营控制的主要方法包括生产作业控制、库存控制和质量控制等。

一、生产作业控制

(一)生产作业控制的概念

生产作业控制是指对生产作业全过程进行监督、检查、调节和控制。在制造计划与控制系统中,生产作业控制包括车间计划与控制和部分采购计划与跟踪(如图 16-8 中的虚框部分)。一些运用准时制①生产的企业,会把大部分的采购计划与跟踪的活动纳入生产作业控制。

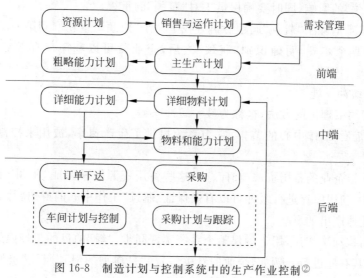

图 16-8 制造计划与控制系统中的生产作业控制②

---

① 准时制的基本思想是"只在需要的时候,按需要的量,生产所需的产品",也就是追求一种无库存,或库存达到最小的生产系统。

② 沃尔曼,等. 制造计划与控制——基于供应链环境:第 5 版[M]. 韩玉启,译. 北京:中国人民大学出版社,2008:293.

有效的生产作业控制系统不仅可以满足客户需求、降低在制品库存、缩短供货期、提高企业和供应商的合作绩效,而且可以利用反馈信息修正需求计划,不断提高企业的生产运作效率。

从图 16-8 可以看出,生产作业控制的重点在于车间计划与控制。企业对车间控制的方法主要有三种:基于约束理论的鼓—缓冲—绳、甘特图和排程。

(二)生产作业控制的方法

1. 约束理论和鼓—缓冲—绳[①]

(1) 约束理论

约束理论认为,每个生产作业都是由一系列相关联的流程组成的,由于每个流程都有明确的产能,因此不论哪一个生产作业,都会有一个流程限制着整个生产作业的有效产出[②]。约束理论的基本原则就是特定流程的"瓶颈"应该受到重视,"瓶颈"可以是实质性的(如工艺、员工的能力、原材料或供应商等),也可以是非实质性的(如过程、士气或培训等)。企业为了解决"瓶颈"的问题,需要"瓶颈"工作中心提高设施的利用率、缩短停机时间、提高生产率、减少转产时间等。

在约束理论下,控制的目标是产出最大化。因此,控制系统聚焦"瓶颈"的识别以及对这些"瓶颈"问题的解决。具体而言,可以通过四个步骤来识别并管理这些瓶颈:

- 第一步是识别"瓶颈";
- 第二步是制订计划克服已识别的"瓶颈";
- 第三步是集中资源完成第二步中的计划,通过提高生产率或者扩大生产能力来减少"瓶颈"的影响,同时要确保员工对"瓶颈"的重视;
- 第四步是消除了"瓶颈"问题后再寻找下一个"瓶颈",重新回到第一步继续。

通过以上四个步骤,明确识别"瓶颈"之后,企业就可以利用库存等备用资源进行缓冲。

(2) 鼓—缓冲—绳

具体应用约束理论的方法,被称为鼓—缓冲—绳。

"鼓"即"瓶颈"工作中心的节拍,它为系统提供了生产速率,被用来控制工厂中的工作流。

"缓冲"是指企业的备用资源(如库存),这些备用资源能够保证"瓶颈"工作中心按照计划正常运作,利用库存进行缓冲可以有效保证"瓶颈"工作中心的产出,从而减少"瓶颈"工作中心对整体产出的影响。

"绳"是指拉动工作流,用于确保整个系统实现同步,"绳"的目的是按照鼓点拉动各个生产资源,使其有序进行。例如,企业的看板信号就是典型的绳,"瓶颈"资源和非"瓶颈"资源可以通过看板信号有序整合,从而保证产出。

---

① 沃尔曼,等. 制造计划与控制——基于供应链环境:第 5 版[M]. 韩玉启,译. 北京:中国人民大学出版社,2008:300-308.

② (加)阿诺德,(美)查普曼,(加)克莱夫. 物料管理入门:第 7 版[M]. 北京:清华大学出版社,2013:122.

2. 甘特图

甘特图是一种表示生产作业控制的可视化工具,企业利用甘特图可以了解以下方面的内容:

- 进度计划包含的任务;
- 所有任务的先后顺序;
- 每个任务所需要的时间;
- 项目总体所需要的时间。

甘特图用于作业控制时,可以十分清晰地反映一些部门、机器或设施的负荷和空闲,使管理者清楚哪些作业是按时进行的、哪些作业是提前或者落后于进度的,从而可以帮助管理者调整各项任务。例如,当管理者发现某一工作中心超负荷时,就可以从其他较为空闲的部门调动一部分人员到超负荷工作中心,从而缓解超负荷工作中心的压力。

图 16-9 所示的甘特图展现了客机起降过程中的地勤任务,从图中可以很清晰地看出任务中心的任务安排,企业据此可以安排各项任务的时间和人员,进而实现时间和人员的合理配置。

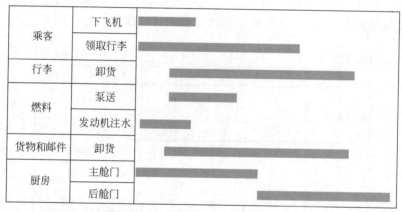

图 16-9 生产任务甘特图①

3. 排程②

排程是指安排产品生产的进度,并有效分配人员、设备和时间等各项资源的活动。排程是生产作业控制的一项重要活动,是企业为了按时交货并有效利用生产资源而进行的活动。排程需要安排并控制各项作业的开始和结束时间。排程涉及以下基本概念。

生产提前期,是指通常情况下生产一批产品所需要的时间,包括产品生产过程中的排队时间、准备时间、加工时间、等待时间和搬运时间。图 16-10 是某特定产品的生产提前期,包括了订单下达时间和四项作业的生产提前期,其中,每项作业的生产提前期又包括各自的排队时间、准备时间、加工时间、等待时间和搬运时间。

---

① (美)海泽,等.运作管理原理:第 6 版[M].寿涌毅,译.北京:北京大学出版社,2010:70.
② (加)阿诺德,(美)查普曼,(加)克莱夫.物料管理入门:第 7 版[M].北京:清华大学出版社,2013:120-124.

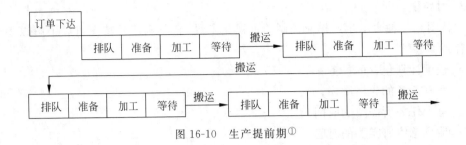

图 16-10　生产提前期①

排程是企业用来缩短生产提前期的技术。用于缩短生产提前期的排程技术有很多种,但最基本的技术有两种:前向排程和后向排程。

前向排程是指企业从接收到订单开始,就进行物料采购和作业活动,并以此来确定订单最早什么时间可以完工。

后向排程是指从产品最后交货期开始倒着往回安排各项作业,确定订单最晚什么时间必须开工。

相较于前向排程,后向排程有助于降低企业库存,但是后向排程缺乏松弛时间,很容易造成订单延迟完工。图 16-11 展示了前向排程和后向排程。

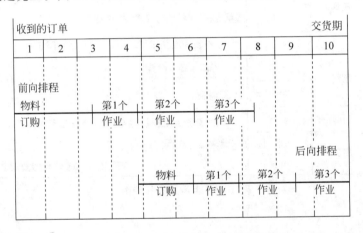

图 16-11　前向排程和后向排程②

二、库存控制③

(一)库存控制的内涵

企业进行库存控制能够有效降低库存费用,提高库存运行效率。过多或过少的库存对企业都是不利的,库存太多会占用资金、占用场地,进而产生过多的库存成本,同时货物

---

① (加)阿诺德,(美)查普曼,(加)克莱夫. 物料管理入门:第 7 版[M]. 北京:清华大学出版社,2013:120.
② (加)阿诺德,(美)查普曼,(加)克莱夫. 物料管理入门:第 7 版[M]. 北京:清华大学出版社,2013:121.
③ 劳伦斯,帕斯特纳克. 管理科学:第 2 版[M]. 张瑞君,李科,译. 北京:中国人民大学出版社,2009:447-457.

积压太久还可能会变质,造成损耗。库存不足则可能使企业错失销售的机会,降低客户服务水平,从而失去客户。因此,企业对库存作出合理的安排和控制至关重要。

企业库存控制最主要的工作就是确定订货量、订货点和安全库存。订货量需要根据订货成本和库存持有成本来确定。订货点的确定十分重要:如果订货点太高,企业库存增加过早,库存成本就会增加;如果订货点太低,就会出现库存补充不及时,进而影响交货。安全库存是企业的最低库存量,是为了保证企业在一段时间内,能够持续供货或者持续生产。订货量、订货点和安全库存的确定涉及以下方面的库存成本。

1. **订货成本(C_O)**

订货成本是指从需求的确认到最终的到货,通过采购或其他途径获得产品所发生的费用,订货成本包括订货申请单、分析货源、填写采购订单、来料验收、跟踪订货等各项费用。

2. **库存持有成本(C_H)**

库存持有成本是指产品的存储费用,包括仓库管理人员的工资、库存记录的保存费用、盘点和检查费用等。

3. **购入成本(C_P)**

购入成本是指购买产品的费用,与产品的单价和数量有关。

4. **缺货成本(C_S)**

由于库存短缺而造成的损失,一般是由于失去销售而带来的利润损失和信誉损失等。

(二) 经济订货批量模型

为了使企业的库存总成本降到最低,企业一般使用经济订货批量模型确定企业在一定时期内的订货量。经济订货批量(EOQ)通过综合考虑订货成本、库存持有成本和订货量之间的关系,确定最优的订货量,从而最小化库存总成本。经济订货批量模型的基本假设条件有:

- 需求率是常量;
- 生产能力和库存容量无限大;
- 采购、运输均无价格折扣;
- 订货提前期已知,且为常量;
- 订货成本与订货批量的大小无关;
- 库存持有成本是库存量的线性函数;
- 不允许缺货;
- 补充率无限大,全部订货一次交付。

虽然这些假设与实际情况并不相符,但是 EOQ 模型还是为订货决策提供了有效的指导。根据假设条件,设单位购买成本为 p,企业年总需求量为 D,H 为年单位库存持有成本,O 为单次订货成本,Q 为单次订货量,则企业年总库存成本(TAC)为

$$\begin{aligned} \text{TAC} &= C_H + C_O + C_P \\ &= H(Q/2) + O(D/Q) + p \times D \end{aligned} \tag{16-1}$$

如图 16-12 所示,年总成本为年库存持有成本、年订货成本、年购入成本之和(此处不考虑缺货成本),年库存持有成本曲线和年订货成本曲线的交点对应的订货量就是经济订

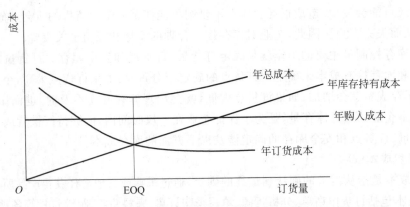

图 16-12　经济订购批量

货批量,此时的年总成本最小,位于年总成本曲线的最底端,对式(16-1)的变量 Q 求一阶导数,令导数等于 0 时所求得的 Q 值,使得 TAC 取到最小值,此时的 Q 就是经济订货批量 EOQ。

$$EOQ = \sqrt{2OD/H}$$

专栏:

Sumco 抽水机公司案例

Sumco 是一家专门销售住宅抽水机的公司,想通过每次订购合理数量的抽水机来减少其库存成本。已知每年对抽水机的需求是 1 000 台,每次订购的成本是 10 美元,每年每台抽水机的储存成本是 0.5 美元。运用上述信息,如果 EOQ 的所有假设都满足,我们能够计算出每次订购抽水机的最优数量为

$$EOQ = \sqrt{2OD/H} = \sqrt{2 \times 1\,000 \times 10/0.5} = \sqrt{40\,000} = 200(台)$$

年总成本是年订货成本和年库存持有成本的总和(由于购入成本与定货量 Q 无关,此处暂时忽略)。

$$年总成本 = 年订货成本 + 年库存持有成本$$

用变量表示为

$$\begin{aligned}TAC &= O(D/Q^*) + H(Q^*/2) \\ &= 10 \times (1\,000/200) + 0.5 \times (200/2) \\ &= 50 + 50 \\ &= 100\end{aligned}$$

每年的订购次数(D/EOQ)是 5,平均库存量(EOQ/2)是 100。

正如我们所期望的,年订货成本等于年库存持有成本。你可以尝试不同的 Q 值,如 100 台或者 300 台抽水机。你将会发现最小的年总成本就是当 Q 等于 200 台时取得的。

资料来源:伦德尔,斯泰尔,汉纳. 面向管理的数量分析:第 8 版[M]. 陈恭和,王璐航,等,译. 北京:中国人民大学出版社,2007:252.

(三) 订货提前期和订货点

由于从下订单到货物到达需要一定的时间,因此企业需要提前发出订货指令,以保证在库存耗尽之前订购的货物到达,最好的状态就是货物到达时库存刚好耗尽。企业库存量的变化如图 16-13 所示,企业的最大库存量为 Q,最小库存量为 0。假设库存按照固定的需求率减少,当库存减少到每次的订货点 R 时,企业就按照固定的订货量 Q 发出订货需求。从企业发出订货需求到供应商供货到达需要一段时间,这段时间就叫作订货提前期。当企业库存刚好变为 0 时,供应商供货到达企业仓库,企业的库存量立刻恢复到 Q。订货点 $R = d \times \mathrm{LT}$,其中 d 为需求率;LT 为订货提前期。

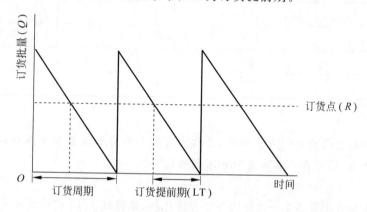

图 16-13　订货提前期与订货点模型

(四) 安全库存

前面我们假设库存按照固定的需求率减少,而且订货提前期也固定。但在实际运营过程中,库存的消耗并不稳定,订货提前期也很难确定。为了避免库存消耗和订货提前期的不确定性给企业生产经营活动带来的影响,企业往往通过设置安全库存(ss)来应对可能发生的意外。在考虑了安全库存以后,企业的订货点就变为

$$R = d \times \mathrm{LT} + \mathrm{ss}$$

其中,d 为需求率;LT 为订货提前期。

专栏:

艾伦设备公司

艾伦设备公司(AAC)面向得克萨斯州的 90 家零售商批发小型设备——烤面包机、混合器和搅拌机等。该公司经营的产品之一是 Citron 牌榨汁机,其销售量在过去的几年中有逐步下滑的趋势。虽然造成这一下降趋势的因素有很多,如鲜橙的成本提高了,在杂货店中购买鲜橙汁更方便了,或者手工制造橙汁的时间更少了,但是销售量下降到了比上一年更低的水平,艾伦先生试图从库存控制方面入手寻找解决办法。

几天以前,艾伦先生雇用了一个顾问。这个顾问经过测算发现,每台榨汁机的成本为

10美元,年单位库存持有成本为1.4美元。由于涉及人工费、邮费和一些电话费用,艾伦先生每次向Citron公司下订单要花12美元。艾伦公司每周工作5天,一年52周。订货提前期大约需要8个工作日,并且艾伦设备公司采用连续检查系统来监控它的库存。在过去的10周中,榨汁机的需求量如表16-1所示。根据这些信息,这个顾问推荐的库存控制策略是当库存水平达到205台榨汁机时再订购600台。

表16-1 榨汁机前10周的销售量

周次	销售量	周次	销售量
1	105	6	120
2	115	7	135
3	125	8	115
4	120	9	110
5	125	10	130

问题:

请考虑目前艾伦公司的安全库存,并对比有安全库存和没有安全库存两种情况下企业的总库存成本(不考虑产品本身的购入成本)。

分析:

艾伦先生目前的策略是一次订购600台榨汁机,根据过去10周的需求量推算,艾伦公司一整年的榨汁机的需求量为$52\times120=6240$(台),相应的年库存持有成本为$(600/2)\times1.40=420$(美元),年订货成本为$(6240/600)\times12=124.80$(美元)。这样采用这一策略的年总成本为

$$TAC(1) = (600/2)\times1.40 + (6240/600)\times12 = 544.80(美元)$$

因为ACC每天营业5天,平均每周需要120台榨汁机,所以可以计算出每个工作日榨汁机的需求量为$120/5=24$(台)。在订货提前期为8个工作日的情况下,不考虑安全库存可以得到订货点为$L\times d=8\times24=192$(台)。因为艾伦公司现在的订货点是205(台),我们可以推断它拥有$205-192=13$(单位)的安全库存。在当前的库存策略下艾伦公司的年总成本为

$$TAC(2) = 544.80 + 13\times1.40 = 563(美元)$$

资料来源:劳伦斯,帕斯特纳克.管理科学:第2版[M].张瑞君,李科,译.北京:中国人民大学出版社,2009:447-457.

三、质量控制

质量控制是指通过一系列的监督指导工作对产品质量和工作质量进行控制,力求在一定的经济投入下,为消费者带来性能和功能优良的产品。产品的性能和功能反映在很多方面。因此,质量控制需要从多面入手全面控制产品性能和功能。

(一)质量控制发展阶段

质量控制这一概念从 20 世纪初被提出来,大致经历了质量检验、统计质量管理和全面质量管理三个阶段。最初的质量检验阶段强调对产品质量的检查;统计质量管理阶段强调对大批量的产品通过统计分析的方法来加强质量监控,从而有效地提高质量检验的效率;全面质量管理阶段则是强调通过全员参与质量控制过程,更好地保证产品质量和工作质量。质量控制发展的三个阶段如图 16-14 所示。

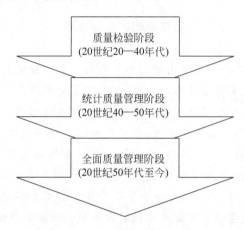

图 16-14 质量控制发展的三个阶段

1. 质量检验阶段(20 世纪 20—40 年代)

随着分工的不断深化,企业内部逐渐出现了专门的质量检验部门和质量检验岗位。检验员通过对产品质量标准的设定和产品质量的检验,剔除掉那些不符合产品质量要求的残次品,从而保证为客户提供安全可靠的产品。产品质量标准一般会涉及产品的物理特征、原材料的规格、体积颜色和性能等。企业会提前设定一个误差范围,待产品生产完成后逐一地进行检验。但是,随着科学技术和生产力的不断发展,质量检验的不足开始显现:第一,质量检验属于事后检验;第二,质量检验需要对全部产品进行检验,耗时耗力耗费成本;第三,质量检验属于破坏性检验,一些产品的质量检验往往需要重新打开包装、拆分产品零部件,经过检验后的产品反而无法满足顾客需求。

2. 统计质量管理阶段(20 世纪 40—50 年代)

随着生产方式从手工作坊转向流水线大批量生产,"事后检验""全数检验"已经不能满足企业对产品质量检验的要求。因此,人们开始运用统计理论和统计技术对产品质量进行检验。有了统计理论和统计技术的支持,企业可以通过随机抽样的方式选择一定比例和数量的产品进行检验,但是检验理论的前提假设是样本的质量能够反映总体的质量。为了确保所取样本能真实反映总体的情况,一般借助统计抽样技术来确定样本和进行质量检查。

3. 全面质量管理阶段(20 世纪 50 年代至今)

20 世纪 50 年代,美国通用汽车公司质量总经理费根鲍姆(A. V. Feigenbaum)和著名的质量管理专家朱兰(J. M. Juran)等人提出了"全面质量管理"概念。他们指出,传统的质量控制方法侧重对残次品的识别,全面质量管理则强调采取行动防止偏差和失误的发生,同时也强调企业全体人员的质量意识和承担质量责任的重要性。由于质量问题的产生并非只限于产品的制造过程,因此应该在产品的整个生产过程中都实施质量管理。全面质量管理常用的七种工具是检查表、散点图、因果图、帕累托图、流程图、直方图和统计过程控制。

专栏:

质量控制的发展历程

在19世纪早期,生产一个产品由始至终都是由一个工匠完成。随着工业革命和工厂体系的到来,半熟练工人变得很普遍,他们每个人只负责生产产品的一小部分。在这种情况下,控制产品质量的责任转移到了管理者身上,人们对精巧手艺的自豪感也下降了。

进入20世纪,企业的规模逐渐扩大,质量检验工作变得更加有组织性和技巧性。检测员通常都会以会议小组的形式工作,他们的工作就是保证次品不会进入顾客手中。从20世纪20年代开始,人们开发了用于质量控制的统计学工具。舒华特在1924年发明了控制图(Control Charts),1930年,道奇和罗明开发了验收抽样表(Acceptance Sampling Table)。在这个阶段,质量控制对企业运行的各个领域的重要性被广泛认可。

第二次世界大战期间和战后,在美国政府的推动下,质量控制变得越来越重要。企业认识到仅靠检测来保证产品的质量是不够的。质量控制必须融入产品的生产过程。

第二次世界大战期间,日本的制造业受到大范围的破坏。战后,一位名叫爱德华兹·戴明的美国人到日本去讲授使用统计学进行质量控制的方法。第二个先驱者朱兰追随戴明到了日本,他强调企业高层管理人员对质量控制的支持和参与。1961年,费根鲍姆撰写了经典的《全面质量管理》,该书的基本理念就是:第一次就把事情做对。1979年菲利普·克劳斯比出版了《质量免费》一书,他强调管理人员和普通员工改进低劣质量的责任感。1988年,美国政府首次向质量控制领域的杰出人才颁发奖金,即马尔科·鲍德里奇国家质量奖。

近年来,在电子行业出现了一种被称为六西格玛的质量管理方法。六西格玛方法的目标就是力求在持续不断地提高产品的性能同时减少产品的缺陷。从理论上说,要达到六西格玛质量标准,产品的缺陷率必须低于3.4/1 000 000。很多采用六西格玛方法的公司都证明这种质量管理方法是可行并可靠的,它的直接效益就是减少企业的运行成本。通用电气公司的数据表明,在一个5年的周期里,该公司节省的成本达120亿美元。

资料来源:伦德尔,斯泰尔,汉纳.面向管理的数量分析:第8版[M].陈恭和,王璐航,等,译.北京:中国人民大学出版社,2007:841-842.

(二) 质量测量与质量控制

质量控制经历了三个发展阶段以后,已经形成了较为成熟的质量控制理论和质量控制方法。在质量控制的具体实施过程中,如何测量产品的质量并有效地控制质量十分重要。

实现产品质量的测量需要对产品、服务、过程和其他相关活动的绩效进行量化分析。质量测量所应用的量化分析指标可以分为计数测量指标和计量测量指标。计数测量指标用于测量产品中不合格或者有缺陷产品的数量,而计量测量指标用于定量数据的测量,如铅笔的长度是多少。在不同的质量测量过程中,企业所需要测量的指标也不一样,有时可能侧重计数测量指标,有时可能侧重计量测量指标,有时还可能需要同时运用到两种测量指标。

计数测量指标一般通过观察就可以获得,通常表示为比例或者计数;计量测量指标一般需要利用专业的精密仪器进行测量,如一些医疗器械零配件需要精确到微米,质量测量的仪器也就需要有更高的标准。计量测量指标通常用均值、标准差等统计参数表示。

除了要考虑产品质量指标的测量,企业还需要考虑在测量产品质量指标过程中产生的成本,以及为了保证产品质量而付出的其他成本,这些成本被定义为质量成本。产品质量成本的测量是质量控制的一个重要环节。质量成本主要包含以下四类:预防成本、鉴定成本、内部故障成本和外部故障成本。预防成本是指为了保证企业产品质量,预先所做的活动产生的成本;鉴定成本是指在产品交到消费者手里之前,对产品质量进行检验的一系列活动产生的成本;内部故障成本是指在产品质量检验后,到送达消费者手里之前一段时期内,对产品进行改进的一系列成本;外部故障成本是指有质量问题的产品,交到消费者手里后引发的后续处理成本。

产品质量控制的测量人员以及测量中所使用的工具共同构成了质量测量系统。为了确保质量测量能够反映生产过程中的真实变化,质量测量系统产生的误差需要尽可能地减小。一般而言,可以依靠手工检验的方式完成质量数据的收集,但是这种收集方式产生的误差会比较大,因此一些企业往往会借助自动化的技术来减小测量过程中产生的误差。

(三)过程改进与六西格玛[①]

全面质量控制不仅要求对最终的产品进行控制,而且要求对企业生产过程中的各个环节进行控制。目前,针对企业生产过程的质量控制,最常用也最为有效的方法就是六西格玛。

1. 六西格玛的概念及要点

六西格玛统计指标应用于质量控制中,特指在每百万个目标中只能出现三四个或者更少的缺陷。在质量管理中,六西格玛是一种综合使用各种统计学方法的质量改进方法。六西格玛追求尽力消除生产或者服务中产生的错误和缺陷,从而提高企业的产出质量。

在质量控制中,六西格玛更加强调领导负责实施、多功能多领域应用、使用前沿统计学方法和关注DMAIC方法论[②],同时六西格玛也非常注重质量改进过程中人员要素和过

[①] (美)埃文斯,林赛. 质量管理与卓越绩效:第9版[M]. 岳盼想,等,译. 北京:中国人民大学出版社,2016:402-407.

[②] DMAIC模型是实施六西格玛的一套操作方法。DMAIC分别是指Define, Measure, Analyze, Improve 和 Control。它是用于改进、优化和维护业务流程与设计的一种基于数据的改进循环。

程要素的配合。其中,人员要素包括管理者的能力、员工完成活动的迫切感、相关人员对结果和顾客的专注度以及团队合作性等。过程要素包括过程管理技术、对变量的分析及统计方法、解决问题的方法及由实际情况决定的管理方式等。

六西格玛有以下几个核心要点:
- 基于整体战略目标,从顾客要求和关键业务过程出发寻找问题;
- 由项目的负责人负责规划协调整个过程;
- 明确六西格玛项目中人员的责任;
- 通过项目培训实现质量控制目标;
- 培养相关领域的专家,能够应用改进工具并领导团队(绿带、黑带、黑带大师等);
- 设定改进目标。

2. 六西格玛的实施

图 16-15 列出了六西格玛的实施步骤。

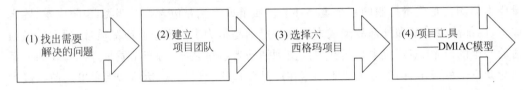

图 16-15　六西格玛实施步骤

(1) 找出需要解决的问题

六西格玛的实施主要是为了解决企业生产过程中产生的质量问题,因此,六西格玛的实施首先需要找出那些影响企业产品质量和工作质量的问题,这些问题必须是需要加以改进的。这些问题可以是产品设计问题或过程设计问题,也可以是效率问题或非结构性绩效问题。

- 产品设计问题。产品设计可能满足不了顾客的需求,甚至与顾客的需求相背离。
- 过程设计问题。过程设计问题会涉及全新过程的设计问题,或者现有过程改进设计问题。
- 效率问题。从组织角度来看,包括可能会产生的高花费、产品积压、低生产效率等问题。
- 非结构性绩效问题。主要是难以界定的、系统出现的问题,这些问题中的活动一般都是非标准化的,不能用程序和要求加以规定。例如,员工的凝聚力较低,难以配合完成质量控制目标。导致这些问题的因素并不容易在过程中描述清楚。

(2) 建立项目团队

明确了影响企业的质量问题后,企业一般依靠项目团队来完成相关的活动。为了让项目团队解决所找出的质量问题,企业需要给予项目团队一定的财力、物力和人力的支持。如图 16-16 所示,六西格玛项目团队一般由以下几类人员组成。

- 高层支持者:高层支持者负责挑选项目、设定目标、分配资源并督导团队;
- 黑带大师:六西格玛专家,擅长六西格玛各种工具和方法,负责六西格玛项目团队指导、培训;

- 黑带：经过一定的培训后，负责六西格玛项目中的技术分析，同时需要掌握一定的领导和沟通技能，负责督导和培训下一级员工；
- 绿带：掌握六西格玛基本工具、方法知识的员工，负责具体工作的执行；
- 团队成员：负责完成特定项目的员工，如财务、营销等不同领域的员工。

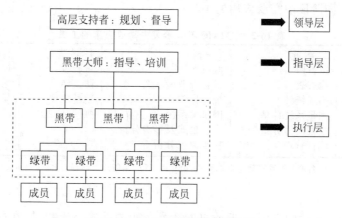

图 16-16　六西格玛项目团队建设

（3）选择六西格玛项目

并不是每产生一个问题，就实施六西格玛项目，企业需要综合考虑多项因素，通过对多项因素的权衡，找出最关键或者最紧迫的项目，然后才运用六西格玛来解决其中的问题。选择六西格玛项目时，应考虑的因素主要有项目实施后的财务回报、对收入及市场份额的影响、成功的概率、人员的充足性、与企业目标的匹配性等。

一般而言，企业可以通过评分模型来选择项目，并在打分后选择分数最高的项目来实施六西格玛。表 16-2 是项目评分模型示例。

表 16-2　项目评分模型示例

顾客问题	订购零件丢失	送货延误	货物损坏	货品错误	购买数量多于订单	等待时间过长
顾客重要度	8	5	7	10	3	3
项目	基于与顾客问题的相关性而进行的项目排序					项目排序分数
订单完成过程优化	5	8	3	5	0		145
补货周期时间缩减项目	5	8	5	0	0	0	115
客服反馈报告	5	3	3	8	0	5	171
供货商认证	0	10	8	0	0	0	106
IT 升级过程整合	7	5	0	8	8	3	194

顾客重要度	与顾客重要度的关系	项目排序	与顾客问题的关联性
0	不重要	0	无关联
3	略微重要	3	略微关联
5	重要	5	略有关联
8	非常重要	8	高度关联
10	至关重要	10	完全关联

资料来源：埃文斯，林赛．质量管理与卓越绩效：第 9 版[M]．岳盼想，等，译．北京：中国人民大学出版社，2016.

(4) 项目工具——DMAIC 模型

通用汽车公司总结了众多公司实施六西格玛的经验,系统地提出了实施六西格玛的 DMAIC 模型。DMAIC 成为实施六西格玛项目的重要工具。DMAIC 指的是定义 (Define)、测量(Measure)、分析(Analyze)、改进(Improve)和控制(Control)。表 16-3 描述了 DMAIC 不同阶段中需要应用的工具。

表 16-3　DMAIC 不同阶段中需要应用的工具

1. 定义	2. 测量	3. 分析	4. 改进	5. 控制
项目章程	运行图	散点图	试验设计	控制图
质量成本分析	检查表	过程细节展示图	防差错	标准操作程序
帕累托分析	描述统计	统计推断	精益生产	
高阶流程图	测量系统评估	因果关系图	戴明环	
	过程能力分析	失效模式及影响分析		
	标杆管理	根本原因分析		

资料来源:埃文斯,林赛.质量管理与卓越绩效:第9版[M].岳盼想,等,译.北京:中国人民大学出版社,2016.

- 定义

定义阶段主要是为了确定需要改进的产品及相关的核心流程,即在前面选定六西格玛管理项目的基础上,明确项目中要解决的问题。与项目的选择不同,定义阶段对问题的描述更为详细,对顾客需求的分析更加深入。例如,一家公司的产品质量有严重缺陷,产品总是被退回,这个问题需要企业有一个六西格玛项目帮助解决。工作人员对问题进行调查后,发现导致这个问题的主要原因是产品的原材料不符合标准,再深入研究后发现,是原材料的热性能不符合标准,因此要解决的问题最后就会定义为"提高原材料隔热性能"。此外,定义阶段应该指出六西格玛项目管理中的其他一些问题,例如,我们需要完成什么活动、谁来完成,以及什么时候完成。

- 测量

测量主要是为了充分了解过程性能,并且收集用于分析的数据。因此,测量需要先收集数据,然后根据所获得的数据反映现实的质量水平。如同用数学函数 $Y = f(X)$,其中 Y 表示一系列关键质量特征,X 表示一些影响 Y 的重要输入变量,收集 X 的数据是为了求出这些数据对 Y 的影响。数据表、检查表和运行图等都是很好的收集数据工具。

- 分析

分析阶段主要是综合应用质量管理方法和工具,来分析造成质量问题的原因,特别是少数的关键原因。分析阶段十分注重统计分析工具的使用,包括回归分析、方差分析、假设检验及各种图形分析工具等。程序细节展示图、扩展的 SIPOC 图、价值流动图、根本原因分析法、因果图和散点图等,都是分析阶段的重要工具。

- 改进

改进阶段则是针对上述分析的结果,给出改进质量问题的方案,特别是关键质量问题的解决方案,并且实施解决方案。方案的提出要具有一定的挑战性,可以利用头脑风暴法提出一系列想法,并从提出的想法中选择有意义的方案,然后就可以利用戴明环或者实验设计等方法进行改进。

- 控制

控制阶段的主要活动是评估并维持改进的效果。这里可以采用亲和图、关联图、树图、矩阵图、矩阵数据分析和过程决策程序图等帮助实施改进过程。

本 章 小 结

控制是确保企业成员目标与企业目标"一致性"的重要手段,控制发挥作用离不开控制方法。管理控制和运营控制是衔接企业战略与员工,使企业目标和企业成员目标保持一致的重要工具。本章着重介绍了管理控制和运营控制的常用方法。管理控制是指管理者通过影响企业的其他成员来实施企业战略的活动。管理控制介于战略制定和运营控制之间,在管理控制系统中,实施管理控制的主要方法包括将企业任务具体化的预算方法和分解落实战略的平衡计分卡;运营控制是指对具体工作任务的控制,侧重任务的执行。运营控制的主要方法包括生产作业控制、库存控制和质量控制等。在生产运营控制部分,具体方法有基于约束理论的鼓—缓冲—绳、甘特图和排程,在库存控制部分涉及经济订货批量模型、订货点和安全库存,在质量控制部分阐述了质量控制的发展阶段、质量测量与质量控制以及过程改进与六西格玛。

进一步阅读的材料

[1] 沃尔曼,等.制造计划与控制——基于供应链环境:第 5 版 [M].韩玉启,译.北京:中国人民大学出版社,2008.

[2] 海泽,等.运作管理原理:第 6 版[M]. 寿涌毅,译.北京:北京大学出版社,2010.

[3] 阿诺德,查普曼,克莱夫.物料管理入门:第 7 版[M].北京:清华大学出版社,2013.

[4] 伦德尔,斯泰尔,汉纳.面向管理的数量分析:第 8 版[M].陈恭和,王璐航,等,译.北京:中国人民大学出版社,2007.

[5] 劳伦斯,帕斯特纳克.管理科学:第 2 版[M].张瑞君,李科,译.北京:中国人民大学出版社,2009.

[6] (美)埃文斯,林赛.质量管理与卓越绩效:第 9 版[M].岳盼想,等,译.北京:中国人民大学出版社,2016.

思考题

1. 简述管理控制和管理控制系统。
2. 阐述管理控制的过程。
3. 简述预算和预算的分类。
4. 预算有哪些内容?
5. 阐述平衡计分卡的指标体系和基本逻辑。
6. 简述作业控制的基本方法。
7. 库存控制的订货量、订货点和安全库存如何确定?
8. 阐述质量控制的发展阶段及重要应用方法。

第五篇案例 海尔集团"自主经营体"驱动企业管理控制系统创新

0. 引言

在经济日益全球化的今天,中国所有企业尤其是家电企业经营直接面临至少三重挑战:全球金融危机及其后续影响持续、国内市场环境日益动荡、原有低成本竞争优势难以延续。针对这些挑战需要三个方面的创新:第一是主动开拓新的市场领域,深耕细做;第二是积极实施技术创新并带动产品创新和服务创新;第三是大胆实践企业管理创新,激发企业内外的各种资源与能力,并以此支撑市场有效拓展和技术全面创新。越来越多的中国企业在经历低成本竞争的阵痛后,正在朝着技术优势甚至"商业模式优势"转型,由"中国制造"向"中国创造"转型。在管理上从简单学习西方管理理念与模式,发展到中国本土企业的管理模式的创新。

中国海尔集团是乘着改革开放的东风迅速发展起来的。海尔集团首席执行官张瑞敏通过确立"名牌战略",带领员工抓住机遇,加快发展,创造了从无到有、从小到大、从弱到强的发展奇迹。经过近30年的发展,海尔集团已由一个亏空147万元的集体小厂,发展成为中国家电第一品牌,并在全世界获得越来越高的美誉度。目前,海尔在全球建立了9个研发设计中心、30个制造中心、22个贸易公司,实现了设计、生产、营销三位一体布局。在管理实践中,张瑞敏将中国传统文化精髓与西方现代管理思想融会贯通,"兼收并蓄、创新发展、自成一家",创造了富有中国特色、充满竞争力的海尔文化。从"日事日毕、日清日高"的OEC管理模式,到"吃休克鱼"的理论,到"SST"的市场链管理,到SBU管理模式,再到自主经营体ZZJYT"的模式……成就了中国企业管理持续创新的梦想。

1. 海尔集团简介

1.1 一把大锤砸响的中国品牌

2009年3月27日,中国国家博物馆正式将一把大锤收藏为国家文物,命名为"1985年青岛(海尔)电冰箱总厂厂长张瑞敏带头砸掉76台不合格冰箱用的大锤",文物收藏编号为国博收藏092号。就这样,"海尔大锤"成为见证当时中国企业家狠抓产品质量的代表。也正是这把大锤,砸响了一个当时创立仅一年,现在已经被世界所认可的中国家电品牌——海尔。

回溯到1984年张瑞敏接手之时,海尔的前身只是一家年产量470台、年亏损147万元、零出口的集体小厂(是青岛二轻局家电公司下的青岛冰箱总厂)。1985年12月,时任厂长的张瑞敏在接到用户举报冰箱质量问题的来信后,亲自检查了库存的400多台冰箱,发现其中有76台不合格。张厂长毅然决定将这76台冰箱全部砸掉,并抡起大锤亲手砸下了第一锤。这一举动彻底砸醒了海尔人的质量意识,也砸出了海尔"要么不干,要么只做第一"的精神。

这就是"海尔砸冰箱"的故事。"海尔"的品牌知名度就是在那时候打响的,在此之后海尔冰箱的高质量、高服务在消费群体中立起了口碑。

28年来,海尔人凭着坚忍不拔的努力和积极创新的精神,使她从最初濒临倒闭的一家集体小厂发展成为目前在全球拥有8万多名员工①,2011年营业额达1509亿元的全球化集团公司。截至2011年,海尔已经连续三年蝉联全球白色家电第一品牌,被美国《新闻周刊》网站评为全球十大创新公司。

海尔一直是中国品牌的代表和骄傲。海尔始终以"成为行业主导,用户首选的第一竞争力的美好住居生活解决方案服务商"为愿景,一直秉承自己的三大核心价值观,即以客户为是以自己为非的是非观、鼓励"两创"精神(创业精神和创新精神)的发展观、"人单合一双赢"的利益观,立志成为全球白电行业的规则制定者和引领者、由制造业向服务业转型的典范、全球虚实网融合用户零距离的领先者,创造世界级品牌、打造基业长青的百年企业。

1.2 海尔集团的发展历程

"砸冰箱"的故事只是海尔的一个插曲,回顾海尔的成长历史,看到更多的是一个不断寻求突破创新、不断适应市场潮流的过程。变革与创新精神一直深深烙印在海尔走过的每一个脚印里。

海尔28年的发展历程,大致可以分为四个阶段:名牌战略阶段、多元化战略阶段、国际化战略阶段和全球化品牌战略阶段(如表1所示)。为了能够更好地承接战略创新,海尔的管理体系也在不断同步创新,分别经历了从无序到有序、从国内走向国际、从管理生产流程到管理用户需求的不同阶段,支撑了海尔的高速发展。

表1 海尔的发展历程

时间	发展阶段	战略变迁	管理控制系统创新
1984—1991年	名牌战略阶段	海尔提出"名牌战略",通过砸冰箱获得了中国电冰箱史上第一枚金牌,海尔以高质量和服务赢得了市场	管理工具主要依靠质量管理,海尔提出:"有缺陷的产品,就是废品!"海尔的全面质量管理推广的不是数理统计方法,而是提倡"优秀的产品是优秀的员工干出来的",从转变员工的质量观念入手,实现品牌经营
1992—1998年	多元化战略阶段	海尔的多元化战略应运而生,从一个产品向多个产品发展(1984年只有冰箱,1998年时已有几十种产品),从白色家电进入黑色家电领域,以"吃休克鱼"的方式进行资本运营,以无形资产盘活有形资产,使企业规模不断扩展	海尔探索实施的"OEC"管理模式初步建立具有企业文化特色的战略执行与控制模式,"OEC"管理法也可表示为:日事日毕,日清日高。即每天的工作每天完成,每天工作要清理并要每天有所提高。"OEC"管理系统由三个体系构成:目标体系、日清体系和激励机制。要求首先确立目标,日常经济活动以目标为指导;日清是完成目标的基础工作,而且日清的结果必须与激励体制挂钩才有效

---

① 员工规模是2011年的数据。

续表

时 间	发展阶段	战略变迁	管理控制系统创新
1998—2005年	国际化战略阶段	海尔有了自己的海外经销商网络与售后服务网络，Haier品牌已经有了一定知名度、信誉度与美誉度。	海尔推进以市场链为纽带的业务流程再造，以海尔文化和计算机信息系统为基础，以订单信息流为中心，带动物流和资金流的运行，实现"三个零"目标。通过市场链同步流程的速度和SST（索酬、索赔、跳闸）的强度，以市场链工资激励员工使其价值取向与用户需求相一致，创新并完成有价值的订单，构筑核心竞争力，不断创造需求、创造市场。海尔建立了以"市场链"为基础的战略执行与控制系统，企业进入"营销管理时代"，关注客户的价值需要，战略执行与控制系统深入企业的开发、供应、生产、销售、服务等各个维度
2006年至今	全球化品牌战略阶段	为了适应全球经济一体化的形势，运作全球范围的品牌，从2006年开始，海尔集团提出了"全球化品牌战略"，目标是在每一个国家的市场上创造本土化的海尔品牌	海尔提出在全球市场中取胜的竞争模式：人单合一。"人"，就是"自主创新的SBU"；"单"，就是"有第一竞争力的市场目标"。人单合一模式包括"人单合一""直销直发"和"正现金流"。人要与市场合一，成为创造市场的SBU。2009年在SBU的基础上，把原属不同部门的成员在满足用户需求时重新组织到一起变成一个ZZJYT，经理人被赋予了更大的决策和整合资源的权力，围绕同一目标，共同对从了解用户需求到满足用户需求的端到端的流程负责。自主经营体有三个要素：端到端、同一目标和倒逼体系

1.3 迎接新挑战的管理模式变革

互联网时代市场的一个显著特点就是同质化产品之间价格战非常激烈，将企业关注的目标锁定在成本和价格的竞争上，已经不再能够给企业带来核心竞争力。在这样的商业环境下，如何寻找到可持续的核心竞争力、如何通过改变自己来适应环境，成为每一家希望在大浪淘沙中成功生存并拔取头筹的企业需要慎重考虑的问题。

幸运的是，海尔找到了自己的核心竞争力所在——顾客，即在复杂的市场环境中能始终满足用户需求的创新能力。但市场上的顾客是分散的，影响其购买决策的不确定性因素太多，企业如何才能够做到让自己的产品被顾客所接受呢？这就需要进一步剖析顾客的购买决策方式和对产品价值的诉求。

互联网在改变着世界，海尔清醒地认识到了这样的改变。正是互联网的出现使顾客的个性化需求得到了最大的满足。市场被细分再细分，顾客的消费理念也逐渐由"市场上有什么"转变为"我需要什么"。海尔认识到，一家企业不应该仅仅做到"低成本地提供所有的商品"，还要"高效率地帮助顾客找到它"。所以海尔才选择了从最初的做产品到后来的做服务，在包括产品设计、生产、营销、渠道和售后等一条完整的价值链上为客户创造他们所看重的价值增值。

在新的战略发展阶段，海尔制定并正在执行的最新战略发展方针是：以创造客户价值为核心，以倒三角组织结构为基础，以零库存下的即需即供模式切入，创新虚实网融合的信息化平台，建立"人单合一"双赢的文化，成为美好住居生活解决方案的服务商。而实现从卖产品向卖服务转型的支点,就是海尔的自主经营体 ZZJYT。

2. 战略变革与管理创新的硕果——自主经营体 ZZJYT

2.1 自主经营体的产生

"让每一个员工成为自己的 CEO"(彼得·德鲁克)的理念,从海尔最初尝试的班组管理到 SBU,再到现在的自主经营体,都是对这种理念的不断尝试与实践。

其实,早在 1984 年创业初期,海尔就有一个梦想,希望让每个员工都成为企业的主人。当时正处于从计划经济向市场经济转型的阶段,为了打破大锅饭,海尔提出了班组管理、计件工资、以员工命名的发明革新、合理化建议等各种尝试。自主经营体最开始的试验就是班组管理,但班组管理是基于企业内部的创新,是孤立不成体系的,不是整个价值链的创新。后来,海尔推进 SBU、市场链,是推倒企业内外两堵墙,把外部的市场压力传导到企业内部每个员工身上。开始推进时,有很好的效果,但后来却逐渐暴露了一些问题:如内部流程不是同一目标,组织是领导驱动的,市场链不同时点的目标来源于内部,带来内部博弈。在海尔国际化战略阶段,基于 SBU 存在的问题,又发展了自主经营体管理,从组织上实现了由领导驱动到市场驱动,从流程上实现了由"段到段"到"端到端",从团队上实现了全流程同一目标的事前倒逼。

2.2 人单合一双赢模式

人单合一双赢模式,其内涵就是自主创新和双赢。自主创新,就是每个人都有自己明确的市场目标,这个目标是自主创造的而不是上级下达的。员工自主地创造用户,创出市场第一竞争力,而自己在创造市场价值的同时体现自身价值。双赢,就是员工拿到收入的前提是必须给用户创造价值。

人单合一双赢模式在推进的时候主要有三方面的工作:第一是创造客户价值主张,所有员工都有和用户对接的体系;第二是颠覆原有组织,从"正三角"组织颠覆为"倒三角"组织;第三是创立自主经营体。

检验人单合一双赢模式是否成功,有三个关键条件:①是不是可以创造用户潜在需求;②是不是与用户有非常强的黏度,让用户从"买一台到买一套、一次买到多次买、一家买到多家买",即创造 A 类用户;③是不是有可持续性,如果不可持续的话这个模式就不能成功。

那么究竟怎样的自主经营体才能更好地承接人单合一双赢模式?由于人单合一双赢模式的追求是创造用户资源。因此,自主经营体在深化创新时,全流程共同锁定了一个"常量"——为用户创造有第一竞争力的价值;其他一切"变量"的控制权都交给自主经营体。

2.3 自主经营体的三要素

自主经营体是海尔响应外部环境变化、在企业内部不断尝试和创新的成果。客户价值核心和企业员工双赢的理念都通过这样一种特殊的组织形式得以实现。

3. 组织结构倒置、充分分权,让一线经理员工直接成为满足用户需求、获取资源、自主决策的 CEO

每个 ZZJYT 有着原属不同部门的成员(销售人员、企划人员、供应链人员和财务人员等),在满足用户需求的时候这些人员重新组织到一起变成一个 ZZJYT,经理人被赋予了更大的决策和整合资源的权力,围绕同一目标,共同对从了解用户需求到满足用户需求的端到端的流程负责。所以,自主经营体的三个要素——端到端、同一目标、倒逼体系,正好契合了人单合一双赢模式的三方面工作内容。这三个要素中的每一个既是创新性的观念,又是可操作的制度安排。

"端到端",是"一切都听用户"的观念;指的是一线经理从客户的难题出发,到客户的需求满足为止,是一个从客户端再到客户端、从客户不满意到客户满意的全流程闭环。这种源于营销碎片化、客户需求个性化的新型营销模式,通过将不满意的客户变为满意的客户,就可以实现用户资源的创造,从而创造出海尔的核心竞争力。

"同一目标",是"全流程协同"的观念;指的是全流程各节点的人员都要按同一目标参与经营;这需要将原本分散、割裂的部门及资源予以迅速协调和整合,使各个部门都能在一个共同目标下协同运作,避免了部门之间的扯皮现象,从而极大地提高了流程的效率。

"倒逼体系",是"不能旁观、不能置身世外"的观念;指的是在"端到端"用户驱动的前提下,把原来"正三角形"金字塔式的组织倒置过来成为共享"同一目标"的"倒三角形"组织。一线经理在"倒三角形"组织的最上面直接面对顾客;管理者则从"正三角形"的顶端颠覆到了"倒三角形"的底部,从发号施令者变为资源提供者。这种"倒三角形"组织的内涵,就是员工从过去被动地听领导的指挥、完成领导确定的目标,变成和领导一起听用户的指挥、创造用户需求,共同完成为客户创造价值的市场目标。管理者最重要的任务不是下指标,而是按照经营体中一线员工的需求,去帮助整合资源。管理者最重要的职责也不再是考核员工的指标和效益,而是考核创造了多少自主经营体,为多少员工成为自主经营的 CEO 提供平台。当员工、企业领导及职能部门都由"倒三角形"组织指向了为客户创造价值的同一目标时,员工(自主经营体、自组织)与客户的直接对接功能就被发挥出来了。由自主经营体直接决策、创造和满足用户需求,可以彻底改变决策流程链条太长、反应迟缓的弊病,实现了决策的及时性和准确性,同时调动了员工的积极性,避开了员工一直处于被动状态的缺陷。

4. 原则明确、界限清晰的管理架构——海尔的"三表"机制与"事前算赢"业绩体系

"人单合一双赢"模式基于一个最朴实的出发点:客户价值主张,以"人单合一"为必要前提,最终的价值追求是"双赢"。"端到端""同一目标"和"倒逼体系"下的自主经营体是实现双赢的路径和载体。但每一套管理模式的成功都离不开全员的、全面的、全程的参与。当然,在经营分权的系统中,企业必须有一个原则明确、界限清晰的管理架构。对此海尔的实践是将海尔的"价值双赢闭环"——为客户创造了价值,才能体现自身的价值,自身更大价值的体现来自为用户创造更大的价值——的理念映射到操作中的战略落地工具:个人"三表"机制同与之对应的预算和绩效考评体系。

正是海尔的自主经营体内部独创性的个人"三表"和与三表内容紧密结合的绩效考评体系的设立,扎扎实实地将自主经营体的每一项目标落实到各项指标之中,让每一位一线管理人员都能够更清晰、更微观地看到从个人努力到实现企业目标、个人目标的细化流程,能够有充分的信息和自主决策的权利,实现自主管理。

4.1 海尔集团"三表"机制

从最初"希望每一个员工都成为企业的主人"的梦想,到尝试班组管理、SUB、市场链等新的管理模式，直至最后创造性地提出和发展了以"自主经营体"为核心的人单合一双赢模式，每一个过程都体现了海尔集团在战略和管理制度制定上的创新精神。然而，推进自主经营体需要很多新的机制流程来支持，才能在实际操作层面落实下来。承担这一战略落地任务的工具，就是海尔集团的"三表"机制。

企业常用的三张财务报表是资产负债表、损益表和现金流量表，大家都已经耳熟能详。海尔借鉴了三张财务报表的框架，结合自己的管理核心，将三表的评价对象从企业变为了个体，提出了适用于个人的全新的三张表：损益表、日清表和人单酬表。

虽然海尔的"三表"源于传统三表，却超越了传统三表：首先，老三表只告诉"是什么"，新三表却能告诉你"为什么"，能清晰地找到数据背后与客户、员工的关系。其次，老三表是事后记账，反映的只是历史信息，但新三表中的日清表就是保证即时执行到位。最后，老三表缺少可持续的动力，但新三表中的人单酬、"人区客"的推进，是要和用户有真正的黏度，是需要紧跟市场变化和用户需求的，是一种真正可持续的发展。

海尔的损益表与一般企业的损益表有着本质的不同。一般企业的损益表就是展示一个企业的总体收入、成本和利润的关系；而海尔的损益表则是全新的"创造"，它的创新性贡献在于及时发现、随时调整人单合一状态下，每一个"自主经营体"在运营中存在的问题。在这张全新的损益表中："益"（收益），就是自主经营体为用户创造价值而获得的收入；用普通财务报表的收入减去"益"，剩下的就是"损"，经营者眼中的"损"。出现"损"，就意味着工作中存在问题、存在差距，而有差距就必须"关闭"。

如何"关闭"？海尔依靠的是创新。管理者要从关闭差距出发，从流程创新、机制创新、平台创新上帮助员工从"非赢"到"赢"。由于管理者能够通过这张表及时地发现各流程（包括产品开发、市场营销、供应链等）各环节"非赢"的因素，所以能够及时地、主动地通过创新让员工实现"赢"。把这些创新的工作形成每天的预算，每天进行日清，于是有了第二张表——日清表。所以，"日清表"成为关闭差距的切入点。

当然，在这个过程中，关键还是怎样把每个人为用户创造价值的积极性调动起来，这就需要靠机制保障。于是又有了第三张表——人单酬表。人单酬的逻辑非常清晰，提成收入是按照单台提成，卖得越多提成越多，卖得越贵提成越高；成本项里面有预测准确率，预测准确率高于目标可以奖励，低于目标则要计算损失；人单酬里还有一项成本是库存成本，如果要了货没卖出去也要承担相应的损失。通过信息化系统，每日将人单酬账户的经营结果通过短信通知到代表，让代表随时了解自己的经营情况和个人收入情况，而损益表则显示出代表分管的每个客户的周提货情况、预测准确率等情况，让代表对自己的差一目了然。

第一张表清楚地表明了创造用户价值的正确方向，第二张表精确到了任务完成的流程时效，而第三张表是员工和"自主经营体"自我经营的最终结果。这三张表构成了海尔员工价值创造的流程保障体系。

这三张表也清楚地表明了"人单合一双赢"的路径：每个"自主经营体"在可靠的成本预算和市场预算前提下，及时地创造和完成客户需求，为客户创造价值，然后获得自我价值。

"传统的财务报表是以资本为中心，追求股东利益至上；海尔的三张表是以员工为中心，追求员工利益至上，即以人单合一的机制激发员工的创新力，达到用户、企业、员工的共赢,并实现员工的高效率、高增值、高薪酬。"这正是海尔 CEO 张瑞敏对"三表"机制的解释。

4.2 "事前算赢"战略业绩的经营体系与持续滚动计划过程

当下,对于随时准备改变的企业来说,传统的预算管理显然已经暴露出了诸多问题,如预算目标的僵化、预算松弛、成本大于收益、基于历史数据预测脱离现实等。一些企业选择抛弃预算,但更多的企业选择在保留预算机制的同时,跳出预算的束缚,将更多的动态的市场信息引入预算体系中,让预算也跟着"动起来"。

海尔在推进经营体之后,预算方面的财务转型主要表现在"事前算赢"上:事先锁定年、季、月、周、日的运营节奏,包括三年的战略企划、年度预算、季月的滚动预测及到周到日的关差预案等。这种事前算赢可以使公司事前洞察可能存在的风险和机会,事前与业务流程协同制定措施方案,抓住机会规避风险,以达成企业第一竞争力的盈利目标。

例如,在财务长的预算体系中,提前三年会协同业务人员制定公司的战略目标,且要有承接目标落地的团队、资源、机制,年度要制定年度预算。这里的年度预算不仅仅是一个数,它包括了盈利目标解构、机会风险洞察、盈利空间和论证盈利路径的可行性、盈利模式、各部门论证规划的可行性等,并将承接盈利目标和关键任务落实到每个人的人单酬和PBC中,且锁定承接的团队和关键任务等;春秋季企划要规划出端到端全价值链价值,包括规划到用户/客户/企业/经营体的共赢价值、评审春秋季企划是否符合年度战略要求(价/量/结构和利润要求)、评审单型号竞争力等问题;每月每周要进行滚动预测,确保所有的预案执行到位,每日还要执行日清管理,做到日事日毕。

市场经营体财务的预算体系实质是经营体财务标准化的运营节奏,按照这种运营节奏,财务人员可以真正融入经营体中。经营体中的财务人员要在前一个月的 5~14 日对产品代表录入系统的订单进行人区客对照,检查出人区客的差并进行预警,15~17 日进行目标的锁定与解构,16~18 日通过到客户到型号的解构找出网络差距,做出网络预算,19~30 日与经营体协同制定关差预案,完成资源的相互对赌承诺,每周进行总结,每日日清跟踪预案的执行情况,保障所有的预案执行到位,以保障组织绩效的达成。因此,从根本意义上讲,"事前算赢"的预算体制,是一种财务职能的创新。

4.3 以客户、资源、价值为导向的绩效评估和激励机制

人单合一双赢模式下的自主经营体,赋予员工充分的自主决策权,能够让他们充分发挥自身创造力。"参与约束"和"激励相容"的绩效评估和激励机制,引导员工从目标选择出发,通过个人努力实现企业绩效和个人目标的流程。具体来说,海尔的绩效评估和激励机制有下面几个特点。

第一,目标是"抢"来的,薪酬标准是预先设定好的。

传统企业的绩效考核机制是自上而下的,领导制定目标,层层分解,导致的结果是员工和企业讨价还价。海尔在人单合一双赢战略框架下进行机制设计创新,分市场到团队,每个自主经营体对应一个细分市场,事先全面预算和市场洞察,设定 A、B、C 不同等级的竞争力目标,每一个等级的目标对应不同的薪酬等级,激励自主经营体团队主动抢 A 类目标。A 类目标的设计不是比同期提高的幅度,而是人区客(分别指员工、区域市场、客户,每个人负责他经营的区域市场达到第一竞争力的目标)的创新。

抢到的目标不同,参与分成的薪酬基数也不同。这种被海尔人称为"温度计"的薪酬等级划分标准,就是把给用户创造的价值按竞争力水平在温度计上分成5段,由上至下分别是分享、提成、挣工资、亏欠、破产。每个人根据为用户创造的价值在温度计上的位置来确定自己的收入。挣工资就是单纯的打工仔,亏欠就是浪费了企业的资源。

第二,核算指标是市场化的,是客户和资源导向的。

企业传统的核算体系是事后算账,见数不见人,见果不见因。在以前的模式下,销售人员的大部分指标是考核回款,这样销售人员会主要处理与客户的关系,而忽略用户资源的获取、产品竞争力和营销竞争力。

而海尔"自主经营体"的损益表、日清表和人单酬表这三张表是以员工为中心,其评价指标不是用销售来衡量,更多的是用市场份额、盈利来衡量,包括新产品开发、客户满意度等。关注的重点从当期的销售额转向可以创造价值的用户资源,以及可以带来未来持续价值的产品创新和市场增长等方面。

第三,"缴足企业利润,挣够市场费用,超利分成"激励机制。

海尔"人单合一"的双赢,就是一个激励相容的制度。因为每个人都想追求个人利益的最大化,但是只要实现企业利益最大化,员工就一定会实现个人利益的最大化。在"人单合一"的机制下,员工只要缴足企业利润、挣够市场费用、实现自负盈亏,即可获得超利分成。在海尔强大的IT系统支持下,每个"自主经营体"成员每天都可以通过短信显示自己的"人单酬"账户盈利情况以及每天的差距,及时通过创新来关闭差距,把绩效导向与用户双赢的方向。

5. 结束语:海尔"自主经营体"的探索之路还在继续

海尔集团已经成为全球拥有8万多名员工、2011年营业额1 509亿元的全球化集团公司。海尔被美国《新闻周刊》(*Newsweek*)网站评为全球十大创新公司。在中国市场上,海尔不但是规模最大的家电企业,其品牌价值也连续九年位居中国最有价值品牌第一名;在全球市场上,据欧睿国际(Euromonitor)统计,海尔跃居全球白电第一品牌。

世界著名商学院美国沃顿商学院的马歇尔·迈尔(Marshall Meyer)教授高度评价海尔的模式创新:"海尔'自主经营体',是要在企业内部培养国际化员工的企业家精神。我从来没有看到过一个大规模公司涉足这种模式。海尔的管理模式超越了西方代理理论,创造了'超级团队'的新模式。"著名的"竞争战略之父"迈克尔·波特(Michael E. Porter)也曾称赞张瑞敏是"伟大的战略思想家",称赞"海尔的实践是非常有竞争力、非常创新、很有吸引力的"。

以创新为血液的海尔,有敏锐洞悉市场的眼光,有以客户价值为核心的驱动力,有灵活应变却有条不紊的内部架构,有倡导创业精神的价值观,有充满凝聚力和信任的企业文化……海尔的成功,源于全面、全员、全程的整合。在动态的、竞争不断加剧的商业环境中,海尔管理创新案例为这些企业管理控制体系的变革阐明了方向;战略能力提升、组织结构重构、管控机制创新等相得益彰,企业的管理控制系统应向分权化、扁平化、交互化和社会化发展。

(案例来源:中国管理案例共享中心,并经该中心同意授权引用。本案例仅供课堂讨论之用,并无暗示或说明某种管理行为是否有效。)

案例分析问题：

1. 海尔集团是通过何种途径实现从高速发展时期过渡到调整转型期的？为什么要进行这种调整转型？转型成功的关键在哪里？

2. 立足海尔案例，说明一个企业的战略变化、组织结构与企业管理控制系统是怎样的互动关系。

3. 与传统管理控制系统式相比，海尔集团"自主经营体"下的管理控制系统创新之处主要体现在哪些方面？

4. 如何看待海尔的企业文化在海尔管理模式创新中的作用？

5. 如果其他企业引入、复制海尔集团"ZZJYT"模式，其可能风险或条件应该有哪些？

建议课堂使用计划：

本案例可用于专门的案例讨论课。以下是按照时间序列安排的课堂计划，仅供参考。整个案例课的课堂时间控制在80~90分钟。

1. 课前计划：发放案例资料，提出启发思考题，请学生在课前完成阅读和初步思考。

2. 课中计划：

（1）简要的课堂前言，明确案例讨论主题（3~5分钟）。

（2）就案例中提出的启发思考题，分组讨论（40分钟）。

（3）现场模拟海尔产品代表通过内部竞单方法确定预算目标的过程（15分钟）。

（4）现场模拟，如果你是张瑞敏，如何应对海尔在全球化过程中可能会遇到的阻碍（15分钟）。

（5）引导全班进一步讨论，进行归纳总结（20分钟）。

3. 课后计划：请学生以报告的形式对海尔集团组织管理创新是否可以在其他企业实施给予讨论。

第六篇 管理创新

第十七章 管理的创新职能
第十八章 技术创新与组织制度创新

第七章

管理的创新职能

学习目标

(1) 理解创新的基本概念。
(2) 了解创新理论的发展过程。
(3) 掌握支持创新功能的不同要素或过程的特征。

> **身边的管理：**
>
> "说联想没有创新动力是不了解联想。"
>
> 《中国企业家》：月初在阿里巴巴的 Yun OS 大会上，原阿里巴巴 CTO 王坚博士认为联想没有"创新动力"，您对他的话怎么看？
>
> 杨元庆：那是他不了解联想，我觉得联想从来不缺创新动力，我们的创新源源不断。如果没有联想的话，今天的 PC 会很枯燥、很单调。你可以想象一下如果没有创新，我们不可能走到第一的位置，比如联想的 Yoga 平板，以及刚刚发布的 Yogabook。包括手机大家都做得同质化，你在市场上见过像 Moto Z 这样的产品吗？如果这些还不叫创新的话什么叫创新？
>
> 我倒是觉得很多中国的互联网公司更多地瞄准在业务模式上的创新，真正在产品、在技术上面的创新很缺乏。我们之所以今天依然落后于硅谷，就是因为缺乏或者忽视在技术、产品上面的创新，(事实上)不是只有业务模式的创新就够了。所以在这些方面的话还是要有一个非常清醒的认识。
>
> ——杨元庆在接受《中国企业家》采访时的回复

创新就是与众不同。在战略理论中，研究人员早就强调了差异化战略的作用。随着管理实践的不断发展，在战略层面的差异化概念逐渐渗透到整个组织层面。这种组织层面与众不同的模式、过程和行动就是创新。从组织领导者的思维、决策到组织的各个职能部门，甚至组织文化，创新都扮演着重要角色。本章主要阐述企业的创新管理，并且在此基础上介绍支持创新管理的系列要素。

第一节 创新的概念与特征

一、创新的概念辨析

管理实践已经凸显了创新作为企业重要推进力量的作用。事实上,从航空、医药、汽车到计算机各个行业中,那些领先的公司都展现出了创新的能力。只有不断地创新,企业才能不断地建立新的竞争优势,也才能获得长足的发展。许多企业在产业变化迅猛的时代都因为没有持续创新或紧跟新技术的潮流,被时代所淘汰或使企业陷入了危机。例如,现在处于行业领袖地位的苹果公司,以其推出的系列产品引领着行业的发展方向,但在它的发展历史上,却也曾因为创新能力不足而被其他公司所取代,一度濒临死亡。随后正是在不断创新的推动下,苹果才重新回到了行业的巅峰地位。

在信息时代,创新似乎成为长期生存、不断成长的动力源泉。几乎人人都听过或谈论过创新,以至于它变成了陈词滥调。那么到底什么是创新?不同的人给出的答案可能大相径庭。有人认为创新就是创意,也有人认为创新就是发明。之所以出现这样的局面,是因为大家模糊了这几个名词的边界。因此,有必要澄清这些名词的不同含义。

(1)创意。创意是创新的起点,如可飞行的翅膀、可在水底呼吸的人工鳃。这些创意虽然有趣,但它既不是一个发明又不是一项创新,它可能仅仅是一个概念、一个思想或一系列想法的集合。创意存在于个体的大脑中,不过可以通过语言或者文字予以交流。

(2)发明。发明是将创意转换为有形的产物(通常是一件产品或流程)的过程,如无人机的开发、虚拟现实技术的实现。这一过程通常是由科学家或工程师来实现的,它通常发生于实验室中,不涉及产品的商业化。

(3)研发。研发是指各种研究机构、企业为获得和运用科学技术新知识而进行的探索技术、改进产品和服务的系统活动。一般指产品、科技的研究和开发。

(4)创业。创业是创业者将之前识别的创业机会予以开发,组建新的企业,利用企业的形式进行创业机会的商业化过程。创业过程通常伴随着创新活动,不过,也有一些创业活动只是现有产品或服务的简单复制,并没有实质性的创新。

(5)创新。创新是从创意到将最终产品运用到商业活动上的完整过程。创新不是一个单独的行为,而是由相互关联的子过程组成的完整过程。它不仅是想出一个新的创意、发明一个新的设备或开发一个新的市场,而是所有这些行为的整合。

对于组织而言,创新是一个非常宽泛的概念,它可能是一个新的理念或行为的采用,也可能是新的原料或渠道的应用。其表现形式可能是一个新的产品、新的服务、新的技术,或是一种新的管理方法。

在组织背景下,创新因其性质不同可以分为不同类型。就组织的主要行动——生产运作过程来说,不仅包括重大的(突破性)创新,而且包括较小的(渐进性)技术进步。技术方面的创新活动往往需要管理和组织方面的创新支持。组织结构方面的创新设计,或是管理制度方面的创新举措也会促进组织在生产和运作方面的改良甚至变革。上述不同的创新活动以及彼此之间的关系表明,在组织的发展中创新的内涵和形态是多元化的。表

17-1 中展示了组织中常见的创新类型。

表 17-1　创新的分类

创新的类型	例　子
产品创新	新产品或改进产品的开发
流程创新	新的制造流程的开发
组织创新	新的投资部门；新的内部沟通系统；新的会计手段的引进
管理创新	全面质量管理系统（TQM）；业务流程再造（BPR）
生产创新	质量周期；准时制生产系统（JIT）；新的生产规划软件，如 MRPⅡ；新的检测系统
商业/营销创新	新的财务安排；新的销售手段，如直销
服务创新	网络金融服务

资料来源：特罗特. 创新管理与新产品开发：第 5 版[M]. 北京：清华大学出版社，2015.

二、创新的特征

创新不是对组织原有的职能、过程、产出的复制，创新就意味着变化。然而，并非所有的变化都能够达到创新的效果。在组织内部，有益的创新具有如下特征。

（一）价值性

实现创新最为关键的一步就是产品的商业化，因而任何一项创新都必须有明显、具体的价值，对经济社会具有一定的效益，才能有效实现其商业化。以产品形式呈现的创新主要通过产品的功能等为顾客提供价值，如手机满足了人们快速联结、有效沟通的愿望，冰箱满足了人们长久储存食物的需求，飞机满足了人们缩短远距离出行时间的愿望。以服务形式呈现的创新主要通过为顾客提供某种体验来传递价值，如医疗服务满足了病患减轻或根除痛苦的愿望，各式美容保健服务满足了人们追求美和健康的需求，多样的网络购物平台满足了人们足不出户、货比三家、购买优质产品的购物体验。上述产品或服务都因能为人们提供一定的价值而成为最受人欢迎的创新。

（二）独特性

创新具有很强的独特性。对生产类企业来说，这种独特性主要体现在研发、功能、生产工艺、渠道、品牌上。例如，在数码相机市场上，许多厂商推出功能越来越细化的产品来迎合人们对高清图像的追求，但这也使产品的使用越来越复杂。索尼为了解决这一问题，推出了操作简单、功能较为完备的"傻瓜"数码相机，满足了那些对图像要求较高又不擅长使用各种复杂功能的消费者，因而大受市场欢迎。对服务类企业来说，这种独特性主要体现在服务流程、人员管理体制上。例如，海底捞改变传统餐饮业单一化服务的状况，为顾客提供多样化、细致化的服务及人文关怀，包括专门的免费泊车服务、丰富的等候专区服务等。这种超出消费者心理预期的心理感受使海底捞的服务理念深入人心，也使其在竞争激烈的餐饮行业独树一帜。

(三) 高风险与高回报并存

任何创新都是由无数个不成功的创新发展而来的。创新因其整个过程的复杂性,失败的风险很高。研发阶段,产品需要不断反复才可能取到预期的结果;生产阶段,工艺流程等存在的问题也可能导致产品失败;商品化阶段,市场接受度低、渠道不畅等问题可能导致产品的商品化受阻,成为不成功的创新。同时高风险往往预示着高回报,成功的创新能给市场带来巨大的价值,从而实现组织的高收益。全球致力于创新的公司,如大众汽车、三星电子、英特尔、微软等往往是研发投入最多的公司,同时它们又是世界上最赚钱的公司。

(四) 阶段性发展特征

在组织内部,创新是一个过程,而不是一个简单的状态描述。创新过程一般可分为如下四个阶段。

1. 信息收集与整理阶段

每一项创新都是从问题出发的。问题就是预期与现实的差距。管理者需要界定要解决的问题,大量收集和整理与问题相关的信息资料,分析问题的原因,明确主客观条件,厘清创新的大致方向。

2. 创新方案制订阶段

创新方案不止一个,企业的创新方案选择要遵循最满意原则。企业需要基于自身的优势、劣势以及面临的机会和威胁,结合企业的整体发展战略和业务特点,制订符合实际的创新方案。

3. 创新方案实施阶段

每一个创新方案都不是完美的,在实施过程中会发现一些问题,应及时解决问题,对创新方案进行调整和完善。如果在方案实施过程中,外部环境发生剧烈波动,导致整个组织的战略发生变化,就需要及时评估创新方案的可行性,必要时重新制订创新方案。所以,此阶段也是检验创新方案可行性的重要阶段。

4. 再创新阶段

创新是一个持续的过程。先前创新的成败都会给后续创新的进行提供宝贵的经验和教训。基于这些经验和教训,企业将实施新一轮的创新。创新就是一个螺旋式上升的过程,社会就是在不断地创新中持续发展。

三、创新的路径

对企业来说,创新绝不仅仅是技术创新或产品创新,战略、模式、生产、营销和服务等方面的创新也对企业的成长发展有重要作用。例如,处于初创期或调整期的企业,业务模式的创新可能是企业创新的关键;有时企业最大的问题出现在生产流程上,这时,生产流程创新就成为企业的首要课题。企业需要基于不同的管理情境进行不同方面的创新,并对各种创新进行整合。如果仅仅将创新局限在技术或产品方面,这种创新理念相对比较狭隘,很有可能会限制企业的进一步成长。提高创新能力必须打破这种狭隘的思维模式,在所有的可能性中寻找有价值的创新,这正是管理创新的出发点。总体而言,企业可以从客户价值和运营模式两个方面进行创新,实现收益(如图17-1所示)。

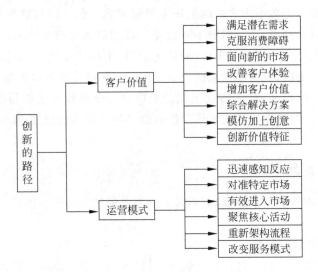

图 17-1 创新的路径

(一)客户价值的创新路径

1. 满足潜在需求

实现该路径的重要基础就是要有深入的洞察力,其隐含的背景信息是客户的潜在需求是不易察觉的,但企业还是可以通过一些不易察觉的线索来推断顾客的潜在需求。这就需要深入目标客户,仔细观察并洞悉客户行为背后的潜在需求。除了可以采用深度访谈、问题识别、隐喻诱导和客户体验等方式以外,企业还可以通过利用领先客户——市场上最早有需求的人群来实现这一路径。这就是说企业应当寻找并观察最早应用创新的人或事物,掌握投诉客户和流失客户的意见,并且预测相关趋势的影响。

2. 克服消费障碍

该路径强调了解顾客不消费的原因,并竭力清除消费阻碍以实现增长。我们知道,不购买某类产品不一定是因为对该产品没需要,而可能是因为他们的某些条件不允许其购买行为的实现。如果一些条件得到满足,消费者就会购买那些能够解决某个问题或者满足他们某种需求的产品。阻碍消费的障碍主要有:价格高昂,消费者无力承担;技术复杂,操作过程烦琐,需要大量指导和培训才能使用;囿于环境,某些产品只有在特定的环境或场合才能被消费;耗时,某些产品的使用需要耗费很长的时间。在对现有技术进行改进和创新、重新思考正确的做事方法的基础上,克服消费障碍能够带来有效的创新方向。

3. 面向新的市场

面向新的市场是企业扩大市场份额的有效方法。通常来说,进入新市场意味着要在发现潜在市场缺口的基础上,综合考虑跨地区、跨文化的因素,因而操作难度较大,但如果成功进入新市场,将会带来丰厚的利润。当前,由于发展中国家市场广大,进入发展中国家开辟新的市场成为许多发达国家的公司的选择。这一做法主要基于以下假设:发达国家尤其是欧美和日本的产品或技术创新程度相对较高,这些创新经过一些修改就足以满足发展中国家的需要。然而,这一假设正在受到挑战。首先,无论是发达国家还是发展中国家的消费者,只有产品能够满足其需求时他们才会购买。其次,事实证明,面向发展中国家的创新同样吸引发达国家的消费者。创新不仅仅是从发达国家流向发展中国家,现在也存在创新从发展中国家向发达国家流入的趋势。

4. 改善客户体验

该路径强调从消费者角度抓住整个客户体验过程。消费者的每一次购买都是一个决策过程,从具备需求到对各种备选方案的选择并选出最优决策方案。在这一过程中,很多新的步骤会随着时间的推移而产生,这些步骤会给企业带来很多创新机遇。通过重新思考与客户的所有接触面,尽可能多地注重细节,寻找客户尚未被满足的需求,改善现有产品,强化产品价值,就能形成自身的独特优势,填补空白。

5. 增加客户价值

该路径的重点在于应用新知识和新技术,为客户增值。对大多数企业而言,由于该路径聚集了企业的大部分资源,并且承担着企业未来发展的重任,企业会投入大量的管理工具对该路径的创新活动提供指导,它也成为所有创新活动中管理最为有序的一条路径。该路径能有效满足客户的潜在需求。这一路径的技术基础可以是颠覆性的也可以是持续性的。颠覆性的技术可能会破坏现有的技术优势,以价格更低、操作简单但质量足以满足大多数客户的需求的优势来获取竞争优势甚至改变现有市场的格局。不过这种颠覆性的技术往往难以实现。大多数技术进步还是属于持续改进型的。这意味着企业往往通过外观或者功能上的变动以区别于其他产品,或是通过对一组产品或服务的模块化的组件进行多样组合,实现多样化的产品形式。

6. 综合解决方案

该路径强调全面考虑客户的问题,按客户自身的条件产生相应的解决方案。这就涉及究竟什么才是真正的解决方案的问题。真正的解决方案应该综合客户所需的所有产品和服务,为客户创造$1+1>2$的价值。这一方案要满足四个标准:方案由企业和客户共同制订;每个方案都是独一无二的,只适合该客户的需求;以高品质的配套产品和服务来满足顾客的需求;企业与客户签订性能或风险协议,减少客户风险。提供客户的"专属定制"是该路径的主要增长点。

7. 模仿加上创意

该路径强调在原始创新的基础上,分析其未成功的原因并作出相应的改进,以更好地满足客户的需求,取得成功。模仿不是单纯的复制而是基于原始创新的创新。由于是在已经被市场检验过的概念基础上的创新,模仿者的研发成本相对较低,失败的风险也更小。当然,要想取得创新,模仿者必须在市场竞争未被触发之前就迅速采取行动,推出更优质的产品;或者快速进入市场并对市场进行渗透。

8. 创新价值特征

该路径侧重的是建立不同于行业现有思维模式的标准,突出自身区别于其他竞争对手的特殊性,进而彰显自身的价值,产生新的竞争优势。该路径通常要求对目标市场进行重新定位和思考,并推出能够满足目标市场需求的新产品或新服务,因而与其他路径配合使用效果最好。该路径需要考虑为了使产品区别于行业标准,如何改进现有特征。

(二) 企业运营模式的创新路径

1. 迅速感知反应

该路径强调对客户需求的深入感知和迅速反应。其精髓在于将活动和过程模块化,并对各个模块进行多样组合以适应客户难以预测的需求,而非传统的先通过预测客户的可能需求再安排行动计划的模式。该路径的另一种体现形式是融合了模块化组合和精确化产品定制的一种混合模式。信息传递服务、简单的技术支持可以满足客户的一般化需求,而精确的产品定制服务则满足客户的个性需求。这使该路径的价值在有限资源的条件下得到较大释放。

2. 对准特定市场

该路径主要侧重于发现特定的市场需求,并为特定的市场群体定制特定的商业模式。例如,为价格敏感的市场群体定制低成本的商业模式,从而更好地实现价值创造。

3. 有效进入市场

该模式强调如何与客户更好地沟通,从而更有效地进入市场。传统的市场进入模式通常是先生产产品然后将产品推向市场,而更有效的市场进入模式则变成了先通过与客户平等的沟通,了解顾客需求,然后改善客户体验,传达有意义的客户价值,继而进入市场。企业完成的每个市场行动都可能是巩固增长的一次创新,而实现这些创新的最有效方式就是与关键客户展开平等对话和沟通,这是有效进入市场的最有效选择。

4. 聚焦核心活动

该路径强调利用有限的资源集中在企业核心的活动上,同时广泛利用外部资源的优势,提供更具价值的产品和服务。每家企业都必然有一条价值链,这条价值链从最初的采购产品原料活动到最后的产品销售活动都是围绕市场需求进行的。随着价值链中每项活动的推进,产品的价值就会相应增加,但增加的幅度随价值链的有效程度而定。设计合理、相互协调、执行顺畅的价值链能为企业和客户带来的价值超过原有各项活动价值的简单加总。在日益专业化的今天,协作机制和信息技术的进步为创新提供了很多渠道。企业可通过缩小核心市场活动,扩大外包网络,综合利用各种资源进而获得成功。

5. 重新架构流程

该路径侧重让企业重新设想如何向客户传递新价值,这就涉及运营过程方面的重新架构。流程的重新架构往往会带来企业在生产成本、经营效率等方面脱胎换骨的变化,从而实现创新价值。例如,快速时尚概念引领者 ZARA 的服装品牌通过对其服装设计过程和服装生产过程进行彻底的重新思考,极大缩短服装的生产周期,迅速占领市场并获得成功,实现了持续的增长。

6. 改变服务模式

服务模式是指企业为客户提供产品或者服务的形式。近年来,随着信息时代的发展,资源共享变得十分方便,这就打破了很多行业的一些特定门槛。很多行业都在探索既能为顾客提供满足其需求,又能从中获取价值的服务模式,是企业从产品销售模式转变为服务提供模式。

实际上,要想获得价值的持续增长,必须将客户价值主张和运营模式创新紧密结合。多样化使用创新路径,实现顾客价值,获取丰厚收益。

第二节 创 新 理 论

一、创新研究的演进

在经济学研究中,创新的重要角色早已得到确认。早在19世纪,经济史学家就观察到技术进步会推进经济增长的加速,但在技术的变化是怎样促进这种增长的问题上研究还不够深入。

熊彼特是率先强调新产品在促进经济增长方面重要性的经济学家之一。他于1912年首先提出了创新的概念,认为创新是组织为了提高组织内部的资源配置效率,对各项活动进行新组合的方式。在此基础上,他强调创新和发明是两个不同的概念,认为发明是新工具或新方法的发现,而创新则是新工具或新方法的应用。只要发明还没有得到实际上的应用,那么在经济上就是不起作用的。熊彼特同时指出,企业在新产品开发方面的竞争优势要比使现有产品在市场上渗透重要得多。例如,手机新的操作系统的开发远比手机价格的下降带来的经济效益多。在熊彼特的经典研究出现之后,创新开始受到学术界的广泛重视。

20世纪60年代之后,随着新科技革命的迅猛发展,人们越来越意识到技术在经济发展中的重要作用,这一阶段主要关注技术创新。美国经济学家华尔特·罗斯托将创新的概念扩大到技术创新,认为技术创新在创新中占主导地位。随后,其他学者分别从不同角度对技术创新进行了定义。

20世纪七八十年代,创新研究进一步深化,逐渐形成系统的理论。弗里曼从经济学的角度考虑创新,将创新对象基本限定为规范化的重要创新,但认为技术创新仍旧是所有创新中最重要的创新形式,并将技术创新定义为新产品、新过程和新系统的首次商业转化。阿伯纳西和厄特拜克从生命周期的角度探讨创新的形式,不再将创新局限于技术创新,认为任何行业的诞生都是因为出现了突破性的技术创新,然后由突破性的流程创新来推进行业的发展,继而由广泛的渐进性创新来推动行业的逐渐成熟。

20世纪90年代至21世纪初,关于创新的研究主要集中于创新模式以及影响创新绩效的因素上。哈默和普拉哈莱德及克里斯坦森认为企业的营销策略会影响企业创新的绩效。他们的研究表明,过于倾听消费者的要求,并极力满足其需求虽然可能会带来短期的产品创新及效益,但从长期来看它可能会扼杀技术创新(尤其是突破性创新)且不利于长期经营的成功。因为所有的创新都是基于有限的资源的,如果只是将资源投入对原有产品的改进和创新上,对技术创新的投入就会相对减弱。然而,产品改进创新只能不断满足顾客现有的需求,不能满足顾客许多尚未意识到的潜在需求。如果不能通过不断的突破性技术创新创造满足顾客潜在需求的商品,并通过教育和引导顾客消费,就不能引领未来的消费导向,无法实现企业长期的增长。克里斯坦森的研究进一步区分了"破坏性创新"和"持续性创新"(突破性创新和渐进性创新),认为持续性创新通过不断改进现有产品,越来越贴合消费者需求来吸引顾客;破坏性创新往往通过引进新的概念进行重大创新,这种创新可能超出顾客现有的消费需求,但它代表了新的需求方向,将会创造新的市场,满足顾客潜在需求,并最终成功占领市场。

在经济全球化趋势不断增强的今天,人们进一步认识到企业之间的联结变得越来越重要,与供应商、竞争对手、客户建立高效、良性和紧密的关系也成为企业创新的一种重要方式,企业战略联盟作为一种有效的企业联结方式开始受到关注(本章后续会有更多讨论)。不仅如此,企业内部的创新也不再只将关注点集中于技术创新,而是开始强调全方面创新,即企业创新要综合考虑构成企业有机体的软件系统创新(如战略创新、模式创新等)、硬件系统创新(如人、财、物、技术及相关结构方面的创新)、通用管理职能的创新(如计划、组织、领导等管理职能创新)、业务职能创新(如设计、生产、物流、营销、财务等专业业务职能的创新)。

二、创新的过程模型

创新的过程往往较为复杂。在不同的组织内部,由于组织所面临的环境以及所具备的能力差异,创新活动的推进呈现不同的规律特征。随着创新研究的发展,先后出现了一系列创新理论模型,这些模型的发展促进了创新的实践。

(一)线性模型

创新的线性模型是关于创新过程的最初研究。线性模型主张创新过程是一系列阶段或活动的演进,按顺序原则从第一个阶段依次进入下一个阶段直至结束。按照模型推动动力的不同,线性创新模型分为技术推动型创新模型和市场拉动型创新模型。

技术推动型创新认为创新源于科学基础,即科学家首先依托基础研究形成理论基础,技术人员应用理论进行应用型研究,形成样品并反复测试。企业部门生产相应的产品并通过营销部门将产品推向市场。在这个过程中,技术成为创新的开端和原动力,而市场则是研发成果的一个被动接受者(如图17-2所示)。

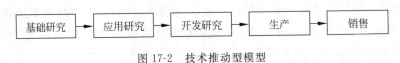

图17-2　技术推动型模型

市场拉动型创新认为市场需求是创新的最初动力。在与市场的紧密互动中,市场需求信息被传达到企业,企业通过分析市场需求特征研发能够满足市场需求的产品,并将新产品投入市场。在这个过程中,市场需求是创新的发起者,而技术活动成为被动方(如图17-3所示)。

图17-3　市场拉动型模型

一些学者认为创新的出现是市场、基础研究和组织共同作用的结果。创新不仅仅是单一因素引起的,技术和市场的力量同时存在,两者共同促进了创新。整个创新过程是一个更为复杂的传输知识的沟通渠道的集合。这个模型是一个更加综合的创新过程的表述，在一定程度上反映了创新过程的复杂性（如图 17-4 所示）。

图 17-4　技术推动－市场拉动型模型

（二）复杂模型

随着对创新活动的理解加深，简单的线性模型由于过于简单，已经不能更为全面地反映创新活动的演化过程，因而出现了许多更为复杂的创新模型，包括交互作用模型、链环—回路模型和并行模型。

交互作用模型强调技术和市场需求的交互作用是创新的重要推动力量。交互作用指的是技术和市场交织在一起影响创新的不同阶段，而非只是作为创新源头的单向线性作用。交互作用初期主要是形成创意并引导创新活动，后期主要在于推动生产和销售（如图 17-5 所示）。

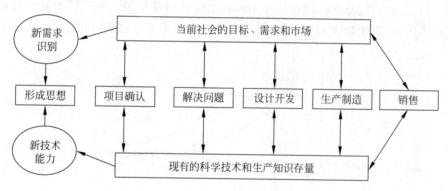

图 17-5　交互作用模型

链环—回路模型也强调技术和市场的交互作用，但认为基础研究和企业创新活动是两个分离的模块。当现有技术知识能够给企业带来支持时，企业将从其中获益并推进技术创新活动；当企业不能从现有知识中获益时，企业将在现有知识基础上加强基础研究，完成理论储备，再进行后续创新活动（如图 17-6 所示）。

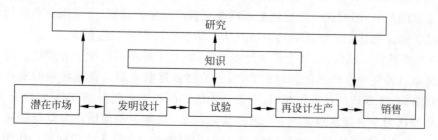

图 17-6　链环—回路模型

并行模型认为创新过程的各个环节是并行发展的。在执行构思的同时，企业可以着手研发活动，并进一步进行设计和制造活动。创新过程的各环节存在时间上的重合之处。这是一个构思、研究与开发、设计、制造、营销活动齐头并进的演进模型。并行模型十分强调各个活动之间的协调（如图17-7所示）。

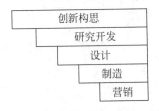

图17-7　并行模型

（三）产业成长模型

产业成长模型是从产业层面探索创新的模型，认为某项突破性的创新会带来整个行业的转型，如计算机的发明和应用带来了信息技术的革命。最具代表性的产业成长模型是阿伯纳西和厄特巴克的A—U模型。该模型将产业的发展分为不同的阶段——初期的流动阶段、成熟期的特性阶段以及介于两者之间的过渡阶段。在不同的阶段其创新活动的侧重点不同，有的阶段侧重产品创新，有的阶段侧重工艺创新（如图17-8所示）。

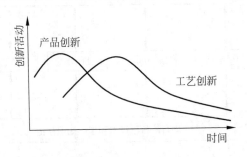

图17-8　A-U模型

（1）流动阶段。该阶段，产业处于成长初期，产品的形态、功能、商业化前景都不明朗。企业的主要活动就是技术攻关、产品研发、样品测试。产品还不成熟，大多还没有进入批量生产阶段。该阶段的主要特征就是产品创新，并不涉及生产加工过程的创新。

（2）过渡阶段。该阶段，产业内技术日臻成熟，企业基于这一主导技术可以生产出适应市场需求的产品，因而这一阶段企业不断地完善产品生产流程、分销渠道和促销措施以确保产品的商品化。企业创新活动的重点从产品创新转变为工艺创新。

（3）特性阶段。该阶段，整个产业已经成熟，行业主导产品已经十分成熟并且工艺流程的改进也已经完善。产品创新趋于消亡，工艺创新逐渐衰弱。企业活动的重点是寻找新的发展方向，发现新的技术领域，以期新一轮的产品和工艺创新，实现新的蜕变。

该模型认为企业应该根据产业当前的实际特征，积极主动地借助大量资源实施创新战略，提升产品创新或工艺创新的流程，充分发挥创新对企业竞争优势的推动作用。

第三节　支持创新的管理要素

一、支持创新的组织特征

创新对组织十分重要，组织的生存和发展很大程度上离不开创新活动的开展。然而，创新并不是一个自动化的过程——从一端输入资源，在另一端就能得到新产品或新服务。创新的发展需要组织不断增强其促进创新、鼓励创新的能力。这使得那些有创新能力的组织具有了一些共同的特征。

（一）成长导向

并不是所有企业都追求成长。有些企业可能只是希望在外界环境的强烈冲击下保有现在的规模，以现有的产品满足现有的顾客需求。有些企业则只是为了利用一时的机会而建立，赚取相应的利润后就解散。这些企业获得长期发展的愿望不强，也就不会进行创新。那些希望在市场中生存并发展的企业，则会积极探索获得成长的途径，而创新就是最好的选择。持续不断地创新能够为组织带来持续的竞争优势，进而促进组织持续成长。当今，处于行业领导地位的企业，如微软、苹果、谷歌、杜邦无一例外地都是以成长为导向的组织，都积极地为长期成长制订计划，并不断地促进组织内部的各种创新活动。

（二）重视沟通

每一个组织都处在一定的环境中，外部环境的变化给企业带来了机遇和挑战。为了更好地适应外部环境的变化，组织必然要重视与外部的沟通。与顾客、竞争对手、供应商等建立广泛的联系，将市场信息及时传达到组织内部，是企业实施创新所需的信息来源之一。同时，组织的内部沟通也会极大地影响组织的创新水平。组织内部各部门间的协调和良性沟通有利于信息的流动和共享，进而有利于提高创新水平。

（三）致力研发

任何一项创新都需要大量人、财、物的支持。科学家、工程师是创新的主体，他们运用知识，将创意转化成创新产品。对这些智力资源持续稳定地投资是企业实现创新的最关键的步骤。另外，创新是一个需要不断反复的过程，其间必然消耗大量的物质资源和财富，而且越是能带来改变的创新越是需要大量的研发投入。在研发上投入较多的组织通常会拥有更多的创新产品。华为2015年财报显示，该企业每年的研发投入大约占销售收入的15%，研发人员占公司人数的45%，这在科技公司中是非常高的。强悍的研发能力是华为不断推陈出新、获得市场不俗表现的一大法宝。

（四）承担风险

创新是有风险的，每一个创新产品都是对不成功产品的逐渐完善。组织应谨慎对待风险、仔细分析风险所蕴含的机会，评估风险，并结合组织的风险承受能力来决定是否要进行创新。那些成功的组织大都能将风险控制在一定范围内。在创新过程中采取一系列措施防范风险;在风险来临时不畏惧风险,具有承担适当风险的能力。

二、组织学习与创新

(一) 组织学习的定义与类型

1. 组织学习的定义

近年来,人们越来越意识到组织学习对组织创新的重要性。组织学习成为组织创新的知识和信息来源。有更强学习能力的组织,往往拥有比较强的创新能力,这尤其体现在知识密集型产业中。例如,英特尔等芯片制造商非常注重学习能力,通过不断学习、不断更新组织知识结构来促进产品的更新换代,始终引领行业导向。另外,组织学习在企业市场占有率和新产品推广方面具有重要促进作用,并通过在企业内部形成良好的学习气氛,帮助企业获得长期效益。

组织学习是组织为了促进长期效能和生存发展,通过与内外部环境的互动,对组织的信念、态度行为、结构安排进行调整的过程。它是组织为了实现发展目标、提高核心竞争力而围绕信息和知识所采取的各种行动,是组织不断努力改变自身以适应持续变化的环境的过程。组织学习要求组织在了解组织外部环境和组织内部成员需求的基础上,在组织内部创造一个开放的交流平台,鼓励成员融入组织学习中,互通信息,积极交流,进行思想的碰撞,触发创新。

2. 组织学习的类型

按学习是否涉及改变现有价值观和规范,可将组织学习分为单环学习和双环学习。

单环学习是指组织面临问题时,通过将问题与组织已形成的相应规范予以对照来纠正问题。单环学习是一种改良性的学习,它能够对组织的日常程序进行改良,以保证组织的正常运转,但并没有改变组织的价值观、规范和信念。单环学习可以帮助组织获取一定的经验和解决日常事务的方法,有利于外部环境较为稳定情况下的惯例性、重复性问题的解决。它是一种组织日常技术、生产和经营活动中的基本学习类型。

双环学习是指在工作中遇到问题时,不仅仅寻求解决问题的办法,更重要的是反思导致问题的原因。双环学习是一种更高水平的学习,它通过对问题原因的思考对组织目标、观念、价值观提出挑战,有利于组织复杂、非程序性问题的解决。双环学习能够拓展组织的能力,注重系统性解决问题,适合外部环境发生动荡时组织的变革和创新。它是一种探索组织规范并改进组织规范的高级学习类型。

任何组织都需要进行上述两种学习,但根据组织现阶段创新任务的不同会有不同的侧重点。在外部环境激烈动荡、组织需要进行突破性创新时,双环学习往往是最重要的。因为此时组织需要通过分析组织内外部环境、反思组织内部存在的不足,进而迅速把握市场机会、不断创新产品和服务来满足市场需求,使得组织能在变化的环境中生存并持续发展。在外部环境相对稳定、组织更多地进行一些渐进性创新时,单环学习则成为主导。因为此时组织更多地需要通过内部监测和纠正错误来保证产品和服务的品质,并使其更加完善。

（二）组织学习的过程

一个完整有效的组织学习过程应该包括四个环节，即获取、处理、储存和增补。

1. 获取

信息与知识是学习的前提，因而组织学习的首要步骤就是获取信息和知识。组织获取信息的方法主要有五种：内部获取、外部协助内部获取、在市场上购买、公司彼此间合作获取以及并购取得。该环节获取信息的质量会影响后面三个环节。但后三者也很重要，唯有这四项步骤做完善的配合，才会有效提升公司的核心专长并创造出自己的学习风格。

2. 处理

信息和知识的处理阶段主要是指信息交流与分享。该环节可以使员工获得丰富的信息，改善其知识、技能和行为。它需要组织营造开放、协作、互相尊重的学习氛围；在整个组织内建立系统、畅通的信息交流渠道；鼓励员工沟通。这一环节十分重要，是组织实现信息共享的重要步骤。

3. 信息储存

储存就是将习得的各方面的信息和知识进行筛选、整合、分类，将之融入组织政策、惯例和规范中。该环节最重要的就是开阔思路、更新观念和创新知识，将学习成果应用到实际工作中，指导实践，促进创新。

4. 增补

学习是一个持续不断的过程，信息和知识会被不断地获取，这就要求及时对组织知识进行增补、完善与更新，始终保持组织内部信息的前沿性，有力地促进创新的发展。

上述四个环节构成了一个完整的学习过程，但组织学习却是一个四个环节无限循环往复的过程。只有这样，组织才能不断获得创新所需的新知识，才能不断创新。

三、战略联盟与创新

当今社会资源越来越稀缺，竞争越来越激烈，企业单靠自身力量很难保持持续的增长力。越来越多的企业倾向于与其他企业分享彼此的资源和专业技术开发新产品，不断地创新，形成新的竞争优势。战略联盟就是这样一种合作方式。在战略联盟中企业因为共同的利益而进行合作，分担风险以实现共同的目标。单个企业通过这种方式可以获得远超单个企业可获取的资源。这能够极大地提高企业创造新产品的能力、引进新技术的能力、向其他市场渗透的能力以及达到相当规模，形成规模经济的能力。

1. 战略联盟的定义

对战略联盟（Strategic Alliance）的认知最早始于 20 世纪 80 年代末。战略联盟是两个或两个以上有着共同战略利益和对等经营实力的企业，为达到共同拥有市场、共同使用资源等战略目标，通过协议、契约而结成的优势互补或优势相长、风险共担、生产要素水平式双向或多向流动的一种松散的合作模式。之后许多学者都根据对战略联盟的研究和实践管理经验表述了自己对战略联盟的理解，这些理解的共同之处在于都认为战略联盟是企业共同创造价值的一种形式。

在战略联盟的形成和发展过程中,稳定性是其能否有效运行的主要指标。在系统论中,稳定性用来描述当系统遭受外界扰动时从偏离状态到恢复到原来状态的能力。一个不稳定系统无法保证正常的工作。用稳定性来考察战略联盟有两方面的好处:一方面,可以从一个较为宏观的视角来看待整个联盟的合作关系,而不仅仅从个体企业自身的利益出发来关注联盟,这有利于整个联盟共同利益的维护,也有利于联盟的持续稳定发展;另一方面,稳定性强调整个系统的运作,因而有利于人们比较直观地认识战略联盟整个合作关系的动态发展过程和所处的状态。

通常从合作关系质量层面来认知战略联盟的稳定性更能揭示联盟合作的内在机理。联盟成员之间关系的融洽度是决定战略联盟效率的最主要因素。它对维持联盟合作关系进而对战略联盟的效率产生重要影响。成功的战略联盟是联盟成员之间融洽和合作的结果,体现了联盟成员之间对于合作关系的满意程度。

战略联盟的稳定性是通过战略联盟的动态演进过程体现出来的,因而是动态稳定性。战略联盟的发展一般要经历多个阶段,每个阶段都有不同的特征,联盟成员要根据不同阶段的特征来决策。在对生产组织模式进行选择阶段,如果战略联盟的收益显然要比单独生产或研发更多,企业就有动力建立战略联盟;随着战略联盟的运营,联盟成员也会对不同的生产或研发模式之间的成本或收益进行比较,如果收益仍旧比较明显,联盟就能够维持稳定。当合作过程中的收益低于其他形式的生产组织模式的收益时,战略联盟对联盟成员就不再有激励作用,联盟就会变得不稳定。或者是当合作过程中出现了收益分配等矛盾时,联盟和合作的稳定性也会大大削弱。

2. 战略联盟的形式

战略联盟是不同企业基于价值链来构建合作关系的一种合作方式,目的是通过战略联盟实现资源的互补、促进不断的创新,形成企业的竞争优势。战略联盟是企业之间建立在竞争合作关系基础上的关系系统。战略联盟在强调企业自身独立性的同时,也强调企业之间通过股权参与或合作协议方式结成联盟关系。也就是说,战略联盟可分为股权式战略联盟和非股权式战略联盟两类。

(1)股权式战略联盟。股权式战略联盟由各联盟成员作为股东共同创立,是具有法人地位的经济实体,拥有独立的资产、人事和管理权限。股权式联盟对各成员的资源配置、出资比例、管理结构有严格的规定,并按各方出资比例决定发言权的大小及利益分配。股权式联盟相较于非股权联盟是一种联结更为紧密的联盟形式,但一般不涉及各成员的核心业务。

股权式战略联盟具体可分为合资和相互持股。合资指的是两个或两个以上的企业共同出资建立的利益共享、风险共担的联盟形式,合资可能涉及设备和人员要素的合并;相互持股指的是两个或两个以上的企业为了建立并巩固长期良好的合作关系,长期少量持有对方股份的联盟形式。相互持股并不涉及设备和人员等要素的合并。

(2)非股权式战略联盟。非股权式战略联盟不涉及股权参与,指的是两个或两个以上的企业为了更好地利用资源、分担经营风险,通过协议或契约而建立的资源共享、风险共担、生产要素多向流动的松散型组织合作模式。非股权式战略联盟无须组成经济实体和固定的组织机构,结构比较松散,协议或契约并无法定强制力。各成员在经营上保持独立，只是按照协议承担自己的经营活动。非股权式战略联盟对各成员的约束力有限，其经营方式灵活、各成员的自主性更大。

非股权式战略联盟强调生产要素在联盟成员间的流动，按照要素的不同，非股权式战略联盟可具体分为研发联盟、技术联盟、生产销售联盟和产业联盟等。其中，研发联盟指的是联盟成员共同致力于新产品的研究开发，共同使用科研设备、共享科研知识及成果。技术联盟指的是联盟成员共享技术资料，以增强彼此的竞争优势。这种联盟方式使得没有某项技术的企业不必通过耗费大量的人、财、物进行技术开发而获得新技术。生产销售联盟指的是联盟成员为了扩大产能，更好地占领市场，共同生产和销售产品的联盟形式。该联盟主要通过暂时的项目合作来进行，生产销售完成后便解散。项目合作期间，各成员保持独立，协议之外的项目仍相互竞争。产业联盟不仅仅涉及某一生产元素的流动，而是包含了多种元素在成员企业间的流动，主要有联合研究开发和联合市场行动两种联盟形式。这种联盟形式多被知识密集型的高科技产业所采用。

本 章 小 结

创新是从创意到将最终产品运用到商业活动上的完整过程。创新不是一个单独的行为，而是由相互关联的子过程组成的完整过程。企业可以从客户价值和运营模式两个方面进行创新，可供选择的创新路径包含市场、客户、产品、价值等诸多方面。

创新研究起源于 20 世纪初，经过一个多世纪的发展呈现蓬勃发展的局面，并且出现了系列形式各异的过程模型。支持组织实施创新活动的要素包括组织结构、组织学习、战略联盟等。在组织的创新过程中，上述要素都发挥着重要作用。

进一步阅读的材料

[1] 施密特，罗森伯格. 重新定义公司：谷歌是如何运营的[M]. 靳婷婷，译. 北京：中信出版集团，2015.

[2] 德鲁克. 创新与企业家精神[M]. 蔡文燕，译. 北京：机械工业出版社，2009.

[3] 特罗特. 创新管理与新产品开发：第 5 版[M]. 陈劲，译. 北京：清华大学出版社，2015.

思考题

1. 制造业和服务业在实施创新管理时有哪些相同和不同之处？
2. 企业实施创新管理的主要障碍有哪些？
3. 谁是创新管理的主要规划者和实施者？

第八章

技术创新与制度创新

学习目标

(1) 理解技术创新的内涵和发展特征。
(2) 理解制度创新对于技术创新的支持作用。
(3) 学习商业模式创新、开放式创新、包容式创新的基础概念和特征。

> **身边的管理:**
>
> 　　华为成立之初就有了把销售收入的10%用于研发的规定和传统。曾担任过华为副总裁一职的李玉琢曾表示,这在当时的国内环境中是无人能及的。华为在全球已经建立了11处研发中心,包括中国6处、美国2处以及印度、瑞典和俄罗斯各一处。近10年的时间里,华为对3G的研发投入已经超过50亿元。
> 　　2016年,华为从事研发的人员约8万名,约占公司总人数45%;研发费用支出为人民币763.91亿元,占总收入的14.6%。近10年累计投入的研发费用超过人民币3 130亿元。截至2016年12月31日,华为累计获得专利授权62 519件。其中90%以上为发明专利。
>
> ——根据华为公司网站公开资料整理

　　创新作为组织发展的最新趋势,在企业管理实践中呈现不同的表现形式。本章的重点是技术创新和制度创新,这两类创新活动也是企业最常用的创新手段。除此之外,本章将用较短篇幅介绍三类较前沿的创新活动:商业模式创新、包容式创新和开放式创新。在企业实践中,这些不同形式、不同特征的创新活动是企业主观或客观上的现实选择,也是企业实现竞争优势的有力工具。

第一节　技术创新

一、技术创新的定义及技术曲线

(一) 技术创新的定义

　　在企业实践中,技术创新的类型很多。按照创新的不同内容或是作用对象可以将技术创新进行分类。这些类型常见于企业的研发部门或战略部门。不同类型的技术创新往往意味着企业需要具备不同的知识和人员储备,需要遵循不同的创新规律,以及不同的组织支持。

1. 产品创新和工艺创新

产品创新和工艺创新是最基本的创新分类方式。它们的区别在于创新活动的主要内容。产品创新是指企业在所推出的产品或服务方面的创新,其结果是某种新的产品或服务的形成。工艺创新则是指企业在产品或者服务的生产、运作、营销等过程中的创新,其结果是产品或者服务的生产和运作过程的更新。一般而言,工艺创新的目的是提高产品或服务的生产效率及性能,不会从根本上改变产品的形式与性质。

产品创新与工艺创新是一个相辅相成的过程。在企业内部二者往往轮流出现,互相支持。新产品的出现使得一些工艺创新成为可能,而一些新工艺的改进也会使一些新产品的生产成为现实。因此,企业在实施技术创新活动的时候,通常很难将这两类创新活动截然分开。有时候,企业在主观上想要开发产品或者工艺层面的创新,但实际工作的推进效果却是另一类型的创新。

2. 根本性创新和渐进性创新

根本性创新和渐进性创新也是常见的创新分类。这种分类方式以创新活动与原有技术的分离程度为衡量标准。技术创新理论认为技术的创新和变革是持续演进的。当创新完全脱离原有技术时,就发生了根本性创新,而发生根本性创新之前的创新过程则都被认为是渐进性创新。从创新活动的效果来看,根本性创新的最终结果是带来了一种与市场上所有产品、服务均不同的创新,如智能手机相对于功能手机来说就是一种根本性创新。与此不同,渐进性创新的结果是对现有产品或者服务的部分改进,如屏幕不断扩大的智能手机。

根本性创新与渐进性创新在风险程度上存在很明显的区别。一般而言,渐进性创新的风险相对较小,而根本性创新则面临高度的风险,这是由于技术跨度太大所造成的市场和用户的难以预测性所造成的。不过,创新的根本性/渐进性也是相对而言的。随着技术的不断发展,根本性创新和渐进性创新也会发生动态调整。一个曾经被认为是根本性创新的产品在技术和市场的不断发展演化之后,也可能成为渐进性创新的一种。

3. 能力提高型创新和能力破坏型创新

能力提高型创新和能力破坏型创新是针对创新活动与企业能力之间的关系而言的。技术创新过程本身就是企业的能力建设过程。在这一过程中,企业原有的能力禀赋会发生变化。在能力提高型创新中,企业基于现有的知识对原有产品进行不同程度的创新。在不断推出创新产品或服务的同时,企业所拥有的知识和能力不断更新升级。例如,电脑产品的不断升级换代,每一代新的产品的改进活动都是建立在前面产品的基础上。在产品不断升级的同时,电脑这类产品的市场地位也不断加强,这就是一种典型的能力提高型创新。

如果一个企业的创新是基于全新的知识体系,或是创新后的产品将使现有知识体系完全被淘汰,那么这种创新就被称为能力破坏型创新。例如,液晶显示器技术会使得过时的 CRT 显示器技术完全被淘汰。

4. 元件创新和架构创新

元件创新和架构创新是针对创新活动的构成以及在组织活动中的地位的。这两类创新活动的出发点是组织的产品和工艺是层次镶嵌的系统。以产品为例,可以将产品看成是一个完整的系统,这个系统由若干个元件构成。不过,如果将放大镜放在每个元件上,则这些元件又可以被看成是新的系统,它们由更小一级单位的元件构成,如此往复,直到元件无法再进行分割为止。例如,一辆汽车就是一个完整的系统,它由框架、轮胎和座椅等元件构成,而这些元件自身也是一个元件系统,如轮胎是由车圈、花毂和辐条等更小的元件组成的。

如果一项创新会导致一个或几个元件的变化,但没有影响整个系统的结构,这些创新后的元件仍然可以构成原来的系统,这种创新就是元件层面的创新,或是模块化创新。如果一个创新导致整个系统的结构发生了变化,或是元件之间的排列组合方式有所不同,则发生了架构层面的创新。狭义的架构创新是不会改变元件本身的,但是常见的架构创新往往伴随着元件创新而产生。

(二) 技术曲线

技术创新活动的效率、产出、组织活动都与技术本身的演化特征相关。通常可以使用 S 形曲线来描述技术的发展演化过程(如图 18-1 所示)。在这一曲线所处的二维空间中,横坐标是企业或者产业在技术方面的投入,纵坐标是技术性能水平。在技术发展的最初阶段,当新技术刚刚进入市场时,技术的性能水平整体上处于较低状况。随着企业或者产业对于技术的不断投入,技术性能很快就会迅速上升,进入快速增长阶段。不过,当技术的性能逐渐接近技术极限时,技术方面的持续投入所能够带来的技术性能提升就非常缓慢了。

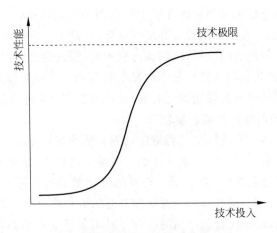

图 18-1　技术进步的 S 曲线

技术进步的 S 曲线实际上意味着技术进步是一个周期性的过程。每一条新的 S 形曲线从出现开始,逐渐进入快速增长期,随后进入衰退期,并最终被新的技术所取代。在这一周期中,如果企业能够抓住技术进步 S 曲线的上升阶段,投入大量资源和人力,就能够迅速提升技术创新的效果。在这一阶段以外,企业的技术投入则不会有太明显的效果。

当然，技术创新不仅仅是出现在技术到达极限的时候。当一种新的技术可以满足与原技术同样的市场需求时，这种技术就可以通过颠覆原技术来实现创新，这一过程有时也被称作不连续的技术创新。例如，从胶卷到数码相机的转变就是很好的不连续技术创新的例子。

当新技术出现时，它的投资回报率可能并不如旧技术那么吸引人，所以在旧技术上投入大量资源的企业可能缺乏使用新技术的愿望。但是，正如图18-2所显示的，如果新技术的增长能力很强，甚至可以比旧技术更快地到达极限，那么这种技术就会吸引一大部分的厂家采用。对于新创立的企业，或是新进入这个行业的企业而言，如果面临这种情况，那么它们会很快采用新技术。

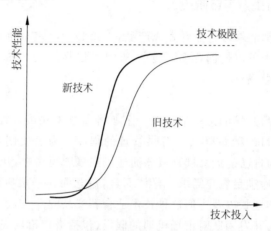

图 18-2　不连续技术创新的第一种模式

除了上述情形外，不连续的技术创新还存在如图18-3所示的情况。在这种情况下，新技术的S形曲线可以到达更高的极限，也就是说这种技术可以获得更客观的投资回报比。当企业在技术上的投入到达一定值时，旧技术的产出已经到达极限，而新技术的产出还拥有更大的潜力。从长远来看，企业更倾向于选择这种技术来保证自己的可持续发展。

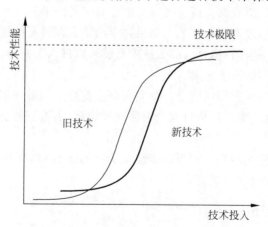

图 18-3　不连续技术创新的第二种模式

二、技术创新的过程

技术创新的最终效果之一是新产品(服务)的实现。尽管新流程、新工艺等内容在技术创新中的地位同样非常重要,但新产品的开发始终是更为终端、更具市场挑战性的创新目标。因此,这里以新产品开发过程为例分析技术创新的一般过程。新产品开发立足于技术创新方面的成就,同时,又拥有一些独特的发展规律。从新产品开发过程来看,主要包括四个阶段:创意筛选与概念评审阶段、业务方案阶段、开发阶段以及产品投放与商业化阶段。

(一) 创意筛选与概念评审阶段

并非每一个创意都能够被企业开发成产品,创意必须经过重重筛选才能够进入下一阶段。创意筛选的过程可以使创意逐渐明晰,并且可以根据新产品成功开发的标准对创意进行一定的修正与微调。

1. 创意筛选

创意筛选是新产品开发的第一个步骤。企业将通过去除可行性较低的项目、合并类似的项目等手段使项目的数量降低到可供管理的程度。为了使创意筛选的过程更为高效,开发团队往往要为自己的创意撰写概念简述。在概念简述中,开发团队需要论述为何自己的创意可以更好地满足客户需求。具体而言,概念简述一般应包括新产品将会使用哪种技术,这种技术的现状以及为何这种技术适合新产品的开发,这一技术的采用可以弥补什么样的市场需求,开发团队对市场机遇的假设(包括潜在市场规模以及产品对市场的吸引力等)以及基于初步研究对该项目做出的财务预算和预期回报等信息。

2. 概念评审

概念评审是项目评审组基于开发团队所提供的概念简述,对产品创意进行的第一次筛选。此时开发团队不仅要提供详细的概念简述,还要向评审组提供初步的业务方案。由于概念评审处于新产品开发的早期阶段,因此该阶段对信息的准确程度要求不高,允许使用一些模糊或是估计的数据。概念评审一般会有三种结果:

(1)项目通过评审,进入下一环节。如果评审组认为在目前的市场环境及公司资源条件下该项目看起来有一定的可行性,那么该项目就可以进入下一阶段,开发团队在接到通知后应当继续编写完整的业务方案。

(2)项目需要修改,开发团队应进一步完善概念简述。如果评审组无法通过现有信息判断项目是否具有价值,那么该项目就会返回开发团队,由他们补充完善信息后再次进入评审环节。

(3)项目不合格,停止项目。如果评审组认为项目不合格,那么开发团队就应该放弃该项目,及时转向新项目的开发。

(二) 业务方案阶段

业务方案应当在概念简述的基础上进行更为详尽的研究,补充相关数据,形成规范的信息汇报模板。业务方案一般包括团队计划的开发内容、项目的合理性以及开发产品所需要的资源等方面的论述。除此之外,业务方案还应当解答以下问题:谁是新产品的目标顾客?新产品的潜在市场情况如何?产品开发所必要的技术情况如何?产品的制造流程是怎样的?

在开发团队完整地提供了业务方案后,评审组要根据这些信息进行可行性评审,确认该项目所需要的技术可以满足产品开发需求;新产品将满足顾客需求;新产品的潜在市场规模够大,企业可以获得足够的利润。

在这一阶段,开发团队还要充分考虑项目风险,对可能存在的市场竞争进行详细的分析。通过业务方案审核的项目在下一阶段将逐步转化为真正的产品。

(三) 开发阶段

在这一阶段,企业需要将产品从概念转为实际成果。需要注意的是,这一阶段往往是不确定性最大的阶段,开发团队要根据企业所处的行业以及开发的产品类型对该阶段的步骤进行一定的调整。

1. **明确产品概念**

开发阶段的第一步就是根据业务方案中阐述的开发内容来明确产品概念。清晰的产品概念应能够详细回答以下问题:(1)产品的定价策略是怎样的?(2)产品生产线的规模有多大?(3)产品将在什么时候投放市场?(4)企业能够满足产品的技术要求吗?(5)产品符合监管及环保要求吗?

如果不能很好地回答上述问题,那么就可能出现在开发后期再重新改变产品设计等问题,从而导致产品未能及时上市或是彻底上市失败。

2. **设计产品**

设计产品的步骤是将概念转化为实体的重要环节。要想设计一个优秀的产品,一方面需要设计人员有着天马行空的想象力;另一方面也需要结合材料和技术实际,切实满足客户需求。

产品设计通常以建模或是绘制草图的形式呈现,但要想获得更好的效果,在这一阶段还应制作一定的产品原型,进行一定次数的市场测试,根据市场反馈及时调整设计。

3. **开发产品**

开发产品是这一阶段的核心。开发团队应当根据上述成果建立一种批量生产的模式,使产品可以及时足量地制造出来。在这一步骤中开发团队要随时注意开发进度,评估各业务的完成情况,保证产品能够及时被开发出来。团队应当再次评估市场情况,对销售目标及盈利能力进行估计,并对市场做进一步的调查研究。

4. **测试产品**

在产品的开发阶段中,开发团队需要时刻确定产品能否满足理论设计的要求,测试的过程主要关注产品的性能与耐用性是否达标。测试产品一般会经过封闭测试(在企业内部进行产品试用)和外部测试(将产品给真正的顾客试用)两个阶段,一般还会邀请专家帮助完成整个测试环节。

(四) 产品投放与商业化阶段

在最为理想的情况下,开发团队在第一阶段就应该制订产品的市场计划,并配置一定的人员来从事相关工作。新产品进入市场后,企业要注意新产品的口碑对原有产品甚至企业整体形象的影响,尽可能地发挥新产品的正面作用。当然,如何进行有效的产品投放还需要考虑更多市场、营销、渠道方面的因素,这样可以最大限度地保证新产品的成功。

第二节 支持技术创新的制度创新

一、制度创新的特征

(一)制度的内涵及其作用

制度(Institution)的内涵是丰富且多层次的。制度存在于人与人之间,其作用的发挥受到社会关系及社会环境的限制。在不同的时期,制度的形成或演变都会受到当时环境的影响,相同功能的制度在不同时期的表现形式和实施方式也有所不同。在我们所探讨的企业管理范畴内,根据制度安排的主体来源不同,可以将制度体系分为企业制度和企业外部制度环境。其中,企业制度就是企业的治理结构、管理章程、组织层级设计等方案的总和,反映了企业的核心价值取向和战略重点。企业外部制度环境则是在企业所存在和经营的区域内,影响企业运行和发展的政府、法律、文化等激励或约束条件。相对于前者,后者往往是企业难以自行设定的,企业一般要适应外部制度环境。这里我们所探讨的制度主要限于外部制度环境。制度创新也就是在外部制度环境上的创新。

在影响人与人、组织与组织之间的关系时,制度体现了一定的约束力。制度之所以能够对个体或组织施加影响,就是因其具备一定的约束力。换言之,当个体或组织试图脱离制度边界采取与制度不相容的行动时,来自外部环境的硬性或软性的因素能够有一定的强制力限制和约束这种行为。这种约束力可能是政策法规或是法律等社会公众所不得不遵循的规则,也可能是社会习俗、交往习惯等一般通行的做法。因此,制度的约束力不仅来自国家、法庭、军队等实际部门,同时也来自社会舆论、意识形态等虚拟环境。

制度是个体或组织之间进行交易的协调和保障机制。制度本质上是社会交易的产物。在一个与世隔绝的环境中,一个个体的存在自然不需要任何制度的约束。在社会群体中,当个体需要与其他人发生联系时,制度的保障就非常必要了。由于社会分工的存在,个体之间不可避免地存在信息不对称,这使得隐瞒、欺诈、偷懒及搭便车等机会主义行为很难完全规避。同时,由于不同个体的利益诉求往往存在较大差异,利益的差异也容易造成交易时的摩擦,从而降低交易效率。此时,制度因其涉及交易的界定和协调,能够在一定程度上降低协调个体之间的信息差异,并且指引双方做出必要的妥协,从而充分保障了交易的顺利进行。当这种交易高度频繁、涉及个体或组织存在的方方面面时,制度的重要性就越来越凸显。

在社会交易中,制度有可能是个体之间自发形成的,也有可能是由占据较多优势的行为主体制定或颁布的。不过,为了保证制度的实施效果,即使是行为主体所颁布的制度,也需要充分考虑市场交易的不同主体的利益诉求。也就是说,一个制度的形成不是靠某一个人的努力,而是需要所有人的共同努力。在制度范围内,所有人都享受制度带来的好处,也同样受制度的制约。显然,建立制度并不是那么容易,制度的供给总是小于需求的,因此作为一种资源,制度是较难获取的。

在技术创新方面,制度也非常重要。制度为技术创新提供了基本的行为准则,约束了天马行空的技术创新活动,在技术创新的过程中,制度是保证秩序和效率的有效手段。当制度无法满足技术创新的要求时,就需要进行制度创新。

(二)制度创新的特征

为了有效推进技术创新的实施,一个良好的制度创新通常具备以下特征。

1. 整体性

制度创新不是简单地将一些创新制度叠加起来,而是将它们按照一定的模式有机结合,形成新的制度系统,新系统往往能产生 $1+1>2$ 的效果。对制度创新后系统的评价也不能仅仅关注其各个功能模块运行的效果如何,还要注意不同模块在整体系统中是否发挥了正确的作用,从局部到整体逐步分析,才能更好地发挥制度创新的作用。

2. 开放性

技术创新的体系能够实现体系内外部资源交换的功能,内外部环境的变化相互影响,内部体系的创新将促进外部体系的完善,而外部体系的变化也将引发内部体系制度的变化。由于制度体系是开放的,制度创新在创新过程中可以不断获得外部环境中的新信息,从而保证创新的持续进行。

3. 结构性

制度创新体系内部的制度要想发挥整体性,必须以一种高效的组织形式联系在一起,并通过这些组织结构相互影响。在不改变制度安排的情况下,可以通过改变组织的结构来影响组织功能的发挥,从而实现一定的制度创新。

二、美国技术创新的制度环境

制度创新离不开本国或本区域特定的政治、经济、社会、文化等要素的特定背景。在不同的国家和地区,制度创新和技术创新往往呈现出不同的表现形式。众所周知,美国在技术创新方面长期居于世界领先地位,在很大程度上正是得益于制度创新这一重要环境因素的支持。

具体说来,支持美国技术创新的制度环境具有如下特征。

1. 法律保障体系完善

由于美国企业的绝大多数都是小企业,这些企业提供了全美近半数的技术创新成果,因此美国特别制定了一些法律来保障企业的技术创新及转移,如《谢尔曼法》《克莱顿法》《小企业法》《小企业技术创新开发法》等一系列法律,切实保障了美国小企业技术创新的环境。

2. 大力支持企业研发投入

美国为高技术行业的企业提供大量的政府贷款和税收优惠政策。20 世纪 90 年代后,联邦政府也直接参与了民间高技术研发的投入,政府的投资比例占到了民间技术研发费用的三成以上。

3. 重视风险投资

20世纪60年代后,在《小企业投资公司法》的推动下,市场上的金融机构纷纷进入风险投资的领域。80年代后,政府通过降低风险资本市场的长期风险资本税率,再次促进风险投资行业的资金流入,极大地满足了高技术企业对资金的需求。

4. 充分发挥政府采购的作用

政府采购不仅可以为企业分担创新风险,还能够起到示范效应,吸引大量创业投资进入该领域,从而保持该产业的持续创新。政府采购可以帮助该行业稳定市场,解决信息不对称等问题,这对于处于创业初期的高技术企业而言十分重要。

5. 有效的企业制度安排

硅谷在通过政府采购发展起来后,以有效的制度安排保证了日后的发展优势,使整个地区拥有更为强大的技术创新能力。制度安排一般分为正式制度安排和非正式制度安排两种。正式制度安排主要表现为:员工共同分享企业的利润和期权,全员控制企业并享受收益;企业的组织结构更加扁平,信息交流更有效;管理制度与所有权安排相匹配,可以激发员工的创新能力。而非正式制度安排则表现为:重视技术产权的保护,逐渐积累创新核心知识;容忍个人创新的失败,提高抗风险能力;鼓励与竞争者之间进行交流,争取建立一定的合作关系;建立灵活的团队,并将其作为公司的创业主体。

三、中国技术创新的制度环境

科学技术决定着国家和民族的命运。改革开放以来,我国通过实施科教兴国、人才强国和建设创新型国家等战略,逐步建立起现代科学技术体系,走出了一条具有中国特色的科技发展之路,成为世界上有影响的科技大国和第二大经济体。近年来,为了激发全社会的创新潜能和创业活力,我国大力推进大众创业、万众创新,陆续出台了一系列相关政策措施,为支持创新提供了有力的制度保障。同时,随着科研经费投入力度的不断加大,我国自主创新能力不断增强,科研成果层出不穷,企业创新活力逐步显现。当然,从整体上看,与国际先进水平相比,我国的技术创新还有很多差距,还远远不能满足增强国家竞争力的要求,究其原因,在很大程度上是由于支持技术创新的制度环境方面还存在下列不足之处。

1. 产权界定和保护力度有待提升

产权是指企业在运作过程中受到保护的一系列权利,一般包括对财产的占有权、使用权、处分权和收益权。清晰地界定企业产权,有利于激励产权所有人使用其财产进行财富创造和技术创新活动,但目前我国在知识产权保护和人力资源激励上的表现尚有欠缺。

2. 市场竞争环境有待进一步改善

竞争性市场可以通过市场上的价格机制和竞争机制来促使企业进行创新,市场竞争带来的有效信息也可以帮助企业把握创新方向。虽然改革开放以来我国的市场经济已经得到了长足的发展,但从刺激创新的角度来看,市场体制目前还存在一些问题,如市场规则不完善、要素市场发展缓慢等。这些都在一定程度上制约了企业技术创新活动的实施。

3. 政府政策环境有待加强建设

近年来我国出台了大量支持技术创新的政策,也在探索中逐渐形成了一定的体系和框架,但不可否认的是这些政策还不够完善,其基础也比较薄弱,在存在市场职能缺陷的地方,政府有时候难以及时推出相应的政策对其进行弥补。

4. 风险投资产业有待持续发展

我国的风险投资行业虽然发展较快,但还不够完善,仍存在很大的改进空间。首先,风险投资机构通过上市退出的比例较高,但是退出盈利能力有限。其次,相对于国外的风险投资机构而言,我国的风险投资机构无论在资金规模还是能力上都有很大发展空间。最后,风险投资机构的项目多由政府推荐,来源较少,并且受到许多因素的制约,难以有效发展。这些问题的存在,显然难以形成对高技术企业发展的强有力支持。

5. 企业内部治理结构有待积极改进

公司治理结构可以规范企业各方面的权利与责任,并且以制度形式规定了企业的控制权和剩余利润索取权,在很大程度上影响企业的技术创新战略及创新可以获取的资源。目前,在我国不同类型的企业内部,其公司治理结构尚不够完整,难以保证长期技术创新战略的实施。

除了上述不足以外,中国企业文化的建设也仍有不足。企业大多缺乏技术创新的强烈意识,也缺少进行冒险和尝试的勇气,这些都严重地影响了技术创新的速度。

四、推进中国制度创新的路径

1. 加强产权制度建设,鼓励企业进行创新

在企业外部环境的建设上,应着力完善企业技术创新相关的法律法规体系,并加大执法力度。不仅要更好地保护创新主体的财产,还要帮助企业通过技术创新获取更多的利益,从而形成持续创新的局面。在企业内部环境的建设上,企业应进一步完善剩余索取权制度,从多种角度设计企业的激励机制,形成全员创新的局面。

2. 增强市场竞争性建设,构建技术创新体系

竞争性市场的根本是产权清晰、归属明确和权责统一,市场必须拥有公平公正的竞争机制,使参与各方可以有效地获得其预期收益。加强市场竞争性建设,政府要进一步深化"放管服"改革,降低市场准入门槛,减少政府的不必要干预,既要保护企业的技术产权,又要避免企业搞专利垄断,形成各要素自由流通的局面,在整个市场上构建起鼓励技术创新的支持体系。

3. 规范政府干预行为,完善创新相关政策

政府必须妥善选择干预的时间与力度,才能发挥应有的作用。为了保证政府干预的有效性,应当在财税支持制度、公共技术资源的使用制度等方面形成相关政策,规范政府行为,保障企业进行创新。除此之外,还应当加大对高校等科研机构的投入,促进技术的全面进步。

4. 推进非正式制度建设,形成良好创新文化氛围

中国企业要想真正拥有创新竞争力,除了要加大政府投入和完善制度建设外,还需要自由的创新文化环境,鼓励大家投入创新的前沿工作中去。应当尽快建设一种创新文化氛围,鼓励企业在竞争中合作、在合作中竞争,形成企业创新中百花齐放的局面。

第三节　几类特殊的创新活动

一、商业模式创新

（一）商业模式创新的定义

关于什么是商业模式，不同学者间存在较大的意见分歧。根据魏炜、朱武祥两位教授提出的商业模式六要素观点，完整的商业模式必须包括定位、业务系统、关键资源能力、盈利模式、现金流结构和价值六个要素（如图18-4所示）。

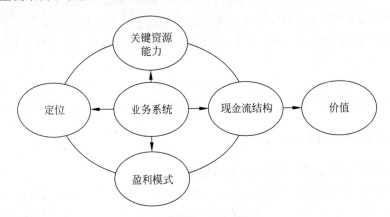

图18-4　魏朱六要素商业模式[①]

在他们的研究中，"定位是指企业满足利益相关者需求的方式；业务系统有构成、角色和关系三个维度，其中构成是指利益相关者及其连接方式所形成的网络拓扑结构，角色是指拥有资源能力的利益相关者，关系是指利益相关者之间的利益分配关系；盈利模式是指以利益相关者划分的收支来源及相应的收支方式；关键资源能力是指支撑交易结构的重要资源和能力；现金流结构和价值是商业模式的落脚点，也是评价商业模式优劣的标准"。[②]

一般而言，成功的商业模式具有系统性、适应性、独特性和不可复制性等特点。不同的企业应当根据自身情况选择适合自己的商业模式，一家企业也要根据环境变化的情况不断调整自己的商业模式。商业模式创新就是企业不断将其能够获得的资源与自身能力相匹配的过程，通过商业模式的创新，企业能够保持较好的活力，不断为顾客创造价值。

商业模式创新对企业的意义重大。首先，商业模式创新是企业保持竞争力的重要手段，企业可以通过商业模式创新来增加其与竞争者之间的差异化程度，从而保持竞争优势；其次，当新产品或新技术进入市场后，原有的商业模式可能无法适应新产品或新技术

---

① 魏炜，朱武祥，林桂平. 基于利益相关者交易结构的商业模式理论[J]. 管理世界，2012(12)：125-131.
② 魏炜，朱武祥，林桂平. 基于利益相关者交易结构的商业模式理论[J]. 管理世界，2012(12)：125-131.

的要求,及时进行商业模式创新可以使企业及时调整,迅速实现新产品或新技术的市场价值;再次,当市场环境发生变化时,进行商业模式创新可以保证企业不被市场所淘汰,甚至能够把握市场变化的机遇,主动迎接新市场的挑战,较早地建立市场竞争优势;最后,商业模式创新的过程有利于企业明确其在价值链中的位置,并主动向高利润的环节转移。

(二)商业模式创新的基本途径

1. 基于价值链的商业模式创新

在这种创新途径中,企业主要关心自己在价值链中的定位以及企业与价值链其他环节之间的关系。一方面,企业可以通过寻找价值链中利润较高的一环,逐渐将自己的业务向该环节转移的方式来进行商业模式创新;另一方面,企业也可以通过放弃价值链上效率较低的环节,通过重新构造价值链来创新商业模式。当然,也有企业同时运用以上两种手段,通过商业模式创新形成对自己最有利的价值体系,极大地提高了自身的竞争力。

2. 基于资源能力的商业模式创新

企业的资源能力主要是指企业开发新资源的能力以及改造或创新使用现有资源的能力。对现有资源的创新性使用可以最大限度地发挥资源的价值,从而使企业可以保持一定的利润水平和竞争力。而主动开发新资源则可以使企业通过差异化来获取更为明显的竞争优势,通过对新资源的使用来降低成本或提高质量,更好地满足顾客需求,在一定程度上颠覆现有市场,形成更有力的商业模式。

3. 基于价值网络的商业模式创新

价值网络是企业在综合考虑自身能力和价值链各环节情况的基础上,通过一些协定将价值链上各环节的合作者联系起来,通过更为深入的合作发挥协同效应,更好地为客户提供价值的一种网络系统。在该系统中,企业可以选择成为交易的组织者、交易平台的构建者或是交易的中介者。当然,企业也可以同时选择其中的几种角色,通过资源的整合来实现更大的价值,创新性地构建独特的商业模式。

4. 基于收入模式的商业模式创新

收入模式主要是指企业的商业模式如何赚取收入,具体包括企业提供什么产品或服务来获得收入,企业产品的交易方式及收费模式等。任何一个环节的创新都会带来商业模式的改变,企业可以围绕最适合自己的收入模式来建立创新性的商业模式,从而产生别具一格的竞争力。

5. 基于产品或服务的商业模式创新

与上述几种途径不同,这种途径主要关注顾客对产品或服务的感知。企业通过挖掘顾客的潜在需求,为他们提供特殊的产品或服务,使顾客感觉受到重视或与众不同。这种模式的创新需要对顾客需求有一个较为准确的把握,并能及时发现顾客需求的盲区,通过提供独一无二的产品或服务来创造巨大的价值。

二、开放式创新

自1912年熊彼特提出创新概念后,创新模式的发展经历了封闭式创新、合作式创新和开放式创新三个阶段。在传统的封闭式创新和合作式创新模式下,创新的动力主要来源于企业内部,但随着科技的迅速发展和企业间竞争的日趋激烈,企业内部的创新能力已经无法满足技术创新日益增长的成本和要求,特别是在一些技术专业性较强的高新技术行业。20世纪80年代后,许多企业意识到外部资源也能成为创新的推动力,企业与一些专业组织的关系也越来越密切,以合作创新为主要形式的开放式创新逐渐成为主流。随着信息技术的发展,合作创新的形式逐渐转化为更为高效的网络组织。网络组织是信息技术发展的产物,它以信息技术为平台,通过共享的过程管理与控制来处置联合的资产,从而达到组织所共享的目标。网络创新模式是完全开放的,没有明确的边界,也是开放式创新最具特色的形式之一。

(一)开放式创新的范式

范式是人们在解决某一个常见问题时形成的公认的、规范的解决方案。目前较为公认的定义认为创新不仅来源于企业内部,也可能来源于企业外部,有价值的创意可以从两种渠道同时获得,而将创意进行市场化的渠道同样具有内部与外部两种途径。开放式创新范式改变了"非此地发明"(Not Invented Here,NIH)和"非此处销售"(Not Sold Here,NSH)的观念。企业可以运用外部创新来弥补内部创新的不足,将外部资源作为内部资源的补充。同样,企业也可以通过外部途径将一些创新项目市场化,摆脱仅依赖内部市场化渠道的现状。

开放式创新和封闭式创新范式的特征比较[①],如表18-1所示。

表18-1 两种创新范式的特征比较

项 目	封闭式创新		开放式创新		
	封闭式	分布式	合作创新	开放式创新	网络组织
创新来源	内部研发	跨空间的内部研发	内部研发为主,合作伙伴间部分资源共享	内部研发和外部创新资源并重	共享全球创新资源
外部技术环境	知识贫乏	知识有限	知识较丰富	知识丰富	知识丰富
与其他企业的关系	竞争	竞争	竞争与合作	分工协作	合作
组织边界	完全封闭	完全封闭	合作伙伴间边界可渗透,对外部封闭	边界可渗透,动态开放	边界模糊,完全开放
创新组织方式	纵向一体化	纵向一体化,内部分工协作	内部纵向一体化,强调合作	垂直非一体化,动态合作	松散的,非正式的

两种创新模式除了表面上的特征不同外,其内涵也有着很大的不同。封闭式创新和开放式创新基本原则的差异如表18-2所示。

---

① 叶伟巍,陈钰芬. 网络众包模式下的开放式创新机制及激励政策研究[M]. 北京:科学出版社,2015:29.

表 18-2　封闭式创新和开放式创新基本原则的比较①

项目	封闭式创新范式	开放式创新范式
公司精神(理念)	本地发明能创造行业中最多最好的创意和产品	最佳的创意可能来自别处
创新空间范围	重视企业内部资源,如果企业自己进行研究,就能最先把产品推向市场	我们不是非要自己进行研究才能从中受益,整合全球资源实现创新
核心能力	产品和服务涉及的垂直一体化	外部资源的搜寻、识别、获取和利用,内外资源的整合能力
研发的功能和运作	设计、开发和商业化内部的发明,从研发中获利	整合内外部创新资源使公司的资产产生最佳绩效;为识别和分享外部研发的价值,必须进行足够的内部研发
员工的职责	完成自上而下的工作任务	企业创新的主体
用户的角色	被动接受我们的产品	主动的合作创新者
创新成功的测度	增加的利润、销售收入,减少的进入市场的实践,增加的市场份额	研发的投资回报率,突破性的创新产品或商业模式
对知识产权的态度	拥有和严格控制知识产权	购买别人的知识产权,出售我们的知识产权从中获利

(二) 开放式创新的运行模式

开放式创新范式主要强调企业外部资源对创新活动的影响,当然,这种影响也具有两面性。一方面,开放式创新可以促进企业的创新绩效。企业运用外部资源可以增强自己的创新效率,缩短创新周期,更好地把握顾客需求,并且可以运用市场上前沿的技术成果,发展出领先于竞争者的产品。另一方面,过度的开放式创新往往会影响企业的创新绩效。开放式创新对企业的管理能力要求更高,企业要协调各方的行动,并在一定程度上受到合作者的制约,甚至会影响企业的组织文化建设。如果过于依赖外部技术,企业将无法很好地进行技术保密工作。因此,过度开放会给企业带来负面的影响。

企业是否应该进行开放式创新?开放的程度应当如何?在回答这些问题时,首先应当根据企业所处行业的特点和市场情况判断创新所需的资源种类有多少、是否容易获取,再分析企业创新效率的要求有多高。在综合分析选择开放式创新的利弊后企业才能作出决定。在开放式创新模式下,创新不仅仅是某个部门的工作,而转变为一种全局的活动,企业的任何利益相关者都能够为企业提供创意,并参与到企业的创新活动中来。

1. 员工

员工作为企业最为基层的构成者,往往对企业的实际运行情况和客户需求有着更为敏锐的观察。如果能够激励员工主动进行创新行为,他们将成为潜力最大的创意来源。企业应该重视普通员工的创新能力,将每一个员工都视为能为企业作出贡献的个体,从基层建立创新意识,使整个企业具有创新活力。

---

① CHESBROUGH H W. The Era of Open Innovation[J]. MIT Sloan Management Review, 2003, 44(3):35-41.

2. 用户

不断满足用户的需求是企业进行创新的重要途径之一，企业与用户间频繁有效的信息交换可以帮助企业准确把握市场需求，刺激企业产生新创意，开发出更能得到市场认可的产品。在企业的用户中一般存在一批对新产品感兴趣，更热爱新技术的群体，他们对市场潮流的把握领先于一般用户，甚至领先于某些企业。他们的意见可以帮助企业加快开发进度，降低新产品不被市场接受的风险。

3. 供应商

最早将供应商引入创新环节的是日本的丰田公司，他们允许供应商参与创新过程，从而成功地降低了开发成本、缩短了产品开发周期。随着市场竞争的日益激烈，企业在进行产品创新时为了把握先机，可以让供应商参与创新设计过程，充分利用他们的专业知识，在设计环节就考虑到供应商的技术水平和供应能力，极大地缩短开发时间，并保证产品量产后能够迅速占领市场。

4. 技术合作者

开放式创新强调企业需要通过外部途径来获得创新所需要的资源。技术合作者可以提供市场上的最新技术，也可以完成一些较为复杂的专业性技术开发，他们与企业的合作可以帮助企业攻克技术难关。通过与不同的技术合作者合作，企业还可以同时拥有多种技术资源优势，形成技术的组合优势和协同效应。如果企业间愿意分享各自拥有的技术资源，促进交流合作，共同承担技术成本，分摊研发风险，那么所有企业都能够享受研发周期缩短、创新效率提高的好处。

5. 知识产权工作者

随着企业创新需要用到的知识种类专业化程度越来越高，技术的复杂性也逐渐上升，企业自己发展知识产权已经无法及时跟上市场的变化。因此，迅速地识别企业外部技术的发展情况，经济地购买企业外部知识产权来弥补企业内部的知识空缺，已经成为企业进行技术创新的重要途径之一。

三、包容性创新

（一）包容性创新的定义

根据社会排斥理论和福利经济学的相关研究，处在社会低层的群体往往会被排斥到正常的社会活动外，但是如果努力开发弱势群体的创新能力，不仅可以帮助他们融入社会，还会获得巨大的社会绩效。在这一背景下，包容性创新成为当前的热点社会现象。包容性创新是指企业在经营过程中，采用可持续发展等方式，不仅为其利益相关者提供收益，还通过创新思想、模式或方法等来帮助社会低层群体获得同等的收益机会，帮助他们提高收入，促进他们的发展。

对包容性创新的理解主要包括四个方面：第一，包容性创新关注的主要是低收入人群，或是社会的弱势群体；第二，包容性创新强调的是激发低收入群体的创新能力，让他们亲自参与创新活动，从而可以获得同等的创新机会，并可以享受同等的创新成果；第三，包容性创新也是一种开放式创新，强调要把低收入群体纳入企业原本的创新活动中；第四，包容性创新不仅仅是企业的行为,社会制度对低收入群体的关注也是推动包容性创新发展的重要因素之一。虽然包容性创新的主要目的是通过不同手段的创新为低收入群体带来更好的生活质量,但作为一种企业行为,包容性创新也应当给企业带来一定的创新绩效,才能保证企业有动力进行这种创新活动。

一般而言,包容性创新具有如下几个方面的特点。

1. 公平性

包容性创新的公平不仅仅是结果的公平,也是过程的公平。对于这种创新模式而言,低收入群体不仅是消费者,还是创新者。因此他们不仅能够平等地享受创新的成果,还能够平等地提出自己对创新的见解,并有机会在企业的帮助下将自己的想法付诸实践。企业也要重视群体中每一个人的创新意见,这样才能获得更好的市场契合度,真正满足低收入群体的需求,提高整个社会的经济福利。

2. 独特性

包容性创新主要是从下至上的创新逻辑,因此创新表现在很大程度上依赖企业进行创新时扎根的低收入群体的特征。在这种创新过程中,低收入群体不仅要容易接触到企业的创新成果,还要从心里接受这些产品。对于针对不同种类的低收入人群的企业而言,他们的创新必然会产生不同的特点,从而理想情况下的包容性创新会产生针对不同人群的不同产品,因此每次创新都是独一无二的。

3. 低成本性

包容性创新的目标群体是低收入群体,他们的购买力有限,因此在创新的过程中会将产品的成本作为主要因素来考虑。企业进行包容性创新产出的产品往往是价格低廉的,生产成本不会过高。除此之外,由于获取了大量低收入群体的创新想法,企业创新过程的成功率也有所上升,也可以有效降低企业的机会成本。

4. 开放性

包容性创新的开放性主要是指创新过程的开放。与其他创新不同的是,包容性创新的目标群体是特定的,因此该创新行为不是由企业主导的行为,创新也不是在内部产生的,而是需要企业深入这些低收入群体的日常生活中去,主动听取他们的创新想法。对于企业而言,这些都是创新的外部资源。为了促进创新效率,企业必须保证包容性创新过程中对低收入群体全程开放。这种创新过程不仅可以降低成本,也可以使创新结果更容易被市场接受。

5. 扎根性

包容性创新针对的群体是低收入者,这就要求企业等创新机构深入基层去了解他们的实际需求,收集他们的创新想法。扎根到低收入的群体中,不仅可以了解他们的切实需求,将这些需求与企业能够提供的产品结合起来,还可以根据他们的实际需求创新性地生产一些产品。这样的创新活动不仅效率有所提升,保证了生产出来的产品或服务有着广阔的市场,还可以激发低收入群体的创新能力,从而产生持续的创新行为。

6. 多样性

包容性创新的多样性包括创新主体的多样性和创新形式的多样性。在这个过程中,创新主体不仅仅是企业,还有可能是政府机构、科研机构或是高等院校等致力于产生社会福利的组织,也包括低收入群体本身。这些主体共同参与包容性创新的过程,可以突破一些原有创新模式无法解决的问题,不仅仅满足低收入群体眼前的需求,还可以通过研究或制度创新从根本上解决低收入群体面临的社会问题,突破传统,促进社会进步。

7. 可持续性

包容性创新是企业与低收入人群的一种深度互动模式,这种行为不仅影响了低收入人群的日常生活,还会影响整个低收入社会的生态。由于包容性创新的独一无二性,每次创新都是对某个地区的低收入人群的一次重大影响。如果企业仅仅为了获取利益而进行创新,那么必然会损害当地的环境或社会生态。但是,包容性创新要求企业主动听取低收入人群的意见,可以帮助企业进行友好的创新,从而实现企业和社会的可持续发展。

(二) 包容性创新的类型

作为世界上最大的发展中国家,中国的低收入群体总量大,收入差距明显,分布地域广阔,不同的低收入群体可以获得的资源种类丰富程度也有着很大的差异。为了解决低收入群体的生活问题,我国政府从 20 世纪 80 年代起就开始推行一系列的科技扶贫政策,并取得了不错的成绩。从目前我国包容性创新的行为来源角度,可以将目前的包容性创新分为政府主导型、企业主导型和群体自发型三类。

1. 政府主导型

政府主导型包容性创新活动主要是指中央政府或地方政府通过公布一系列的政策或计划,为包容性创新提供实践土壤,例如科技部提出的科技扶贫计划和星火计划等,都是点对点的科技扶持政策,而科技部与财政部联合在 2005 年提出的科技富民强县转向行动计划更是通过精确扶贫来进行创新活动,帮助低收入群体提高收入与社会福利。政府主导的创新活动整体影响范围大,政府机构的强制参与也使其实施效果明显。但是,由于政府政策与市场距离较远,企业的参与热情不高,因此这些活动的持续性都较为有限。

2. 企业主导型

企业主导型包容性创新主要是由企业为主体来实施的。当企业发现低收入群体的市场十分庞大,市场竞争也并不激烈时,会主动进入该市场,并进行创新的行为。这些行为往往具有较强的市场导向,企业扎根后会进行一系列的持续创新,而不仅仅是短期的投资行为,因此在帮助低收入群体的成就上更胜一筹。

3. 群体自发型

群体自发型包容性创新是指低收入群体为了解决日常生产生活中出现的一系列问题而进行自主研发或创新的行为,一般表现在降低技术成本、提高生产效率等方面。这些有创新精神的低收入者自主地开展发明创造活动,往往无法预估其经济收益,无法获得全面的资源支持,成功率也较低,但他们的创新可以精准定位最为迫切的需求,从而帮助企业或政府了解下一步包容性创新的方向。

(三) 推进包容性创新的发展路径

1. 完善政策支持

包容性创新的根本目的是改善低收入群体的生活状况,希望将他们纳入创新环节形成财富的共同创造过程。对于政府而言,扶贫政策的实施如果能和包容性创新相结合,那么必然会带来扶贫的精准性和效率的提升。目前我国采取的脱贫政策与包容性创新的机理十分契合,但政策实践还较为分散。目前的政策过度强调将发达地区的先进技术推广到欠发达地区,却忽视了技术的适用性,也不重视和鼓励当地居民积极主动地进行创新。除此之外,目前的政策均没有涉及如何帮助低收入群体将自主创新的成果进行商业化生产,而低收入群体面临创业能力缺失的问题,长此以往会打击他们的创新能力。因此,要想在整个社会形成创新意识,必须形成完整的政策网络,从方方面面保证包容性创新的进行。我国政府可以通过制定创新激励政策、帮助建立社会创新组织以及加大政府采购支持包容性创新产品等手段来建立良好的创新文化与氛围。

2. 全面资源保障

低收入群体不仅是包容性创新的受益者,更是创新的重要参与者。在激发了低收入群体的创新意识后,如果不能为其提供有效的资源保障,他们的创新活动往往会陷入无法开展的境地。由于我国低收入群体分布广泛,能获得的资源类型千差万别,他们可以发掘一些新的创新资源,却苦于没有进行实验的手段。如果能将一些实验室内的科学研究与他们的创新相结合,就可以帮助他们提高创新成功率,从而获得更好的社会收益。政府及其他公共部门应当为低收入群体提供更多的资源和物质支持,如为他们提供研发资金、科研条件,帮助他们验证创新点子,提供专业的科技咨询和培训等,提高他们的创新效率,并为进行商业化做好准备。

3. 提供良好的竞争环境

中国的低收入群体规模庞大,一些发达地区也存在低收入群体聚集区。对于能够改善这部分人群生活条件的包容性创新来说,企业可以以较低的成本进入市场,并可以通过将消费者纳入创新环节等手段降低创新研发失败率。这种进入门槛较低,却关乎低收入群体生存质量的市场,很容易出现恶性竞争或是一些打着包容性创新的旗号而干着损害消费者利益的事情。为了切实保障低收入群体的利益,带领他们走向富裕,政府应当为企业创造公平公正公开的市场竞争环境,通过制定一系列的规章制度来正确引导企业进行包容性创新,并鼓励资本进入能切实解决低收入群体生活问题的领域,如农业、医疗、教育等。

4. 由点到面,逐步铺开

低收入群体虽然面临不同的困难,不同地区的群体也有着不同的需求,但他们的需求大多集中在农业、医疗和教育三个方面。为了获得较好的创新效果,政府应当在包容性创新的重点领域建设产业集群,打造包容性创新的产业链,发展创新生态,通过产业集群内部的知识共享和协同效应来促进创新效率,通过规模经济来降低创新成本。在形成一定的创新规模及创新氛围后,再将创新活动推广到人们生活的方方面面,逐步形成全面创新的环境,最终解决低收入群体的生产生活问题。

本 章 小 结

技术创新的类型很多,包括产品创新和工艺创新、根本性创新和渐进性创新、能力提高型创新和能力破坏型创新、元件创新和架构创新等。

制度为技术创新提供了基本的行为准则,是保证技术创新秩序和效率的有效手段。当制度无法满足技术创新的要求时,就需要进行制度创新。

商业模式创新、开放式创新、包容性创新是目前刚刚起步,但发展非常迅速的新型创新活动。这些不同类型的创新活动激发了大量的市场机会。

进一步阅读的材料

[1] 希林. 技术创新的战略管理:第 4 版[M]. 北京:清华大学出版社,2015.

[2] 怀特. 技术与创新管理——战略的视角:第 2 版[M]. 北京:机械工业出版社,2012.

[3] 奥斯特瓦德,尼厄,贝尔纳达,史密斯. 价值主张设计:如何构建商业模式最重要的环节[M]. 余锋,曾建新,李芳芳,译. 北京:机械工业出版社,2015.

[4] 诺思. 制度、制度变迁与经济绩效[M]. 陈昕,译. 上海:格致出版社,2016.

[5] 怀特赫斯特. 开放式组织:面向未来的组织管理新范式[M]. 王洋,译. 北京:机械工业出版社,2016.

[6] 黄泰岩,卢新波. 包容性发展:公平与创新[M]. 北京:中国社会科学出版社,2014.

思考题

1. 寻找一家典型的制造业企业,观察它实施技术创新的做法,分析这一做法的利弊之处。

2. 制度创新是否需要一定的实施条件?

3. 开放式创新和包容性创新通常适用于哪一类型的企业?

第六篇案例　摩拜单车一天刷爆上海滩，但你知道把它做成生意有多难吗？

　　用手机 App 打自行车看上去是个讨巧的生意——但情况真的如此吗？

　　最近几个月，上海的街道上出现了不少醒目的橙色小单车。昨天，这个叫作"摩拜单车"的产品正式进入北京。2016 年 4 月在上海上线以后，摩拜单车迅速成为最潮的出行方式。与原本鸡肋的公共自行车不同，它不用办卡、没有车桩，用二维码就能开锁，在 App 上就能找车。用户可以把车停放在除了胡同、小区、楼道等区域外的任意合法非机动车停车点。

　　对于饱受"最后一公里"困扰的大城市居民来说，摩拜单车无疑是一项很棒的公共服务。但问题是，作为一门生意，它能赚钱吗？

　　十几年前，自行车还是中国最重要的通勤工具，但现在汽车统治了中国的城市。过去几年，大城市重新开始引入公共自行车。城市管理者希望以此解决汽车、地铁和公交都无法搞定的"最后一公里"问题，但这些项目大都失败了。如果在一、二线城市生活，你可能会在一些地铁站的出口看到几排固定的停车桩，上面停满颜色统一的自行车，可能还铺了一层灰。

　　上线不到半年的摩拜单车最大的特点在于，它把停车桩抛弃了。摩拜单车 CEO 王晓峰认为这类产品最大的问题就是固定的停车桩。与传统公共自行车不同，摩拜单车不需要办卡、不需要充气，也不会爆胎。省去停车桩的好处很明显，人们的需求会被激活，同时规避了设置停车桩这件昂贵且只有政府能做的事。技术实现手段也不难：在电动车锁里加上传感器、GPS、3G 网络和芯片。这样就可以在摩拜单车的 App 上找到附近车辆并预约。

　　基本上，只要附近有车，摩拜单车用起来和打车应用一样方便。存入 299 元押金后，使用价格是 1 元/半小时，这让它成为 1~5 公里行程内时间和价格都很合算的交通方式。看上去，这是个简单讨巧的主意，只需要一个 App，把手机、智能车锁和自行车连接起来就行。"如果这么容易就好了，做成这件事太麻烦。"王晓峰说。

　　2015 年下半年，王晓峰从优步（Uber）上海总经理的职位上辞职，加入摩拜单车，成为联合创始人。此时这个公司已经成立半年多，创始人胡玮炜之前的创业项目是汽车新媒体 GeekCar。

　　最初，胡玮炜的想法只是做一个平台，硬件都外包出去，但发现行不通。她跑遍了所有生产过公共自行车的供应商，但得到的回复都是不可能，"他们甚至连报价都不愿意"。

　　问题出在摩拜单车对公共自行车的设计标准——4 年不返修。如果你骑过摩拜单车，就会发现它虽然方便，但骑行体验并不舒服。车骑起来有些费劲，而且不能调节座椅高度，没有车筐。

这些不方便都是摩拜单车有意为之的。车重是因为轮胎都是实心的,而且用轴承而非链条传动。这么做是为了避免故障,固定座椅高度也是出于同样的目的。

"每当我们纠结细节时,都会回到一个标准:方便和便宜。这是公共自行车的核心价值。要达到这两点,就需要车辆稳定耐用,因为频繁返修的成本难以承受,其他需求都是次要的,只能尽量满足。"王晓峰说。

在自行车厂看来,这种要求莫名其妙。摩拜单车要求车轮的辐条保证 4 年不坏,自行车工厂的反应是:"辐条这么便宜,坏了换一根不就行了?"同样,在寻找车锁供应商时摩拜单车也碰了壁,在此之前,市场上并没有二维码电子自行车锁。

王晓峰在这时加入,操作整个项目。不难理解摩拜单车邀请王晓峰的想法,毕竟这是个看上去和优步有点类似的产品。王晓峰接手后,摩拜单车从一个 App 变成了一个拥有工厂、自己生产所有硬件的"重公司",而且它跟优步也不一样,更像汽车分时租赁服务 car2go,只不过租赁的工具从 Smart 轿车变成了自行车。

"创始团队经过试错后的判断是,如果只做平台,后期要协调的问题远比自己做硬件多得多。"王晓峰说。而硬件创业公司的一个共同经验就是,造出一个成熟的产品远比想象的难。

虽然有了自己的工厂,并邀请了一位资深的自行车厂厂长和他的团队来负责生产,但就像特斯拉一开始不得不边生产边设计流水线一样,摩拜单车理顺生产流程也很不容易。

王晓峰印象比较深的一个零部件是锁舌。要达到 2 万次开关的要求,就得购买一种日本产品,但是日本公司下单后要 45 天才能到货。"当时有点懵,所有零部件都准备好了,一个锁舌要卡 45 天。"王晓峰说。后来他们幸运地在一个供应商的仓库里找到了库存,最后在 2015 年年底造出了第一批符合其严格要求的、专用于公共租赁的自行车。

当然,摩拜单车的团队还是在想办法升级体验,如把轮胎做细、优化轴承,以及用特种塑料替代金属车身。至于车筐,王晓峰和团队纠结过,最后选择不要。"我们去年 12 月试运营过第一批车,有车筐,结果没几天,里面就出现了小广告、食品包装袋甚至臭袜子。"不过最近,摩拜单车已经推出了带有车筐的新车型,它更像一个支架,能放包,但放不了小物件。

现在,摩拜单车已经做到了受欢迎。

现在看起来,当时车筐里的臭袜子只是一个开始,当摩拜单车真正被这个城市里各种各样的人骑行时,它遇到的小麻烦之前根本想不到,包括二维码被涂黑、车座被划破、车停在小区里 GPS 定位不到等。摩拜单车想要成功,就必须投放更多的车,而车越多,小麻烦也会变得很棘手。这些都会增加运营难度。

摩拜单车喜欢强调用户习惯。它会在社交网络上反复提醒用户把车停在人行道的白线以内,不然可能被城管拖走。在最新一版的 App 里,还增加了拍照功能,鼓励用户骑完之后拍张照,帮助下一个用户找到车。

尽管要面对诸多障碍,摩拜单车现在做得还不错。它不愿意透露现在的车辆数,但保证每天都在增加。运气好的话,你会发现上海的有些街道过了一晚,突然多出了几辆橙红色的自行车。投放决策由一套数学模型完成,其中包括每个街道的基础数据,也包括已经积累的用户骑行数据。现在,在摩拜单车最密集的地区,5平方公里内大约有30辆车。在这些区域,它确实做到了它的核心价值:便宜和方便。

政府也找上门来。毕竟摩拜单车提供的是政府想要提供的服务。2016年6月底,摩拜单车已经和上海市杨浦区签订合作协议。简言之,摩拜单车会确保在这个区的投放密度,政府则会帮它规避可能的法规风险(如自行车上牌),更重要的是,政府的背书显然能帮助它获得更多人的信任。在王晓峰的微信朋友圈里,你经常可以看到政府官员试骑摩拜单车的照片。"不跟政府对着干。"王晓峰开玩笑说,这是他从优步带来的最大经验。

看起来,摩拜单车似乎有成为一个伟大产品的潜质,它确实能改善一个城市的交通,也很讨人喜欢。唯一的隐患还是盈利。王晓峰拒绝透露摩拜单车的任何核心数据,包括活跃用户数、单车成本、车的数量、使用率等,理由是这些数据还不成熟。而使用频次和用户规模决定了它能否赚钱。

一个残酷的事实是,全球还没有一个公共自行车项目能自己盈利。纽约的公共自行车依靠花旗银行的赞助每年仍然亏损数百万美元,台北的YouBike则需要捷安特赞助车辆。中国做得最好的城市是杭州,公共自行车在那里极受欢迎。为此,杭州市政府用8年时间,投入了3 000多个停车点、8万多辆车,补贴了数亿元。2015年是它最接近盈亏平衡点的一年,成本8 000万元,依靠广告和模式输出的收入,亏损500万元。

摩拜单车的目标是在上海做到每100米就能有一辆车。这个密度跟杭州类似,上海中环以内中心城区的面积也与杭州城区接近,都是600平方公里左右。这也就意味着,要把上海做成熟,摩拜单车至少需要8万辆车。王晓峰承认,1元/半小时的定价是基于用户需求,而非成本。"做到两三元,能活得更好,但产品就会不讨人喜欢。"

王晓峰称工厂的产能还能扩大,并计划进入其他城市。此外,虽然天然与政府相关,但是摩拜单车暂时不考虑变成一个被政府购买的服务提供商。

除了盈利模式,摩拜单车的另一个隐患是中国城市的道路状况。中国城市的道路不太适宜自行车骑行,这是依靠智能手机和智能硬件无法改变的。这在很大程度上决定了摩拜单车的天花板。

"一个对公众有价值的服务,最终肯定能找到赚钱的办法。"王晓峰说。

(案例来源:肖文杰,第一财经周刊,2016-09-02。本案例仅供课堂讨论之用,并无暗示或说明某种管理行为是否有效。)

案例分析问题:
1. 摩拜单车的模式最终能够创造可观的商业价值吗?
2. 支持摩拜单车这一模式的制度设计应该是什么样的?

建议课堂使用计划:

本案例可用于专门的案例讨论课。如下是按照时间进度提供的课堂计划建议,供参考。

整个案例课的课堂时间控制在80~90分钟。

1. 课前计划:提出启发思考题,请学生在课前一周时间内阅读和初步思考。

2. 课中计划:简要的课堂前言,明确主题(2~5分钟);分组讨论(25~30分钟),告知发言要求;小组发言(每组5分钟,控制在30分钟);引导全班进行进一步讨论(15分钟);教师进行归纳总结(5分钟)。

3. 课后计划:如果有必要,请学生采用报告形式给出更加具体的解决方案,包括具体的职责分工,为后续章节内容做好铺垫。

参 考 文 献

[1] (美)韦斯. 商业伦理——利益相关者分析与问题管理方法[M]. 符彩霞,译.北京:中国人民大学出版社,2005.
[2] (美)德鲁克. 21世纪的管理挑战[M]. 北京:机械工业出版社,2006.
[3] (美)德鲁克. 动荡时代的管理[M]. 北京:机械工业出版社,2009.
[4] (美)德鲁克. 卓有成效的管理者[M]. 北京:机械工业出版社,2016.
[5] (美)达夫特. 管理学:第9版[M]. 北京:清华大学出版社,2012.
[6] 罗宾斯. 管理学原理与实践[M]. 北京:机械工业出版社,2014.
[7] 罗宾斯,库尔特. 管理学:第13版[M]. 刘刚,程熙镕,梁晗,等.译.北京:中国人民大学出版社,2017:355.
[8] 斯塔姆,陈伟. 伦敦商学院企业创新教程[M]. 北京:中国财政经济出版社,2007.
[9] 陈宏辉. 企业的利益相关者理论与实践研究[D]. 杭州:浙江大学,2003.
[10] 陈婕. 中国商业伦理的当代构建[D]. 上海:复旦大学,2010.
[11] 傅家骥. 技术创新学[M]. 北京:清华大学出版社,1998.
[12] 贾生华,陈宏辉. 利益相关者的界定方法述评[J]. 外国经济与管理,2002,24(5):13-18.
[13] 吕毓芳. 论领导行为、组织学习、创新与绩效间相关性研究[D]. 上海:复旦大学,2005.
[14] 彭雪蓉,刘洋. 战略性企业社会责任与竞争优势:过程机制与权变条件[J]. 管理评论,2015,27(7):156-167.
[15] 巴莱,丽泉. 企业与道德伦理[M]. 侣程,译.天津:天津人民出版社,2005.
[16] 申莫江,王重鸣. 国外商业伦理研究回顾与展望[J]. 外国经济与管理,2009,31(7):16-22.
[17] 王凤彬,李东. 管理学[M]. 北京:中国人民大学出版社,2003.
[18] 王辉. 从"企业依存"到"动态演化"——一个利益相关者理论文献的回顾与评述[J]. 经济管理,2003,2:29-35.
[19] 魏江,应瑛,刘洋. 研发网络分散化,组织学习顺序与创新绩效:比较案例研究[J]. 管理世界,2014(2):137-151.
[20] 魏炜,朱武祥,林桂平. 基于利益相关者交易结构的商业模式理论[J]. 管理世界,2012(12):125-131.
[21] 吴晓波. 腾讯传(1998-2016)[M]. 杭州:浙江大学出版社,2016.
[22] 叶伟巍,陈钰芬. 网络众包模式下的开放式创新机制及激励政策研究[M]. 北京:科学出版社,2015.
[23] 芮明杰. 管理学:现代的观点[M]. 上海:上海人民出版社,2005.
[24] 奥罗克. 管理沟通:以案例分析为视角:第4版[M]. 康青,译.北京:中国人民大学出版社,2015.
[25] 张进发. 基于利益相关者理论的企业社会责任管理研究[D]. 天津:南开大学,2009.
[26] 张玉利. 管理学:第2版[M]. 天津:南开大学出版社,2004.
[27] 赵丽芬. 高级管理学[M]. 北京:清华大学出版社,2008.
[28] 赵丽芬. 管理理论与实务:第2版[M]. 北京:清华大学出版社,2010.

[29] 赵丽芬. 管理学全球化视角[M]. 北京:中国人民大学出版社,2013.
[30] 赵丽芬. 管理学:理论与实务[M]. 上海:立信会计出版社,2016.
[31] 赵丽芬. 管理学:全球化视角[M]. 北京:经济科学出版社,2013.
[32] 周三多,陈传明,贾良定. 管理学——原理与方法:第6版[M]. 上海:复旦大学出版社,2014.
[33] ABELL D F. Defining the Business:The Starting Point of Strategic Planning[M]. Englewood Cliffs, NJ:Prentice-Hall, 1980:3-26.
[34] ABERNATHY W J, UTTERBACK J M. Patterns of Industrial Innovation[M]. New York:HarperCollins, 1978.
[35] ARIELY D, WERTENBROCH K. Procrastination, Deadlines, and Performance:Self-control by Precommitment[J]. Psychological Science, 2002, 13(3):219-224.
[36] BARNEY J. Firm Resources and Sustained Competitive Advantage[J]. Journal of Management, 1991, 17(1):99-120.
[37] BENDELL T, BOULTER L, KELLY J. Benchmarking for Competitive Advantage[M]. London:Financial Times/Pitman Publishing, 1993.
[38] BORYS B, JEMISON D B. Hybrid Arrangements as Strategic Alliances:Theoretical Issues in Organizational Combinations[J]. Academy of Management Review, 1989, 14(2):234-249.
[39] BURGELMAN R. Interorganizational Ecology of Strategy Making and Organizational Adaptation:Theory and Field Research[J]. Organization Science, 1991, 2(3):239-262.
[40] BURKE L, LOGSDON J M. How Corporate Social Responsibility Pays Off[J]. Long Range Planning, 1996, 29(4):495-502.
[41] CARROLL A B. Corporate Social Responsibility:Evolution of a Definitional Construction[J]. Business & Society, 1999, 38(3):268-295.
[42] CHESBROUGH H W. The Era of Open Innovation[J]. MIT Sloan Management Review, 2003, 44(3):35-41.
[43] CHRISTENSEN C M. The Innovator's Dilemma:When New Technologies Cause Great Firms to Fail[M]. Cambridge, Ma:HBS Press, 2003.
[44] DENRELL J. Selection Bias and the Perils of Benchmarking[J]. Harvard Business Review, 2005, 83(4):114-119.
[45] DOWNES L, NUNES P. Big Bang Disruption[J]. Harvard Business Review, 2013, 3:44-56.
[46] DRUCKER P F. The New Meaning of Corporate Social Responsibility[J]. California Management Review, 1984, 40(2):8-17.
[47] EPSTEIN E M. The Corporate Social Policy Process:Beyond Business Ethics, Corporate Social Responsibility and Corporate Social Responsiveness[J]. California Management Review, 1987, 29(3):99-114.
[48] FREEMAN C. The Economics of Industrial Innovation[M]. London:Frances Pinter, 1982.
[49] GRANT R M, BADEN-FULLER C A. Knowledge Accessing Theory of Strategic Alliances[J]. Journal of Management Studies, 2004, 41(1):61-84.
[50] HAMEL G, PRAHALAD C K. Strategy as Stretch and Leverage[J]. Harvard Business Review, 1993, March/April:75-84.
[51] HARMEL G, PRAHALAD C K. Competing for the Future[J]. Harvard Business Review, 1994, 72(4):122-128.
[52] HELLELOID D, SIMONIN B. Organizational Learning and a Firm's Core Competence[C]//

HAMEL G, HEENE A. Competence—Based Competition. Hoboken, NJ:John Wiley and Sons. 1994:213-240.

[53] JOYNER B E, PAYNE D. Evolution and Implementation:A Study of Values, Business Ethics and Corporate Social Responsibility[J]. Journal of Business Ethics, 2002, 41(4):297-311.

[54] MILLER C C, CARDINAL L B. Strategic Planning and Firm Performance:A Synthesis of More than Two Decades of Research[J]. Academy of Management Journal, 1994, 37(6):1649-1665.

[55] MINTZBERG H. Crafting Strategy[J]. Harvard Business Review, 1987, 7:66-75.

[56] MINTZBERG H. Patterns in Strategy Formation[J]. Management Science, 1978, 24(9):934-948.

[57] MINTZBERG H. The Fall and Rise of Strategic Planning[J]. Harvard Business Review, 1994, 72(1):107-114.

[58] MITCHELL R, AGLE B, WOOD D. Toward a Theory of Stakeholder Identification and Salience: Defining the Principle of Who and What Really Counts[J]. The Academy of Management Review, 1997, 22(4):853-886.

[59] NASH L. Good Inventions Aside:Manager's Guide to Resolving Ethical Problems[M]. Boston: Harvard Business School Press, 1990.

[60] NORTON D P. Building Strategy Maps:Part One—Planning the Campaign[R]. Balanced Scorecard Report, 2000.

[61] PFEFFER J. Dare to Be Different—beyond Benchmarking[M]. Boston:Harvard Business School Press, 2007.

[62] PORTER M E, KRAMER M R. Strategy and Society:The Link between Competitive Advantage and Corporate Social Responsibility[J]. Harvard Business Review, 2006,84(12):78-92.

[63] PORTER M E, KRAMER M R. The Competitive Advantage of Corporate Philanthropy[J]. Harvard Business Review, 2002, 80(12):56-68.

[64] POWELL W W. Hybrid Organizational Arrangements[J]. California Management Review, 1987, 30(1):67-87.

[65] ROSTOW W W. The Stages of Economic Growth:A Non-Communist Manifesto[M]. Cambridge, Eng.:Cambridge University Press, 1960.

[66] VELIYATH R, SHORTELL S M. Strategic Orientation, Strategic Planning System Characteristics and Performance[J]. Journal of Management Studies, 1993, 30(3):359-381.

教师服务

感谢您选用清华大学出版社的教材！为了更好地服务教学，我们为授课教师提供本书的教学辅助资源，以及本学科重点教材信息。请您扫码获取。

》教辅获取

本书教辅资源，授课教师扫码获取

》样书赠送

企业管理类重点教材，教师扫码获取样书

 清华大学出版社

E-mail: tupfuwu@163.com
电话: 010-83470332 / 83470142
地址: 北京市海淀区双清路学研大厦 B 座 509

网址: http://www.tup.com.cn/
传真: 8610-83470107
邮编: 100084